SALAS DE CINEMA

E HISTÓRIA URBANA DE SÃO PAULO (1895-1930)

O CINEMA DOS ENGENHEIROS

Gerente/Publisher
Jeane Passos de Souza

Coordenação Editorial
Márcia Cavalheiro Rodrigues de Almeida

Comercial
Marcelo Nogueira da Silva

Administrativo
Luís Américo Tousi Botelho

Edição de Texto
Adalberto Luís de Oliveira

Preparação de Texto
Silvana Vieira

Revisão de Texto
Luiza Elena Luchini (coord.)
Creart Gráfica e Editora Ltda.

Projeto Gráfico
Antonio Carlos De Angelis

Foto da Capa
Cine S. Bento, na rua São Bento, 37 (1927).
Centro de Memória Bunge, Fundação Bunge, São Paulo

Tratamento de Imagens
Rosangela Bego

Impressão e Acabamento
Type Brasil Qualidade em Gráfica e Editora Ltda.

Editora Senac São Paulo
Rua 24 de Maio, 208 – 3º andar
Centro – CEP 01041-000 – São Paulo – SP
Caixa Postal 1120 – CEP 01032-970 – São Paulo – SP
Tel. (11) 2187-4450 – Fax (11) 2187-4486
E-mail: editora@sp.senac.br
Home page: http://www.editorasenacsp.com.br

Dados Internacionais de Catalogação na Publicação (CIP)
(Jeane Passos de Souza – CRB 8ª/6189)

Souza, José Inacio de Melo
Salas de cinema e história urbana de São Paulo (1895-1930): o cinema dos engenheiros / José Inacio de Melo Souza. – São Paulo : Editora Senac São Paulo, 2016.

Bibliografia.
ISBN 978-85-396-0446-3

1. Salas de cinema : São Paulo : História (1895-1930). 2. Cinema, Arquitetura, Engenharia I. Título.

14-179s CDD-791.430816

Índice para catálogo sistemático:

1. Salas de cinema : São Paulo : História (1895-1929)
791.430816

JOSÉ INACIO DE MELO SOUZA

SALAS DE CINEMA

E HISTÓRIA URBANA DE SÃO PAULO (1895-1930)

O CINEMA DOS ENGENHEIROS

EDITORA SENAC SÃO PAULO – SÃO PAULO – 2016

SUMÁRIO

Projeto para a reforma do Cinema Congresso, em 1915.

NOTA DO EDITOR

Recortes, detalhes, memória; construção e reconstrução da história, este livro representa um grande esforço de se compreender como se deu a expansão do cinema na cidade de São Paulo – numa época de verdadeiro frenesi de modernidade –, direcionada pelo conflito de interesses estabelecido entre meio cinematográfico, exibidores fortemente dominados pelos mercados da Europa e dos Estados Unidos e serviço municipal de controle do espaço urbano, representado pelos engenheiros.

Além da iconografia, que é riquíssima, há tabelas com todos os cinemas da cidade de São Paulo na época. Segundo o autor e pesquisador José Inacio de Melo Souza, só foi possível obter todos esses dados graças à possibilidade de acesso menos burocrático aos acervos, que apresentam atualmente condições mais adequadas de guarda e difusão dos materiais, permitindo que esse período "silencioso" do cinema tenha agora maior espaço de divulgação.

Salas de cinema e história urbana de São Paulo (1895-1930): o cinema dos engenheiros, lançamento do Senac São Paulo, busca oferecer ao leitor amante do cinema e da história da cidade de São Paulo, do início do século XX, um resgate sensível e concreto, em que se projetam os primórdios do cinema.

Para Vicente, Máximo, Inimá e Ricardo, que vieram antes.

Panorâmica do Vale do Anhangabaú, *c*. 1911
Corte do panorama contendo a Ola Giratória (brinquedo na frente do cinema Bijou), o Politeama e, ao fundo, o Teatro São José e o Viaduto do Chá.

INTRODUÇÃO

André Gaudreault publicou, em 2008, um belo livro com o título *Cinéma et attraction: pour une nouvelle histoire du cinématographe*. Como em todo balanço de vida – nesse caso, acadêmico e intelectual –, escutamos no desenrolar dos argumentos o rumor de outras páginas folheadas, pertencentes a livros ou artigos publicados ao longo da vida. Vindo dos estudos no campo da narratologia, Gaudreault assumiu com Tom Gunning a linha de frente das novas pesquisas sobre o "cinema dos primeiros tempos",[1] renovando a análise daqueles filmes considerados "primitivos" pela historiografia e pelo senso comum anteriores aos anos 1970. Embora coloque-se como ponto de partida o simpósio "Cinema 1900-1906", realizado em Brighton, em 1978, como uma das atividades do 34º Congresso da Federação Internacional dos Arquivos de Filmes – FIAF, quando se teve a oportunidade de assistir a cerca de 600 películas do período indicado, não seria um disparate retroceder essa periodização para 1968, momento em que a política sacudiu diversos ramos da cultura, entre os quais a história. Lançando novas pontes entre o cinema e a história, os textos de Marc Ferro, editados antes de Brighton, bem como os novos fundamentos da

1 Remeto o leitor ao texto de Gaudreault (2008) para um combate mais cerrado sobre a semântica dos termos "cinema", "primeiros tempos" e "cinematógrafo".

análise crítica postos em discussão com os artigos de Jean-Louis Comolly, publicados no *Cahiers du cinéma*, eram indícios da renovação que se avizinhava. Portanto, o som da tempestade ainda inaudível em 1968, apesar do barulho provocado nas ruas de Paris, foi se avolumando ao longo da década até explodir algumas certezas confortavelmente instaladas, mudando a paisagem por completo.

O "exercício findo" – lembrando o título de um livro de Décio de Almeida Prado – lançado por Gaudreault incomoda pelo desejo explícito de balançar vários conceitos estratificados, mas também por se situar no plano das narrativas fílmicas, obviamente a razão da sua atividade de combatente, flertando com a história e a historiografia por esse mesmo viés. Poucas olhadelas são dirigidas para outros campos da atividade cinematográfica, como a produção e a exibição. Por certo não estamos exigindo uma história totalizante dos "primórdios" do cinema/cinematógrafo, perspectiva intelectual mais carregada de erros do que de acertos, mas sempre reavivada pela indústria cultural, que todos os anos lança no mercado manuais, compêndios e coletâneas cujo único objetivo é não deixar de fora nenhum assunto do campo cinematográfico. A indústria impõe a regra e a seguimos de bom ou mau grado, seja por lassidão, seja para cometer o pecado intelectual da soberba. De sorte que o subtítulo "para uma nova história do cinematógrafo" deve ser lido como uma "nova história das *narrativas* para o cinematógrafo", em que outros elementos vitais para a compreensão do fenômeno de se ver um filme dos "primeiros tempos" – ou seja, o espectador, o exibidor, o local onde se assistia ao filme – são tocados de forma marginal ao contexto primordial do filme de ficção.[2]

Para nós que estamos abaixo da linha do equador, as discussões propostas pela "nova historiografia" são um luxo? Certamente que não. No livro *Cinema brasileiro: propostas para uma história*,

2 O próprio filme de "não ficção" – documentários, cinejornais e atualidades –, sem querer colocar em discussão a dicotomia ficção/não ficção, está fora do ângulo de visão de Gaudreault.

publicado em 1979 e reeditado trinta anos depois com nova roupagem, postando-se na encruzilhada a que o levaram uma pesquisa no jornal *O Estado de S. Paulo* entre 1900 e 1935, os ventos renovadores de 1968 e a morte do pai espiritual Paulo Emílio, Jean-Claude Bernardet insubordinou-se contra a história escrita somente pelo filme de ficção, lembrando que, durante a maior parte do período mudo, foram os documentários e cinejornais, em síntese, os filmes de "não ficção", que sustentaram a produção dos "operadores" ou cinegrafistas pioneiros. O que Bernardet apontou, então, foi que a metodologia de abordagem do nosso cinema deveria sofrer inflexões diferentes dos cânones do Atlântico Norte. Os caminhos seguidos havia décadas por Bardèche-Brasillach, Jean Mitry ou Georges Sadoul deveriam ser abandonados. Ora, um empreendimento intelectual com os pés no terceiro--mundismo dos anos 1960-70 necessariamente passaria pela inclusão analítica da exibição, com o escopo de se entender como se tinha processado a nossa inserção no mercado, desde o início, globalizado, da narrativa em película cinematográfica produzida em série.

A relação do meio cinematográfico brasileiro, mas não só brasileiro, com os exibidores sempre foi conflituosa. Aqui novamente somos obrigados a atrair a atenção do leitor para Paulo Emílio. Em artigo para o *Jornal da Tarde*, ele se insurgiu contra o diploma de "honra ao mérito" concedido ao exibidor Paulo de Sá Pinto dentro da premiação de um obscuro "Melhores do Cinema Brasileiro em 1972". Para Paulo, Sá Pinto era indigno de tal honraria por sua "traição" ao cinema brasileiro. Sua rede de casas exibidoras era contumaz no descumprimento da lei de exibição obrigatória do filme brasileiro, razão pela qual recebeu seguidas multas do Instituto Nacional de Cinema, merecendo, por isso, a acusação de "traição". Essa atitude beligerante contra os exibidores era já uma tradição no pensamento de esquerda, sendo assimilada por Paulo Emílio com um viés nacionalista, até se esbater na nova edição de *Propostas para uma história*, livro em que estão ausentes as luminosas explicações que abriam as partes das coletâneas anteriormente publicadas por Bernardet. O exibidor "inimigo" do cinema brasileiro, "letárgico" em razão dos processos de subordinação à mercadoria pronta e embalada sobre a qual não tinha controle, assecla do cinema de Hollywood, nunca mereceu uma atenção aprofundada do seu estatuto. Nesse sentido, aquele Paulo Emílio nacionalista e terceiro-mundista precisa ser ressuscitado para que possamos entender as disfunções do cinema brasileiro, bem como sua relação com o sistema internacional de circulação de mercadorias, e qual quinhão nos cabe nesse processo.

A cidade de São Paulo tem um grupo de estudos do cinema "silencioso" há pelo menos uma década.[3] Desse espaço de discussões foi que saiu, graças à tenacidade de Carlos Roberto de Souza, o festival de filmes anualmente dedicado ao "silencioso", a exemplo de seus confrades ilustres e mais antigos de Pordenone e Bolonha. A universidade ainda não conseguiu instilar o gosto pela pesquisa do período mudo entre os seus alunos. Para muitos deve ter sido uma surpresa a premiação pela Secretaria do Audiovisual, em 2009, dentro de um concurso de teses e dissertações defendidas no decênio anterior, de um trabalho acadêmico que tinha como um dos temas o período mudo na cidade de Porto Alegre. O número de inscritos que se apresentou diante da comissão de seleção foi baixo, 79, para um universo de cerca de mil pesquisas geradas pelos programas de pós-graduação entre 1999 e 2009. Entretanto, é curioso que um tema marginal dentro da pesquisa histórica tenha levado o prêmio de edição, colocando-se à frente de assuntos mais bem colocados no *mainstream* dos estudos universitários, como o documentário ou o filme *Cidade de Deus*.

Essa conjuntura particular, porém extremamente favorável, sinaliza uma mudança, ainda que lenta, na compreensão do cinema dos "primórdios" no Brasil. O livro que os leitores têm nas mãos condensa mais um esforço no sentido de uma compreensão da história da exibição e dos

3 Sob organização de Samuel Paiva e Sheila Schvarzman, o grupo publicou o livro *Viagem ao cinema silencioso do Brasil*.

exibidores na cidade de São Paulo, buscando escapar dos vícios e estratagemas enganosos da historiografia, hoje considerada anomalamente "clássica". Outro sinal indicativo de que estamos passando por uma quadra de renovação encontra-se no aparecimento de uma documentação cuja análise estava fechada até há bem pouco tempo. Em parte, o surgimento dessa documentação é fruto de uma espacialização e especialização mais acurada dos arquivos. Estamos assistindo a uma verdadeira revolução nesse campo, que se reflete em novas instalações, condições mais adequadas de guarda e difusão dos acervos, acesso menos sujeito às intempéries dos horários e gostos pessoais, cujo resultado primordial é a possibilidade de uma leitura aprofundada do que antes estava sujeito a percalços diversos e desanimadores. As instalações da Cinemateca Brasileira se consolidaram na última década do século XX. Ao mesmo tempo, o arquivo histórico do município, que sempre esteve ao deus-dará das contingências políticas, finalmente encontrou um porto seguro, permitindo uma abertura aos historiadores que o afasta da condição de "primo pobre" do seu vizinho conduzido pelo governo do estado.

Salas de cinema e história urbana de São Paulo (1895-1930): o cinema dos engenheiros encontra-se justamente no cruzamento desses caminhos, que depois de muitos desvios encontrou a estrada real.

O subtítulo do livro pode, a princípio, causar sentimentos opostos, como espanto e riso. O encontro de humores tão díspares, no entanto, será bem-vindo. Visa-se destacar a entrada do corpo de engenheiros da prefeitura de São Paulo no controle e na normatização das salas de espetáculos, e dos cinemas em particular, em que o exibidor seria o mestre e o dono absoluto do seu destino. Ora, com base em uma extensa análise de pareceres, informações, relatórios e perícias anexados aos processos de construção dos imóveis – documentação gerada pela Diretoria de Obras e Viação, aliada ao sistema de controle e fiscalização da Polícia Administrativa e Higiene –, verificamos que os cinematógrafos (o termo imperou durante todo o período mudo) constituíam um campo de luta à semelhança dos hospitais e hospícios estudados por Michel Foucault. Antes de se configurarem como um espaço de sonhos, como estamos acostumados a pensar nos cinemas, eles são um espaço de conflito, para o qual converge um feixe de vários interesses, alguns muito humanos, como o desejo de exibir uma novidade, outros altamente capitalistas, pois estão voltados para a ânsia do lucro fácil e rápido. As pulsões do Capital, de Eros, do Saber e do Fazer entram em choque, produzindo faíscas às vezes de alta voltagem. Com isso não estamos indicando ao leitor uma história da engenharia em São Paulo, ou a história de um tipo específico de construções urbanas, os cinemas. Esses são objetivos para os quais estamos despreparados. Não se trata ainda de uma história da exibição na cidade. O que a documentação analisada ressaltou como regra básica de convivência urbana é o conflito, posto que a soma dos objetivos do poder público, do capital financeiro e dos empreendedores, cada um com seu saber e fazer particulares, fornece matéria para uma história que se faz num campo de intersecção. A ausência de clareza na ação das esferas sociais propiciou a preponderância da pulsão dos interesses imediatos, fazendo vigorar o capital cultural, o conhecimento construtivo individual, o desconhecimento das regras de urbanidade e a ostentação do gosto. Se olharmos para as ilegalidades diárias cometidas pelos construtores e exibidores, teremos de convir que nenhum cinema poderia ser aberto na cidade. Os organizadores e mantenedores das normas legais e regulamentos também pecavam pela insubordinação, procurando mais enriquecer o Tesouro municipal do que estabelecer o chamado "império da lei", embora sempre tivessem o último e fatal direito à palavra. É dessa massa de desejos e interesses públicos e privados que retiramos o material de análise para este texto, em que vários extratos da população se manifestaram, em geral imigrantes com parco conhecimento da urbanidade, ao lado de uma elite formada na Europa ou pelas escolas politécnicas nacionais, cujos propósitos de controle e coerção nem sempre eram muito claros na vivência diária da cidade.

Tomando como eixo o conflito expresso pela documentação foi que desdobramos os capítulos deste texto eminentemente exploratório e inconcluso.

O cinema chegou à cidade como uma novidade para as elites frequentadoras do centro, da área comercial do Triângulo. Até 1907, eram os teatros da rua Boa Vista e da ladeira de São João, além de outros locais de diversão das ruas 15 de Novembro, São Bento e Direita, que atraíam espectadores para a "fotografia acelerada", uma das denominações "primitivas" do espetáculo cinematográfico. Ela imantava um público já acostumado aos preços caros dos camarotes e balcões teatrais. Em geral, somos tentados a entronizar Francisco Serrador como o primeiro exibidor fixo da cidade, o que não é verdade, já que outros tinham provado a sedentarização das salas como uma possibilidade comercial. O que Serrador trouxe foi o tino comercial, algo particular e próprio, para a exploração da mercadoria que se mostrara abundante desde 1905. A rápida circulação era provida pelos produtores metropolitanos, com exibidores ambulantes sugerindo uma globalização *avant la lettre*. No entanto, é preciso destacar a presença de Paschoal Segreto em São Paulo. Um pouco antes de Serrador, em 1906, o "ministro das diversões" da cidade do Rio de Janeiro alterou o eixo geográfico da centralidade do distrito da Sé, elegendo o outro lado do Anhangabaú, a Santa Ifigênia, como espaço de expansão da novidade, aproximando a população menos abastada e anunciando a popularização do cinema com o Teatro Carlos Gomes.[4]

A terceira investida de Segreto no mercado das diversões públicas foi problemática (o empresário atuava em São Paulo desde 1901). O fato não era novidade na biografia do turbulento ítalo-carioca. Ele chamou a atenção dos engenheiros da prefeitura, que foram obrigados a se manifestar sobre a sua casa de espetáculos. A Diretoria de Obras e Viação, por meio da 2ª Seção Técnica, na época contava com três engenheiros distritais encarregados

4 Ao se fixar no Bijou-Theatre, em novembro de 1907, Serrador ainda procurou captar o público de elite que circulava no Triângulo.

de fiscalizar os novos imóveis e as reformas dos antigos: Arthur Saboya, José de Sá Rocha e Luiz Bianchi Betoldi. Cada um deles trazia um entendimento diferente sobre a concepção de um local de diversões, mas todos tinham um foco mais ou menos determinado sobre algumas questões. Saboya privilegiava a circulação do ar e a periculosidade dos equipamentos de projeção; Sá Rocha, as características gerais e a estética dos prédios. Embora o código de edificações organizado na década de 1930 leve o nome do primeiro, foi José de Sá Rocha o mais preocupado com a codificação dos procedimentos construtivos relacionados aos cinemas. Dentro desse quadro, o período administrativo de Washington Luiz foi favorável à organização de um controle dos cinemas, tal como ele tinha procedido com a polícia do estado durante sua gestão como secretário da Segurança Pública, em 1907.

A legislação adotada em 1916 encerrou a carreira de uma geração de exibidores, já que os artigos regulatórios impunham restrições severas a várias iniciativas baratas de construção, como os barracões. O nome para esses cinemas de bairro parece pejorativo, porém, é preciso lembrar que eles seguiam à risca o modelo de teatro italiano, com frisas, camarotes, balcões e galerias, mesmo que construíssem seus cinemas em terrenos com cinco metros de frente.

A chegada do poder normativo sobre um saber construtivo popular e deseducado em relação às regras de construção praticamente paralisou o mercado exibidor entre 1916 e 1921, último ano em que a legislação permitiu a adaptação das casas exibidoras abertas antes da promulgação da lei. Os cinemas construídos na década de 1920 já carregavam outras características, impondo uma adequação ao panorama urbano paulistano dos *movies palaces* norte-americanos. Cinemas com capacidade para 2 e 3 mil espectadores tornaram-se comuns, embora não se perdesse de vista, ainda, o padrão do teatro italiano. O final da década viu surgir outra novidade, o filme sonoro, fosse pelo processo *vitafone* (som sincronizado com discos), fosse pelo processo *movietone* (som de inscrição ótica na lateral do fotograma impresso), alterando novamente o mercado, que foi obrigado, nos cinco anos seguintes à inauguração do Paramount, a se integrar ao novo processo.

Um dos motores iniciais da pesquisa foi a ausência de imagens sobre os cinemas paulistanos. Os fotógrafos que trabalharam na cidade, alguns deles diretamente ligados à exibição, como o francês Georges Renouleau, realizador da primeira exibição com projeção na tela, ou o italiano Giovanni Sarracino, exibidor e acionista minoritário da Companhia Cinematográfica Brasileira – CCB, não deixaram qualquer fotografia sobre os cinemas dos quais foram proprietários. A cidade mapeada por Guilherme Gaensly também deixou de fora os cinemas, embora possamos identificar, em segundo plano das linhas de bondes ou das reformas dos trilhos, um Cassino Paulista ou o Central. Somente o Moulin Rouge mereceu a fixação em cartão-postal. Perto do Rio de Janeiro, a pobreza iconográfica é flagrante. As plantas arquitetônicas apresentadas à Diretoria de Obras da Prefeitura suprem, dessa forma, uma carência. Ainda que elas expressem apenas o desejo construtivo, o voo imaginativo do arquiteto, do engenheiro planejador ou do mestre de obras português, espanhol ou italiano, já que são poucas as imagens que corroboram o desenho original, é o material que nos legou o tempo. Uma seleção dos melhores desenhos e imagens constam do livro para deleite dos leitores, posto que toda a pesquisa não pode ser incluída, por claras limitações de espaço e custo.

Outras questões são tratadas neste trabalho, ainda que nos falte um volume de informações significativo para tirarmos conclusões apropriadas. Se aqueles espectadores das primeiras sessões se esfumaçaram no tempo, deixando pouquíssimas impressões sobre a experiência de ir ao cinema na virada do século XIX para o XX, o problema persistiu para os anos seguintes, e existe todo um trabalho a ser feito para a recuperação das vozes desse público anônimo. Em vista de se tratar de uma pesquisa exploratória, questões de história econômica, como a constituição de fluxos de capital movimentados pelo mercado exibidor, ficaram de fora do nosso olhar. Mesmo o assunto das construções destinadas aos cinemas, muito presente neste texto, foi visto por ângulos restritos. Outras áreas, como a engenharia e a arquitetura, poderão dar contribuições de diferente valor sobre a documentação levantada pela pesquisa, ajudando na compreensão afinada da presença dos cinemas no espaço urbano paulistano. Estudiosos em saúde pública poderão criar um embate de forte coloração ao confrontar a documentação gerada pelos inspetores sanitários e a produzida pelos engenheiros.[5] A municipalidade, durante boa parte dos primeiros trinta anos do século XX, deixou ao Serviço Sanitário do Estado o controle da saúde e higiene da capital. Há, portanto, todo um trabalho comparativo a ser feito entre as fiscalizações dos médicos sanitaristas e a "inocente" despreocupação dos engenheiros com os equipamentos de higiene dos quais os cinemas deveriam ser providos. Que um cinema da Lapa pudesse funcionar sem latrinas e mictórios durante vários anos pode parecer um escândalo, mas o que dizer das dezenas de circos que cruzavam a cidade, a cuja falta de higine os engenheiros dedicavam pouca atenção, preocupados que estavam com a segurança das arquibancadas ou das cabines de projeção? A palavra proibida para os engenheiros era "pânico". Qual seria a equivalente para os sanitaristas?

Com esta introdução pretendemos preparar o leitor para as páginas seguintes. Muitos se sentirão desapontados com a incipiência de certas abordagens, a vulnerabilidade de algumas argumentações, o tratamento talvez ligeiro de alguns temas. Mas assim funciona a história. Outros virão e lerão com outros olhos aquilo que o olhar limitado atual não conseguiu ver com clareza.

5 Por exemplo, o pai de Paulo Emílio, Francisco Salles Gomes Júnior, que chegou a secretário da Higiene e Saúde, começou sua carreira de sanitarista como inspetor de bairro em São Paulo. O que terá ele escrito sobre os cinemas – tema que, décadas depois, tanto interessaria a seu filho?

Fachada do Teatro Santana.

TRIÂNGULO

Comecemos citando um cronista de *A vida moderna*, em artigo escrito em 25 de dezembro de 1907:

> Em São Paulo, *graças a Deus* [grifo do texto], também tivemos a epidemia avassaladora dos cinematógrafos, que no Rio deram azo aos finos críticos dos jornais de lá, exalarem a cintilante ironia que possuem. [...] Sai-se do Sant'Ana, onde se exibe um cinematógrafo Pathé, e dobra-se a rua Quinze, bate-se de queixo no Kinema Cinematógrafo; desce-se a rua S. João e grita-nos o Cinematógrafo Richebourg, no Bijou-Theatre. Livra! E em todos a população paulista dá o quinhão de seus tostões. Neste último então a afluência de famílias é verdadeiramente pasmosa. Também, pudera! O empresário Serrador sabe agradar e bem compensar os puxados mil réis que se paga por cabeça, exibindo ótimas fitas de assunto de alto interesse para todos, senão científico, ao menos para abrir a caixa de nossas gostosas gargalhadas.

Quando apareceu o exemplar da revista paulistana *A vida moderna* com o texto acima, São Paulo já vivia, havia cerca de seis meses, a "febre cinematográfica", com vários exibidores apresentando-se na cidade, fossem os ambulantes, de passagem, fossem os que vinham para se fixar definitivamente no cenário urbano. O trajeto do cronista apócrifo em busca das emoções excitantes causadas pela originalidade da imagem em movimento começava no Teatro Santana, situado na rua Boa Vista. Nesse local, uma semana antes da data estampada no semanário, tinha se apresentado, por um único dia, Caio Prado, genro do proprietário do teatro, Antonio Álvares Leite Penteado, com sete filmes sobre as cidades de São Paulo e Santos. Se o cronista ficou ou não surpreso com as imagens nacionais, também é uma incógnita. Contudo, pelo passeio de *flâneur* do redator, moldado pelo jornalismo carioca, mais precisamente por Figueiredo Pimentel, que pontificava na revista *Fon-Fon* e no jornal *Gazeta de Notícias*, o mais correto seria atribuir a comoção provocada pelo espetáculo cinematográfico a outro evento. Por certo, as exibições do "cinematógrafo Pathé" no Teatro Santana, realizadas por Francisco Serrador em agosto e setembro, quando trouxe à cidade um enorme estoque de novidades para os padrões da época – cerca de 230 filmes inéditos entre as 400 fitas do seu repertório de exibidor ambulante –, tinham sido muito mais estimulantes. Serrador iniciara suas projeções em 4 de agosto no Teatro Santana, interrompendo-as no dia primeiro de setembro para a entrada da companhia do ator francês Coquelin, voltando em 17 para seguir até 29 daquele mês, quando iniciou um giro pelo interior do estado.

Continuemos o passeio do nosso espectador maravilhado. Do cotovelo da rua Boa Vista onde estava o Santana, ele foi em direção à rua 15 de Novembro, dobrando à direita e batendo "de queixo" no Kinema Cinematógrafo. No número 52 da 15 de Novembro tinha funcionado, entre 1900 e 1907, o Café e Restaurante Guarani. Em dezembro ele se mudou para o prédio vizinho. Enquanto não se iniciavam as reformas, o imóvel foi ocupado por um certo J. B. Saraiva, que pediu licença à polícia para exibições em 13 de dezembro, começando-as no dia 19, com sessões a partir das 18 horas. Os anúncios do Kinema-Theatre, uma das variantes do nome do cinema encontradas na imprensa, continuaram sendo publicados até 27 de dezembro, ou seja, oferecendo mais de uma semana de projeções, em local improvisado, porém de grande visibilidade. Não se sabe se Saraiva teve êxito no seu empreendimento como exibidor, já que, depois disso, desapareceu.

Saindo do Kinema Cinematógrafo, o cronista atravessou o largo do Rosário (atual praça Antonio Prado), começando a descida da ladeira de São João, onde foi relaxar nas poltronas, ou numa das cadeiras dos camarotes, se estivesse em dia de maior bonança financeira, do Bijou-Theatre. O espaço de ancoragem definitiva e ponto de partida para a fortuna de Francisco Serrador tinha sido inaugurado em 16 de novembro. O Cinematógrafo Richebourg era o nome de fantasia da empresa ambulante que começara sua vida comercial em Curitiba[1]

THEATRO SANT'ANNA

Empreza N. Fernandes

HOJE-Quarta-feira, 24-HOJE

ESTRE A O GRANDE

Biographo Lumière

MODELO 1901

Unico apparato que viaja na America do Sul por conta de la Societé Generale des Chinematographes e Biographos de Pariz.

GRANDE PROGRAMMA

PRIMEIRO ACTO

Exposição Universal de Pariz, 1900

SEGUNDO ACTO

Intervenção Européa na China

TERCEIRO ACTO

Grandes funeraes de Humberto I

Deslumbrante cortejo funebre

ALTA NOVIDADE! ALTA NOVIDADE!

Recepção do dr. Campos Salles

EM BUENOS AIRES

QUARTO ACTO

Ultima novidade em côres.—JOANNA D'ARC (em côres.) Grandioso drama historico. sendo protogonista MLLE. REJANE. celebridade franceza. A'S 8 1/2 HORAS

PREÇOS.—Frizas e camarotes, 15$000 ; cadeiras de 1.ª classe, 3$000 ; balcão, 3$000 ; galeria numerada, 1$500 ; geral, 1$000.

Os bilhetes á venda no Café Guarany, das 10 horas da manhan ás 5 da tarde, depois dessa hora na bilheteria do theatro.

Depois do espectaculo haverá bonds electricos e da Viação para todas as linhas.

Publicidade do exibidor ambulante.
Empresa N. Fernandes. *O Estado de S. Paulo*, 24/4/1901, p. 4.

1 Sobre a passagem do Cinematógrafo Richebourg por Curitiba, ver Brandão (1994).

por volta de 1905, antes de se aventurar pelo interior dos estados do Paraná e de São Paulo até a parada definitiva na rua de São João, no endereço do antigo Éden Theatre, cuja história remontava ao final do século XIX. Assim como as ruas Boa Vista e 15 de Novembro tinham os seus atrativos comerciais, a importância do Bijou estava na vizinhança com o Teatro Politeama, um mal-afamado barracão de zinco, cujo palco comportava desde companhias equestres até representações dramáticas e operísticas. O magnetismo do Politeama, muito mais poderoso que o do Santana na atração popular, impulsionou a vida do Bijou. Se os espetáculos de café-concerto anteriormente ofertados pelo "teatrinho", que passou por vários nomes (Eldorado, Cassino, Éden), não haviam conseguido se enraizar no gosto da população, por óbvios motivos de duplicidade e concorrência com a casa de espetáculos vizinha, o cinema se amoldara a ele com perfeição. No barracão de zinco, as sessões cinematográficas começaram antes, em 1902, seguindo titubeantes até 1909, quando se encerraram de vez. O cinema não fora feito para as dimensões do Politeama.

O trajeto do cronista *flâneur* pela parte central da cidade de São Paulo nos remete a uma geografia bem delimitada entre os finais do século XIX e o início do XX: o Triângulo. Aparentemente, o perímetro do Triângulo compreendido pelas ruas 15 de Novembro, São Bento e Direita nunca foi padronizado pela administração municipal,[2] permanecendo mais como a expressão simbólica de uma riqueza urbana ascendente. Uma geografia mais primitiva cingia o "polígono irregular", como o chamou Guilherme de Almeida, dentro dos cimos das barrancas da várzea do Carmo (lado do Teatro Santana), o declive do córrego do Anhangabaú (lado do Bijou) e as praças limítrofes onde estavam

2 O perímetro estabelecido em 1893 para a cobrança do imposto anual sobre terrenos abarcava o núcleo urbano, deixando para outros três perímetros os bairros e a zona rural. Um dispositivo legal que colocou em evidência a área nevrálgica do Triângulo foi proposto em 1899, com a proibição do trânsito de carroças e caminhões das 10 da manhã às 10 da noite entre as ruas 15 de Novembro, Moreira César (São Bento) e Floriano Peixoto (rua Direita). Ver *Leis, Atos e Resoluções da Câmara Municipal da Capital do Estado de São Paulo*, 1893, pp.137-140, e o volume referente aos anos de 1897 a 1899, Ato nº 48.

as igrejas da Sé e de São Francisco. Dentro desses acidentes geográficos e marcos urbanos encontravam-se o comércio de atacado e varejo, as sedes das maiores empresas e bancos, os cafés e também os teatros: o Apolo, antes de sua substituição pelo Santana, e o Politeama.

Para Ernani da Silva Bruno, o Triângulo é uma informação apriorística, um dado conhecido dos leitores de sua obra. Somente depois de uma boa dúzia de referências à região central, já se adentrando na primeira década do século XX, foi que o autor se deteve com mais vagar sobre essa área, considerada por Gustavo Koenigswald, em 1895, como a das ruas de "maior importância". Ali se localizavam as "belas joalherias e magazines", as grandes casas de negócios, os bares, o comércio fino ou "para todos" (Bruno, 1953).[3] Nessa mesma linha, como escreveu Marisa Deaecto (2002, pp. 18 e 23), "[...] era ali, no Triângulo, que se ostentavam todas as manifestações do progresso iminente", ligadas à importação e exportação. Novas formas de exposição dos produtos importados estimulavam o desejo de consumo, tornando aprazíveis as compras. Vitrines e recursos de propaganda antes desconhecidos marcavam uma disjunção entre os antigos comerciantes portugueses e a nova categoria de distribuidores, ligados, às vezes, diretamente às matrizes exportadoras (Barbuy, 2006). Pois foram nessas "ruas-vitrines" que se concentraram, na primeira década de difusão da imagem em movimento entre nós, os exibidores ambulantes que trabalhavam justamente dentro do perfil geral desse comércio de importação. Ao alcance da mão e dos bolsos enriquecidos com a exportação do café, os paulistanos agora tinham não só os pianos alemães, as gravatas de Londres ou Paris, os vinhos e champanhes franceses, como também a possibilidade de visualizar o Bois de Boulogne, o trajeto do ônibus Madeleine, o metrô de Nova York ou as tempestades nas costas de Dover. A inclusão da periferia do capitalismo se fazia na forma de consumo tanto imediato quanto simbólico, abrindo um leque de

3 Curiosamente, no índice de assuntos e de lugares do livro de Ernani da Silva Bruno, o Triângulo situa-se entre os bairros da cidade e não entre os logradouros.

novos desejos pulsantes para aqueles que não estavam plenamente inseridos no circuito beneficiado pelos lucros advindos da exportação agrícola. Com o cinema, alargavam-se as classes sociais suscetíveis de ascenderem ao consumo de produtos importados, mesmo que por um viés simbólico.

Observando a listagem de exibidores ambulantes que se apresentaram em São Paulo entre 1895 e 1906 (Quadro I, p. 65), notamos que a maioria absoluta deles buscou as "ruas-vitrines" para expor seus produtos e, assim, atrair espectadores pagantes.[4]

As apresentações de kinetoscópio empreendidas pelo professor Kij por meio do agente paulistano Antônio Salles Barreto, entre 25 e 27 de abril de 1895, foram realizadas na Confeitaria Pauliceia, situada no número 38 da rua 15 de Novembro. Ao contrário do cinematógrafo, o kinetoscópio era um equipamento que permitia a visão individual das imagens em movimento. A introdução de uma moeda disparava a fita no interior do aparelho e, através de um visor, o espectador acompanhava a pequena narrativa.

O prédio da confeitaria tinha sido erguido com três pavimentos em 1890, sendo comprado em 1891 pela Companhia Progredior, uma sociedade anônima gerida nos onze anos seguintes por Adolfo Augusto Pinto, sob a presidência de João de Souza Queiroz. Como assinalou Heloísa Barbuy, não foram localizadas as plantas do Pauliceia, depois Salão Progredior. Se tinha um terraço que dava para a várzea do Carmo, também não há indicações, embora a autora acredite que sim. "Entretanto, pelo que se depreende dos registros encontrados, sua frequência mais importante era a noturna, horário em que pouco se veria lá fora a cidade, a várzea do Carmo, imersas no breu daquelas noites pré-eletricidade urbana" (Barbuy, 2006, pp. 124-125). O prédio ficava entre a Companhia Mecânica, uma importadora, e a livraria Casa Garraux, recebendo de Guilherme de Almeida a classificação de

4 Essas listas foram inauguradas por Vicente de Paula Araújo no seu *Salões, circos e cinemas de São Paulo*, publicado em 1981. Ver também Simões (1990); Kuhl (s/d.); Barro (2000); Oliveira (s/d.); Santoro (2004); e Azevedo (2004).

"confeitaria máxima da história de São Paulo" (Almeida, 2004, p. 540).

A importância do restaurante como "ícone do cosmopolitismo", ainda segundo Barbuy, estava na localização e no edifício construído com padrões do ecletismo europeu. No andar térreo ficavam o restaurante e o botequim (hoje falaríamos em bar e café), finamente decorados com espelhos, que se tornaram célebres, e alegorias pintadas no teto, executadas por Cláudio Rossi e citadas por Guilherme de Almeida como uma "decoração barroca de painéis a óleo". No salão onde tocava a orquestra, em geral um quinteto ou sexteto, apenas se podia beber. Uma das fotos apresentadas pela autora, embora tirada em período posterior (1913-14), nos introduz a um dos salões (havia dois). No bar, cheio e ocupado apenas por um público masculino, bebia-se chope ou café; à direita, sobre um palco elevado, instalava-se o grupo de músicos, entre os quais percebemos o flautista. A foto do outro salão (não reproduzida aqui) mostra o restaurante, que, ao contrário, está vazio; um enorme espelho à direita assinala o luxo da casa na passagem

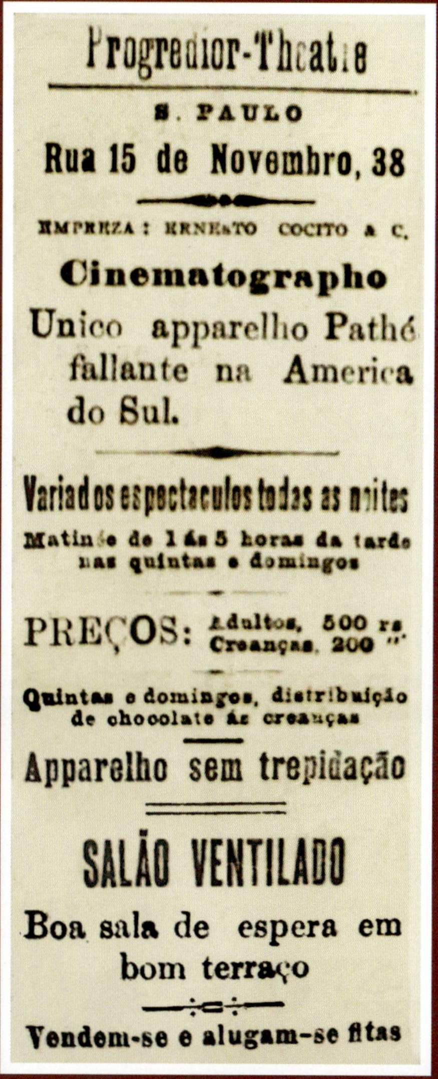

Publicidade do Progredior como local de projeções. *O Comércio de São Paulo*, 28/4/1908, p. 8.

Um dos salões do Progredior.

do século. A disparidade entre o cheio e o vazio justifica o texto de 1893 analisado por Barbuy, em que se elogiava a fachada do edifício ("deslumbrante"), criticava-se a comida do restaurante ("mal preparada e fria") e transmitia-se um nítido orgulho pelo bar, onde se passavam momentos de boa conversa, marcada pelo sincopado musical dos sucessos da época.

É provável que tenha sido no salão de muita agitação que se localizaram as projeções cinematográficas. A primeira delas aconteceria em 22 de abril de 1895, quando Salles Barreto pagou ao Tesouro Municipal 30 mil réis para a exibição do "aparelho do sr. Edison", cuja estreia foi adiada por "defeitos técnicos".[5] Desconhecemos o número de kinetoscópios trazidos à cidade. Presume-se que o acesso a eles tenha se iniciado em 25 de abril e, apesar do elogio de um jornalista do *Diário Popular*, dois dias depois as projeções se encerraram. O kinetoscópio voltaria a ser apresentado no mesmo lugar em janeiro de 1901, quando a Confeitaria Pauliceia havia se transformado em Salão Progredior.

O prédio em que Georges Renouleau realizou a sua exibição pioneira de cinematógrafo, em 7 de agosto de 1896, na rua Boa Vista, 48-A, ficava ao lado do Frontão Paulista. Há um projeto para um sobrado de três andares para esse endereço, de propriedade de Jean Netter, mas o único desenho localizado permite constatar que o espaço escolhido por Renouleau era bem mais modesto.[6] O salãozinho, que na década de 1920 era uma sapataria de Ettore Aurelli, tinha dimensões de 5 m × 15 m aproximadamente, acomodando cerca de 100 cadeiras.

Fotógrafo profissional, Renouleau se instalara com seu ateliê na cidade em 1885. Os produtos das fábricas Lumière, de Lyon, não lhe eram estranhos. O aparecimento de uma nova mercadoria, o cinematógrafo patenteado pelos irmãos Auguste e Louis

5 Para uma visão mais abrangente dos espaços de sociabilidade cinematográfica da cidade de São Paulo entre 1895 e 1929, o leitor deve consultar os *sites* da Cinemateca Brasileira e do Arquivo Histórico de São Paulo. Este texto é uma elaboração com base nas informações ali reunidas em forma de verbetes.

6 Para a exposição *Salas de cinema em São Paulo* (Sesc, 19/11/2008 a 4/1/2009), Máximo Barro informou que Renouleau adaptou um casarão vazio da rua Boa Vista.

Lumière, deve ter aguçado a sua imaginação, num momento de revés profissional com o incêndio acidental das instalações da rua Marechal Deodoro, 2 (atual 15 de Novembro). Associado a outro compatriota, André Bourdelot, que abrira uma loja de brinquedos em 3 de fevereiro de 1896 na rua Boa Vista, 48-A, partiram para a Europa em busca de um aparelho de projeção Lumière. Entre 1895 e 1896, os irmãos Lumière não vendiam suas câmeras e projetores, preferindo explorá-los por meio de agentes próprios. É quase certo que a dupla Renouleau-Bourdelot foi obrigada a se contentar com uma das contrafações em curso no mercado francês, mesmo porque ela nunca alardeou a marca de Lyon (entre os filmes apresentados não há nenhum de clara procedência Lumière). Alice Gonzaga escreveu que, ao desembarcar no Rio de Janeiro, Bourdelot se intitulou "representante do Dr. Marey", isto é, Étienne-Jules Marey, o inventor da cronofotografia, posta à venda em 1891.[7] A propaganda podia ser boa, contudo, tratava-se provavelmente de outro aparelho.

Em 7 de agosto de 1896, com a presença de Campos Sales, presidente do estado (como era chamado o cargo máximo do Executivo estadual), Renouleau fez a estreia da nova invenção. As reações da imprensa foram controversas. Ele realizou as sessões públicas por 30 dias, prazo dado pela licença municipal para a "exposição do aparelho-fotografia animada", começando em 8 de agosto e terminando em 7 de setembro (falta documentação sobre o fim das exibições). As sessões compunham-se de quatro filmes à tarde (13, 14 e 15 horas) e quatro à noite (18, 19, 20 e 21 horas), ao preço de mil réis a cadeira.

Depois de São Paulo, Renouleau exibiu seus filmes em Porto Alegre, encerrando então sua curta carreira de exibidor e voltando à de fotógrafo. Bourdelot passou para a frente o seu negócio de brinquedos para investir na fabricação de joias, estando com loja aberta na mesma rua Boa Vista em 1911.

O bar da rua 15 de Novembro, 38, abrigaria em 1897 as projeções de outro

7 Segundo Jacques Deslandes, somente em 1899 Marey aperfeiçoou seu invento, conseguindo fazer exibições públicas com sucesso.

aparelho de Edison, o vitascópio. Ao contrário do kinetoscópio, o vitascópio buscava concorrer com o cinematógrafo, projetando também imagens na tela. O introdutor do vitascópio foi o prestidigitador de presumível origem colombiana Kij, que tivera uma curta carreira em Buenos Aires entre 1892 e 1893.[8] O "professor Kij", como se intitulava em São Paulo, era proprietário de uma loja de produtos importados, a Novidades Americanas, na rua Florêncio de Abreu, dedicada principalmente à venda de fonógrafos. No início de 1897, ele alugou o salão de concertos da Confeitaria Pauliceia para as apresentações do novo invento, em sociedade com um tal de Joseph – talvez Jorge Joseph, que em 1898 viria a trabalhar com o fotógrafo Ignacio Feinkind no Automat Bosco, uma máquina de fotos instantâneas.[9] Ao contrário do kinetoscópio, o vitascópio necessitava de corrente elétrica fornecida pela rede local para o seu funcionamento. As projeções começaram em 27 de janeiro de 1897, com sessões das 20 às 22 horas, custando a entrada 2 mil réis. O projetor apresentado em São Paulo não era exatamente o mesmo produzido pelas oficinas de Edison. Um fonógrafo tinha sido acoplado ao mecanismo de projeção com um repertório de cantos, anunciado em seis línguas diferentes, bandas e orquestras, de acordo com *O Estado de S. Paulo*. Duas semanas depois da estreia, o aparelho se desarranjou, suspendendo-se as sessões que carreavam enorme público para os salões da Confeitaria Pauliceia.[10]

Um exibidor ambulante se apresentou no Salão Progredior a partir de 25 de abril de 1899. Nicola Maria Parente, dentista de profissão, emigrou para o Brasil em 1876, instalando-se inicialmente em Manaus.

8 Sobre a passagem de Kij por Buenos Aires, ver Fernández (1996, pp. 345-348).

9 Essa aproximação foi sugerida pelo trabalho de Goulart e Mendes (2007).

10 Charles Musser relatou a série de problemas técnicos envolvendo o vitascópio no seu artigo "Introducing cinema to the American public". Não havia prospectos de instalação, a película utilizada somente melhorou quando se adotou a produzida pela Eastman Kodak, mas o maior entrave estava nas diferentes voltagens e frequências utilizadas nas cidades norte-americanas. Os maiores beneficiários do invento foram a Edison Manufacturing Co., o inventor Thomas Armat e os distribuidores Raff and Gammon, restando pouco para os exibidores que aderiram ao projetor. Ver Musser (2002, pp. 21-22).

Vinte anos depois, seu nome ganhou o cenário nacional como exibidor ambulante, começando sua excursão pelo Nordeste, em julho de 1897, e aportando dois anos depois em São Paulo. Além de um legítimo projetor Lumière, cuja venda havia sido liberada pelos industriais de Lyon em maio de 1896, Nicola Parente tinha um pequeno estoque de sete títulos, cinco deles comprovadamente de produção Lumière. As projeções começavam às 20 horas, com direito às audições do quinteto do Salão Progredior no intervalo de troca dos filmes. Cada espectador pagava a importância de 2 mil réis. Em 5 de maio, ele deu por encerrada a sua temporada paulistana.

Ainda na 15 de Novembro tivemos, na virada do século, entre julho de 1899 e agosto de 1900, dois outros exibidores: Victor di Maio e Salvador Joaquim Rizzo. Mesmo aqueles menos afeitos à história do cinema em São Paulo já devem ter ouvido falar de Victor di Maio, dada a sua notoriedade como exibidor e um dos pioneiros na produção de imagens sobre o país. Nascido em Nápoles (14/5/1852), desembarcou no Rio de Janeiro em meados de 1891, possivelmente com uma lanterna mágica para, como tantos, "fazer a América". Em abril de 1897, vamos encontrá-lo trabalhando nos intervalos dos espetáculos da artista Ismênia Santos no Teatro Variedades, ainda no Rio de Janeiro, com um "animatógrafo de Edison". O nome compósito do aparelho indica uma contrafação, fosse do animatógrafo de Robert Paul, fosse do cinematógrafo dos Lumière, uma dentre tantas em circulação na época. De 1º a 9 de maio daquele ano esteve no Cassino Fluminense, em Petrópolis, onde teria exibido um programa de filmes nacionais cujos títulos eram: *Chegada do trem em Petrópolis; Uma artista trabalhando no trapézio do Politeama; Bailados de crianças, no colégio, no Andaraí;* e *Ponto terminal da linha de bondes de Botafogo*. A atribuição de títulos nacionais a filmes estrangeiros é uma hipótese a ser considerada, principalmente no caso da artista no trapézio do Teatro Politeama, sobre o qual não há a mínima informação factual. O que se sabe com certeza é que di Maio chegou a São Paulo dois anos depois, iniciando uma tumultuada carreira de exibidor, o que sempre foi na vida profissional.

Sua estreia deu-se no Eldorado Paulista, um teatro aberto na rua de São João, números 19-21, em terrenos da Companhia Antarctica Paulista, da qual o proprietário, Oscar Augusto do Nascimento, era sócio minoritário e secretário (além de ser irmão do presidente da companhia, Asdrúbal do Nascimento). Aberto como café-concerto em 22 de fevereiro de 1899, o teatro tinha sido utilizado como salão para bailes de carnaval um pouco antes. Uma outra inauguração "oficial" foi feita em 17 de março, quando se serviu uma taça de champanhe aos convidados e à imprensa. A entrada custava módicos mil réis. Em maio construíram-se novos camarotes, inaugurados com o American Biograph de Victor di Maio. O exibidor não estava sozinho. Uma trupe de artistas o acompanhava com um prestidigitador (Salvador), um cançonetista (Cristófaro) e um boneco animado (provavelmente o então popular "João Minhoca"), manejado por Leopoldo Perrascino. Ao contrário

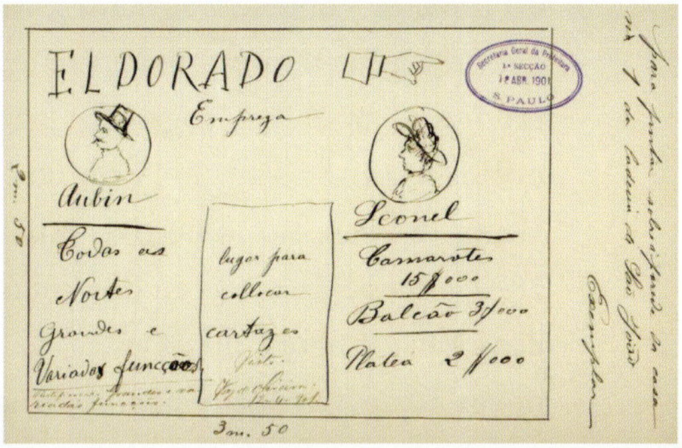

Pedido de aprovação de anúncio de parede para o Eldorado Paulista.

do projetor Lumière de Nicola Parente, que se apresentava um pouco acima do Eldorado, no Salão Progredior, não há notícias sobre os títulos exibidos por Victor di Maio. No começo de junho de 1899, a trupe desapareceu dos anúncios dos jornais, embora "novas vistas", ou seja, novos filmes, tivessem sido apregoadas pela imprensa em 30 de maio.

Victor di Maio voltaria aos jornais em 20 de julho de 1899, agora na rua 15 de Novembro, 58, em imóvel de João Brícola, situado ao lado da redação de *O Estado de S. Paulo*. O prédio tinha passado por reformas naquele ano, segundo Heloísa Barbuy, com a instalação de uma claraboia e um ventilador nos fundos. Construído ainda em taipa, era considerado "antigo e deteriorado". Mesmo assim, foi anunciado por di Maio como tendo "magnífico e luxuoso salão onde pretende exibir moderno e aperfeiçoado cinematógrafo Lumière" (*O Comércio de São Paulo*, 20/7/1899, p. 2). A abertura do Salão New York em São Paulo se deu a 22 de julho, com funções das 18 às 20 horas (e, logo depois, a partir das 14 horas). Como di Maio sumiu do noticiário, torna-se difícil o rastreamento de seu percurso. No ano seguinte, ele regularizou sua situação junto ao Tesouro Municipal, pagando as taxas mensais de 100 mil réis para o funcionamento de sua "fotografia acelerada". Em maio, mudou-se para o prédio ao lado, no número 56, de propriedade de Bernardo Avelino Gavião Peixoto. O imóvel era novo, tendo sido construído em 1898 pelo engenheiro Maximiliano Hehl, e fazia parte da Galeria de Cristal, que atravessava da rua 15 de Novembro até a rua Boa Vista. No início de junho, a licença foi cancelada, segundo a fiscalização, "por não ter funcionado. Victor di Maio fugiu". Máximo Barro transcreve a notícia de *O Estado de S. Paulo*, de 10 de junho de 1900, em que se lê que Leopoldo Perrascino, tendo permanecido como encarregado do salão, assumiu a responsabilidade legal pelo estabelecimento, providenciando a remoção dos equipamentos para o depósito público e devolvendo um piano para a Casa Levy, tradicional loja de instrumentos e partituras musicais da cidade.

A errância de Victor di Maio continuou em 1900. Em agosto e setembro, instalou o Salão Paris em São Paulo, no largo do Rosário, 5, em prédio de José Maria Lisboa. Pagou suas multas por atraso nas licenças para setembro e outubro, porém, mais uma vez desapareceu. O nome do salão, pelo menos dessa vez, tinha uma razão: ele exibia "vistas" sobre a Exposição Internacional de Paris. Em janeiro de 1901, estava instalado na rua São Bento, 77, em prédio alugado do Mosteiro de São Bento, com o mesmo nome: Paris em São Paulo. Há notícias da exibição do "Biógrafo Americano", certamente o American Biograph que havia funcionado no Eldorado Paulista em 1899, além de retornar ao largo do Rosário com outro negócio: um botequim, a Maison Moderne. O cinematógrafo da rua São Bento foi anunciado com "grande repertório de vistas novas", mas, como antes, faltam informações sobre os títulos exibidos. A entrada tinha o preço de mil réis (geral) e 1.500 réis (reservados). A reinauguração foi barulhenta, pois o delegado Saraiva Júnior apreendeu "fitas imorais" no Salão Paris, o que deve ter deixado os beneditinos assustados. O local abrigava ainda um museu de cera com figuras históricas nacionais (D. Pedro II e os marechais Deodoro e Floriano, entre outras figuras pátrias) e um panorama. Até novembro de 1901 ainda se encontram notícias sobre di Maio.

Em abril de 1902, depois de uma viagem à Europa para reabastecimento de novidades, ele visitou os jornais para alardeá-las. Na sua bagagem trazia um "cinematógrafo falante", talvez uma falsificação do Phono-Cinéma-Theatre inventado por Clément-Maurice e Henri Lioret em 1900, e uma lanterna mágica com a qual exibiu a lenda medieval *Geneviève de Brabant*. Antes do fechamento para reformas e instalação do novo aparelho, di Maio anunciou uma série de apresentações gratuitas, que resultou em confusão. O chefe de polícia Pinheiro e Prado mandou fechar o Salão Paris diante do ajuntamento de "crianças, soldados e indivíduos da mais baixa espécie" na protegida área central da cidade. Na reabertura ocorrida em 5 de maio de 1902, di Maio permaneceu o tempo permitido pela licença municipal (30 dias), pois em 17 de junho um espetáculo de hipnotismo ocupava o prédio. De acordo com pesquisas de Jean-Claude Bernardet, Victor di Maio exibiu um estoque de treze películas inéditas na cidade.

Máximo Barro registrou que, no final do mês, di Maio estava no Cassino do Guarujá fazendo projeções, voltando definitivamente a ser exibidor ambulante, numa trajetória que o levou até o Ceará, onde morreu em 1926.

Um ano depois da abertura do Salão New York, foi a vez de Salvador Joaquim Rizzo pedir autorização à Prefeitura para "espetáculos cinematográficos" no endereço da antiga casa utilizada por Victor di Maio. Pouco se sabe sobre esse exibidor. Ele tinha uma sociedade com Vicente Costabile n'A Tesoura da Elegância, em dezembro de 1899, presumindo-se que fosse alfaiate. Em 6 de julho de 1900, requereu licença à prefeitura para as projeções, possivelmente permanecendo no local durante o mês concedido pelo alvará municipal. Nunca mais se ouviu falar dele.

Em outro número da 15 de Novembro, o 28, onde funcionava o Café Americano, Vicente Trapani solicitou permissão para fazer projeções públicas. Trapani seria proprietário da empresa Anúncio Instantâneo, instalada na mesma rua, no 36-A. Embora seu pedido expressasse o desejo de "[...] trabalhar com um cinematógrafo à rua 15 de Novembro 28 (sobrado)", nada nos impede de pensar que o foco central estava na exploração de anúncios por uma lanterna mágica, ou pelo próprio projetor cinematográfico, num pioneirismo que abriria os olhos de outros interessados no emprego de novos veículos de propaganda.[11] O requerimento incluía a colocação de uma placa "[...] para efeito de reproduções por cima do

11 Abrindo a série estava Eduardo Ribeiro, proprietário da Primeira Empresa de Anúncios (Ribeiro e Cia.), que funcionava na rua do Rosário, 6, em janeiro de 1901. Os joalheiros e relojoeiros da Casa Michel, Alphonse e Emílio Worms, também se interessaram pela propaganda com o "cinematógrafo-reclame" no Carnaval de 1906. As projeções se deram da janela do primeiro andar do prédio da rua 15 de Novembro, 25. Embora preliminarmente vetadas devido à centralidade do imóvel, acabaram sendo liberadas pelo prefeito Antonio Prado, desde que se restringissem aos dias de carnaval. Quando foi pedida a renovação em 12 de março, a proibição foi categórica.

prédio onde se acha o jornal *O Império* cuja tabuleta servirá para anúncio [...]". O confuso requerimento, datado de 29 de dezembro de 1900, indica que provavelmente Trapani colocaria um retângulo para receber as projeções sobre o prédio do jornal monarquista *O Império*, em vez de utilizar a tabuleta de anúncio do próprio jornal. Não sabemos se o periódico ficava do outro lado da rua ou no prédio ao lado, pois Freitas Nobre, autor de uma *História da imprensa em São Paulo*, informa apenas sobre as oficinas na rua Boa Vista, 15. De qualquer forma, o exibidor, no ano seguinte, quando foi cobrado pelo Tesouro Municipal por impostos atrasados sobre a "indústria de anúncios elétricos", argumentou que "[...] apenas exibiu algumas vistas nos três dias de Carnaval com intuito de divertir o público e nos dias 27 e 28 e primeiro deste mês [março] fez experiência de algumas chapas de anúncios". Vicente de Paula Araújo também localizou essas exibições de 1901, como de "anúncios elétricos e vistas cômicas" com um "cinematógrafo (ao ar livre)" na rua 15 de Novembro, ficando literalmente no ar o conteúdo sobre o que teriam visto os paulistanos atraídos para a "rua-vitrine" (os termos dos anúncios de propaganda não foram enviados para exame, como era obrigatório pela Lei nº 226 de 28/3/1896).

Em sobrado de Adelaide Olympia Siqueira, situado na rua 15 de Novembro, 63, esquina com o largo do Rosário, estava instalado no começo do século XX o Café O Ponto, de José Caruso. Não é claro o motivo que levou o dono de botequim a se transformar em exibidor de filmes em 1902. Talvez a oportunidade de explorar um cineógrafo Lubin com uma *Vida de Cristo* – exitosa produção norte-americana de Sigmund Lubin, também associado à invenção do novo projetor – tenha atraído a atenção do italiano. *A Passion play of Oberammergau*, de 1898, tinha sido exibida em maio de 1901 no Teatro São Pedro de Alcântara, no Rio de Janeiro, com muito sucesso de público, iniciando entre nós a febre anual da Semana Santa com películas cinematográficas sobre a vida de Jesus Cristo. As sessões cariocas da *Vida de Cristo* eram longas, anunciadas com mais de duas horas de projeção, divididas em duas séries de 16 e 14 quadros (um quadro era uma sequência tomada frontalmente, em palco italiano, trazendo a apresentação de uma atração). Elas vinham acompanhadas de um texto explicativo. O que tinha acontecido no ano anterior no Rio de Janeiro se repetiu em São Paulo. A Semana Santa de 1902 teve três *Vidas de Cristo* em exibição na cidade, pois, além de José Caruso, cujas sessões aconteceram em 16 de março, outros filmes concorrentes foram apresentados no Pauliceia Fantástica e no Teatro Politeama. As sessões cinematográficas devem ter animado Caruso, já que o nome do Café O Ponto mudou para Cineógrafo Lubin, ampliando o elenco de filmes. Ele passou a anunciar em abril novidades cinematográficas vindas de Paris, Londres, Berlim e Nova York, despachadas por um "correspondente" londrino. Talvez isso fosse pura propaganda, porque as exibições do Cineógrafo Lubin no Rio de Janeiro tinham continuado, depois da Semana Santa, com 11 películas de assuntos profanos. Por volta de agosto de 1902, o Cineógrafo Lubin paulista fechou para reformas, reabrindo em 13 de setembro com exibições de filmes, aparelho musical (talvez um fonógrafo) e a *performance* de Henrique Grushka, dando demonstrações do funcionamento de um aparelho de raios X construído pelo próprio técnico. Em dezembro, Caruso comprou o Pauliceia Fantástica, situado na rua do Rosário, 5, abandonando o endereço da 15 de Novembro, onde restaurou o botequim, como se pode avaliar por um pedido de reforma encaminhado pelo construtor Miguel Marzo, em 25 de março de 1905, para um café e bilhar. Se não levarmos a sério a filmagem de Victor di Maio sobre o trapezista do Politeama em 1897, José Caruso se tornou o primeiro produtor de filmes paulistano, tomando como assunto cenas do centro: a rua Direita e uma procissão. Elas foram exibidas no Pauliceia Fantástica em junho de 1903. Até o final daquele ano ainda se encontram pistas de Caruso atuando como exibidor. Passada a "febre cinematográfica", ele assumiu novamente a antiga profissão. Além da 15 de Novembro, 63, encontramos registros de um Café Caruso no número 15, com charutaria, café e bebidas entre 1908 e 1914. Uma Tabacaria Caruso também funcionava na mesma rua, no 49-A.

O Pauliceia Fantástica foi o primeiro sucedâneo paulistano do tipo de espaço de diversões que Paschoal Segreto tinha inaugurado no Rio de Janeiro com o Salão de Novidades Paris no Rio, que representou a sedentarização da casa exibidora. Como foi dito linhas antes, o espaço estava situado na rua do Rosário, 5, que depois foi absorvida pela 15 de Novembro na sua retificação, localizando-se nesse ponto nevrálgico da vida urbana paulistana. Foi aberto em 11 de janeiro de 1902 pela empresa Silva Ferreira e Cia., que tinha como sócios o engenheiro Antonio Mateus da Silva Ferreira e João Gomes de Castro (na década seguinte, apareceu um João Rodrigues de Castro como arrendatário do Teatro Colombo, porém desconhecemos se havia alguma ligação entre os dois empresários). A firma se destinava à "exploração de espetáculos públicos de divertimentos", tendo o capital de 13 contos de réis. O prédio talvez

Cinematographo

Bôa occasião

O proprietario da Paulicéa Phantastica, á rua do Rosario n. 5, tendo de retirar-se para a Europa e querendo liquidar esse estabelecimento, vende, por metade do custo, tudo, ou parte, a saber: piano mechanico, machinas, vistas e tudo concernente a esse ramo de negocio; trata-se com o proprietario, á rua Quinze de Novembro n. 63, Tabacaria Caruso.

O fim do Pauliceia: a venda dos equipamentos.
O Estado de S. Paulo, 17/4/1905, p. 4.

fosse o mesmo de José Maria Lisboa, onde estivera Victor di Maio com o Salão Paris em São Paulo, embora a localização fosse o largo do Rosário. A inauguração foi em grande estilo, contando com a presença do presidente do estado e futuro presidente da República, Rodrigues Alves, exibindo--se, entre outros filmes, a ascensão do balão de Santos Dumont, em Paris. A partir do dia 12 de janeiro, as sessões públicas começavam às 20h30, custando a entrada 1.500 réis para adultos e 500 réis para crianças. O impacto da permanência do Pauliceia Fantástica pode ser medido pelas memórias deixadas por Afonso Schmidt e Jorge Americano. Na descrição de Schmidt:

> Logo à entrada, via-se uma coisa que só por si atraía a atenção do público. Era uma caixa enorme, pintada de verde, tendo em cima três ou quatro bonecos que martelavam pratos e tambores, enquanto lá dentro o mecanismo executava a marcha triunfal da "Aída". Quinze anos depois, encontrei essa almanjarra em Santos, no Miramar. Ainda executava a marcha de Verdi, mas os bonecos estavam paralíticos, a pintura escarapelada, os pratos corroídos pela ferrugem. [...] A tela era pequena, engruvinhada. O projetor ficava atrás do público, fazia muito barulho. Antes de começar a exibição vinha um homem com um canudo e esguichava água no pano. De repente, a tela se iluminava, apareciam figuras trêmulas e saltitantes que pareciam atacadas de doença de São Vito. Tudo era representado com abundância louca de gestos. [...] Era um delírio. (Schmidt, s/d., pp. 114-115)

A descrição é bastante fiel àquilo que podemos imaginar sobre uma casa de diversões do começo do século como o Pauliceia Fantástica. O modelo tinha sido dado pelo empresário Paschoal Segreto, que atapetara o Salão de Novidades com uma série de brinquedos mecânicos, desde aparelhos que vendiam charutos até galinhas que botavam "ovos" com algum brinde. Os brinquedos automáticos remontavam ao século XVIII e, mais tarde, foram incrementados com a possibilidade comercial de se tornarem também aparatos comerciais, os caça--níqueis, e não apenas uma reprodução da figura humana ou animal. No Pauliceia Fantástica encontramos, entre os objetos mecânicos que chegaram ao nosso conhecimento, uma máquina "para aqueles que querem conhecer o futuro", cuja descrição se assemelha ao brinquedo que Tom Hanks aciona no parque de diversões de *Quero ser grande* (1988).

Jorge Americano também ali esteve. Embora sem nomear diretamente o Pauliceia Fantástica, o futuro reitor da USP faz referência a uma das atrações do local, a "lagoa encantada":

> A fotografia animada apareceu diferente do que Helena me disse. Rua 15 de Novembro: uma campainha na porta e um homem gritando: "Vai começar! Quinhentos réis para adultos e duzentos réis para crianças, com direito à pesca maravilhosa! Vai começar!" Na ante-sala havia uns sarrafos cobertos de panos, fingindo um pequeno tanque furado no meio e alguém escondido lá dentro. A criança pegava numa vara e anzol, e o homem, já de dentro, depois de ouvir o outro, que gritava de fora: "É menino!", amarrava um macaquinho de arame enrolado em lã de bordar. Se menina, amarrava uma bonequinha, também de arame e lã. Lá dentro, a sala retangular, com cadeiras austríacas. Molhavam o pano com esguicho de jardim e começava: um trem passando a ponte, um batalhão, uma procissão, tudo tremendo e rompendo-se a fita a todo momento. Havia cabeças fotografadas mais de perto, que tomavam a tela toda. Cabeças de assistentes retardatários passavam pela frente e interceptavam a projeção, fazendo sombra. (Americano, 1957, pp. 253-254)

Jorge Americano e o jornalista Afonso Schmidt concordam com a posição do projetor: ele estava instalado no fundo da sala, já que os espectadores retardatários faziam parte involuntária do espetáculo, projetando suas cabeças no pano branco. Ambos também descrevem a tela sendo molhada por um canudo ou esguicho de jardim. O umedecimento da tela se devia ao (falso) medo de incêndio; contudo, também se afirma que o pano molhado refletia melhor a imagem projetada do que o tecido seco. Seja qual for a origem dessa prática, ela ganhou contornos de ícone do cinema mudo, pois outro memorialista, o escritor modernista Menotti del Picchia, também se recordou da técnica quando foi levado pelo pai pela primeira vez ao cinema em São Paulo. Entretanto, somente Schmidt se preocupou com o barulho do gerador de energia elétrica e a pequenez da tela, distinguindo-se com uma sensibilidade diversa. Qual o volume de incômodo que o aparato de projeção poderia causar ao espetáculo cinematográfico? Estaria aí a razão para que logo a empresa aderisse a um dos projetores acoplados com sistema sonoro por meio de fonógrafos, apresentando em setembro de 1902 um "Fotofone Lírico", com películas exibindo na tela trechos de ópera e, além do mais, coloridas?

Embora não tenhamos uma planta baixa do imóvel cuja propriedade atribuímos a José Maria Lisboa, Jorge Americano nos afiança que a sala era retangular, mobiliada com cadeiras austríacas. Informações complementares trazidas pela imprensa indicam uma lotação de 100 espectadores, capacidade que podemos especular ser a mesma dos salões anteriormente utilizados, como o de Renouleau, o Kinema Theatre e o Cineógrafo Lubin.

Como já foi dito, antes do Natal de 1902, o Pauliceia Fantástica foi vendido a José Caruso, que permaneceu com o espaço de divertimentos até junho de 1904.

As sessões de filmes pipocavam pelo Triângulo no decênio inicial da convivência paulistana com o cinema. Um exibidor de possível proveniência francesa, Georges Mornaud, apresentou-se na cidade a partir de 19 de janeiro de 1899 com um aparelho de nome pouco claro: motoscópio. O projetor norte-americano Mutoscope era de visão individual, como o kinetoscópio, sendo industrializado pela mesma dupla de inventores que tinha trabalhado para Edison: Herman Casler e Willian K. Laurie Dickson. Uma outra possibilidade estaria no motógrafo (Le Motograph), inventado por Joseph Rous em julho de 1896; contudo, esse é um aparato menos conhecido. Mornaud alugou o sobrado de José Alves de Sá Rocha na rua Moreira César, 14.[12] Um dia antes da abertura da casa de diversões, ele requereu a licença para a "exposição do Motoscópio", que garantia aos espectadores a visão de "quadros animados de tamanho natural. O espectador tem a plena sensação de assistir às cenas que se vai [*sic*] desenrolando diante dele" (*A Plateia*, 15-16/2/1899, p. 4). A propaganda era boa, mas o ingresso salgado: 2 mil réis para as cadeiras e mil réis para a geral. Do elenco de nove películas anunciadas pelo jornal *A Plateia*, pelo menos cinco eram de produção Lumière e uma sexta talvez fosse de Georges Méliès, *Pedreiros derrubando um muro* (*Le maçon maladroit*), embora Lumière tenha filmado o mesmo assunto.

12 Nome dado em 1897 à rua São Bento, em homenagem ao militar derrotado na Guerra de Canudos; o nome não pegou e a rua voltou a se chamar São Bento.

MOTOSCOPIO

14 — Rua S. Bento — 14

HOJE - quinta-feira, 19 de janeiro - HOJE

ESTRÉA DO

MOTOSCOPIO

A mais maravilhosa de todas as invenções modernas, reproduzindo com a maior fidelidade a

Vida e o movimento, em quadros animados de tamanho natural

Projecções feitas por meio de um systema inteiramente novo, combinando a luz electrica com a agua, e dando ás scenas representadas um relevo até agora nunca alcançado. O espectador tem a perfeita sensação de assistir ás scenas que se vão desenrolando diante delle.

PROGRAMMA

As montanhas russas nauticas do *Jardim de Pariz*, com os carros resaltando por cima dum tanque. (Waterto-bogant).

O cocheiro adormecido, troça de garotos (scena comica, immensas gargalhadas).

Um temporal nas costas de Cornouailles (Inglaterra). O mar bravo batendo nos rochedos.

Pedreiros destruindo uma casa. Queda dè um muro, effeito surprehendente!

Um trecho do Boulevard des Italiens em Pariz. Passagens do omnibus *Madeleine-Bastille*.

Os pombos da praça de S. Marcos em Veneza.

As peripecias de um despertar. Batalha de travesseiros. (Scena desopilante).

Mergulhadores nos banhos publicos de Milano, saltando na agua, da altura de um segundo andar.

Este programma poderá ser alterado por qualquer motivo.

Funcções todas ás noites desde ás 6 1/2 horas da tarde em diante

Preços de entrada: Cadeiras, 2$000; geraes, 1$000

Oito filmes compunham o programa de estreia do motoscópio. *O Estado de S. Paulo*, 19/1/1899, p. 6.

Também na rua São Bento, números 58-61, no Grand Hotel de la Rôtisserie Sportsman, de Antoine Daniel Souquières, o Comité des Dames Patronesses Françaises deu uma festa para crianças com exibição de filmes em benefício da Santa Casa de Misericórdia. Desconhece-se o aparelho e o projecionista, todavia, não é difícil pensar em outro membro da colônia francesa de São Paulo, Georges Renouleau, como possível candidato ao feito. Na descrição de Alfredo Moreira Pinto em seu livro *A cidade de São Paulo em 1900*, o prédio de frente para a rua São Bento e de costas para a Líbero Badaró tinha um grande salão de refeições para os hóspedes e moradores da cidade que se dispusessem a frequentá-lo e, ao fundo, um salão nobre, maior que o anterior, com um palco. Provavelmente foi nesse salão que ocorreu a exibição, quem sabe também acompanhada pela pequena orquestra do hotel. A festa beneficente aconteceu no dia 26 de agosto de 1900.

Na rua Direita 24-A, prédio do conde de São Joaquim (Joaquim Lebre), abriu-se em 25 de maio de 1903 um espaço de diversões chamado À L'Incroyable. As sessões de filmes, que não deixaram registro, foram inauguradas pelo quarteto do professor Marino, tocando a fantasia de *O Guarani*, de Carlos Gomes, em gesto patriótico para um lugar de nome francês. Seguiram-se "vistas animadas por um sistema completamente aperfeiçoado", cujo ingresso custava 1.500 réis, pagando as crianças somente mil réis. O funcionamento dava-se entre as 17h30 e as 22 horas. Possivelmente tendo esgotado o número de novidades cinematográficas, o exibidor passou em 5 de junho, menos de um mês depois de aberto o espaço, a oferecer prêmios sorteados com o número do bilhete de entrada. Eram serviços de porcelana, castiçais, cigarreiras de couro, porta-lápis e outras peças de uso doméstico. Talvez o sorteio não tenha atraído tantos espectadores como se esperava, porque, a partir do final daquele mês, o bilhete caiu para 500 réis. Até novembro de 1903, o À L'Incroyable continuava aberto, indo o negócio a leilão no mês seguinte, quando ao correr do martelo se venderam serviços de chá em estilo *art*

Fachada do Grand Hotel
de la Rôtisserie Sportsman,
c. 1900.

nouveau, cristais da Boêmia, dúzias de cadeiras Thonet e dezenas de outros objetos.

O cinema também frequentava os parques e as praças públicas. Na praça da República funcionou, entre 25 de março de 1900 e 30 de maio de 1901, uma montanha-russa, explorada pelo tenente-coronel Pinto de Magalhães. Nos baixos da estrutura abrigaram-se espaços para a exploração de vários divertimentos, como tiro ao alvo, banda de música, bonecos animados (João Minhoca), inclusive um cinema, cuja licença foi requerida por Eduardo Ribeiro. Não há informações sobre esse cinema de feira. Talvez nem tenha funcionado, se observarmos que naquele ano o exibidor, proprietário ainda da Primeira Empresa de Anúncios, tinha tentado fazer "anúncios elétricos" na rua do Rosário, 6 (sobrado), com uma espécie de "cinematógrafo-reclame". Mas eram apenas chapas fotográficas amplificadas pela luz de um projetor, quem sabe de uma lanterna mágica, com resultados frustrantes para o proprietário.

No Jardim Público da Luz, cujo coreto era animado usualmente por bandas militares, durante a Semana Santa de 1903 exibiu-se um "magnífico cinematógrafo". O espaço datava de 1798 como Jardim Botânico, sofrendo sucessivas reformas, notadamente depois que ganhou a vizinhança da estação da São Paulo Railway, em terreno cedido pelo próprio Jardim Público. Durante a gestão do prefeito Antonio Prado (1899-1910), foi novamente remodelado, ganhando bancos, coreto, tanques e calçamento. Desconhece-se o nome do exibidor que se apresentou com uma *Vida de Cristo* colorida naquele ano; porém, talvez fosse o mesmo aparelho que Vicente de Paula Araújo mencionou ser fornecido por Guilherme Fuchs. No ano seguinte, durante a quermesse em benefício da Santa Casa de Misericórdia capitaneada pelo Clube Internacional, novamente apareceu um "animatógrafo", que foi "muito apreciado, [apresentando] vistas de uma nitidez admirável" (Araújo, 1981, p. 103). O Jardim foi servido de eletricidade pela concessionária canadense Light and Power, que instalou cinco motores e dez acumuladores para a iluminação das doze barracas em volta do lago e das guirlandas de lâmpadas coloridas arranjadas nas árvores. As películas exibidas em 21 de abril de 1904 foram as encomendadas pela Sociedade Paulista de Agricultura para a exibição da pujança agrícola do estado na exposição norte-americana de Saint Louis, as mesmas que tinham sido apresentadas dez dias antes na sede da entidade, contendo "belíssimas vistas de fazendas de café, plantações de algodão, cereais, produtos de criação pastoril, etc." (*Diário Popular*, 24/3/1904, p. 1). Segundo Vicente de Paula Araújo, as projeções ocorridas para marcar a inauguração da exposição foram feitas de uma janela da sede do prédio, localizado no largo de São Francisco, nº 5, para uma tela instalada em outro prédio ou no largo mesmo – faltam informações –, com a presença de grande número de espectadores.

Outras projeções ainda aconteceram no Parque Antarctica, primeiro endereço da fábrica de cerveja da Companhia Antarctica Paulista, em 1891, na distante

DIVERSÕES

JARDIM DA LUZ: DIAS, 10, 11 e 12
KERMESSE DOS BORORÓS
Cinematographo Serrador -- Concerto pela Banda Policial -- Baile -- "João Minhoca" -- Banda dos Bororós, etc.

Parque Antarctica

DIA, 11 -- DOMINGO: (na parte baixa)
GRANDE FESTA, em beneficio do "Dispensario Clemente Ferreira".
"Quéda do Burro, corridas de aranhas, etc.
DIA, 12 de outubro: Descoberta da America, grande festival pelo Centro Onze de Agosto, foot-ball, corrida á pé, grande corrida de bicycletas no Circuito de Itapecerica, etc., etc.

O cinema é uma das atrações da quermesse no Jardim da Luz. *O Estado de S. Paulo*, 11/10/1908, p. 8.

Publicidade do primeiro programa com exposição de filmes no Parque Antarctica. *O Estado de S. Paulo*, 15/11/1903, p. 5.

Água Branca do final do século XIX, antes de se mudar para a Mooca. A primeira partida do Campeonato Paulista de 1902 ocorreu no Parque Antarctica, que contava com pistas de ciclismo, aleias para passeio, espaços para parques de diversões e circos. Uma quermesse em benefício do Instituto Pasteur e do futuro Conservatório Dramático e Musical ali se realizou entre 20 e 27 de março de 1904, e um cinematógrafo, fornecido por proprietário desconhecido, veio se juntar às outras atrações, entre elas, a banda de música da Força Policial, corridas de bicicletas e tiro ao alvo.

A diversidade de espaços em que a projeção cinematográfica era a atração principal ou, pelo menos, uma dentre outras para a captação de público não deve desviar nossa atenção para o fato de os teatros, os locais tradicionais e consolidados na paisagem urbana, serem o alvo principal dos exibidores itinerantes no período que vai de 1895 a 1906. Os teatros, por outro lado, não eram locais improvisados como o utilizado pelo motoscópio de Georges Mornaud, na rua

São Bento, ou pela À L'Incroyable, na rua Direita. Nem demandavam um contínuo refazer das atrações ou do espaço em si, como tinham provado as experiências de Victor di Maio e do Pauliceia Fantástica. Mesmo que tivessem má fama perante a administração pública, como o Politeama, os teatros estavam fincados no solo urbano, integrando um circuito internacional de empresários, artistas e espetáculos, que poderia começar em Paris ou Nova York, passando por várias capitais brasileiras e sul-americanas (Buenos Aires, por exemplo). As turnês operísticas, as grandes companhias dramáticas e as de café-concerto tinham nos teatros o ponto obrigatório de apresentação, movimentando a agenda dos grandes empresários da época, como Paschoal Segreto, Manuel Ballesteros, Joseph Cateysson e Charles Séguin. Em termos quantitativos, quase a metade das exibições cinematográficas do período em questão ocorreu nos três teatros paulistanos em atividade naquela época.

O Teatro Apolo e o Politeama eram os mais antigos. O Apolo, na rua Boa Vista, tinha uma longa história de atuação na cidade, posto que Antonio Barreto do Amaral, no seu livro *História dos velhos teatros de São Paulo*, liga-o ao antigo Teatro Provisório, de 1873, e ao Minerva, de 1891. Reformado e reinaugurado em 14 de fevereiro de 1895, o Apolo ganhou um palco de 14 metros de largura por 20 metros de fundo, aumentando-se os camarins para 20, em dois pavimentos. O teto foi levantado, permitindo que o pano de boca, pintado no Rio de Janeiro pelo cenógrafo Oreste Colliva, descesse sem dobras. Para a reabertura, veio da capital federal a Companhia de Operetas e Mágicas do Teatro Lucinda, dirigida pelo ator Brandão, pai do futuro "primo pobre" televisivo, Brandão Filho. Um ano antes de sua demolição, apresentaram-se no Apolo a Companhia Francesa de Variedades, dirigida por Faure Nicolay, e a Grande Companhia de Novidades Excêntricas, de José Roberto da Cunha Sales.

No caso de Faure Nicolay, não há documentação sobre suas projeções. A trupe inteiramente familiar, tendo à frente o já na época patriarca Nicolas Faure, secundado pelas filhas Rosina, Paula e Luiza, e um ajudante de nome Luiz, alugou o Teatro Apolo para dar espetáculos entre 9 e 15 de janeiro de 1898. Nesse ano, Faure Nicolay, seu nome artístico, estava com a provecta idade de 68 anos, vindo a morrer cinco anos depois. Partindo de seu país natal, a França, tinha rodado a Europa antes de desembarcar no Rio de Janeiro, em 1872. Nas duas décadas seguintes, incorporou a América do Sul ao seu roteiro artístico, excursionando por Buenos Aires em 1875, 1885 e, se dermos crédito a sua autobiografia, em 1897, quando teria agregado a suas apresentações um animatógrafo, manejado por Luiz – a quem somou o sobrenome da trupe Nicolay, dividindo com ele a participação nos resultados financeiros dos espetáculos. A apresentação no Apolo organizava-se em três partes. Na primeira, havia um "grande ato de magia elegante"; na segunda, entravam suas filhas com números de prestidigitação, no qual brilhavam a "mala moscovita" e o "gabinete espírita"; por fim, exibia-se o "grande Diaforama Universal em combinação com o maravilhoso cinematógrafo que será colocado à vista dos espectadores pelo distinto prof. M[r]. Luiz Nicolay" (*Diário Popular*, 12/1/1898, p. 3). Como vimos pela voz dos memorialistas Afonso Schmidt e Jorge Americano, a presença do aparelho de projeção "à vista" dos espectadores era uma prática usual entre os primeiros exibidores. O aparato, o motor de produção de energia elétrica para a lanterna, o projecionista movimentando a manivela para passar a fita diante do foco de luz, a qual finalmente caía numa cesta embaixo, constituíam, por si só, uma das atrações do espetáculo. Mas quais filmes teriam visto os paulistanos presentes ao Apolo naquela semana de janeiro de 1898? Sobre isso não há qualquer pista. Já o diaforama ou diafanorama universal, segundo aparelho em ação durante o terceiro ato, talvez fosse uma lanterna mágica. Embora Laurent Mannoni não relacione nenhum aparelho com esse nome, deve-se lembrar que, entre os equipamentos trazidos em janeiro de 1897 pelo português Aurélio da Paz dos Reis, cinegrafista e projecionista pioneiro, para suas apresentações no Teatro Lucinda do Rio de Janeiro, segundo *O País* (14/1/1897), estava um "diafanorama colossal" para exibição dos "quadros dissolventes" (expressão ligada à exibição de lanterna mágica). Máximo Barro, citando uma notícia do *Diário Popular*, quando da passagem de Faure Nicolay por São Carlos, interior de São Paulo, em outubro de 1897, refere-se ao incidente ocorrido na plateia durante a exibição da imagem do marechal Floriano Peixoto, figura presidencial que atraía reações virulentas a favor ou contra seu antigo governo, sugerindo a utilização de uma lanterna mágica para a projeção de retratos de personalidades públicas. É possível que o português tenha voltado ao Porto sem o seu diafanorama, vendido ao francês.

Faure Nicolay voltou a São Paulo nos anos seguintes, sempre se exibindo no Cercle Français da rua 15 de Novembro. Os espetáculos giravam em torno de suas habilidades no bilhar e de tradicionais números de prestidigitação. Aparentemente, a trupe se dissolveu e Luiz Nicolay se perdeu no tempo.

Assim como não há registro de que Faure Nicolay tenha pago a licença municipal para suas apresentações, tampouco José Roberto da Cunha Sales parece tê-lo feito. Ele ocupou o Apolo em duas ocasiões, em fevereiro e março de 1898, no intervalo das quais o teatro foi utilizado para bailes de carnaval. Pelas reações de ódio que mobiliza, Cunha Sales é uma personalidade bem conhecida na história do cinema brasileiro dos primeiros tempos. Nascido no Recife em 27 de março de 1840, consta que obteve diplomas em medicina e direito, área na qual produziu vasta bibliografia (segundo Hernani Heffner, somente pela Editora Garnier publicou 11 títulos). Em 1885, mudou-se para o Rio de Janeiro, tornando-se uma figura pública, uma celebridade na corte. Machado de Assis referiu-se a ele, Artur Azevedo destacou-o como personagem de uma de suas revistas do ano e o periódico *O Mequetrefe* estampou-o na capa de um dos números. As glórias públicas se deviam menos a seus dotes intelectuais nos campos em que era doutor e mais a suas atividades como inventor e como contraventor do jogo do bicho. Em algumas ocasiões, as duas práticas estavam imbricadas. Ao mesmo tempo que tentou fazer fortuna como químico industrial, lançando na praça uma série de produtos – como o Sabão Mágico contra sardas, manchas e espinhas; o Americano, contra cólicas; o vinho revigorante e regenerador Virgolina; o bálsamo oriental Zoraina contra frieiras; as Gotas Chinesas, para dor de dente; o Xumby-Caena, que combatia males pulmonares controláveis (asma, bronquite) e incontroláveis (tuberculose) –, na contravenção, os inventos o ajudavam na prática ilegal do jogo. Inventou e patenteou, por exemplo, o Panteão Ceroplástico, um museu de cera com personalidades nacionais marcantes. Instalado no Eldorado da praça Tiradentes, tinha entrada gratuita, e ali dentro os usuários podiam comprar bilhetes numerados com datas célebres e concorrer a prêmios. Em julho de 1896, o Panteão foi atacado a tiros, navalhadas e bombas de dinamite, atentado que resultou em um morto e vários feridos. Perseguido pela polícia e pela imprensa (o jornal *Gazeta de Notícias* devotou-lhe uma campanha especial), Cunha Sales transferiu o Panteão para o Velódromo, até vendê-lo a Paschoal Segreto, que o explorou por anos seguidos como museu de cera.

Associando-se a Segreto, Cunha Sales percebeu as possibilidades comerciais do cinema, logo após os irmãos Lumière liberarem seus projetores para venda pública. Como os industriais lioneses não possuíam agentes no país, ele filmou e revelou uma cena de praia na baía da Guanabara, entrando com um pedido na Seção de Privilégios Industriais do Ministério da Agricultura, Comércio e Obras Públicas como autor da invenção das "fotografias vivas", com o qual pretendia se tornar "inventor do cinema" no Brasil e, consequentemente, cobrar direitos de outros exibidores. É claro que sua manobra legal não teve qualquer amparo, nem lhe proporcionou nenhum rendimento imediato, tratando-se possivelmente de mais uma fraca e absurda jogada de *marketing*, porque ele logo se transformou em exibidor ambulante com a Grande Companhia de Novidades Excêntricas. Em dezembro de 1897, apresentou-se em Petrópolis; no mês seguinte, no Teatro Lucinda do Rio de Janeiro, iniciando seus espetáculos no paulistano Teatro Apolo em 13 de fevereiro de 1898.

A trupe da Grande Companhia era composta de cantoras, um travesti com timbre de barítono, dançarinas, uma declamadora, um prestidigitador, um cantor e um fonógrafo Edison, cuja audição custava 200 réis o cilindro. Na série de espetáculos oferecidos em São Paulo, parte da trupe veio do Rio, parte foi arrebanhada por aqui mesmo. Cunha Sales manejou o cinematógrafo Lumière, exibindo-se com o nome de professor Pereira Porto. Ficou no teatro durante cinco dias, cobrando ingressos entre 1.500 réis para as gerais e 25 mil réis para frisas e camarotes. Seu estoque de filmes reunia 23 películas, o triplo do de Renouleau, e, pela primeira vez na cidade, todas de legítima produção Lumière. Salvo engano de identificação, os paulistanos tiveram ocasião de ver os clássicos *L'Arroseur arrosé* (*Jardineiro italiano*) e *Démolition d'un mur* (*Derrubada de um muro*), que podia ser projetado de trás para a frente com o mesmo impacto visual.[13] Depois do carnaval, o ambulante retornou para mais uma temporada curta de dez dias (25 de fevereiro a 6 de março). A série de exibições foi festejada pela imprensa como a "melhor que até hoje tem aparecido no Brasil". Com o término da temporada no Apolo, Cunha Sales foi para Campinas e, se seguirmos a pista descoberta por Máximo Barro, continuou exibindo filmes pelo interior até o esgotamento total das películas, quando voltou ao charlatanismo ou a outras atividades ilícitas. Morreu em Niterói em 4 de outubro de 1903.

O Teatro Apolo foi comprado pelo conde Antonio Álvares Leite Penteado, que iniciou a demolição do edifício em 1899. Com a aquisição de outros imóveis no entorno, do portão do Apolo até o

13 Dentre as cópias existentes, a da coletânea do British Film Institute apresenta esse efeito.

Tribunal de Justiça, ergueu outra casa de espetáculo, o Teatro Santana, mais amplo e confortável, inaugurado em 26 de maio de 1900. O projeto do Santana era do engenheiro alemão Maximiliano Hehl, com formação na Politécnica de Hanover. A ele São Paulo deve o projeto inicial da catedral gótica erguida na praça da Sé, cuja pedra fundamental foi colocada em 6 de julho de 1913. O engenheiro não teve tempo de acompanhar sua obra, pois morreu logo depois, em 1916 (Ficher, 2005, pp. 84-85).

O Santana era uma construção em estilo neoclássico, tendo no térreo, para a entrada do público, três portas centrais e duas laterais. No andar superior, oito janelas, sendo três centrais em arco com balaustrada, e as demais com venezianas para a ventilação. A entrada para a plateia e os camarotes se dava por um largo vestíbulo. Tinha capacidade para 1.186 lugares, divididos em 450 nas galerias, 94 nos balcões, 18 camarotes de 2ª ordem (5 lugares), 22 camarotes de 1ª ordem (5 lugares), plateia com 108 cadeiras de 2ª ordem e 334 de 1ª ordem. As cadeiras dos balcões e da plateia eram de armação de ferro e assento de palhinha. Para os artistas, havia de 12 a 14 camarins. O palco era considerado apropriado para qualquer companhia lírica de primeira grandeza. O pano de boca de cena estampava uma vista da várzea do Carmo, de onde o teatro estava a cavaleiro, tendo em primeiro plano uma ninfa empunhando uma lira com um cisne branco aos pés, numa clássica cena mitológica de Euterpe e Zeus. A iluminação era elétrica e a gás. Possuía três bufês, sendo o primeiro para a plateia e os camarotes, o segundo exclusivo da segunda ordem de camarotes e um terceiro para as galerias.

Entre 1901 e 1906 passaram pelo Santana dez exibidores, a maioria deles ambulante. O primeiro da lista foi a Empresa N. Fernandes, de Nemésio Fernandes e J. Garcia, que apresentou um projetor anunciado com o nome compósito de Grande Biógrafo Lumière, além de se intitularem representantes da Societé Générale des Cinématographes et Biographes de Paris, empresa da qual não se tem nenhum registro evidente.

Nemésio Fernandes, nome de sabor nitidamente lusitano, estava de passagem pela cidade e requereu o alvará de licença para a exibição do seu "cinematógrafo" no Teatro Santana. Houve uma sessão prévia para a imprensa a 21 de abril de 1901, e não faltaram elogios para o "biógrafo" com projeção nítida e perfeita. Outra atração veio se juntar às saudadas pela imprensa, centrando-se na "maneira nova pela qual é exibida ao público" as películas de seu pequeno estoque. Não havia "demora de mudança de vistas, pelo qual elas se fazem imediatamente, sucedendo [uma] a outra", como consta do texto do *Correio Paulistano* (*Correio Paulistano*, 24/4/1901, p. 2). Como se processou a sessão? Com a alternância de dois projetores: o cinematógrafo e o biógrafo? Ou com a união das sete fitas em um único rolo, como era prática entre os exibidores norte-americanos? Não há maiores explicações.[14] A empresa de Nemésio Fernandes ocupou o Santana por quatro dias, de quinta a domingo, com sessões se iniciando às 20h30 a um preço convidativo: de mil réis nas gerais a 15 mil réis nos camarotes. Das sete películas projetadas, havia uma *Joana d'Arc* colorida de Georges Méliès, com a atriz Rejane, e outras da Pathé Frères. É provável que a empresa viesse de Buenos Aires, porque exibiram uma *Llegada del presidente de la república de Brasil dr. Campos Salles en Buenos Aires* (*Recepção ao dr. Campos Sales em Buenos Aires*), de produção argentina.

Nos anos seguintes, a cada temporada, o Teatro Santana abrigou uma companhia artística ou um exibidor ambulante com projeções cinematográficas. Alguns tiveram prejuízo, como Enrique Sastre, ainda em 1901, cujo aparato de produção de energia não funcionou, levando-o a suspender as exibições. Houve ainda outros espetáculos, como o da transformista Fátima Miris, que incluíam projeções de filmes como chamariz (o "cinefatimógrafo"). A arte do transformismo (não confundir

14 No artigo já citado de Charles Musser (2002), há referência ao uso alternado de dois projetores na estreia do vitascópio no Koster and Bial's Music Hall de Nova York, em 23 de março de 1896, quando se projetaram seis filmes.

com travestismo) consistia na mudança rápida de personagens e roupas, podendo chegar a dezenas de caracterizações durante a trama levada no palco. Se o espetáculo funcionava bem, chamando espectadores, as projeções eram deixadas para segundo plano, quando não abandonadas completamente, como aconteceu com o "cinefatimógrafo". Em outras ocasiões, o teatro servia para quermesses beneficentes, como se deu em março de 1904. A colônia inglesa na cidade uniu-se para arrecadar fundos para o Hospital Samaritano, incluindo, entre outras atrações, projeções cinematográficas e demonstrações do funcionamento do raio X. Tal combinação indica que se tratava do mesmo espetáculo oferecido por José Caruso em 1902, no Cineógrafo Lubin, na rua 15 de Novembro. Esses artistas e empresários trabalhavam com pequenos estoques de filmes. O primeiro sinal de que uma nova espécie de espetáculo estava chegando aos espectadores veio com a passagem do francês Édouard Hervet em 1905. Para isso contribuiu o crescimento da Pathé Frères.

A Pathé Frères era uma empresa familiar que, em 1897, produzia fonógrafos e discos. A passagem para o cinema se deu no início do século, ocorrendo até 1903 uma produção artesanal rápida, com diretores improvisados e o saqueio de assuntos explorados por outras produtoras. A virada em direção a uma produção em escala industrial se deu por volta de 1903-1904, principalmente por meio do lucrativo mercado norte-americano. O sucesso das fitas Pathé e de seu processo de coloração manual, que depois ganhou escala industrial com a introdução do Pathécolor e a temática dos dramalhões sangrentos (*grand-guignol*) filmados em estúdios construídos nos arredores de Paris, como Joinville, Vincennes e Montreuil, consolidou-se com a explosão dos *nickelodeons*, salas de exibição populares com ingresso a 5 centavos de dólar, que se tornaram um escoadouro providencial para a produção francesa. Em 1905, expedia-se dos estúdios e laboratórios da Pathé a média de seis títulos novos por semana, número duplicado até 1909. A empresa se tornou a primeira multinacional da indústria cinematográfica, com escritórios de vendas em vários lugares do mundo, deixando intocada a América do Sul. As agências de Londres, Nova York, Berlim, Rússia (Moscou, São Petersburgo e Odessa) e Tóquio também produziam filmes com temática local, que eram distribuídos mundialmente por meio da matriz. Estúdios foram construídos nas filiais de outros países, como a Grã-Bretanha (Britannia) e na Holanda (Hollandsche Film); diretores experientes como Auguste Machin foram deslocados para a produção de filmes na Bélgica e na Holanda. Além dos Estados Unidos, a produtora francesa contava também com os mercados cativos das colônias africanas (Marrocos e outros territórios) e asiáticas (Indochina), embora as sucursais norte-americana e londrina se destacassem no cômputo geral das rendas externas. A Pathé Frères ainda substituiu o sistema de venda de cópias pelo de locação, mesmo que a mudança só favorecesse os poucos mercados organizados nas metrópoles capitalistas. Para a América Latina, a venda de cópias para os exibidores ambulantes foi uma prática que ainda perdurou por alguns anos, mesmo quando a primeira casa importadora da Pathé no Brasil, a Marc Ferrez e Filhos, localizada no Rio de Janeiro e especializada em óptica e fotografia, avançou timidamente na exploração do mercado interno, incrementando o negócio da distribuição somente a partir de 1907, ano em que passou também a exibidora.

Édouard Hervet começou a circular pela América em 1901 com um projetor Lumière (em maio daquele ano estava em Porto Rico, deslocando-se depois para a Venezuela). Chegou ao Brasil em agosto de 1904, quando passou pelo Recife sem muito sucesso de público, desembarcando no Rio de Janeiro em novembro para uma série de espetáculos no Teatro Lírico. Em 18 de março de 1905, pagou a taxa de 70 mil réis ao chefe de Polícia da cidade de São Paulo, Antonio de Godoy, embora não haja registro de recolhimento similar à prefeitura. No mesmo dia, estreou no Teatro Santana com ingressos baratos (mil réis nas gerais e 10 mil nas frisas e camarotes). Seu estoque de filmes era de quase 200 películas inéditas na cidade, sem contar as repetidas. Entre as identificadas, 77 eram da Pathé Frères e 36 de Georges Méliès. A excursão de Hervet alterou o panorama criado em 1896 por Georges Renouleau e seguido por outros ambulantes ou pelas casas fixas da cidade, excetuando-se o Pauliceia Fantástica.

O variado estoque de Hervet era exibido em três partes, cada uma delas com 8 a 10 filmes, encerrando cada parte com uma atração maior, ou seja, um filme colorido, uma película com grande número de "quadros" (metragem maior), ou então uma fita falante (imagem projetada acompanhada de disco fonográfico). As projeções se iniciavam às 20h30, encerrando-se três horas depois. A primeira turnê começou em 18 de março e seguiu até 1º de abril, retornando em 14 de abril para cumprir um contrato de dez dias. Em 3 e 4 de junho, de volta do interior, regressou ao Santana com espetáculos a preços populares. Hervet voltou ao Rio de Janeiro em 1906 e 1907, mas não se apresentou mais em São Paulo.

Édouard Hervet foi o grande artífice na demonstração de um novo tipo de espetáculo. Os filmes e o projetor da Pathé Frères, o motor da marca Aster de produção de energia elétrica, davam um espetáculo de grande efeito, notadamente se o projecionista soubesse manejar bem a aparelhagem, como parece ter sido o caso,[15] evitando-se as interrupções, saltos ou o efeito de "flicagem" (cintilação) da película. A abundante oferta de filmes possibilitava programas extensos e variados, permitindo ao ambulante uma permanência maior na casa de espetáculos. Dessa forma, cativavam-se espectadores, de um lado, e, de outro, lançavam-se novas perspectivas sobre o negócio cinematográfico, como foi percebido pela empresa de Marc Ferrez, no Rio de Janeiro. A principal beneficiária foi a produtora metropolitana Pathé, que se transformou em padrão de excelência do espetáculo cinematográfico, desbancando seu concorrente mais próximo, o projetor

15 Alice Gonzaga (1996, p. 70) citou o veterano projecionista carioca Joaquim Tiradentes, que se intitulava "discípulo" de Hervet.

AMOSTRAGEM DE FILMES ESTRANGEIROS EXIBIDOS EM SÃO PAULO (1896-1905)

ANO	EXIBIDOR	NÚMERO DE FILMES
1896	Georges Renouleau	9
1897	Sem exibição	–
1898	Cunha Sales	23
1899	Nicola Parente	7
1900	Victor di Maio	1
1901	Nemésio Fernandes	7
1902	Victor di Maio	13
1903	À L'Incroyable	4
1904	Sem exibição	–
1905	Édouard Hervet	190

Lumière, graças a Hervet, de quem os paulistanos nunca mais tiveram notícia.

A área da ladeira de São João, altura dos números 19, 21 e 21-A, pertencentes à Companhia Antarctica Paulista, transformou-se ao longo de duas décadas num dos polos de atração para a diversão popular paulistana. Dando face para a ladeira estava o Eldorado Paulista; uma estreita porta ao lado abria-se para o passadiço que introduzia os frequentadores no Teatro Politeama, que, com o tempo, ganhou uma entrada também nos fundos do Vale do Anhangabaú (rua Formosa).

Inaugurado em 1899 como café-concerto, o Eldorado, como já foi dito, era um empreendimento de Oscar Augusto do Nascimento. Estava instalado em um barracão de zinco e madeira tão precário quanto o Politeama, de 1892, mas enquanto este oferecia um naipe variado de espetáculos, que ia do circo equestre de Frank Brown às grandes artistas dramáticas, como Sarah Bernhardt, o Eldorado nunca mereceu grandes atenções, talvez por sua carreira indecisa como casa de espetáculos. Pouco lembrado, mesmo por Antonio Barreto do Amaral, que o deve ter ignorado por sua gênese no café-concerto, serviu para a primeira incursão de Victor di Maio em São Paulo. Na segunda vez que o Eldorado se destacou, já tinha alterado seu nome para Cassino Paulista, que se perpetuou no imaginário da cidade graças à foto de Guilherme Gaensly estampada em cartão-postal da rua São João, cujo tema inspirou outras duas versões anônimas. A troca de nomes ocorreu em 1901, depois de permanecer fechado durante o segundo semestre daquele ano, reabrindo oficialmente em 27 de novembro com o arrendamento do espaço pelo empresário Charles Séguin, tendo como gerente Joseph Cateysson.

Um exibidor ambulante desconhecido começou a projetar em 16 de outubro de 1902 as operações cirúrgicas realizadas pelo dr. Eugène-Louis Doyen, filmadas por Clément-Maurice e Parnaland no hospital Hôtel Dieu, de Paris. De objeto de estudo médico controverso, passaram a circular entre os exibidores de feiras populares em razão das cópias produzidas por Parnaland, mais tarde processado pelo médico e condenado pela justiça francesa. Porém, justiça feita, as cópias ganharam o mundo. No Brasil, passaram primeiro pelo Salão de Novidades Paris no Rio, de Paschoal Segreto, em agosto de 1901, chegando no ano seguinte ao Cassino Paulista.

Tendo "em vista [as] sensações experimentadas" pelos espectadores diante de uma trepanação do cérebro ou uma laparotomia, as sessões eram exclusivas para homens, um fato inédito até aquele momento (*Diário Popular*, 16/10/1092, p. 2). Ocorriam às 19h30 e às 20h30, custando a entrada mil réis e o dobro para o pavimento superior da plateia. O desconhecido exibidor ficou uma semana na cidade.

O Politeama, por sua vez, inaugurado em 21 de fevereiro de 1892, manteve o nome de Politeama Nacional até 1895. A edificação era um grande barracão de forma circular, construído em madeira e fechado com folhas de zinco, nos terrenos dos fundos do Eldorado. Tinha capacidade para 3 mil espectadores. Durante sua existência, passou por várias reformas, principalmente depois que o intendente municipal (antigo cargo de prefeito) Cesário Ramalho da Silva o interditou, em outubro de 1894, após a leitura de um parecer da Diretoria de Obras da Prefeitura. A má fama do Politeama na administração perdurou por vários anos. Quase duas décadas depois, em 4 de setembro de 1913, o engenheiro José de Sá Rocha, ao fazer a avaliação de outro barracão situado no largo do Cambuci, o Cinema Independência, lembrou-se justamente do Politeama. A "remoção", quando veio, foi avassaladora, resultado de um incêndio iniciado no grupo gerador de energia elétrica do teatro, em 29 de dezembro de 1914. Como o incidente ocorreu depois dos espetáculos, não houve vítimas.

Durante a administração do Politeama pela Empresa Paschoal Segreto, um American Biograph deu projeções constantes, de maio de 1902 a março de 1903. Porém, somente em 1905 elas retornaram com uma companhia de variedades, a Companhia Excêntrica Chino-Japonesa, dirigida pelo mágico Cesare Watry. No ano seguinte, outro exibidor ambulante, o Cinematógrafo Ucko, fez uma curtíssima temporada no teatro.

O empresário italiano Paschoal Segreto, conhecido no Rio de Janeiro como "ministro das diversões", foi um nome importante também para São Paulo.[16] Depois do término do arrendamento por Francisco de Sálvio, a Antarctica passou o Politeama para a empresa de Segreto em 22 de abril de 1901, que o transformou em café-concerto sob a direção de Joseph Cateysson. Mudou-se o nome para Politeama Concerto. Em 1906, o empresário fez nova investida, arrendando o Cassino Paulista, reaberto com o nome de Éden Theatre, e estreando em 18 de agosto com a Companhia Gorno-Dell'Acqua e seu espetáculo de marionetes. Logo em seguida, em 31 de agosto, Segreto abriu o Moulin Rouge, o mesmo nome dado por ele a uma casa semelhante que inaugurara no Rio de Janeiro, na mesma época. Antes de Moulin Rouge, o teatro chamava-se Carlos Gomes, nome de um café-concerto que funcionara na

16 Ver Martins (2004) e Azevedo (2008).

mesma rua em 1901, de propriedade de Salvador Manceri. Em 27 de agosto, o empresário visitou as redações dos jornais para anunciar a novidade. Como na antiga capital federal, Segreto se instalou num imóvel próximo do meretrício elegante da cidade, oferecendo espetáculos de café-concerto e projeções cinematográficas ao lado das "pensões alegres" de "Madame" Derica, Maria Cavalheira, Pensão Dorée e outras situadas nos números 10, 30, 42, 69 da rua de São João, nas esquinas da Aurora e Vitória, no 105 do largo do Paissandu e no 149, onde se abriu uma Pensão Moulin Rouge, sem qualquer ligação com o teatro.[17] Mas antes de nos voltarmos para a conturbada história do teatro aberto por Segreto, faz-se necessária a introdução de outro tema, a do corpo de engenheiros da administração municipal.

17 Ver, a propósito, Fonseca (1982).

QUADRO I. SALAS DE CINEMA 1895-1906

PERÍODO	EMPRESA/CONTRATANTE	ENDEREÇO	BAIRRO	ESPAÇO
25/4/1895 a 27/4/1895	Professor Kij	Rua 15 de Novembro, 38	Sé	Confeitaria Pauliceia
7/8/1896 a 7/9/1896	Georges Renouleau	Rua Boa Vista, 48-A	Sé	Sem informação
27/1/1897 a 9/2/1897	Kij e Joseph	Rua 15 de Novembro, 38	Sé	A Pauliceia
9/1/1898 a 15/1/1898	Companhia Francesa de Variedades	Rua Boa Vista, s/n	Sé	Teatro Apolo
13/2/1898 a 17/2/1898	Porto, Mayor e Cia.	Rua Boa Vista, s/n	Sé	Teatro Apolo
25/2/1898 a 6/3/1898	Porto, Mayor e Cia.	Rua Boa Vista, s/n	Sé	Teatro Apolo
19/1/1899 a 5/3/1899	Georges Mornaud	Rua São Bento, 14	Sé	Motoscópio
25/4/1899 a 5/5/1899	Nicola Parente	Rua 15 de Novembro, 38	Sé	Salão Progredior
20/5/1899 a 30/5/1899	Eldorado Paulista	Rua São João, 19-21	Sé	Eldorado Paulista
22/7/1899 a ?/6/1900	Victor di Maio	Rua 15 de Novembro, 58	Sé	Salão New York em São Paulo
?/1900 a 6/5/1900	Eduardo Ribeiro	Praça da República, s/n	Vila Buarque	Montanhas Russas
6/7/1900 a 6/8/1900	Salvador Joaquim Rizzo	Rua 15 de Novembro, 58	Sé	Sem informação
13/8/1900 a 11/10/1900	Victor di Maio	Largo do Rosário, 5	Sé	Salão Paris em São Paulo
26/8/1900	Comité des Dames Patronesses Françaises	Rua São Bento, 59-61	Sé	Rotisserie Sportsman
?/1/1901 a ?/11/1901	Victor di Maio	Largo do Rosário, 5	Sé	Salão Paris em São Paulo
27/2/1901 a 1/3/1901	Vicente Trapani	Rua 15 de Novembro, 28	Sé	Sem informação
24/4/1901 a 28/4/1901	Empresa N. Fernandes	Rua Boa Vista, 20	Sé	Teatro Santana
2/5/1901	Enrique Sastre	Rua Boa Vista, 20	Sé	Teatro Santana
11/1/1902 a 13/5/1902	Silva Ferreira e Cia.	Rua do Rosário, 5	Sé	Paulicéia Fantástica
7/2/1902 a ?/12/1902	The American Biograph	Rua São João, 21-A	Sé	Teatro Politeama
16/3/1902 a ?/8/1902	José Caruso	Rua 15 de Novembro, 63	Sé	Cineógrafo Lubin
5/5/1902 a 4/6/1902	Victor di Maio	Largo do Rosário, 5	Sé	Salão Paris em São Paulo
23/5/1902 a 8/6/1902	Companhia Excêntrica das Maravilhas Chino-Japonesa	Rua Boa Vista, 20	Sé	Teatro Santana
1/6/1902 a 11/12/1902	Silva Ferreira e Cia.	Rua do Rosário, 5	Sé	Pauliceia Fantástica
13/9/1902 a ?/12/1902	José Caruso	Rua 15 de Novembro, 63	Sé	Cineógrafo Lubin
16/10/1902 a 23/10/1902	Sem informação	Rua São João, 19-21	Sé	Cassino Paulista

(cont.)

PERÍODO	EMPRESA/CONTRATANTE	ENDEREÇO	BAIRRO	ESPAÇO
12/12/1902 a ?/6/1904	José Caruso	Rua do Rosário, 5	Sé	Pauliceia Fantástica
22/3/1903 a 20/4/1903	Sem informação	Jardim Público da Luz	Bom Retiro	Jardim Público da Luz
16/5/1903 a 24/5/1903	Imperial Companhia Japonesa de Variedades Kudara	Rua Boa Vista, 20	Sé	Teatro Santana
25/5/1903 a ?/11/1903	Sem informação	Rua Direita, 24-A	Sé	À L'Incroyable
15/11/1903	Companhia Antarctica Paulista	Avenida Água Branca, s/n	Lapa	Parque Antarctica
20/3/1904	Companhia Antarctica Paulista	Avenida Água Branca, s/n	Lapa	Parque Antarctica
23/3/1904 a 25/3/1904	Hospital Samaritano	Rua Boa Vista, 20	Sé	Teatro Santana
25/3/1904 a 27/3/1904	Companhia Antarctica Paulista	Avenida Água Branca, s/n	Lapa	Parque Antarctica
14/4/1904	Sociedade Paulista de Agricultura	Largo de São Francisco, 5	Sé	Sociedade Paulista de Agricultura
21/4/1904	Clube Internacional	Jardim Público da Luz	Bom Retiro	Jardim Público da Luz
22/8/1904	Sociedade Paulista de Agricultura	Largo de São Francisco, 5	Sé	Sociedade Paulista de Agricultura
28/8/1904	Sociedade Paulista de Agricultura	Largo de São Francisco, 5	Sé	Sociedade Paulista de Agricultura
1/9/1904	Sociedade Paulista de Agricultura	Largo de São Francisco, 5	Sé	Sociedade Paulista de Agricultura
18/3/1905 a 1/4/1905	Empresa E. Hervet	Rua Boa Vista, 20	Sé	Teatro Santana
14/4/1905 a 24/4/1905	Empresa E. Hervet	Rua Boa Vista, 20	Sé	Teatro Santana
19/4/1905 a 24/4/1905	Sem informação	Praça Antonio Prado, 63	Sé	American Cinematograph
10/5/1905 a 18/5/1905	Companhia Excêntrica de Novidades Reais e Ilusionistas	Rua Boa Vista, 20	Sé	Teatro Santana
3/6/1905 a 4/6/1905	Empresa E. Hervet	Rua Boa Vista, 20	Sé	Teatro Santana
1/7/1905 a 20/7/1905	Fatima Miris	Rua Boa Vista, 20	Sé	Teatro Santana
12/8/1905 a 20/8/1905	Companhia Excêntrica das Maravilhas Chino-Japonesa	Rua São João, 21-A	Sé	Teatro Politeama
25/2/1906 a 27/2/1906	Casa Michel	Rua 15 de Novembro, 25	Sé	Casa Michel

(cont.)

PERÍODO	EMPRESA/CONTRATANTE	ENDEREÇO	BAIRRO	ESPAÇO
3/4/1906 a ?/1906	Ferro Carril Asiático	Rua Onze de Junho, 8	Sé	Frontão Paulista
9/5/1906 a 24/6/1906	Empresa Candburg	Rua Boa Vista, 20	Sé	Teatro Santana
25/6/1906 a 24/7/1906	Marcolino de Andrade	Rua do Gasômetro, 114	Brás	Teatro Popular
29/7/1906 a 31/7/1906	Cinematógrafo Ucko	Rua São João, 21-A	Sé	Teatro Politeama
30/8/1906 a ?/7/1911	Empresa Paschoal Segreto	Rua São João, 115	Santa Ifigênia	Moulin Rouge
5/11/1906 a 2/12/1906	Empresa Star Company	Rua Boa Vista, 20	Sé	Teatro Santana
1/12/1906 a 30/12/1906	Cinematógrafo Lubszynski	Avenida Rangel Pestana, 227-A	Brás	Salão Apolo

Desenho apenso ao projeto de Lei do engenheiro Sá Rocha.

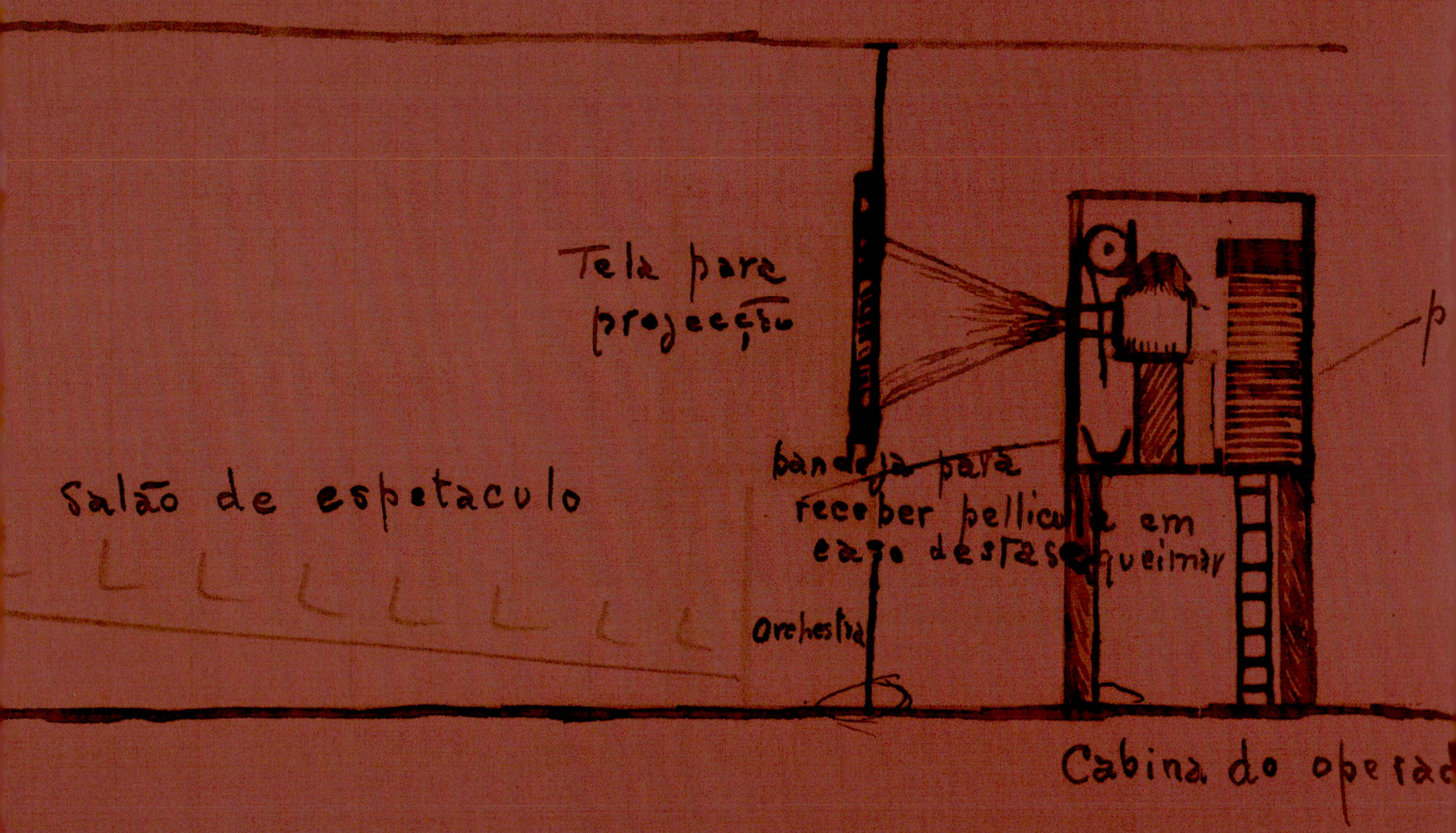

OS ENGENHEIROS

Sylvia Ficher, no livro *Os arquitetos da Poli*, já detalhou com larga minudência a constituição do serviço municipal voltado para o controle e a codificação das construções urbanas da cidade. Com a República, a Câmara Municipal de São Paulo foi dissolvida pelo presidente do estado, Prudente de Morais (Decreto nº 13, 15/1/1890), instituindo-se no lugar um Conselho de Intendentes.[1] A Câmara Municipal voltou a ser organizada em 1892, dentro dos princípios restritos herdados do Império, que o novo regime não conseguira alterar substancialmente (estavam proibidos de votar mulheres, analfabetos, menores de 21 anos, mendigos, os que não pudessem comprovar renda e atestado de residência).

Quatro intendências controlavam os serviços municipais em 1892 (Lei nº 1, 29/9/1892) como órgãos executores da Câmara: Justiça e Polícia, Higiene e Saúde Pública, Obras e Finanças. A Intendência de Obras tinha entre seus objetivos todo e qualquer serviço que devesse ser dirigido e fiscalizado por engenheiro qualificado. O primeiro corpo de funcionários era composto por um engenheiro-chefe, três engenheiros de distrito, um engenheiro arruador e dois ajudantes do engenheiro arruador.

1 As informações seguintes são de Ficher (2005) e das *Leis, Atos e Resoluções do Município de São Paulo, 1892-1916*.

As intendências foram extintas no ano seguinte (Lei nº 21, 22/2/1893), sendo recriadas em 1894 somente com duas instâncias: Justiça e Polícia e Obras (Lei nº 121, 6/12/1894). Os serviços ligados à Saúde ficaram sob o encargo de uma Polícia Sanitária (Lei nº 134). Em 1896, outra alteração retomava o regime de quatro intendências: Polícia e Higiene, Justiça, Obras e Finanças (Lei nº 203, 27/2/1896). A Intendência de Obras trabalhava em consonância com a de Polícia e Higiene, já que todo e qualquer serviço feito ou fiscalizado por engenheiros deveria ouvir a Polícia e Higiene. Para efeito de fiscalização, a cidade estava dividida em 30 distritos, cada um deles a cargo de um fiscal que respondia à Polícia e Higiene (Ato nº 2, 29/2/1896). Quando necessário, os fiscais acionavam um dos três engenheiros distritais, estando também habilitados, nos casos mais graves, a aplicar multas e até mesmo embargar a obra. Nesse momento, mais dois cargos de auxiliar de engenheiro foram criados. Os diretores das intendências recebiam 500 mil réis mensais, menos que o engenheiro de Polícia e Higiene (800 mil réis mensais).

No final de 1898, o cargo de prefeito voltou a ser instituído, sendo ocupado por um dos vereadores da Câmara. A estrutura executiva municipal passou de intendências para seções (Lei nº 374, 29/11/1898). Dois meses depois, uma nova reorganização criou a Secretaria Geral e Tesouro, sendo a primeira dividida em Polícia e Higiene, Justiça e Obras (Ato nº 1, 7/1/1899). À Seção de Polícia e Higiene competiam todos os assuntos que se referissem à execução e fiscalização de contratos, asseio e limpeza, iluminação, espetáculos, divertimentos, matadouro, feiras, etc. À Seção de Obras, o alinhamento das ruas, emplacamento, plantas, padrões e "embelezamento da cidade". O quadro de funcionários da Polícia e Higiene compunha-se de um diretor, um oficial, dois amanuenses e 30 fiscais; a Seção de Obras ganhou mais um funcionário em relação a 1892, o diretor Victor da Silva Freire, que ficaria no cargo até 1925 (o restante da seção incluía um vice-diretor, dois primeiros engenheiros, dois segundos engenheiros, dois auxiliares e um desenhista). Em 1902, a Seção de Obras passou a se chamar Diretoria de Obras Municipais (Lei nº 491), elevando-se o salário do diretor a 1 conto e 200 mil réis, enquanto o primeiro engenheiro ganhava 700 mil réis; a distinção entre primeiro e segundo engenheiro foi extinta nesse mesmo ano, passando todos a receber o mesmo salário.

Desde maio de 1893, era obrigatória a apresentação de plantas para as novas edificações (Lei nº 38, 24/5/1893). Em 1896, especificava-se a demolição de qualquer edifício ou obra que ameaçasse ruir ou estivesse fora do padrão municipal de construção criado naquele ano. Dava-se o prazo de 48 horas para a demolição, que se faria por conta do proprietário segundo determinação da Polícia e Higiene, depois do parecer da Seção de Obras (Lei nº 220, 28/3/1896). No final de 1909, o quadro de engenheiros da prefeitura somava dez profissionais, cada um deles percebendo 800 mil réis (Lei nº 1257, 30/10/1909).

O controle das casas de espetáculos era de competência da Municipalidade (Resolução nº 21, 24/5/1893), embora nesse campo houvesse atrito com o governo do estado. Pela Lei nº 121 (6/12/1894), os teatros e circos eram da alçada da Intendência de Polícia e Higiene, sem a necessidade de o intendente assistir aos espetáculos e divertimentos públicos, entrando em acordo com a Segurança Pública do Estado para esse e outros serviços de fiscalização. Na reorganização de 1896, a Lei nº 237 atribuiu ao intendente de Polícia e Higiene o controle sobre espetáculos, divertimentos públicos e jogos, assim como tudo que dissesse respeito à salubridade e segurança municipal, o que incluía naturalmente as edificações como teatros e circos. Logo depois, a Lei nº 252 (2/7/1896) estabeleceu o primeiro código para os espetáculos públicos a cargo da Polícia e Higiene. A lei especificava a licença prévia (art. 3º); a segurança, higiene e comodidade da construção (art. 5º); a aprovação dos espetáculos dentro dos padrões de costumes e decência pública (art. 7º); o controle do espetáculo, verificando-se previamente o programa, a comodidade do público e o horário de funcionamento (art. 8º); a ordem pública durante o espetáculo (art. 10º); o excesso de lotação (art. 11º); a reserva de um lugar em camarote para o funcionário da fiscalização, ou de uma cadeira naqueles que não tivessem essa ordem de assentos (art. 13º); a transferência para o chefe de Polícia de São Paulo da maioria das funções policiais, enquanto o município não tivesse organizado sua força pública para o policiamento das casas de divertimento (art. 15º). De todos os artigos, a eficácia municipal se revelou no terceiro, quinto e décimo primeiro; deu-se uma duplicidade na taxação da concessão da licença para os espetáculos (o município cobrava 50 mil réis por licença e o estado, 70 mil).

Um campo, no entanto, distinguia frontalmente o estado do município de São Paulo: a construção de um teatro à altura da capital. Esse era um assunto ao qual o município se aplicava desde 1895, concedendo vantagens e privilégios para quem se aventurasse na construção de um ou mais teatros na cidade, desde que cumpridas as exigências de luxo, elegância, acústica e segurança. A primeira lei foi publicada em 2 de maio de 1895 (Lei nº 159), sendo renovada em 1898 (Lei nº 336), embora pela Lei nº 200 (20/2/1896) fosse autorizada a construção de um Teatro Municipal. Outra lei, a de nº 914, de 9 de junho de 1906, permitiu a concessão do edifício do mercado de verduras do largo da Concórdia para a transformação em teatro, arrendamento concedido a Pedro França Pinto; outro mercado, o de carnes do largo São Paulo, foi também desativado e transformado em teatro (o tendal de carnes foi transferido para a Lapa). No primeiro, gastaram-se cerca de 173 contos de réis na construção, e no segundo, 95 contos de réis, custos que caíram sobre a população, já que não houve empenho municipal em outros benefícios destinados ao abastecimento. O estrangulamento de distribuição e venda de alimento se verificou em 1914, quando a prefeitura criou as feiras livres para minorar a situação. Estima-se que o Teatro Municipal, cuja decisão final de edificação data de 1900, tenha custado 4.500 contos de réis, levando de 11 a 15 anos, dependendo da lei, para sair do papel (foi

Cartão-postal destacando o arco luminoso do anúncio do Moulin Rouge.

inaugurado em 12 de setembro de 1911). Ou seja, a necessidade de ilustração da pequena camada da burguesia cafeeira custara muito caro para o conjunto das classes urbanas da cidade.

No momento em que o empresário ítalo-carioca Paschoal Segreto decidiu fortalecer seus braços comerciais em São Paulo, ele já havia alcançado o posto de principal empresário teatral do Brasil. A inauguração do Moulin Rouge em 1906 não foi sua primeira incursão na cidade. Como visto anteriormente, ele já tinha arrendado o Politeama em 1901, que sob a direção de Joseph Cateysson abrigara a Tour Séguin para a América do Sul (composta de artistas de café-concerto, incluía também projeções cinematográficas). No mesmo mês de agosto de 1906, arrendou o Éden Theatre da rua de São João, reaberto com um espetáculo de marionetes levado à cena pela Companhia Gorno-Dell'Acqua. Duas semanas depois foi a vez de rebatizar o Teatro Carlos Gomes com o nome de Moulin Rouge, título similar ao da casa que mantinha no Rio de Janeiro. Todavia, mais do que isso, Segreto alterou o eixo do comércio cinematográfico, sem abandonar a tradicional clientela do Triângulo, em favor da área da Santa Ifigênia, buscando um novo público. O recém-inaugurado empreendimento do empresário situava-se na rua São João, 115, em prédio de Izoleta Augusta de Souza Aranha junto ao largo do Paissandu, que tinha passado por uma reforma depois da construção da igreja da Irmandade do Rosário, melhorando-se as calçadas, as canalizações, etc.

O imóvel estivera antes alugado aos irmãos Emílio e Florindo Gracceto, que vinham do negócio de marcenaria e mobiliário desde 1899. Em 31 de maio de 1905, ambos entraram com um pedido para a construção de um "salão para recreio familiar", renovando-o em 12 de fevereiro de 1906. A prefeitura, ao tomar conhecimento de que o "salão familiar" estava sendo transformado em teatro, ordenou a observância das "boas condições de segurança", fornecidas por plantas técnicas e vistoria da obra. Nenhum desses requisitos foi respeitado pelos irmãos, que, somente depois de concluída a obra, deram entrada no pedido de aprovação do projeto pela Seção de Obras. Porém, a construção já tinha sido embargada em 16 de fevereiro por falta de segurança. Os engenheiros municipais Arthur Saboya, Maurício Rosa e Ribeiro da Silva atestaram, no dia seguinte ao embargo, que o futuro Moulin Rouge não se prestava para teatro, pois era de dimensões exíguas e "encravado" entre outros imóveis, impedindo a adoção de medidas de segurança contra incêndio. Entre os pecados técnicos encontrados no prédio estavam os corredores estreitos na galeria e nos camarotes; escadas demasiado inclinadas e estreitas para escoamento do público, tanto para o largo do Paissandu como para a 11 de Junho (atual Dom José de Barros); tesouras de sustentação do telhado com material usado em outras obras; saída difícil para os empregados do porão e das coxias; a "parte decorativa é, além de pobre, inestética". Conclusão: "Sob todos estes múltiplos casos [texto original borrado] risco, solidez e aspecto tal construção é intolerável e nem mesmo com um caráter provisório se poderia permitir".[2]

A tomada de posição radical da administração pública e dos engenheiros devia-se, em parte, ao fantasma representado pelo Teatro Politeama. Em 1893, depois da inauguração, *O Estado de S. Paulo* chamara a atenção da prefeitura e, em particular, do corpo de engenheiros do município, que tinham permitido a existência daquele "barracão indecente, sem arquitetura, sem forma, sem conforto, funcionando como teatro".[3] Durante as reformas do palco, constatou-se a falta de solidez do madeiramento empregado, a ausência de fundações adequadas ou qualquer outra amarração que desse melhor estrutura à construção. Os fatos se acumularam e, em 19 de outubro de 1894, a Câmara Municipal determinou o fechamento do teatro para sua reconstrução, o que só veio a acontecer quase um ano depois (Amaral, 2006, p. 333). Por outro lado, a construção vizinha ao

2 AHSP, Série Edificações Particulares, caixa S1/1906.
3 Pasta Teatro Politeama, seção de Arquivo do jornal *O Estado de S. Paulo*.

Moulin Rouge, o Teatro Municipal, símbolo da pujança da economia cafeeira, não poderia ser sombreada por outra casa de espetáculos sem condições técnicas, poluidora do entorno daquele e possível ameaça em caso de incêndio.

Florindo Gracceto e Cia. constituíram Juvenal Parada como advogado em busca de uma defesa mais sólida. Informaram à Seção de Obras, em 16 de abril, da tomada de medidas corretivas, como a abertura de novas portas, a retirada de escadas, a inutilização das galerias, o reforço das paredes dos fundos do teatro, a utilização de iluminação elétrica e a proibição de fumar no local. Mas logo depois desistiram do negócio, dando lugar à empresa Nascimento, Pinto e Cia., formada pelo antigo proprietário do Eldorado Paulista, Oscar Augusto do Nascimento, e outros dois sócios: Damasceno de Souza Pinto e Basílio dal Paggoto. A firma tinha sido constituída para a exploração de uma casa de diversões com o nome de Teatro Carlos Gomes e capital social de 15 contos de réis. Os novos interessados aceitaram todas as recomendações dos engenheiros da prefeitura, como a construção de uma pilastra no porão, a substituição do vigamento, a reconstrução da parede dos fundos, o reforço da estrutura, menos a condenação das galerias. Para os empresários, as galerias eram motivo de renda e seleção social. Mesmo reconhecendo que as tinham posto abaixo, conforme havia sido recomendado, requereram o relevamento da medida, argumentando "[...] serem estas necessárias para o selecionamento dos frequentadores do teatro, já porque sem as mesmas a sua renda é tal que torna-se impossível a exploração do referido estabelecimento [...]".[4] Ou seja, embora indesejável por se enquadrar na categoria dos turbulentos, o público popular era o preferido, provavelmente por ser fiel ao tipo de espetáculo oferecido pelo teatro.

Não é claro o motivo que levou o prefeito Antonio Prado a aceitar os argumentos dos empresários. Tanto Ribeiro da Silva quanto Victor Freire, diretor da

4 AHSP, Série Edificações Particulares, caixa S1/1906, requerimento de 4/7/1906.

Seção de Obras, mantiveram as razões para a condenação das galerias, entretanto, o prefeito deferiu a construção desde que se mantivessem nelas somente uma fila de cadeiras e pequenas mesas. A concessão gerou mais 80 lugares (cadeiras) e outros 120 nas mesas (30 mesas para quatro pessoas cada), somando um quarto da ocupação total do teatro. No dia 31 de agosto, Nascimento, Pinto e Cia. e a Empresa Paschoal Segreto pagaram as taxas de autorização de funcionamento ao chefe de Polícia da capital, abrindo o Moulin Rouge.

A intervenção dos engenheiros nas edificações dirigidas aos cinemas e outros espaços dedicados às diversões (teatros, circos, bares, confeitarias, etc.), que até o "caso Moulin Rouge" tinha sido pouco expressiva, com o tempo ganhou foros de autoridade magna, dando um caráter distintivo ao período que vai de 1906 a 1916, quando se esboçou uma legislação específica para esse tipo de edificação. As principais imposições técnicas se fizeram nos campos da segurança, higiene e comodidade dos espectadores.

Os incêndios do Politeama e do Estrela do Oriente vistos pelo jornal *A Capital*.
A Capital, 28/12/1914, p. 4 e 25/1/1915, p. 4.

O incendio de hontem

Matinée de fogo

Na rua Oriente, arde o "Cinema Estrella"

O "Cinema Estrella" da rua Oriente

Hontem tivemos no cinema "Estrella Oriente" uma «matinée» de fogo. Quasi no fim do espectaculo quando se levava a ultima parte do empolgante *film* "Atlantes", na cabine do opera- salvamento da petizada, em prejuizo do seu proprio.

Felizmente a catastrophe não teve outras consequencias, apenas o cinema ficou inteiramente queimado.

O estado em que fi...

Uma casa de tradições

O incendio do POLYTHEAM...

O que foi o mais velho theat... de S. Paulo

Um barracão decantado e celebre

O que resta do saudoso Polytheama

O assumpto obrigatorio, hontem, á noite, era o incendio do Polytheama, o querido barracão da rua S. João, o mais velho theatro de S. Paulo.

E não podia deixar de ser assim. O Polytheama foi para a cidade uma casa de tradições...

Dahi, o terem abençoado o fogo não poucos pessimistas...

***

O velho theatro Polytheama, destruido pelo violento incendio, foi construido em principios do anno de 1895, por Francisco de Salvo, que tendo sido porteiro do antigo S. José, conseguiu reunir ... a fazer sua in...

por Tim-tim», as companhias ... João e A... companhia To...

Dez annos d... prazo de cont... Polytheama á p... Antar... á emprera ... para Café Co...

O MEDO DE INCÊNDIOS

Depois do Bazar da Caridade, uma quermesse beneficente organizada por senhoras da aristocracia parisiense na rua Jean Goujon, próximo ao Rond Point do Champs-Elysées (Arco do Triunfo), aberto em 3 de maio de 1897, a exibição cinematográfica passou a ser sinônimo de perigo de incêndio. Entre as atrações do Bazar estava uma pequena sala de 9 m × 4 m, com capacidade para 30 espectadores, gerida pelo engenheiro Ernest Normandin, que explorava patentes cinematográficas, fabricando os projetores Joly-Normandin e Pirou-Normandin, ambos de 1896 (Meusy, 2009, pp. 41, 53-58). Dadas as dimensões reduzidas da sala, o projecionista de Normandin, Bellac, arranjava-se como podia numa pequena cabine de madeira disfarçada por tecidos. A fonte de luz para o projetor era fornecida por uma lanterna Molteni, que queimava uma combinação de gases como oxigênio e éter, suficiente para um programa de dois filmes por sessão.[1] No segundo dia da quermesse, quando

1 Segundo Popple e Kember (2004), a mistura de gases também podia ser de oxigênio ou hidrogênio com gás doméstico, que causava acidentes frequentes; Deslandes & Richard (1966) apontaram, sem ironia, que um dos modelos de lanterna fabricada por Molteni tinha o nome de Securitas.

a afluência de público girava em torno de 1.200 pessoas, na maioria mulheres e crianças, um auxiliar de Normandin, o russo Bagrachow, acendeu um fósforo no interior da cabine, provocando uma explosão ao atingir com a chama o éter que escapava de um dos cilindros. Ao grito de "fogo", o pânico foi geral. Todos correram para as duas saídas. Corpos foram pisoteados na confusão, enquanto o material altamente combustível empregado na construção da quermesse ardia rapidamente. Às 16h20, o Bazar da Caridade estava em destroços. A identificação dos 128 mortos foi difícil, desfigurados como estavam os cadáveres, entre eles várias cabeças coroadas da Europa e até algumas senhoras da aristocracia brasileira.[2]

No Brasil, a imprensa tinha nos incêndios das salas que exibiam filmes farto material para o sensacionalismo barato, que atraía leitores. O primeiro deles ocorreu justamente com Frederico Figner, que tinha introduzido o kinetoscópio entre nós. Segundo Vicente de Paula Araújo, o acidente se deu em sua loja da rua do Ouvidor, 132, no Rio de Janeiro, onde exibia a Inana, uma espécie de lanterna mágica cujo nome derivava de uma corruptela popular de silforama (Araújo, 1976, pp. 60, 62). Logo depois foi a vez do Salão de Novidades Paris no Rio, de propriedade de Paschoal Segreto, instalado na mesma rua, no número 141. No prédio de três andares habitavam ainda os irmãos Paschoal e Gaetano, enquanto o sobrinho Afonso mantinha um depósito de máquinas fotográficas e de projeção no segundo. A origem, mais uma vez, foi o motor de fornecimento de energia elétrica, que se incendiou ao ser limpo pelos empregados da casa de diversões instalada no térreo. Os jornais veiculavam notícias de perdas nas capitais e no interior. O *Diário Popular* trouxe a destruição total do Paris Theatro da cidade de Uberaba, em setembro de 1909, com o prejuízo de 8 contos de réis para o cinema (equipamentos, cadeiras,

2 Popple & Kember (2004) falam em 121 mortos; Deslandes & Richard (1966), em 140; a *Revue du Brésil* contou, entre os brasileiros feridos, madame Pereira de Souza e filhos e madame e *mademoiselle* Macedo.

piano) e de 6 contos para o proprietário do imóvel.[3]

Na cidade de São Paulo, tais fatos eram raros. Em 1907, durante a excursão do Grande Cinematógrafo Japonês de Oshiyako e Cia., a apresentação no salão do Grand Hotel de la Rôtisserie Sportsman foi abalada por um quase desastre. No início da segunda função do dia 10 de novembro daquele ano, o calor da lanterna de projeção se propagou a uma cortina, dando-se o incêndio. Passado o susto, o espetáculo continuou. O sinistro de pequena monta da Rôtisserie Sportsman não desarmou o espírito da administração pública, que estava sempre pronta a encontrar ameaças no espaço cinematográfico. Durante a inspeção do Cinema-Palace, uma salinha de vida efêmera instalada na ladeira do Piques, 7-A (atual Quirino de Andrade), o fiscal municipal Augusto Silva informou sobre a segurança do imóvel durante uma vistoria. Mais não fazia por temer assumir "[...] responsabilidades, declara que os divertimentos públicos devem ser instalados em prédios que facilitem a pronta saída em caso de incêndio como é muito sujeito os cinematógrafos".[4] Embora até 5 de agosto de 1908, data da informação do fiscal, o único caso anterior conhecido fosse o da Rôtisserie Sportsman, percebe-se que já havia, entre os controladores das edificações (fiscais e engenheiros), um consenso sobre a periculosidade pública representada pelo cinema. Curiosamente, os incêndios deram-se num período em que se esboçava uma lei municipal específica, rapidamente amadurecida por uma série de acidentes, dando força ao poder normativo.

Os incêndios de pequenas proporções ocupavam apenas uma linha dos jornais, como o ocorrido no Flor Cinema, na rua da Conceição, 5, em 17 de junho de 1912, e no Cinema Barra Funda,[5] em 25 de fevereiro de 1914. Já o do Politeama ganhou toda a primeira página dos diários:

3 *Diário Popular*, 28/9/1909, p.1.

4 AHSP, Série Polícia Administrativa e Higiene, caixa 28.

5 A primeira casa de Manuel Fernandes Lopes, que se notabilizaria por ser o proprietário do Teatro São Pedro, um dos poucos cinemas remanescentes desse período em São Paulo.

o velho barracão da antiga ladeira de São João ardeu totalmente em 29 de dezembro de 1914 – por sorte, após uma matinê. Por volta das 17 horas, os eletricistas Francisco Levato e Augusto Moura faziam reparos no grupo gerador de energia elétrica do teatro, instalado sob o palco – e composto de um motor de 10 HP, 220 volts, trifásico, que acionava um dínamo de 114 volts em corrente contínua de 75 ampères –, quando se produziu o incêndio.

O incêndio do Politeama motivou discussões entre os vereadores da Câmara Municipal.[6] O contrato da prefeitura com a concessionária canadense Light and Power para fornecimento de energia elétrica regulamentava os serviços na via pública e, segundo o vereador Luiz Fonseca, nada rezava sobre as instalações internas dos consumidores. A prefeitura não tinha legislação específica, ao contrário dos Estados Unidos, onde havia a regulação do National Board of Fire Underwriters, ou a Inglaterra, regida pelo Board of Trades. Luiz Fonseca lembrou ainda o número de portas de saída:

> Há diversas dessas casas, cinematógrafos principalmente, e que eu tenho frequentado, das quais, se houver um incêndio, dificilmente se retirarão os espectadores. O número de portas é não só insuficiente, como todas abrem para dentro dos respectivos salões, o que constitui grave defeito. Em uma dessas casas, em que se reúnem mais de 1.500 pessoas, existem apenas três portas, duas dão para um salão lateral e outra para a rua. As duas laterais funcionam sobre corrediças, em cima e embaixo, e a que dá para a rua abre para dentro do salão e é bastante estreita. Em outra casa, e esta no centro da cidade, o salão está atravancado de cadeiras, divididas ao centro por extenso e longo corredor, que vai ter a três portas, que também abrem para dentro do salão e das quais há duas ou três filas de cadeiras soltas, que naturalmente tombarão por ocasião

6 AHSP, caixa LEG-47, Primeira sessão ordinária, 4/1/1915. A citação seguinte é desse documento.

de um pânico, impedindo a saída dos espectadores e ocasionando cenas horríveis de imaginar.

Havia também prédios que se queimavam, mas esses incêndios ocupavam as colunas das páginas policiais. Dois casos próximos deram-se de forma rumorosa: o do Excelsior e o do Familiar, na época da destruição com o nome de Cinema-Teatro. O primeiro estava situado na rua São Caetano, 226, num prédio dos irmãos Lenzi, cuja reforma, tumultuada por embargos, multas e procedimentos ilegais por parte dos arrendatários do imóvel, fora um braço de ferro entre os exibidores e os engenheiros da prefeitura, já que o engenheiro distrital José de Sá Rocha recusava a construção de frisas e camarotes com passagens estreitas e circulação escassa. Os proprietários do Excelsior eram os irmãos Emílio e Henrique Romeu, o primeiro, gerente do Moinho Matarazzo, e o segundo, ex-redator do jornal da colônia italiana, *Fanfulla*. O cinema, que tinha capacidade para 1.020 a 1.220 espectadores, conforme as fontes, recebeu o alvará de

O incendio do Cinema Excelsior

O incêndio criminoso na imprensa.
O Estado de S. Paulo, 25/3/1914, p. 3.

A prova do crime: as cadeiras acumuladas para o incêndio do Cinema-Teatro. *O Comércio de S. Paulo*, 30/4/1914.

funcionamento em 16 de dezembro de 1913, embora estivesse aberto de forma irregular desde o mês anterior. A sala rendia de 300 a 800 mil réis mensais, enquanto o aluguel a ser pago aos irmãos Lenzi era de 300 mil réis, ou seja, estava empatando ou dando um retorno que não amortizava os gastos feitos na reforma. No dia 23 de março de 1914, o edifício pegou fogo. Os peritos Moisés Marx e Rogério Fajardo incriminaram os irmãos por fraude, cujo motivo principal era um seguro de 30 contos de réis assinado na Equitativa. O primeiro delegado, Ferreira Alves, pediu o encarceramento preventivo dos suspeitos, negada pelo juiz da 2ª Vara, Gastão de Mesquita.

O segundo caso sucedeu logo depois. O antigo Cinema Familiar de Luiz Seraphico de Assis Carvalho estava instalado na rua General Jardim, 57, tendo sido inaugurado em outubro de 1911. Depois de dois anos de atividades, o cinema entrou em crise, passando de mão duas ou três vezes, até que foi arrendado por Matos e Cia., em fevereiro de 1914. A sala dava prejuízo aos primos e sócios Jaime e Joaquim Matos, ainda que houvesse a suspeita de exibição de filmes pornográficos depois do horário normal de funcionamento, como forma de obtenção de uma renda segura, estando o cinema já sob vigilância policial. No dia 28 de abril de 1914, o cinema ardeu em chamas. O perito Moisés Marx dessa vez não teve muito trabalho para identificar a fraude, pois vários indícios restaram na sala parcialmente destruída. O vigamento estava encharcado de querosene; sob as cadeiras da plateia, todas empilhadas num canto do cinema, foi encontrada uma mecha de estopa; a luz e os ventiladores estavam ligados e, como se não bastasse, as garrafas de querosene traziam as digitais dos primos. O Cinema-Teatro estava segurado em 25 contos de réis na Equitativa e outros 25 na Companhia Atlas.

O ano de 1914 se destacou pelos incêndios. Antes do Politeama, incendiaram-se também o Edison, na rua Mauá, 191, esquina com a Protestantes, de propriedade de Francisco Cirati, que o sublocava a outro italiano, Francisco Camerata, pela razoável quantia de 1 conto e 200 mil réis.

A solução encontrada para se restringir a periculosidade do equipamento de projeção foi encerrá-lo dentro de uma cabine fora do corpo do cinema (a cabine era o lugar mais perigoso dos cinemas, alertava Sá Rocha), construída com material incombustível, como mandava a Prefeitura de Polícia de Paris, logo após o incêndio do Bazar da Caridade. Atualmente, estamos acostumados à projeção direta sobre a tela, com a cabine situando-se nos fundos da sala. O facho de luz passando sobre a cabeça do espectador sentado na poltrona faz parte da sessão cinematográfica. A primeira solução encontrada pelos exibidores ambulantes foi deixar o aparato de projeção à vista de todos. Espaços com piso plano adaptados para as projeções – como era o caso, provavelmente, do Pauliceia Fantástica – ou, mais tarde, a utilização de salas pequenas com limitada inclinação do piso ou a tela situada quase ao nível da primeira fila, facilitavam a intromissão dos corpos que passavam diante da imagem jogada no pano branco, como vimos nos relatos memorialísticos. A expulsão do projetor do espaço interno do cinema já era um fato em 1909. Pequenos empreendedores ou ambulantes de passagem já não encontravam mais lugar para projeções diante da fiscalização municipal. Em 13 de março de 1909, por exemplo, a empresa Guerra e Romano requereu à prefeitura licença para dar 15 espetáculos em São Paulo, na rua Barão de Itapetininga, 40. José de Sá Rocha, ao vistoriar o prédio, declarou que "[...] francamente não me pareceu que o mesmo se presta para o fim, pois é acanhadíssimo, e não oferece comodidade ao público. A posição do aparelho [projetor] na frente e a pouca altura sobre as cadeiras é inconveniente muito principalmente em caso de qualquer alarme".[7] Argumentando "impropriedade do local", o prefeito Antonio Prado vetou as projeções. Aos exibidores, portanto, sobravam duas opções: colocar o projetor atrás da tela (retroprojeção ou projeção por transparência) ou na frente, sobre a área de entrada dos espectadores, mas sempre em cabine apropriada.[8]

A retroprojeção foi uma solução cuja origem possivelmente se encontra na legislação estadual, porém tomada de forma enviesada.[9] Em 18 de março de 1909, o presidente do estado, Albuquerque Lins, baixou o Decreto nº 1.714, regulamentando o controle sobre teatros e casas de diversões, assuntos afetos ao secretário de Segurança, Washington Luiz. O regulamento visava principalmente os teatros, embora exercesse controle sobre uma gama maior de aglomerações humanas, como os jogos de futebol e os bailes públicos. Um capítulo especial foi dedicado aos cinematógrafos. O capítulo XI, artigo 81, destinou oito parágrafos para a cabine de projeção; os itens mais

7 AHSP, Série Polícia Administrativa e Higiene, caixa 38.

8 Lícia Mara de Oliveira foi a primeira a chamar a atenção para o problema em seu trabalho de conclusão de curso na FAU, *Salas de cinema em São Paulo: estudo de caso de preservação*. Ver Oliveira (s/d., p. 6).

9 Na França, exaustivamente mapeada por Meusy, são citados alguns casos de projeção por transparência. Em Paris havia o Gaumont-Palace. A medida, no entanto, não evitou a ocorrência de incêndios: na cidade de Menin, na fronteira da Bélgica, o Cinema Buiksom, dotado de retroprojeção, incendiou-se, provocando a perda de treze vidas. Ver Meusy (2009, p. 223).

importantes tratavam da ventilação, do recolhimento do filme numa caixa de metal após a projeção, da presença de baldes d'água nas proximidades do projetor e da proibição de fumar no interior da cabine. O artigo 82 afirmava que, no interior do estado, nos cinemas em que a luz elétrica não era fornecida pela rede local, a autoridade policial estava obrigada a fazer instalar o "maquinismo de luz" (motor de produção de energia) fora do edifício onde se dava a exibição. Como se percebe, a medida do legislador nesse artigo se restringia às cidades sem eletricidade do interior do estado, mas a realidade do mercado exibidor era diversa. Durante o processo de sedentarização das salas de exibição, é possível que a maior parte dos equipamentos Pathé Frères, ou de outras marcas, vendida aos exibidores interessados no novo ramo de negócio não dependesse da rede elétrica urbana, compondo um pacote que incluía tanto lentes e filmes quanto o motor Aster de produção de energia. Em vista da peculiaridade dos cinemas que começaram a povoar a cidade de São Paulo a partir de 1909 foi que os engenheiros da prefeitura adaptaram um expediente legal criado para o interior do estado às condições da capital, medida que não deve ter passado pela cabeça do legislador no momento da elaboração do regulamento.

Até o início de 1909, com o predomínio das exibições nos edifícios teatrais (Apolo, Politeama, Cassino Paulista, Colombo, Santana e Moulin Rouge), o problema ainda não se colocava claramente. A partir de então, como assinalamos no caso da empresa Guerra e Romano, a explosão de cinemas pela cidade mereceu uma atenção redobrada por parte da fiscalização pública. O teatrinho do Liceu Coração de Jesus, arrendado por Francisco Serrador depois de se instalar definitivamente em São Paulo com o Bijou-Theatre, inaugurado na rua de São João em 1907, integrava-se à política de abertura de salas onde fosse possível.[10] Tinha capacidade para 600 espectadores

10 Cabe notar que a primeira sublocação para projeções deu-se com o Teatro Colombo, em 5 de março de 1908. O Salão de Atos do Liceu Coração de Jesus veio logo em seguida, em 21 de março.

e se revelou um fracasso comercial. Os padres-educadores, no entanto, gostaram da ideia. O diretor Dionísio Giudice decidiu trilhar os mesmos passos do padre José Zeppa, que tinha continuado com as sessões depois que Serrador abandora o empreendimento, em junho de 1908. Assim, em maio de 1909, encaminhou à prefeitura o pedido para sessões "instrutivas por meio do cinematógrafo" para alunos internos e externos da aula de catecismo, extensivo a suas famílias, dando-se as sessões aos domingos.

O requerimento do Liceu caiu nas mãos de Arthur Saboya, que considerou o local apropriado,

> [...] convindo somente que a parte instale o aparelho com as seguranças precisas. Para esse fim é necessária a construção de uma cabine em que será instalado o aparelho, devendo esta cabine ser forrada de zinco. Atualmente o aparelho acha-se cercado, por todos os lados, de um grande número de cenários, o que consiste um perigo, em caso de incêndio de alguma fita cinematográfica.[11]

Ora, se o projetor Pathé Frères, relíquia que até hoje pertence ao acervo dos salesianos de São Paulo, estava instalado no palco, cercado de cenários das peças teatrais levadas pelos alunos, tratava-se possivelmente de um caso de retroprojeção, cuja segurança contra incêndios era posta em dúvida por Saboya. A ideia de uma cabine isolando o projetor e os filmes atrás da tela não alterava o corpo do teatro, pois aparentemente o Salão de Atos não foi modificado a ponto de expulsar o equipamento de projeção, fato que se deu somente na década de 1940 com a reforma radical do teatro.

Mesmo quando se tratava de projeções privadas ou de caráter amadorístico, o isolamento do aparato de projeção era um dos requisitos para a aprovação do espaço de divertimento. Antonio Choueiri, em 30 de abril de 1909, solicitou a vistoria do sobrado da rua Vergueiro, 4, onde

11 Informação de 17/5/1909, AHSP.

pretendia realizar exibições provavelmente privadas. Segundo Saboya, a sala de projeções tinha menos de 50 m^2 (3,80 m × 13 m), servindo a poucos espectadores. O mais importante é que o projetor estava sendo instalado num dos cômodos situado nos fundos do prédio e isolado dos espectadores.

O primeiro cinema dos exibidores Vicente D'Errico e João Bruno, presentes em São Paulo até o período final de nosso estudo, foi o Brasil, situado na rua dos Andradas, 53. O prédio escolhido para abrigar a sala de exibições também era um sobrado, localizando-se o cinema no térreo, num salão de 6 m × 24 m (144 m^2). O número de espectadores não poderia ultrapassar 150. Saboya novamente realizou a vistoria do imóvel. Embora notando que o projetor estava no interior do salão, permitiu sua permanência, desde que a cabine, que era de madeira, fosse revestida de material incombustível para que houvesse completa segurança do público. Poderíamos citar outros casos assemelhados, contudo, os exemplos acima parecem suficientes.

A construção que isolava a cabine de projeção no exterior do prédio obedecia, em geral, à forma de um cubo de alvenaria e concreto, à qual o projecionista tinha acesso por meio de uma escada de ferro, cuja porta deveria também ser do mesmo material ou de zinco (há vários exemplos de desleixo com essas recomendações). Caso estivesse dentro da área de edificação, o isolamento obrigava à forração da cabine com folhas de zinco ou de amianto ("papelão amianto", como era classificado o material na época). Mais tarde, a legislação tornou obrigatórios o concreto armado e as portas de ferro. O cinema que mostrou a solução mais estranha para a expulsão do projetor foi o suburbano Apolo da rua Domingos de Morais, 153. Na vistoria dos cinemas da cidade ordenada pelo prefeito Washington Luiz em 1916, Sá Rocha descreveu o cinema de Vicente Avella e Cia. como um

> [...] vasto armazém. Parte da frente serve de sala de bilhar. O aparelho [projetor] está instalado nos fundos da casa num pequeno puxado, logo

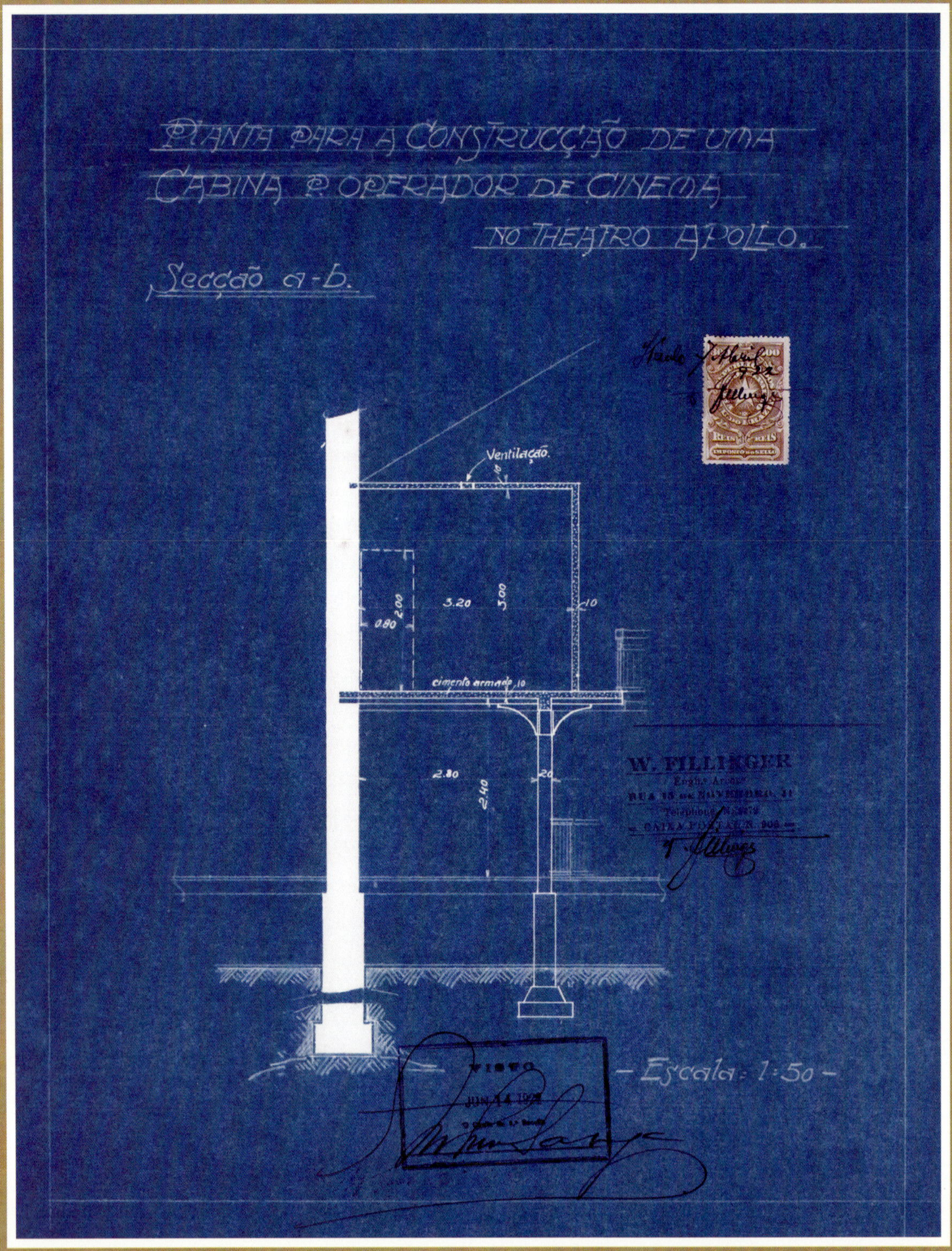

Projeto para a cabine de projeções do Teatro Apolo.

em seguida ao dormitório do proprietário. As projeções são feitas abrindo-se a porta que liga o dormitório com o cômodo do puxado, e na qual há até certa altura um tapume de folhas de flandres. É, como se vê, uma instalação muito rudimentar, mas nem por isso deixa o teatro (?) de ter camarotes!!![12]

A estranha disposição do cinema de Vicente Avella colocava outro problema para o exibidor da periferia: com o projetor fora do corpo do cinema, ele só poderia realizar projeções noturnas.

No caso de projetores que não tinham bobinas para enrolamento do filme, o que era muito comum dada a pequena metragem das películas, estas deviam cair numa caixa de zinco após passarem pelo facho de luz do aparelho, de modo a evitar um incêndio fortuito, como mandava a legislação estadual. Mais tarde, por volta de 1913, obrigou-se a colocação de um ponto para a mangueira dos bombeiros junto à cabine. O Smart Cinema, inaugurado em 24 de outubro de 1909 no largo do Arouche, 94, tinha a cabine sobre a porta de saída dos espectadores (projeção direta). Como havia proximidade com o madeiramento da cobertura do prédio, Saboya solicitou o isolamento da área, por considerar possível que a labareda "que porventura se possa produzir no seu interior" favorecesse o desastre.

Curiosamente, foi o vizinho High-Life que sofreu um princípio de incêndio em 1913. Segundo o repórter do jornal *O Comércio de S. Paulo*, "o salão de espera regurgitava" de espectadores que aguardavam a sessão seguinte, no dia 2 de fevereiro, quando

[...] de súbito, uma labareda imensa veio enchê-los de pavor, dando-lhes a impressão de que o cinema estava prestes a ser devorado pelas chamas. Sem perder tempo [...] correram todos para a rua, arrastando as pessoas que se achavam no salão de espera. Enquanto isso, eram avisados a Central [de Polícia] e os bombeiros

12 AHSP, Série Polícia Administrativa e Higiene, caixa 254.

O famoso filme italiano *Cabiria* é o programa de 10/6/1914.

[...]. Foi trabalho perdido: não havia fogo, nem nada, havia apenas uns restos de pavor – a labareda imensa fora provocada por uma fita incendiada, devido a um incidente qualquer.[13]

No caso do High-Life, o isolamento da cabine tinha provado seu valor.

Se os pequenos exibidores e os situados fora da zona urbana eram particularmente visados pelos engenheiros, os cinemas construídos pelos grandes circuitos de exibição não estavam isentos de problemas. Em 25 de setembro de 1912, a Companhia Cinematográfica Brasileira entrou com um pedido para a construção de um cinema na rua Rodrigo Silva, 8, próximo à praça João Mendes. O cinema Pathé Palace, inaugurado em 30 de maio de 1913, tinha capacidade para 1.040 espectadores, distribuídos em 24 frisas, 16 camarotes, 540 cadeiras na plateia, 50 cadeiras nos balcões inferiores e 250 nas galerias. Em 30 de janeiro de 1916, durante a exibição do *capolavoro* italiano *Cabiria*,

13 *O Comércio de S. Paulo*, 13/2/1913, p. 3.

deu-se uma explosão na cabine do cinema operado pelo projecionista João Batista Poloni. O pânico correu entre o público, que buscou as saídas. O resultado tão temido foi a morte do pedreiro José Palongo e dois feridos, pisoteados durante a fuga. Os peritos Moisés Marx e Sampaio Viana concluíram pela culpa do projecionista, que não tivera o necessário cuidado e deixara que parte do filme tivesse contato com o arco voltaico do projetor. O Pathé, cinema de primeira linha, não possuía um enrolador automático para a fita, que caía numa cesta após passar pela lanterna do projetor. O secretário de Segurança, Eloy Chaves, ordenou a vistoria de todos os cinemas da cidade, tornando obrigatórias as enroladeiras automáticas. *O Estado de S. Paulo* reclamou contra as condições de segurança dos cinemas:

> Se isso acontecia nos centrais, [...] avalie-se agora o que vai por aí além, pelos dos afastados bairros, onde tudo corre à mercê de pequenos empresários. Afirma-se que de todos os cinemas de S. Paulo, nem um só está em condições que são para desejar. Os proprietários querem tirar todos os proveitos, com o menor desperdício possível [...].[14]

Esse tipo de queixa repercutia pela imprensa. Além da série de artigos do jornal sensacionalista *A Capital* sobre os maus cinemas da cidade, *O Comércio de S. Paulo*, depois do susto provocado no High-Life, também fez carga contra os "prédios imprestáveis" em que se instalavam as salas de projeção, lembrando novamente as cabines que não continham enroladores automáticos de filmes, dispositivo já adotado "em todos os cinemas da Europa e em alguns do Rio". O rápido acondicionamento dentro das latas evitava que as películas, "tão inflamáveis quanto a pólvora", ficassem sujeitas a qualquer acidente. Mais do que a reforma dos prédios e a aquisição de projetores modernos, o jornal conclamava pela qualificação profissional dos projecionistas, que deviam ser habilitados

14 *O Estado de S. Paulo*, 1/2/1916.

em eletricidade. Assim como os choferes de praça eram habilitados, os projecionistas deveriam receber treinamento dos bombeiros, ganhando um prontuário e um certificado de habilitação.[15] Mas tal ideia nunca foi adiante, permanecendo a categoria profissional dos projecionistas como a menos qualificada e prestigiada do mercado cinematográfico.

Qual o efeito da retroprojeção para a exibição cinematográfica? Não há testemunhos de que a prática fosse pior do que a exibição sobre a tela. Para os espectadores, a retroprojeção parece não ter sido um entrave à boa recepção da fita, nem uma forma de distinção entre as salas centrais ou de bairro. A literatura sobre o tema é quase inexistente, desconhecendo-se trabalhos que tratem em detalhe sobre a questão. José de Francesco, um homem de cinema – criador de cartazes, cenógrafo, pintor e escritor, atuando em Porto Alegre –, escreveu:

15 *O Comércio de S. Paulo*, 14/2/1913, p. 4.

[...] a projeção era feita por detrás da tela, cujo pano era molhado a baldes d'água – mais tarde é que foram aperfeiçoando; besuntavam a tela com parafina, para esta ficar mais transparente. O aparelho de focar era colocado sobre um cavalete, em muitos casos improvisado, de madeira ou semelhantes. Era o aparelho rodado à mão, pobre do operador ou do ajudante! Posteriormente, é que, com o advento do chamado "carvão", cujos dois polos ligados produziam melhor luz para a "pantalha" e a projeção aparecia mais nítida. Em 1909 é que com o cinema de um senhor Candeburg, que viajava com uma série de filmes da Pathé, da Gaumont, da Éclair e Vitagraf, filmes de curta metragem, a projeção começou a ser projetada pela parte dianteira da tela, cujos panos passavam a ser pintados de branco, com alvaiade e leite, onde muitas vezes os operadores bebiam o leite e usavam, em substituição, a água e cola, outras vezes pintavam com alvaiade e vinagre de vinho. Mais tarde já se adotou o alumínio (prateado). (Francesco, 1961, pp. 191-92)

A citação nos informa uma evolução sem saltos, passando-se de um processo a outro sem novidades para o espectador (mesmo que sejam discutíveis os parâmetros registrados pela memória do gaúcho José de Francesco). Fica, dessa forma, a anotação para aprofundamentos futuros.[16]

Num aspecto, entretanto, havia concordância absoluta: a inadequação dos baixos de prédios ou porões. Caso os irmãos Lumière voltassem a se utilizar do salão de bilhar instalado nos baixos do Le Grand Café do Boulevard des Capucines, provavelmente seriam interditados na sua tentativa de demonstração pública do cinema em sessões pagas. Em São Paulo, o primeiro caso deu-se em 10 de outubro de 1908 com a empresa Gumond e Cia., "empresários de cinematógrafo residentes nesta capital",[17] quando requereram licença para exibição na rua do Rosário, 12, esquina com a praça Antonio Prado (Palacete Brícola). José de Sá Rocha foi contrário à instalação do projetor por considerar o local impróprio, dado o tamanho reduzido da sala, e o fiscal municipal Pedro Correa completou a recusa com a informação sobre a localização do aparelho no porão. O Palacete Brícola voltaria à cena no ano seguinte, quando o Bar Criterium resolveu proporcionar sessões gratuitas a seus fregueses, como faziam outras casas (as confeitarias Fasoli e Pinoni foram as mais persistentes nessa prática de atração de público). O bar e restaurante, que se anunciava como instalado nos "subterrâneos do Palacete Brícola", foi vistoriado por Arthur Saboya em 26 de novembro de 1910. Ele recusou a concessão da licença para a montagem do projetor na adega, sem qualquer isolamento. Decretada a "impropriedade do local", os donos do Criterium entraram

16 No *Informativo* nº 32 do Arquivo Histórico de São Paulo, março de 2013, Ricardo Mendes publicou uma edição dedicada à tecnologia da projeção, com ênfase sobre o tema da retroprojeção.

17 AHSP, Série Polícia Administrativa e Higiene, caixa 25.

com recurso, já que a cabine estava "completamente isolada" por material incombustível, preenchendo todas as exigências legais. Saboya redarguiu que, após nova vistoria, ocorrera a transferência do projetor para um compartimento junto à cozinha, sem separação adequada dos frequentadores, fosse por um revestimento de zinco, fosse no piso do local, que era assoalhado. Ainda próximo do limite do período de falta de regras para a construção de cinemas, a firma de engenharia Mello e Cia., estabelecida na travessa do Comércio, 2, 4º andar, pretendeu erguer um prédio na rua Dom José de Barros, 30, com quatro andares e porão. Para o subsolo, o projeto previa:

> [...] salão de reuniões, concertos, ou sessões cinematográficas, tendo uma capacidade para 200 pessoas mais ou menos. As aberturas, e chaminés de ventilação são alinhadas para dar ao salão um fornecimento de ar igual a duas vezes o volume do salão para cada hora, condição que corresponde ao máximo aconselhado pelos higienistas a este respeito.[18]

A entrada e saída do salão seria feita por quatro escadas de 1,50 m de largura. De acordo com a empresa, "[...] paredes, teto, assoalho, camarotes, palco e tudo é construído em cimento armado, excluindo assim em modo absoluto o perigo de incêndio. A iluminação será feita a luz elétrica, na área posterior, sendo instaladas latrinas e mictórios para o público". Diante das reticências de Arthur Saboya, a Mello e Cia. demonstrou sua inabalável confiança no concreto armado, posto que o salão era incombustível, completando, porém, que:

> [...] se por qualquer distúrbio fosse necessário sair da sala, esta poderá ser feita em 20 ou 30 segundos, sendo assim calculadas as três escadas que servem para sair. Por fim, nos permitimos ponderar V. S. que o fato de ter de subir não é em

18 AHSP, Série Edificações Particulares, caixa 012/1912. As citações seguintes são desse mesmo documento

nada prejudicial, e pelo contrário, há toda a conveniência porque evita o perigo de cair gente na frente, a qual é empurrada para cima.

O esdrúxulo argumento não convenceu Saboya a desistir da ideia de que o pânico era o motor ideal dos desastres: "Isto seria verdade nas condições normais, porém, em caso de pânico, só vejo inconveniente nessa difícil saída da sala. Não cabe também o fato de ser todo o material de construção incombustível, pois isso não evita o pânico". As plantas foram retiradas da Diretoria de Obras e, quando voltaram em 28 de novembro, o "salão" de diversões tinha sido eliminado. Para o prazer de Saboya, a "parte inutilizou o projeto do cinematógrafo. Desapareceu, pois, o obstáculo que impedia a aprovação da planta". Outro caso de cinema instalado no porão, também barrado pela administração municipal, ocorreu na rua Manuel Dutra, 68, esquina com a 13 de Maio, em agosto de 1913.

A preocupação com o pânico dos espectadores em caso de incêndio fazia os engenheiros perscrutarem com lupa as plantas apresentadas à prefeitura, a fim de verificarem se os caminhos de circulação permitiam a evacuação rápida da sala.

As situações de pânico entre a população urbana é um assunto pouco explorado pela historiografia. O controle das aglomerações, o sentido da circulação das classes sociais no centro da cidade, as possibilidades de descontrole da massa humana sempre presente nas ruas centrais, fosse em cortejos fúnebres, procissões religiosas, brincadeiras carnavalescas, queima de fogos, projeções cinematográficas ao ar livre, indo ou vindo do trabalho, ou simplesmente em busca dele, mereciam a atenção detalhada da administração. A cidade deveria funcionar como um relógio suíço, sem embaraços ou interrupções na circulação humana ou de mercadorias; qualquer interrupção poderia causar um desarranjo, uma pane indesejada no funcionamento do mundo capitalista burguês. A administração velava para que a circulação fosse a mais azeitada possível, dando um sentido exato ao fluxo, de modo a obter o máximo de rentabilidade da vida urbana. As edificações não poderiam ficar de fora desse controle, principalmente os cinemas, cuja construção trazia em seu núcleo uma bomba-relógio pronta a explodir a qualquer momento e provocar pânico, fuga, atropelos e morte. O quadro a ser evitado, portanto, ensejava o estudo detalhado da circulação dentro dos cinemas, contrariando o desejo dos exibidores, que pretendiam colocar o número máximo de espectadores dentro das salas, em busca de uma rentabilidade que suplantasse o ingresso barato e as poucas sessões semanais.

O Radium da rua São Bento, 59, foi classificado pelo engenheiro Ribeiro da Silva como um cinematógrafo cuja disposição interna assegurava perfeitamente a "[...] saída dos espectadores de qualquer das salas [o cinema tinha duas salas de projeção] e creio poder dizer que nenhuma das casas congêneres hoje existentes reúne tal número de comodidades e garantias para o público".[19] Saboya também assinalou as qualidades do Radium após a primeira reforma, realizada no ano seguinte, lembrando a ventilação feita por aberturas nas paredes laterais, sendo que a "entrada e saída dos espectadores é ampla [sic] e não oferece estorvo em caso de saída massiva".[20] O pequeno American Cinema, na rua Barra Funda, 151, continha duas portas para a rua e outras duas na sala de espera "[...] pelo que a evasão da sala [ilegível] poderá ser rápida".[21]

Um exemplo problemático, entretanto, foi dado pelo Lírico, sala de curta vida situada na central rua São Bento, 33. A escadaria defronte ao prédio foi avaliada como

> [...] muito pronunciada, e os degraus excessivamente altos e estreitos, o que em caso de qualquer alarme é demasiado perigoso, muito mais se antes [notarmos] a que a rua de S. Bento é muito estreita, igualmente o *trottoir* [calçada], acrescendo [*sic*]

19 AHSP, Série Polícia Administrativa e Higiene, caixa 38. Informação de 6/2/1908.

20 AHSP, Série Edificações Particulares, caixa S2/1909.

21 AHSP, Série Polícia Administrativa e Higiene, caixa 38. Informação de 20/2/1909.

que desse lado em frente às calçadas passam os bondes da Light.[22]

Para coibir as quedas perigosas na saída do cinema, José de Sá Rocha pediu o sacrifício de duas ou três filas de cadeiras, afastando o vestíbulo e abrindo espaço para a reforma da rampa de entrada, cujos degraus deveriam ser construídos com menor declividade. Como a perda de cadeiras era a última coisa desejada pelos exibidores, estes sempre apelavam para outro parecer que referendasse a manutenção do projeto original (no caso do Lírico, Saboya aceitou o recuo da separação da entrada da rua sem alteração dos degraus).

Os cinemas com uma única porta de entrada eram particularmente visados. O Roma, da rua Barra Funda, 62, tinha uma porta por essa via, situando-se o corpo do cinema ao fundo do terreno, já ocupado em parte por um restaurante. Saboya inquietou-se com a porta solitária, embora houvesse outra pela rua Lopes de Oliveira.

Em caso de impedimento da saída pela rua B. Funda haverá forçosamente atropelo entre os espectadores que buscarem a única porta que se lhes depara desimpedida, a menos que se sirvam também das janelas. Penso que deverá haver na face correspondente à rua L. de Oliveira pelo menos duas portas, com a largura mínima de 2 [metros], tendo a escada interna a mesma largura, e de fácil abertura pelo lado de dentro.[23]

As medidas que os engenheiros achavam apropriadas aos cinemas eram encontradas nas comparações com os códigos de edificações de outras cidades. Em 1915, durante o processo de reabertura do Cinema Celso Garcia, Sá Rocha e o chefe da 2ª Seção Técnica, Adelmar de Melo Franco, trocaram farpas a propósito da largura das portas do cinema. O código francês de 1898, segundo Melo Franco, exigia 0,60 m para cada 100 pessoas. O subordinado achava o número

22 AHSP, Série Polícia Administrativa e Higiene, caixa 38.

23 AHSP, Informação de 2/5/1913.

insuficiente, preferindo o de Buenos Aires, cuja exigência estipulava 1,50 m para cada 100 pessoas.

Quando se deu a febre das substituições, nos negócios abertos pela cidade, das portas de madeira por outras de aço ondulado, observou-se que elas deveriam ficar suspensas durante as sessões cinematográficas, mesmo tendo as larguras indicadas pelos engenheiros. A reconstrução em alvenaria do Estrela do Oriente, um barracão de madeira incendiado na rua Oriente, 41, por exemplo, recebeu essa observação de Sá Rocha.[24]

Entradas e saídas separadas para o público durante as sessões completavam as preocupações de controle dos prédios destinados à exibição de filmes. Embora não fosse uma regra de ouro, como vimos com o Smart, as salas de espera deveriam ser independentes, já que o "público que espera a entrada não deve estar no caminho do que sai após as sessões", como observou Sá Rocha em 1911 para o Liberdade Theatre, na rua da Liberdade, 34. O Congresso, instalado em casarão reformado em 1910 na rua do Teatro, 9 (atual praça Dr. João Mendes), cometera justamente o erro de não possuir uma adequada sala de espera para o público, que seria obrigado a permanecer na via pública aguardando a entrada. Em 16 de dezembro de 1910, Sebastião Crisci e Cia. avisaram que tinham alterado o projeto, construindo uma "pequena sala de espera" situada antes da sala de projeções.

As orientações derivadas das inquietações do corpo de engenheiros nem sempre eram bem recebidas pelos construtores de imóveis ou exibidores em potencial. Formas de burlar as determinações técnicas, como no caso do Lírico, ou o jogo com as opiniões especializadas, já que não havia uma legislação específica para as edificações teatrais ou cinematográficas, sempre atuavam no espaço de confronto entre as partes interessadas. Outra forma de luta era a disputa aberta entre os proprietários e os conceitos de engenharia, como veremos mais à frente.

24 AHSP, Série Edificações Particulares, caixa 02/1915. Com o código de 1916, essa possibilidade foi suspensa, como aconteceu com o Teatro São Pedro, inaugurado em 1917, que teve que trocar suas portas por incorrer no erro de usar portas de enrolar.

Sala de Atos do Teatro do Liceu Coração de Jesus, *ca*. 1910.

HIGIENE

O Estado de S. Paulo publicou a reclamação de um leitor sobre as condições do cinema da rua Piratininga, que, além de acanhado, era "[...] deficientíssimo em ventilação, a despeito de dispor de alguns ventiladores elétricos que não funcionam. [...] De resto, um mau cheiro insuportável".[1] Como era praxe na administração municipal, um processo foi aberto para informação. Despachado para a Diretoria de Obras, foi encaminhado ao engenheiro José de Sá Rocha para vistoria do cinema sem nome, mas que sabemos ser o Eros, situado na rua Piratininga, 95, de propriedade de Fernando Taddeo. O engenheiro não ficou impressionado com a reclamação do espectador do cinema popular do Brás. Sobre os ventiladores, argumentou que talvez fosse uma exigência dos próprios frequentadores que eles se mantivessem desligados, por causa do inverno. "E quanto ao mau cheiro não posso saber a que atribuir."

O fato de os engenheiros da Diretoria de Obras e Viação opinarem também sobre os problemas de higiene configurava a situação de quase abandono a que o município de São Paulo relegou a área. O estado, por meio do Serviço Sanitário, organizado em 1892, e pelo Código Sanitário, promulgado em 1894 (Decreto

1 AHSP, Série Polícia Administrativa e Higiene, caixa 278. Reclamação de 6/7/1916, processo 149.136.

nº 233), controlava a saúde pública, o saneamento das cidades e habitações, a prevenção e o combate das moléstias transmissíveis, endêmicas ou epidêmicas (Ribeiro, 1993, pp. 25 ss). A capital contava com oito distritos sanitários, cada um com um médico (delegado de higiene) e dois fiscais desinfetadores. O corpo de funcionários do governo estadual somava 33 pessoas. O Código Sanitário foi reformado em 1911 e, segundo Maria Alice Rosa Ribeiro, pretendia, entre outras coisas, delimitar as áreas de atuação do estado e do município, já que o foco principal de sua alteração estava no processo de urbanização das cidades paulistas. Dessa forma,

> [...] coube ao município o policiamento sanitário, ou seja, fazer cumprir as leis sanitárias nas habitações privadas e coletivas, o saneamento básico e o melhoramento dos serviços de esgoto, água, calçamento, limpeza pública, drenagem do solo, a fiscalização de fábricas, oficinas, estabelecimentos industriais e comerciais, matadouros, mercados e a fiscalização da alimentação pública. (Ribeiro, 1993, p. 111)

A divisão dos poderes sempre provocou disputas entre os mandantes locais, tanto em cidades grandes, como Santos, quanto nos pequenos municípios interioranos, controlados pelas grandes famílias proprietárias. Na capital, dava-se um curioso "entrosamento", segundo Maria Alice Ribeiro.

> [...] desde o início da gestão Antonio da Silva Prado, havia um quase *perfeito* entrosamento entre a Diretoria de Serviço Sanitário e a municipalidade, a tal ponto que eram escassas as críticas feitas à atuação de um em relação ao outro. O que se depreende desse entrosamento é que ele se sustentou no fato de o Conselheiro ter entregue completamente ao Estado, ou seja, à Diretoria do Serviço Sanitário as questões pertinentes à saúde pública da Capital. Na verdade, o

Conselheiro abriu mão de exercer seu poder sobre essa questão. Se alguma divergência ocorreu entre os poderes – o municipal e o da Diretoria, esta foi específica, como a questão da limpeza pública, por exemplo. (Ribeiro, 1993, p. 112)

O "entrosamento" datava de 18 de janeiro de 1899, quando o acordo celebrado por Antonio Prado e o secretário do Interior do Estado delegou ao segundo a fiscalização da higiene, levando o prefeito Washington Luiz a suprimir o cargo de inspetor de higiene municipal em 1916.

O estado, muito mais forte e mais bem estruturado que o município, intimava os proprietários de cinemas a empreender melhorias, quando achava necessário. Às vezes tomava medidas radicais, como aconteceu quando pediu o fechamento do Independência, cinema situado na avenida homônima do bairro do Ipiranga.[2] A interferência nunca era bem recebida na prefeitura, vista sempre como uma intromissão do estado nos assuntos locais. De fato, como revelou um parecer jurídico apenso ao processo do Independência, "enquanto não estiver bem delimitada a esfera de ação dos dois poderes, desinteligências se hão de dar. Legislando sobre a saúde pública, não o faz o Estado para determinada circunstância mas para todo o seu território [...]",[3] devendo o município deduzir quais leis deveriam ser cumpridas.

A de São Paulo tem leis próprias, apenas em desacordo com o Código Sanitário do Estado, quanto às referentes às cocheiras, açougues etc. tem ainda a lei 134 de 1895 que regulariza a Polícia Sanitária do município e em cujas disposições se encontra uma que autoriza o intendente a entrar em acordo com as autoridades sanitárias e policiais do Estado passando-lhe, em parte, ou no

2 AHSP, Série Polícia Administrativa e Higiene, caixa 143. Ofício de 29/8/1914.

3 AHSP, Série Polícia Administrativa e Higiene, caixa 143. Informação de 17/5/1914.

todo as incumbências desta lei mesmo se refere ao caráter temporário e enquanto não puder desempenhar por si e seus agentes esses serviços.[4]

No período em que os teatros foram utilizados como espaços de exibição cinematográfica, temas como a circulação do ar, o mau cheiro provocado pela aglomeração humana, o contágio de doenças, a prática comum das escarradeiras não eram problematizados pelos sanitaristas em São Paulo. Não há notícias, como no caso francês, de discussões sobre a escuridão das salas cinematográficas como facilitadora da propagação de tuberculose.[5] Com a proliferação pela cidade das adaptações de imóveis e de barracões onde se instalavam os pequenos exibidores, o tópico da circulação do ar passou a fazer parte do programa de ocupação do espaço.

No início, as condições de higiene desses locais improvisados não mereceram muita atenção por parte do município. Bastava que se classificasse o salão de "vasto e bem arejado" – como foi o caso do Cinematógrafo Mignon, aberto pelo estudante de direito Labieno da Costa Machado na rua São João, em 2 de setembro de 1908 – para que a Intendência de Polícia Administrativa e Higiene ficasse satisfeita. Contudo, o Código Sanitário estadual de 1894 estipulava a renovação do ar, recomendando 50 m^3 de ar renovado por espectador e por hora (a solução dos ventiladores não é mencionada). Portanto, para a renovação do ar, o Mignon deveria manter as portas de entrada abertas.

Em 1913, quando Nicola Tenani requereu licença para a construção do Guarani, situado no largo do Cambuci, 21, Sá Rocha recusou as plantas, indicando, entre outros fatores, "[...] a falta de ventilação que é indispensável seja por via do telhado, seja por meio de venezianas laterais não bastando ventiladores elétricos que porventura possam ser

4 *Ibidem*.
5 Ver a interpretação de Louis Lumière ao diagnóstico dos médicos da Faculdade de Medicina de Paris em Mory (2001, p. 158).

A fachada do Mignon, cinema que não completou um ano de vida. *Mignon Ilustrado*, 4/10/1908, p. 9.

colocados" – [6] o que aponta para a dúvida do engenheiro de que os aparelhos viessem realmente a ser instalados.

A construção de chaminés no forro para a exaustão do ar, como no Petit Cinema, na rua Marquês de Itu, 50 e 50-A, era rara. Os ventiladores, então, restringiam-se aos cinemas do Triângulo, solução adotada pelo Radium, da rua São Bento, 59. Outro cinema próximo à área central, o Scala, aberto pela Companhia Kinemacolor de São Paulo (1912) na Barão de Itapetininga, 12, tinha dois salões de projeções com três ventiladores no teto de cada um.[7]

Outra prática comum adotada com o crescimento do mercado exibidor foi a abertura de vãos nas paredes, que podiam ou não ser cobertos por venezianas, para favorecer a formação de corrente de ar. José de Sá Rocha indicou venezianas fixas para o American Cinema da avenida Celso Garcia, 40, em 1911. O Trípoli Cinema, uma pequena sala adaptada, situada na Ponte Pequena, na praça José Roberto, 37-37-A, também usava esse expediente para a renovação do ar. Mas como as janelas ficavam fechadas durante as sessões, Arthur Saboya sugeriu a abertura de uma claraboia de ventilação, apontando como exemplo o Íris-Theatre, no centro da cidade (Sá Rocha considerava o Íris uma "fornalha" para os músicos da orquestra e os espectadores). O Cinema Belém, situado na avenida Celso Garcia, 328, com a rua Belém, 25, e inaugurado em 18 de fevereiro de 1911, empregou tanto as aberturas na parte superior das paredes como a claraboia.

Saboya foi quem mais se preocupou com a renovação do ar nos cinemas. Se no início de 1912 ele demandou aberturas na parede e "claraboias-ventiladoras" para o Trípoli, no meio daquele ano, a recomendação dada ao Elite da Liberdade foi uma claraboia correspondente à quinta parte da sala, que tinha 216 m^2 de área, ou então o aumento do número de venezianas fixas de

6 AHSP, Série Edificações Particulares, caixa C1/1913.

7 A informação, no entanto, foi localizada em 1916, quando o cinema, que passara a se chamar Universal, estava prestes a fechar, não se sabendo se o equipamento constava do projeto original da sala.

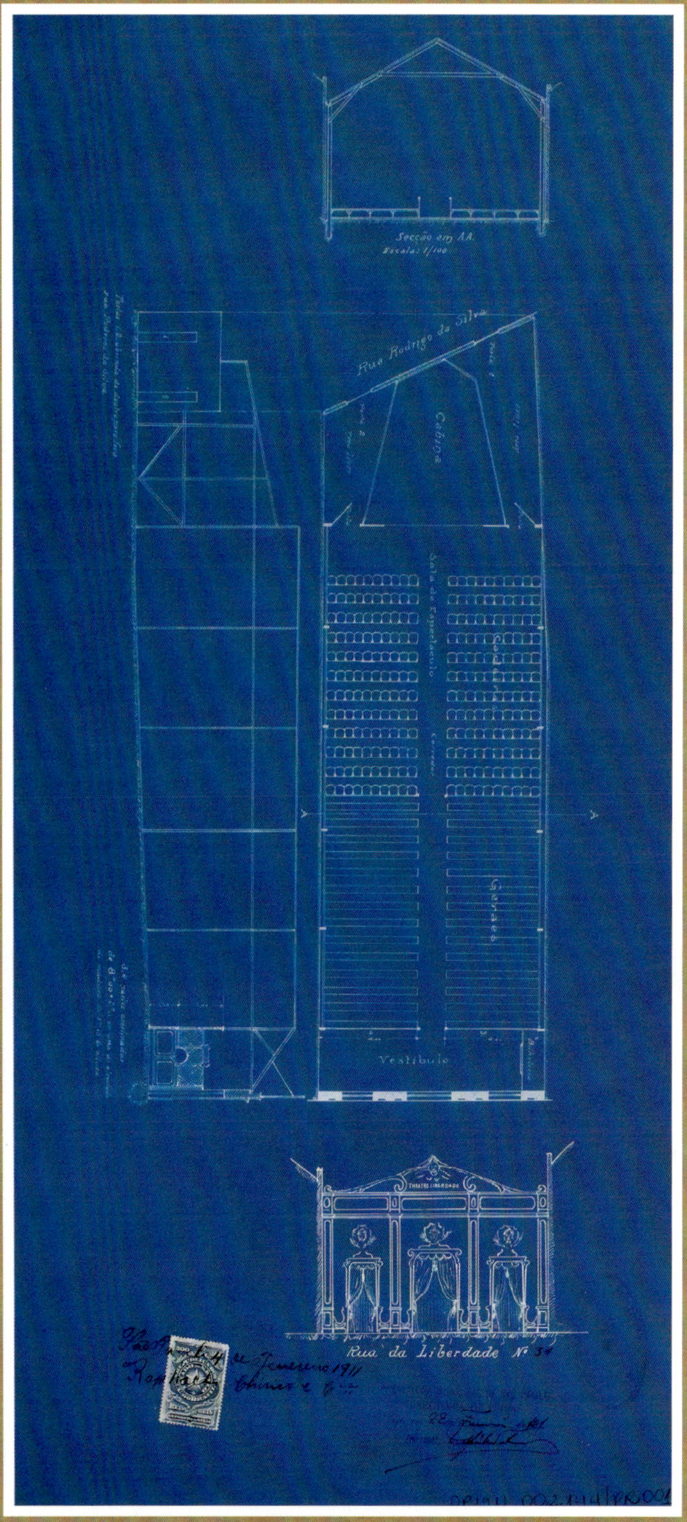

Fachada e cortes do projeto de 1911 do Liberdade Theatre.

Filmes antigos na fase de agonia do cinema.
A Capital, 27/3/1913.

0,50 m × 0,50 m.[8] Logo depois, Saboya estabeleceu um lanternim que ocupasse pelo menos a terça parte do comprimento da sala, conforme solicitou ao Odeon da rua Duque de Caxias, 46, embora os exibidores seguissem optando por venezianas e frestas para a circulação do ar.

Prédios sem isolamento também significavam falta de ventilação. A pretensão de A. Pereira Porto de instalar um cinema na rua Brigadeiro Tobias, 67, em 15 de maio de 1911, esbarrou na negativa de Saboya: não só porque o pé-direito era baixo mas, principalmente, porque não havia possibilidade de ventilação pelas paredes laterais, dada a contiguidade dos imóveis. A claraboia existente no edifício serviria somente para iluminação.

Os equipamentos de higiene, como latrinas, mictórios e toucadores para as senhoras, também nunca foram totalmente equacionados, embora o Código Sanitário mencionasse, em seu artigo 221, que todos "os teatros seriam munidos internamente de mictórios, latrinas e lavabos para homens e de *toilettes* para senhoras com os aparelhos higiênicos indispensáveis". Como os teatros fossem locais de encontro de classes mais abastadas, os outros espaços de reunião foram displicentemente fiscalizados. Os circos eram um problema à parte, dado o seu caráter móvel (entre 1909 e 1912, muitos deles incorporaram o projetor cinematográfico ao conjunto do espetáculo, daí a menção ao universo circense). Durante a urbanização do largo Coração de Jesus, abriu-se um terreno com a demolição de vários casebres que estavam fora do alinhamento da rua. Enquanto não se definia a urbanização completa da área, a reforma do logradouro permaneceu nesse estágio e, no terreno aberto, foi instalado o

8 Na concessão do alvará, o diretor de obras, Victor da Silva Freire, colocou duas opções ao Elite: o aumento em duas vezes da superfície das venezianas ou uma claraboia com o comprimento de 1/3 de área da sala. Já para o Minerva, na rua da Consolação, 317, com 116 m², Saboya insistiu, em 23 de agosto de 1912, em que a claraboia ocupasse metade do comprimento do cinema. O acordo que se estabelecia entre os pequenos exibidores e a prefeitura algumas vezes constava do próprio desenho da planta, em que o requerente se comprometia a manter as alterações pedidas pela Diretoria de Obras. No caso do Elite, uma fiscalização posterior revelou que o proprietário tinha escolhido o sistema de venezianas, aumentadas para quatro (duas pequenas e duas grandes).

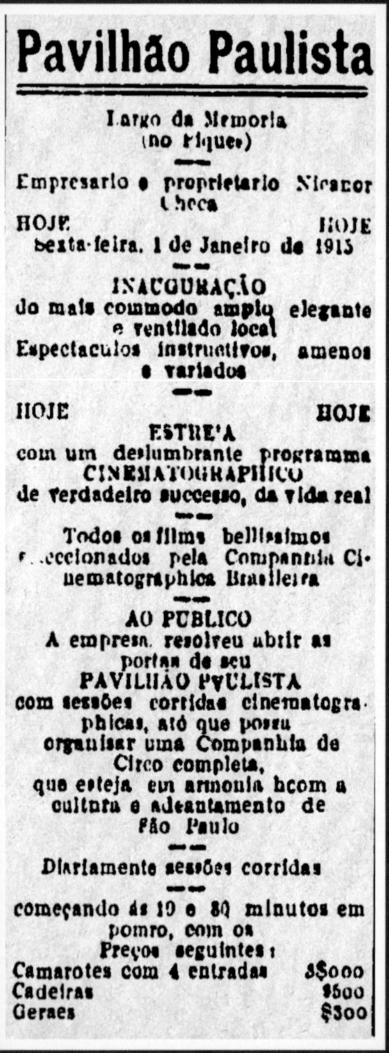

Pavilhão Paulista

Largo da Memoria
(no Piques)

Empresario e proprietario Nicanor Checa

HOJE — HOJE
Sexta-feira, 1 de Janeiro de 1915

INAUGURAÇÃO
do mais commodo amplo elegante e ventilado local
Espectaculos instructivos, amenos e variados

HOJE — HOJE
ESTRÉA
com um deslumbrante programma CINEMATOGRAPHICO de verdadeiro successo, da vida real

Todos os films bellissimos seleccionados pela Companhia Cinematographica Brasileira

AO PUBLICO
A empresa resolveu abrir as portas de seu PAVILHÃO PAULISTA com sessões corridas cinematographicas, até que possa organisar uma Companhia de Circo completa, que esteja em harmonia com a cultura e adeantamento de São Paulo

Diariamente sessões corridas

começando ás 19 e 30 minutos em ponto, com os Preços seguintes:

Camarotes com 4 entradas	3$000
Cadeiras	$500
Geraes	$300

Este anúncio é o único registro de exibições cinematográficas no Pavilhão Paulista.
O Estado de S. Paulo, 1/1/1915, p. 11.

Pavilhão dos Campos Elíseos. Em julho de 1909, os moradores do bairro reclamaram à administração municipal da algazarra produzida pelos fãs dos espetáculos de circo, aumentada em 1910 com a transformação do largo em banheiro público graças ao "célebre barracão". O fiscal municipal informou a situação à Polícia Administrativa e Higiene, que, por sua vez, acionou a polícia do estado, já que o município não tinha ainda uma guarda pública. Outro caso foi o do Pavilhão Halley, instalado na rua da Consolação, 371, esquina com a Fernando de Azevedo, que após alguns meses de funcionamento também foi alvo de queixas da população, em janeiro de 1912, pela falta de mictórios. O engenheiro Arthur Saboya declarou ter fiscalizado os pontos que lhe competiam, ou seja, a segurança do público nas arquibancadas e a cabine de projeção, vedada em uma caixa de zinco. O fato de se urinar em qualquer lugar lhe parecia um problema da polícia, embora não houvesse obstáculos para que a empresa Carvalho, Medeiros e Cia., administradora do circo, instalasse um "mictório público em lugar conveniente". O chefe da Polícia Administrativa concordou com Saboya: "É verdade que é proibido urinar fora dos mictórios, mas isto cabe à polícia impedir".

Nem sempre a higiene das casas de espetáculo era um "caso de polícia", embora algumas delas o fossem literalmente. Tradicional fonte de problemas, o Politeama, na reforma imposta pela prefeitura, em 1901, para seu funcionamento, teve de construir latrinas e mictórios, além de realizar outras benfeitorias, como cobertura do edifício com material isolante, reforma do passadiço de acesso, limpeza e pintura geral. O Recreio da Lapa funcionou por sete anos (1912-1919) sem quaisquer equipamentos de higiene para seus usuários. Só foi obrigado a adotá-los quando voltou à atividade, em 1921. Para que as autoridades públicas municipais dessem um pouco mais de atenção ao problema, foi necessário que ocorressem problemas associados à periculosidade das cabines de projeção. Após o incêndio que destruiu o Estrela do Oriente, um barracão de madeira localizado na rua Oriente, 41, em 24 de janeiro de 1915, o mestre de obras espanhol Bernardino Granja fez o projeto do novo cinema de José Antonio Martins. A "planta não é um primor de desenho", assinalou Sá Rocha, que entrou em entendimentos com o mestre de obras, ajudando-o na confecção de três cortes arquitetônicos para o cinema. Na proposta original, os banheiros estavam situados junto à cabine de projeção, solução recusada liminarmente pelo engenheiro. No novo desenho, a área de higiene foi afastada da cabine, ganhando-se espaço para mais um WC, "[...] que será destinado às senhoras", indicando que a planta original não tinha contemplado tais instalações para mulheres.

O "entrosamento" entre estado e município, citado por Maria Alice Rosa Ribeiro, favorecia o Serviço Sanitário; as visitas dos médicos rua por rua, sob sua jurisdição, dava-lhes força para as recomendações mais diversas sobre as edificações. Se um cinema abandonado como o Paraíso, um barracão de madeira e zinco construído na rua Vergueiro, 362 (mais

Programa do cinema de Josué Isola e Cia. no dia 26/9/1911.

tarde, 264), perto do largo Guanabara, estava servindo de latrina para a população, cabia ao Serviço Sanitário acionar o município, pedindo sua demolição (descobriu-se que o imóvel pertencia à Fábrica de Cerveja Guanabara, não havendo nada que a prefeitura pudesse fazer). O Éden, da rua São Caetano, foi intimado em 1915 a melhorar suas condições sanitárias, abrindo duas janelas para a rua Dutra Rodrigues, de forma a obter melhor ventilação, e construindo mais dois WC. Sá Rocha, quando analisou a planta da reforma, congratulou-se com o proprietário: o "interessado pretende fazer no cinematógrafo – WC e mictórios – de certo em obediência à lei municipal que tal reza",[9] sem reparar que a medida vinha por imposição do estado e que o cinema funcionava em condições irregulares desde 1911. O mesmo aconteceu com o Eldorado, na rua Quintino Bocaiúva, 39. O cinema foi intimado, quase no fim de sua vida, a incrementar as instalações higiênicas. O Serviço

9 AHSP, Série Edificações Particulares, caixa S3/1915.

Sanitário, às vezes, ia além, adentrando a área dos engenheiros municipais, como se deu no Internacional, na rua da Mooca, 430. Em 1915, o estado pediu a mudança de lugar da bilheteria, dando-se à porta de entrada a largura de 1,20 m. No mesmo ano, o Vésper, pertencente a Erasmino Gogliano, na avenida Rangel Pestana, 148, foi intimado a instalar ventiladores na sala de exibições, o que motivou uma resposta feroz de Sá Rocha:

> Quero acreditar que tenha havido realmente intimação do S.S. [Serviço Sanitário] embora não sejam presentes no requerimento como deveria. As construções que o requerente pretende reformar escapam à competência daquela Diretoria pois não tem, na sua parte mais importante, que ver com a Higiene – sendo antes de exclusiva competência da Prefeitura. Visto que se reforma a parte importante do cinema – que é o palco [e] caixa do aparelho etc., parece-me azada a ocasião para se exigir igualmente uma convincente adaptação da sala de espetáculos, dando-lhe talvez melhor acomodação – e melhores garantias para o público – o cinema fica encravado entre outros edifícios e instalado em prédio relativamente antigo. Não sei como pensa a Diretoria [Sanitária] e ademais não temos infelizmente regras algumas a respeito (já há muito apresentei um projeto embora não muito completo sobre o caso). Entretanto o que o interessado quer fazer representa já um considerável melhoramento [...].[10]

Até o final do período abarcado por nosso estudo, o assunto da higiene parece ter se tornado um campo específico de preocupação do estado. Na vistoria feita ao Vitória, um cinema aberto em 1927 na esquina da rua Turiassu com a Caiowáas, pelo empresário Ângelo Niglio, José de Macedo Fraissat reportou-se a três intimações sobre a sala. Em 9 de março de 1929, Fraissat determinou a realização de

10 AHSP, Informação de 12/2/1915.

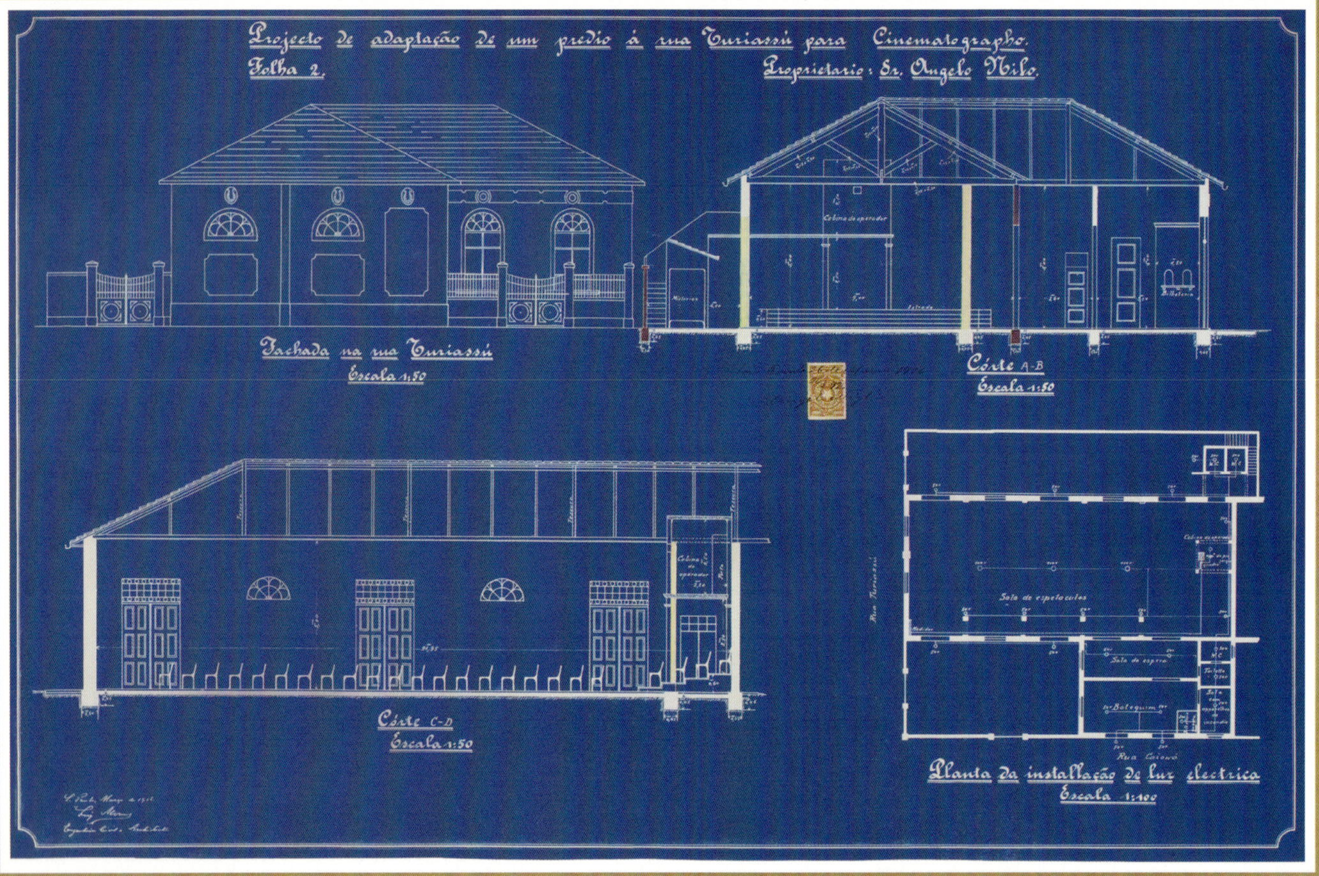

Fachada para a rua Turiassu do Vitoria,
no projeto de março de 1926.

uma "limpeza geral no cinema que se acha muito sujo" e a colocação de "azulejos nas privadas, mictórios e no 'toilette' de senhoras",[11] medidas para ele imprescindíveis para o licenciamento do Vitória. Uma semana depois, Arthur Saboya recomendava a suspensão das exigências, que eram da alçada do Serviço Sanitário. O estado devia ser comunicado somente "sobre as más condições sanitárias dessas peças", restringindo-se o município aos cuidados relativos à segurança (colocação de mangueira de incêndio, por exemplo) e aos aspectos construtivos (escada estreita e sem corrimão para as gerais).

Entre os dois poderes, o "prezado" público sofria.

11 AHSP, Série Cinemas, caixa Cine-19.

Projeto do cinema Paulistano em 1926.

A GEOGRAFIA DOS CINEMATÓGRAFOS

A esta altura, cabe-nos perguntar onde estavam os cinematógrafos em São Paulo. Como já mostraram outros autores, a atividade estava em permanente mutação nas décadas iniciais do século.[1] Realizando uma contagem dos exibidores pelos distritos em que estava dividida a cidade (Sé, Santa Ifigênia, Santa Cecília, Mooca, Liberdade, Bela Vista, Brás, Bom Retiro, Vila Mariana, Santana, Consolação, Belenzinho, Lapa, Cambuci e Pinheiros), encontramos uma preponderância na Sé. Nesse distrito, as ruas 15 de Novembro, São Bento, São João e Direita, ou seja, principalmente o Triângulo, foram o destino natural de um grande número de exibidores ambulantes, que se utilizaram dos teatros ali localizados. O Santana recebeu 18 temporadas entre 1901 e 1908, e o Politeama, outras 11 entre 1902 e 1910. Vale lembrar ainda as confeitarias e restaurantes (Pinoni, Fasoli, Au Cabaret, Rôtisserie Sportsman, Progredior), boa parte deles situados na rua São Bento. O Progredior foi palco para nove temporadas, inclusive a pioneira do Professor Kij, em 1895, com o kinetoscópio; a Rôtisserie Sportsman abrigou outras quatro. Ainda que tenham

1 Ver Araújo (1981), Santoro (2004) e Moraes (2007).

PINONI
47 RUA S. BENTO
Restaurant
Bar
Delecatessen
This is the place where people of discriminating taste go for breakfast and dinner.
This is the place where all of the best brands of imported canned goods-fine wines etc., may be purchased.
This is the place where you may go and enjoy, every night, a Cinematograph Exhibition of the most popular films of the day, FREE.
Telephone 1635
25—14

Publicidade em inglês com referência à exibição de filme.
Diário Popular, 18/10/1913.

chegado ao ano limite de 1910, por volta de 1908-1909 os ambulantes que passavam pela cidade escassearam.

A antiga área central da cidade polarizou a atenção dos exibidores, instituindo um padrão de excelência, continuado depois pelas inaugurações do Central (1916) e do Rosário (1929). Enquanto o centro foi o espaço nervoso da vida urbana com suas transações comerciais, fornecimento de serviços, vida comercial, práticas de religiosidade e manifestações políticas, ele foi o "ímã inevitável" para os habitantes abertos às novidades urbanas, como escreveu Guilherme de Almeida. O significado de ir ao cinema também queria dizer ir à cidade, mesmo quando as salas de exibição pecavam em comodidade, como aconteceu amiúde no período anterior aos *movie palaces*, posto que lançadores de novidades, enquanto aos bairros, mercado secundário, de segunda linha, exibia, às vezes com hiatos temporais longos, o que a área central já apresentara com exclusividade.

Com exceção do Radium, inaugurado na rua São Bento, no prédio reformado da antiga Rôtisserie Sportsman, a impressão que o Bijou e o Íris transmitiam a seus *habitués* não deveria ser melhor que a do mal falado barracão do Politeama. Embora fosse vitrine para os lançamentos da Empresa F. Serrador (que, a partir de 1911, tornou-se uma sociedade anônima, a Companhia Cinematográfica Brasileira – CCB), o Bijou era um barracão de madeira e zinco como seu vizinho. Ao Íris, encravado entre outros edifícios, também faltavam as qualidades necessárias para uma boa casa de espetáculos.

A fachada de tijolos do Bijou, voltada para a ladeira da rua São João, imortalizada na foto de Guilherme Gaensly – com os bondes da linha Bom Retiro-Paraíso cruzando diante do Cassino Paulista, prédio onde se instalaria Francisco Serrador em novembro de 1907 –, escondia a imagem do corpo do prédio, construído em madeira e coberto de zinco, que serviria de modelo para muitos outros "barracões" abertos pela cidade no período seguinte.[2]

Protótipos dos barracões de madeira e zinco, porém situados na área nobre do centro da cidade, o Bijou e o Politeama, enquanto existiram, foram uma enorme dor de cabeça para os engenheiros municipais, que se viam afrontados nas suas pretensões de correção construtiva pelos pequenos exibidores que povoavam os bairros. Aos dois maus exemplos em matéria de edificação teatral seguia-se o Íris, situado na nobre rua 15 de Novembro, com saída para a rua Boa Vista. Além de ter uma frequência numerosa, como o Bijou, deixava a desejar nos quesitos de segurança e comodidade. Segundo vistoria de Sá Rocha em 1916, o "[...] acesso à sala faz-se por um corredor que é um verdadeiro túnel em forte declive".[3] Essa impressão se devia à pequena frente do sobrado – seis metros, "quando muito",

2 Convidado para a abertura do Odeon, um dos "palácios" luxuosos construídos na década de 1920 por Francisco Serrador, Guilherme de Almeida, ao ver a feérica e esplendorosa casa da rua da Consolação, recordou a infância passada na rua São João, com seus bondes, o Mercadinho, o velho Politeama, "barracão de pecados", por certo não arquitetônicos, e o Bijou "moço novo, todo de pinho e lona, pintado a óleo – cores límpidas e frescas – com muitos dourados e muitos bombons, e muitas crianças, e muitas fitas, principalmente muitas fitas". (*O Estado de S. Paulo*, 12/10/1928, p. 3.)

3 AHSP, Série Polícia Administrativa e Higiene, caixa 254.

THEATRO COLOMBO

Empresa F. SERRADOR

CINEMATOGRAPHO RICHEBOURG

HOJE

DOMINGO, 8 de março de 1908

Grandiosa matinée ás 2 horas da tarde do maravilhoso e aperfeiçoado Cinematographo Richebourg, o mais completo e perfeito apparelho até hoje exhibido na America do Sul.

Programma Infantil

— com —

Distribuição de bombons ás gentis creanças

Preços popularissimos para esta matinée:

Camarotes e frizas com 5 entradas........	6$000
Cadeiras de primeira..	1$000
Geraes	$500

A'S 8 3|4 DA NOITE

Grande espectaculo.

Com vistas de

Alta novidade

e de

Enorme successo

Os bilhetes á venda na Confeitaria Central, em frente á Estação do Norte, até ás 5 e meia horas da tarde.

No fim do espectaculo haverá bondes para todas as linhas.

Todos ao Theatro Colombo

Anúncio da estreia do Richebourg no Teatro Colombo.
O Estado de S. Paulo, 8/3/1908, p. 5.

advertia o engenheiro – e à contiguidade com outros prédios, dentro de uma área densamente urbanizada (o Bijou, pelo menos, era isolado pelo lado do Politeama). Impossibilitado de aberturas para ventilação, era considerado uma "fornalha", e só se salvou de uma possível interdição por questões de segurança porque tinha outra saída pela rua Boa Vista.

Em 1911, o Bijou, o Íris e o Radium passaram a ser geridos pela CCB e a concentrar as exibições na área central. A partir de 1914, esse panorama começou a mudar. O fechamento do Radium para dar lugar a outro edifício, a reurbanização da avenida São João, que condenou o Bijou, e o incêndio do Politeama, em 1914, obrigaram a CCB a adotar outras estratégias para manter o controle sobre essa área vital.

Seria errôneo imaginar que a expansão dos cinemas para os bairros instituiu um novo padrão de exibição. Pelo contrário, bairros populosos e dinâmicos como Brás, Santa Ifigênia e Bom Retiro se espelhavam no centro velho, construindo seus próprios teatros, como o Colombo, o Moulin Rouge, o Popular do Brás ou o Salão Luso-Brasileiro. Esses espaços de divertimento foram imediatamente ocupados pelos exibidores, na maior parte das vezes repetindo o fenômeno do Triângulo. No Brás, mesmo não sendo o pioneiro, o Colombo se destacava.[4] Construído inicialmente para mercado, em 1897, tinha formato quadrangular, com pátio e chafariz no centro. Um arrendamento estabelecido entre Pedro França Pinto, acionista da Companhia Antarctica Paulista, e a prefeitura, em 4 de julho de 1906, resultou na transformação do mercado em teatro, com projeto de Augusto Fried. Os interesses entre espaço de diversão e venda de bebidas tinham sido estabelecidos pelo Politeama desde 1892. O sucesso do empreendimento manteve a Antarctica no mesmo trilho, culminando com a construção do Central, no local do antigo Politeama, inaugurado em 1916. O Colombo tinha capacidade menor que aquele (1.968 espectadores), no entanto, era de construção sólida, ocupando 1.500 m^2 de área edificada. Antes do Teatro Municipal, o Colombo era uma casa teatral digna desse nome, embora situado no bairro formado por imigrantes. A entrada se fazia pelo largo da Concórdia. O palco e os camarins para 30 artistas estavam de frente para uma estrutura em ferradura que abrigava o público em 39 camarotes, 24 frisas, 750 cadeiras na plateia e três arquibancadas com 216 lugares cada. Sob as arquibancadas ficavam o bar e o restaurante. O Colombo foi aberto ao público em 20 de fevereiro de 1908, com a presença do prefeito Antonio Prado e a encenação do drama *Maria Antonieta*, levado pela Companhia Dramática Italiana de Antonio Bolognesi.

O Colombo foi imediatamente capturado por Francisco Serrador, que a partir de 5 de março sublocou o espaço para a apresentação do Cinematógrafo Richebourg, com o qual chegara à cidade em 1907. Serrador ficou no teatro até 1911, dando lugar à empresa Gomes da Silva. O Colombo sempre dividiu sua

4 Embora exista um estudo sobre o Politeama, o Colombo ainda não mereceu atenção semelhante. Sobre o Politeama, ver Oliveira (2006).

programação entre filmes e outras apresentações teatrais, fossem elas dramáticas ou de variedades.

Antes do Colombo, o Brás tinha o Teatro Popular, instalado na rua do Gasômetro, 114, sobre o qual existem poucas informações. Desconhece-se a data de abertura, 1897 ou 1898, primeiro como boliche, segundo Vicente de Paula Araújo. Por volta de 1904, foi transformado em teatro da colônia espanhola, com o nome que o distinguiu nos anos seguintes, abrigando também representações de outras nacionalidades, como a italiana. À semelhança de outros salões comunitários, servia também para bailes, rinques de patinação e jogos de *boccia*, esporte muito apreciado pelos italianos. O primeiro exibidor a passar pelo Popular do Brás foi Marcolino de Andrade, em 19 de junho de 1906, que mais tarde abandonou a errância de exibidor ambulante para se fixar em Santos. Em novembro de 1907, em plena febre das exibições pelo centro da cidade, Egisto del Moro arrendou o teatro, que o fiscal municipal, em vistoria, declarou não possuir arquibancadas. Isso aponta para o fato de o Popular ser um simples barracão retangular, de frente pequena, possivelmente assoalhado, sem cadeiras fixas, que por isso se prestava aos vários divertimentos já assinalados. O exibidor seguinte, a Empresa Cinematográfica Americana, vinda do Rio de Janeiro, reformou o salão, instalando um vestíbulo, uma espécie de sala de espera, e aumentando a iluminação, classificada, segundo o gosto da época, de "feérica".[5] O português Alberto Botelho, que trabalhou como repórter fotográfico para jornais cariocas, deslocou-se para São Paulo como exibidor. Mais tarde, passaria para a produção de filmes, realizando uma bela carreira nos cinemas carioca e paulista como cinegrafista de cinejornais e documentários. Finda a licença de Botelho, talvez um aparentado de Egisto, Nicolau

5 Como escreveu Louis Pelletier, o uso de lâmpadas elétricas em abundância e aparelhos como gramofones e vitrolas, para atrair os transeuntes ao cinema, era prática habitual, recomendada pelas revistas especializadas norte-americanas. A proibição do uso de vitrolas no centro da cidade de São Paulo só se deu no final da década de 1920, ainda que estas só tivessem sido utilizadas nos começos da exibição na cidade. Ver Pelletier (2004, p. 207).

del Moro, manteve-se mais dois meses no Popular do Brás.

De acordo com Vicente de Paula Araújo, o Teatro Popular foi demolido em 1925 para dar lugar ao Palacete Ferrante.

Em outro populoso e dinâmico bairro, o Bom Retiro, o Salão Luso-Brasileiro, ou Teatro Luso-Brasileiro, situado na rua da Graça, 116, foi o preferido dos exibidores ambulantes, passando depois a cinema com o nome de Real. O proprietário do salão era o Grêmio Dramático Musical Luso-Brasileiro, fundado em 13 de maio de 1900. Era uma sociedade recreativa e beneficente, que promovia entre seus associados o que a lei definia como "diversões lícitas". Os estatutos foram reformados em 1906 e, no ano seguinte, o presidente da entidade, Alfredo Estrela da Gama Machado, entrou com um requerimento para edificação do barracão de 340 m^2 (alvará de construção de 28 de junho de 1907). Três exibidores passaram pelo Luso-Brasileiro, sendo que a empresa Rosa e Oliveira foi a mais persistente, permanecendo dois meses no local. Em 1910, o Grêmio alugou o prédio para outros exibidores de curta duração, até que Giuseppe Moro e Cia. (Giuseppe Moro e Guido Rocchi) abriram o Real Cinema, que ocupou o teatro até julho de 1912. Nos dias em que o Grêmio se utilizava do teatro para suas récitas e espetáculos, as sessões cinematográficas eram suspensas.

O Luso-Brasileiro substituiu o Real pelo Bijou Bom Retiro, que, apesar do nome pomposo, estava em decadência entre 1912 e 1913. O jornal sensacionalista *A Capital* o declarou um "antro escuso do populoso bairro", ao qual faltavam ventilação e higiene, finalizando suas críticas sobre o prédio velho e estreito com o veredicto final: "pardieiro perigoso" para os espectadores.

Mas o eixo principal dos cinemas do Brás se situava na rua do Gasômetro e nas avenidas Rangel Pestana e Celso Garcia. A igreja matriz estava voltada para a Rangel, as melhores lojas estavam situadas nessa área, e o corso do Carnaval, que rivalizava com o da avenida Paulista nos anos 1910-1920, por ali circulava. A diversidade de espaços e os problemas de edificação também faziam presença nesse eixo urbano.

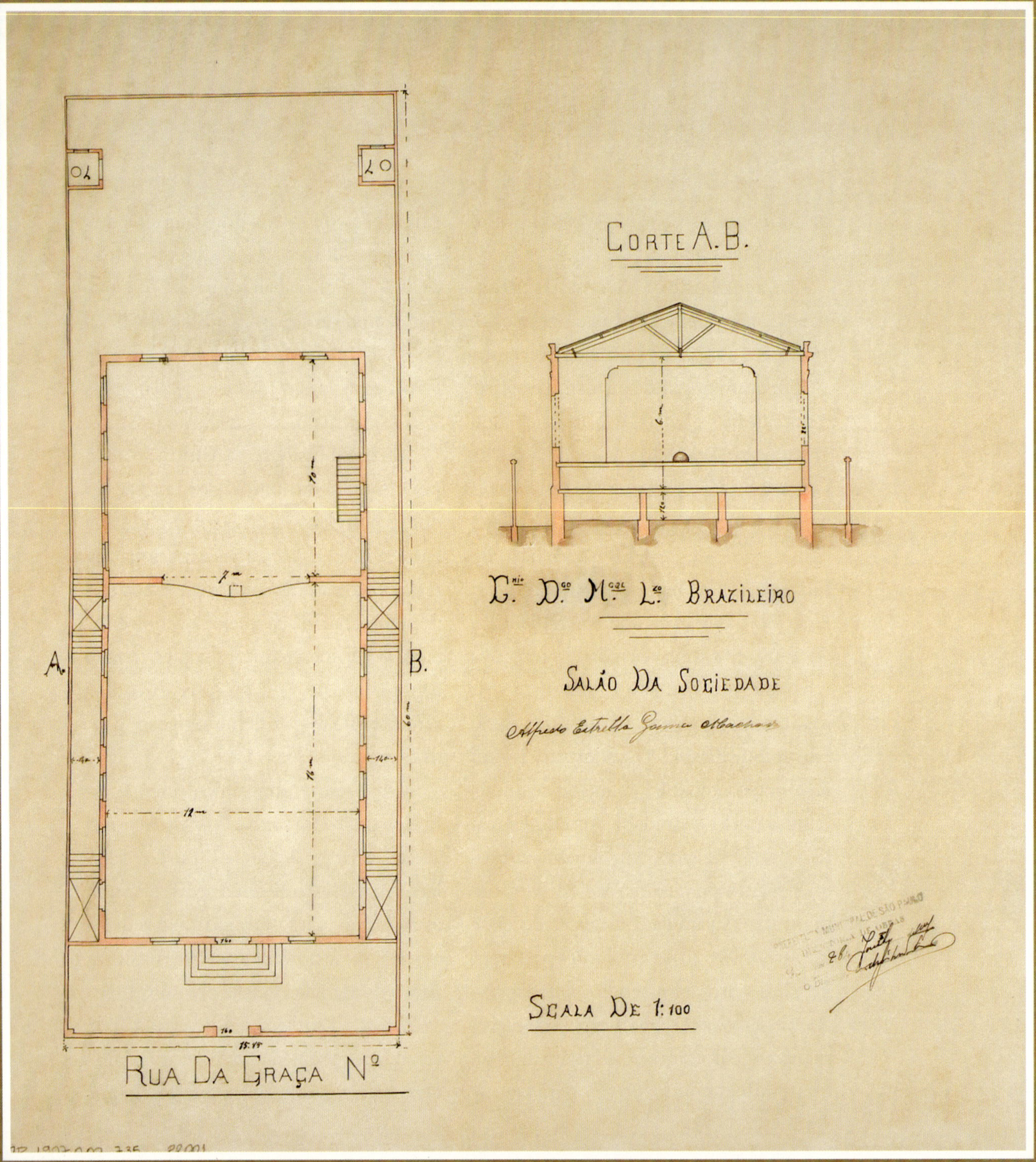

O projeto do barracão do Salão Luso-Brasileiro em 1907.

Fachada do cinema do bairro do Bom Retiro.
A Capital, 28/3/1913, p. 1.

A rua do Gasômetro devia esse nome à São Paulo Gás Co., que instalara seus fornos de processamento de coque na antiga Chácara do Ferrão, em 1872. Segundo Ebe Reale (1982), outros melhoramentos, como a estação da Estrada de Ferro do Norte (futura Central do Brasil), a abertura de uma linha de bondes em 1877, a concentração de madeireiras (até hoje a rua é um dos polos de comercialização de madeira da cidade) e a Hospedaria dos Imigrantes – transferida do Bom Retiro para prédio mais moderno, propiciando mão de obra para as fazendas do interior e as indústrias que começaram a ser erguidas no bairro – mudaram a face do Brás, transformando-o numa pequena cidade já no início do século XX, quando contava com mais de 30 mil habitantes.

Já vimos como a rua do Gasômetro, um dos portais de entrada do bairro, foi importante para a apresentação do cinema aos novos espectadores com o Teatro Popular. Em prédio vizinho, instalou-se um ambulante em setembro de 1908, S. Petrelli e Cia., mas os endereços de vida mais longa na rua estavam no lado ímpar, no 35-37, onde se localizou o Ideal, e no 47, onde funcionou o Ísis, imóveis construídos no primeiro quarteirão entre a rua da Figueira (limite da Gás Co. com a várzea do Tamanduateí) e a Monsenhor Anacleto. A proximidade com os trabalhadores da Companhia de Gás e das madeireiras e, ao que tudo indica (pois faltam informações), também com a prostituição não deve ser desprezada na estratégia dos empresários para a localização dos cinemas.[6]

A primeira tentativa de abrir uma sala de projeções no número 35 deu-se em 21 de dezembro de 1909, por meio de um requerimento do possível ambulante Gordon e Cia. (também consta como endereço a rua do Gasômetro, 56). José de Sá Rocha, que cuidava da vistoria dos imóveis nesse distrito, declarou, dois dias depois, que o lugar era "vasto": "Há três portas para a rua devendo os requerentes retirarem as grades que existem em

6 Os frequentadores do Ísis eram obrigados a passar pela rua do Gasômetro "ouvindo palavras imorais" entre clientes e prostitutas, segundo o sensacionalista *A Capital*, de 15 de agosto de 1913, numa série de reportagens sobre a prostituição no bairro.

duas delas. A sala de exibição das fitas pode comportar de 250 a 300 pessoas por sessão. Na antessala deve haver uma separação de fácil retirada para facilitar as entradas e saídas dos espectadores".[7] Como não há guia para o pagamento da taxa de funcionamento mensal, nem continuidade no processo, presume-se que o ambulante tenha desistido da ideia.

Menos de seis meses depois, foi a vez de uma das poucas mulheres a investir no mercado exibidor, Inocência Leoni, se interessar pela abertura de um cinema nos números 35 e 37 da rua do Gasômetro. O entrave detectado por Sá Rocha nos prédios escolhidos pela sra. Leoni encontrava-se no pastifício de Vicente Linguanotto, que funcionava nos fundos do terreno, porém com entrada pelo mesmo salão (Linguanotto era ainda associado de uma madeireira no mesmo bairro). Na vistoria, o engenheiro municipal foi informado de que a área de secagem das massas interromperia suas atividades durante as projeções. Mas somente com a intervenção do advogado José Benevides de Andrade Figueira as autoridades aceitaram a argumentação da independência dos espaços, permitindo em 4 de junho de 1910 a abertura do Ideal Cinema. Inocência Leoni, ao que tudo indica, era somente uma investidora no mercado imobiliário, pois se retirou do negócio logo depois, passando-o justamente para o fabricante de massas Vicente Linguanotto. Ele geriu o cinema nos dois anos seguintes, até que enveredou pelos filmes considerados pornográficos, na busca de um público maior (o apelo aos filmes picantes por vários exibidores, entre 1912-1914, é uma questão a ser estudada). O Ideal foi comprado pela CCB, que o arrendou nos anos seguintes a vários exibidores, até que o prédio retornou a sua antiga vocação para a produção de alimentos, servindo para a fábrica de doces e balas de Grecchi e Cia.

O Ísis, apesar da abertura conturbada, teve vida mais longa. A propriedade do prédio era dos irmãos Taddeo, Luiz e Fernando, italianos bem postos na comunidade do Brás, já que a família possuía

7 AHSP, Série Polícia Administrativa e Higiene, caixa 38.

vários imóveis nas ruas João Jacinto, Assunção e Henrique Sertório. Mais tarde, abriram os cinemas Piratininga e Eros. A construção foi dificultada pela disposição do terreno, nos fundos do número 47, entrando-se no cinema por um portão (outro cinema que buscou rentabilidade nos fundos de um terreno foi o Guarani, no largo do Cambuci, 21-A). Arthur Saboya foi o encarregado de dar o parecer sobre o projeto arquitetônico, notando que: "1°) no caso de incêndio no prédio da frente os espectadores do cinema ficariam prisioneiros, não tendo outro meio de se retirarem do local; 2°) a cobertura da atual entrada lateral do prédio acarretaria prejuízo às suas condições higiênicas porque suprimiria a luz direta".[8] Proprietários do sobrado que dava frente para a rua do Gasômetro, os irmãos entraram com recurso, lembrando a Saboya que, no centro da cidade, no Triângulo, o Radium e o Bijou estavam "instalados no interior" dos prédios – argumento que buscava induzir o engenheiro da prefeitura ao erro (o Politeama seria um exemplo mais adequado do que o Bijou; o Radium, pela descrição, não servia como exemplo). Sempre que se tomava como exemplo os prédios centrais, abria-se o caminho para negociações. No final de 1910, Saboya considerou adequada a largura de 3,75 m do corredor de entrada do cinema, calculando-se a área de construção, para efeito de imposto, em 332 m^2. Contudo, até a aprovação final da planta, deve ter havido a incorporação de outro imóvel, porque a metragem estabelecida no alvará de construção foi de 558 m^2. O pedido de vistoria para funcionamento foi encaminhado no final de março de 1911, inaugurando-se o Ísis em 8 de abril.

O Ísis passou por sucessivas reformas ao longo da vida, até que, na década seguinte, mudou de nome para Glória, com o qual sobreviveu mais duas décadas.

No outro portal de entrada do Brás, a avenida Rangel Pestana, o processo de ocupação dos espaços para divertimentos seguiu o mesmo padrão. O Salão Apolo, instalado num sobrado construído em 1905 para a firma Manuel Ferreira Pinto

8 AHSP, Série Edificações Particulares, C1/1910.

e Filho pelo engenheiro-arquiteto Miguel Marzo, no antigo 227-A, em frente à Estação do Norte da Central do Brasil (atual Estação Roosevelt), foi o primeiro a receber os ambulantes Luiz Trasna e J. Oliveira. O Apolo, como o Popular do Brás, também servia para bailes e jogos, como o bilhar. Sobre esses dois exibidores, não sabemos quase nada. O primeiro, com o nome de Cinematógrafo Lubszinsky (ou Lubergaski), teria vindo da Europa com um "vasto repertório" de "quadros coloridos", atuando no final de 1906; o segundo alugou o prédio em abril de 1907.

A expansão dos cinematógrafos pela avenida começou no ano seguinte. Alberto Botelho, depois de terminar seu contrato no Teatro Popular, foi para o número 91 da Rangel Pestana, ocupando em janeiro de 1908 um imóvel não identificado. Em outubro, Carlo Felice Anselmo, que já tinha um cinema na rua da Estação (atual rua Mauá), o The Edison Cinema, associou-se a Bartolomeu Porzio para a abertura do segundo Popular. Vicente de Paula Araújo localizou esse cinema na Rangel, 140, com a rua Martin Buchard, mas o número mais correto parece ser o 170. O Popular, com várias passagens de compra e venda, seguiu até pelo menos dezembro de 1913, sob a direção de Giovanni Sarracino, Salvador Pugliesi e Achilles Guilherme.

Assim como no Triângulo havia a Confeitaria Fasoli, o Brás também emulou o processo de divertir seus moradores com cinema gratuito por meio da Confeitaria Guarani. O confeiteiro Emílio Siniscalchi, morador do bairro desde 1900, abrira sua confeitaria e botequim no número 112 da Rangel, batizando-a com o nome nacionalista de Guarani (várias versões do livro de José de Alencar foram filmadas por italianos oriundos dos grupos filodramáticos, como forma de reconhecimento pela pátria de adoção). Os espetáculos cinematográficos, como na Fasoli, eram para "divertir" a freguesia, sem cobrança de ingressos. A experiência produziu dividendos, tanto que, em abril de 1909, Siniscalchi pediu para cobrar ingressos dos clientes. O engenheiro José de Sá Rocha mostrou-se refratário à solicitação, posto que a

Confeitaria Guarani estava instalada em prédio impróprio para "o fim que se tem em vista". Mesmo multado, Siniscalchi continuou com seu projeto, disposto a realizar as reformas necessárias para a adaptação da confeitaria. O engenheiro foi irredutível. O prédio era velho, em "[...] desacordo com o padrão e encaixado entre outros prédios igualmente velhos".[9] Em 15 de maio, mostrando perseverança, Siniscalchi entrou com um requerimento na prefeitura em que garantia a colocação do projetor no fundo do salão, com uma distância de 10 metros da primeira fila de cadeiras; segurou o prédio em duas empresas e sujeitava-se a qualquer outra medida sugerida pela Diretoria de Obras e Viação. Em resposta, Sá Rocha declarou que o afastamento do projetor não significava muita coisa, o que era verdade, assim como o seguro em duas companhias. O espaço é que deveria ser completamente remodelado, indicando-se a entrada e saída do público, o espaçamento das cadeiras e a quantidade delas, posto que a confeitaria passaria a funcionar praticamente como um cinema. No final do mês de maio de 1909, Emílio Siniscalchi conseguiu a aprovação para a reforma do Guarani, ficando com o cinema e a confeitaria até 1911, quando se mudou para um sobrado novo no 126, construído por Leonardo Nardini. O agora Cinema das Famílias funcionou de 17 de dezembro de 1911 a março de 1912, quando deu lugar ao Central.

Os circos que circulavam pelo Brás instalaram-se na avenida Rangel Pestana com a rua do Hipódromo, incorporando as projeções cinematográficas entre suas atrações em 1909. O Circo Variedades, de Rafael Spinelli, ao lado de uma "troça fantástica", *O Chico e o diabo*, também exibiu as "últimas fitas" da produtora francesa Pathé Frères durante os espetáculos dados em abril daquele ano. Já o Pavilhão do Brás, pertencente a Labieno da Costa Machado, antigo proprietário do Mignon, na travessa do Seminário, também ocupou o mesmo terreno do Variedades. O circo de pano, fechado com folhas de zinco, sem arquibancadas,

9 AHSP, Série Polícia Administrativa e Higiene, caixa 79.

apenas com bancos de madeira assentados sobre o solo, foi montado em agosto do mesmo ano. Permaneceu no local até outubro, quando Machado passou o circo para um colega da Faculdade de Direito, o futuro "tribuno" da Revolução Constitucionalista, Ibrahim Nobre. O último membro da linhagem circense foi o tradicional Circo François, que com sua Companhia Equestre Sinimatographica (*sic*) de Novidades requereu, em 7 de outubro de 1912, licença para armar um pavilhão na Rangel, 298. O François era um circo mais bem equipado, contendo arquibancadas, cadeiras e camarotes.

O empresário do Brás que mais se interessou pelo cinema nesse período foi Lucido di Fiore. Ele vinha do ramo da alfaiataria, sendo proprietário da Casa Janota, situada na mesma avenida, nº 141. Em dezembro de 1910, estava à frente do Joly Teatro, aberto em setembro pela empresa Matos e Bertocco, quando mudou o nome para Brás Bijou. Lucido não estava só no negócio, dividindo a sociedade com Luiz Sprovieri e Erasmino Gogliano. O Brás Bijou encontrava-se na Rangel, 148,

Pedido de aprovação do nome do cinema na Prefeitura.

provavelmente em espaço pequeno, porque o *Correio Paulistano*, de 16 de outubro de 1910, se refere a ele como "teatrinho". Em fevereiro de 1912, Lucido pretendeu construir um cinema de madeira e zinco na Rangel, 139, sendo impedido por José de Sá Rocha porque o imóvel se situava, mais uma vez, nos fundos de um terreno:

> O cinematógrafo vai ficar cercado por todos os lados de casas edificadas, em local onde já constam muitas pequenas oficinas, e onde se aglomera densa população, ficando com a única saída pela Avenida. Esta saída, aliás por ser feita pelo modo indicado na planta, vem inutilizar a casa que existe ao lado, e que tem aberturas para esta entrada, duas ou três aberturas vão ficar como devem, inteiramente inutilizadas, e assim os cômodos ficarão privados de ar e luz, o que não pode ser.[10]

Em vista do parecer, só restou a Lucido di Fiore procurar outro negócio. Este surgiu na figura do confeiteiro Siniscalchi. Ambos se uniram para a exploração do Cinema Central, no 122, próximo à matriz do Brás. O cinema foi inaugurado em 30 de março de 1912, com a capacidade para 600 pessoas sentadas em cadeiras de palhinha. Tinha 12 ventiladores para a renovação do ar, segundo o *Correio Paulistano*, de 29 de março de 1912, "magnífica decoração a óleo, feita no teto, que é de estuque e nas paredes laterais. A sala de espera possui um mobiliário artístico e bem disposto, apresentando aspecto belíssimo. É iluminado com centenas de lâmpadas elétricas, tendo portas espaçosas para a entrada e saída do salão de exibições". Logo depois da inauguração, o Central fechou para reformas, quando se incluiu um palco para espetáculos de variedades. O cinema durou até 1913, quando Siniscalchi o converteu novamente em confeitaria.

Não há muitas informações sobre a utilização do Salão Minerva, na antiga avenida da Intendência, 250 (atual Celso

10 AHSP, Série Edificações Particulares, caixa R1/1912.

Garcia), pelo exibidor Rafael La Pastina. É de supor que se tratasse de sessões beneficentes, já que ocuparam o local num fim de semana (4 e 5 de abril de 1908). Já o Cinema Belém, aberto mais à frente do Minerva, na Celso Garcia, 328, esquina com a rua Belém, tinha uma história pitoresca. Segundo Vicente de Paula Araújo, o proprietário do cinema era o "capitalista" Manuel Correia Leite, provavelmente de origem portuguesa, morador na avenida Rangel Pestana. Ele encarregou o italiano Emílio Martelli da obra, entregando-lhe a soma de 15 contos de réis para pôr o cinema em pé. Martelli realizou a empreitada, mas se arvorou em sócio da empresa. Em 13 de dezembro de 1910, a Martelli e Cia. entrou com um projeto de "[...] barracão destinado a sessões cinematográficas", contudo, novato no ramo, deixou de indicar o local do projetor.[11] A Diretoria de Obras considerou também que, embora houvesse indicação de uma "claraboia ventilada" para a renovação do ar, esta não dispensava o imóvel de ter aberturas laterais, provavelmente por meio de venezianas. Dois meses depois, o barracão estava pronto, e a empresa pediu a licença para funcionamento. O Cinema Belém tinha capacidade para 1.700 espectadores. Foi nesse momento que o "capitalista" se deu conta de ter sido deixado de lado, prestando queixa no posto policial do Brás. Martelli confirmou a entrega do capital, considerando-o um empréstimo. Para agravar a situação, o juiz deu-lhe a posse do cinema. O quiproquó só foi resolvido no fim do mês, quando a licença concedida a Martelli e Cia. foi cassada, declarando-se em 7 de março de 1911 que o cinema tinha sido transferido para Manuel Correia.

Por dois anos, o português manteve o Belém, que depois passou por sucessivos arrendamentos até ser comprado por Antonio Gadotti, que lhe deu o nome de Teatro Melitta, em homenagem à esposa (ele também construiu a Vila Melitta, com 27 casas na rua Caetano Pinto). Jacob Penteado, em suas memórias, *Belenzinho 1910*, deixou uma viva lembrança do "imenso barracão de zinco" de sua

11 AHSP, Série Edificações Particulares, caixa C3/1910.

infância, que acabou fechando somente na década de 1960.

Também em 1911, Paschoal Plastino resolveu construir um cinema na avenida, mais próximo do largo da Concórdia, na Celso Garcia, 40 e 44, próximo da rua Progresso (atual Costa Valente). Ele não se preocupou com os trâmites legais, erguendo o American Kinema sem planta aprovada na prefeitura. Em 6 de dezembro de 1911, requereu a licença para funcionamento. José de Sá Rocha indicou a necessidade de projeto com a localização do cinema e dos imóveis no entorno. Enquanto as plantas eram analisadas, procedeu-se à inauguração em 10 de dezembro. O *Correio Paulistano*, mesmo considerando o American "um pouco retirado do centro do Brás", noticiou, em 2 de dezembro de 1911, que o novo cinema era "[...] vastíssimo, luxuosamente decorado e iluminado, tendo um artístico palco onde [seriam] exibidos [...] números de variedades". Durante a inauguração, foi oferecido um "profuso copo d'água" aos presentes, sem que nisso o jornal colocasse qualquer ironia.

O principal entrave encontrado no projeto proposto por Paschoal Plastino estava nas portas de saída para o público, avaliadas em número e largura insuficientes. As janelas do cinema também mereceram atenção por serem montadas com folhas lisas, que não favoreciam a ventilação. Sá Rocha recomendou a troca por venezianas que, mesmo fixas, ajudariam na circulação do ar. Plastino aceitou a indicação das venezianas, deixando de lado a questão das portas. O fiscal municipal Enéas Pinto informou que as portas tinham sido fabricadas, porém o "interessado nega-se peremptoriamente a colocar as portas, alegando não haver necessidade; é o que me cumpre informar".[12] O que teria levado o empresário do American a confrontar o poder municipal? Qual teria sido a razão para a discordância entre o proprietário e o engenheiro?

O American tinha se transformado em campo de luta sobre concepções diferentes a respeito da segurança das edificações. Nota-se que Plastino tinha

12 AHSP, Série Polícia Administrativa e Higiene, caixa 81.

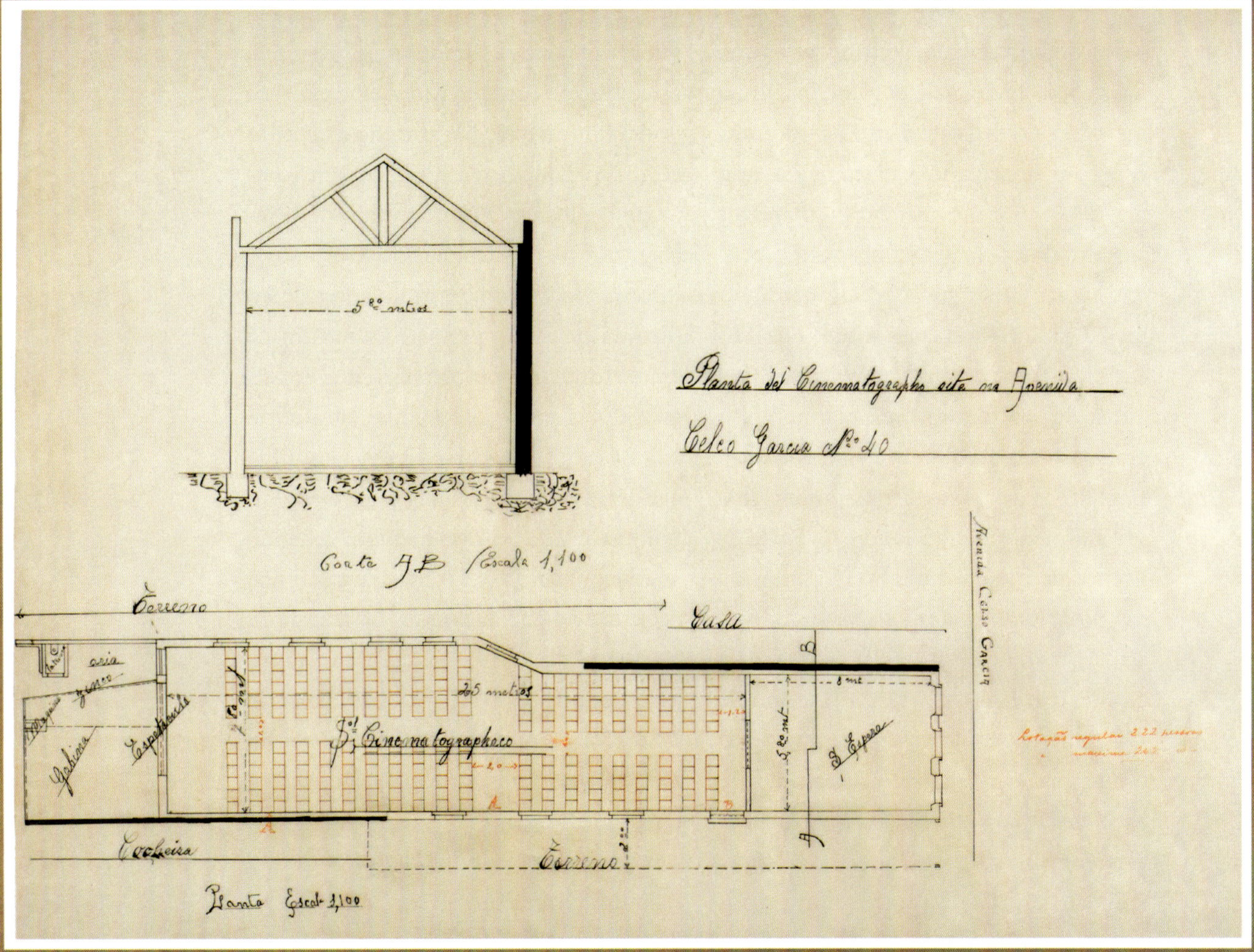

Projeto para o American
do bairro do Brás com
232 lugares em 1911.

um entendimento diverso sobre o processo de construção dentro do espaço urbano, já que desde o princípio tinha insistido no voluntarismo ao levantar o prédio sem plantas, certamente com um desenho e um manejo de materiais sustentados pela sua concepção arquitetônica e saber prático. De qualquer forma, as interpretações sobre o uso do espaço urbano eram irreconciliáveis e, antes de ser fechado judicialmente, o cinema foi vendido a Estevam Knoeller. Em 9 de março, Knoeller assumiu o empreendimento, entrando com o pedido de licença de funcionamento. As portas da discórdia foram colocadas, permitindo-se a abertura do cinema em 21 de março. O empresário faliu em 1914, sendo um de seus maiores credores o distribuidor de filmes ítalo-carioca, J. R. Staffa.

Nas cercanias do eixo principal Gasômetro/largo da Concórdia/Rangel Pestana/Celso Garcia, outros empresários se aproveitaram do polo de atração para a instalação de novas casas de diversões. Na rua Piratininga, 118, foi inaugurado o Éclair Cinema, que durou, provavelmente, de setembro a dezembro de 1910. Como só encontramos anúncios pela imprensa, ele deve ter funcionado à margem do poder municipal. No mesmo endereço abriu-se o Cinema Piratininga, com licença concedida em 3 de dezembro de 1910. Segundo o *site* Almanack Paulistano, o Piratininga era um barracão antigo, com piso de paralelepípedos e cobertura de zinco, funcionando com cadeiras de ferro cedidas pela Companhia Antarctica. No mês seguinte, passou para a empresa Taddeo, Soncini e Nicoli, cujo primeiro nome se referia provavelmente a Fernando Taddeo, sócio do Ísis e, mais tarde, único proprietário do Piratininga. Ele transferiu o cinema para o 95 da rua Piratininga, esquina com a Coronel Mursa, onde abriu o Eros, que teria longa vida no bairro. Na rua Rodrigues dos Santos, esquina com a Henrique Dias, em 29 de maio de 1911 foi a vez de os empresários circenses Cunha e Freitas darem projeções cinematográficas no Pavilhão Oriente, com películas fornecidas por Francisco Serrador. O circo continuava em funcionamento em dezembro daquele ano, quando passou para Gioielli e Baptista. Na rua Oriente, 41, abriu-se o Flor do Oriente em 18 de outubro de 1911, sob a direção de Nicola Felice, talvez aparentado com Carlo Felice Anselmo, proprietário do Edison Cinema da rua Mauá. O Flor do Oriente passou de mãos e mudou de nome algumas vezes, até que se incendiou em 24 de janeiro de 1915, quando tinha o nome de Estrela do Oriente. O barracão de madeira ardeu em poucas horas, sem causar vítimas. Outro cinema que se abriu no Belenzinho, o Bresser, na rua de mesmo nome, foi de curta vida, pois funcionou entre 1913 e 1914. Na rua Nova de São José foi inaugurado o São José, por Nicola Ferraro, mas esse cinema já pertence a outro período, mais conturbado, e dele trataremos mais à frente.

Outro eixo importante de difusão da exibição na cidade tinha como vértice o Moulin Rouge, na avenida São João, 161, abrindo-se desse ponto um leque que se espraiava pelos distritos de Santa Ifigênia e Consolação. Em vez da faixa em linha reta que adentrava o bairro do Brás, dirigindo-se para a Penha, o leque da Santa Ifigênia/Consolação abria-se para o Campos Elíseos (extrema direita), a Vila Buarque e a Consolação (extrema esquerda). Os dois núcleos importantes formados pelo vértice do Moulin Rouge encontravam-se nas paralelas 24 de Maio e Barão de Itapetininga, locais de teatros e cinemas (englobando a perpendicular Dom José de Barros), e, dirigindo-se para a praça da República, desembocavam no largo do Arouche, que por algum tempo foi denominado Alexandre Herculano. Com exceção do Teatro Municipal, a maioria das casas de espetáculo dessa área tinha um apelo popular, fosse pela área de prostituição da avenida São João, fosse pela festa religiosa que acontecia no Arouche, na capela de Santa Cruz do Pocinho (situada na atual avenida Vieira de Carvalho), cuja comemoração se dava a 3 de maio, até que foi proibida em 1908 pelo arcebispado (Bruno, 1953, p. 1.225).

O magnetismo representado pelas obras da esplanada do Teatro Municipal capturou investidores em diversões para o distrito de Santa Ifigênia. Antigos espaços foram renovados, como o Frontão

Paulista, situado na rua Onze de Junho, 8, quase esquina com a 24 de Maio, que se transformou no Teatro Cassino, em busca de um público mais sofisticado do que o cortejado por Paschoal Segreto (os lugares em pé do Cassino equivaliam ao preço das gerais do Moulin Rouge). O projeto do "teatro para cinematógrafo", como foi apresentado à prefeitura pelo engenheiro-arquiteto Alex de Albuquerque, deu entrada em 9 de março de 1909. Por trás do empreendimento estava a Companhia de Diversões, uma sociedade anônima capitaneada pelo médico Artur Fajardo, que tinha entre seus associados outros colegas de profissão, como Arnaldo Vieira de Carvalho, Luiz Felipe Baeta Neves e Victor Godinho. O teatro construído para 1.138 espectadores contava com plateia, frisas, camarotes, balcões e *promenoir* (lugares em pé), sendo inaugurado em 25 de setembro daquele ano. A decoração era em estilo mourisco. A forma híbrida da apresentação, "teatro para cinematógrafo", não escondia que o objetivo era a exibição de filmes ao lado dos espetáculos de variedades; ao que tudo indica, o Cassino foi o primeiro a oferecer essa duplicidade de diversões no mesmo dia. Em 1913, foi substituído pelo Teatro Apolo.

Na rua Barão de Itapetininga, dominada pelas obras do Municipal, já vimos como os olhos vigilantes dos engenheiros municipais controlavam os espaços, impedindo que a empresa ambulante Guerra e Romano se instalasse no prédio de número 40, em 1909. Com a formação da Companhia Kinemacolor, organizada pelos investidores conde Sílvio Álvares Penteado, Eduardo Cotching, Henrique de Souza Meireles e Gabriel Dias da Silva, foi construído o Scala-Theatre para exibição dos filmes coloridos patenteados por Charles Urban, na Inglaterra. Localizado na Barão, 10-14, o Scala foi pensado com duas salas de projeção, como o Radium. O curioso é que ele foi apresentado à Diretoria de Obras como um prédio de "caráter transitório", embora fosse uma edificação em alvenaria, telhado de zinco e uma fachada eclética, bem caracterizada como "bolo de noiva", cheia de atrativos aos passantes. O projeto deu entrada na Diretoria de Obras em 25 de abril de 1912, mas somente em 17 de agosto de 1913 o cinema foi inaugurado. É de se imaginar que sua construção não fosse tão "transitória", conforme indica o tempo de edificação, levando a Kinemacolor a uma associação com a empresa dirigente do High-Life, no largo do Arouche, para poder dar início a suas operações. O anúncio de inauguração do Scala faz menção à capacidade do cinema: 600 poltronas, 80 camarotes e 80 frisas. Uma vistoria encaminhada por Arthur Saboya, em 1916, informou 30 frisas e 35 camarotes por sala, sugerindo que em cada uma caberia de 600 a 700 espectadores. O preço baixo do ingresso não impediu o fracasso da Kinemacolor. No final de 1914, o Scala foi arrendado para diversos exibidores, trocando de nome para Brasil, depois (alargando suas pretensões alegóricas) para Universal, até terminar melancolicamente como Cinema Municipal. Em 1918, Edward E. Lee, um dos sócios da Sociedade de Automóveis Bom Retiro, transformou o cinema numa revendedora de automóveis.

Ainda em 1912, o jornalista Alfredo Boucher Filho instalou um cinematógrafo-reclame em frente ao Scala em obras, no 13-A da Barão de Itapetininga. Estranhamente, se dermos crédito à matéria do *Correio Paulistano*, a prefeitura permitiu que as imagens dos filmes e anúncios fossem jogadas sobre a fachada em obras do Teatro Municipal, um prédio do município que possivelmente demandaria uma licença especial. Como em outros casos de projeções em espaço aberto, o terror de arruaças e confusões provocadas por "tipos da pior espécie", aproveitando-se de uma diversão gratuita, foi apontado pelo jornal conservador, que cobrou o controle ou a dispersão da turba. Possivelmente, Boucher Filho conseguiu realizar suas exibições pelo mês de outubro de 1912. A documentação é muda sobre um pedido de renovação da licença.

Na praça da República, justamente onde hoje se encontra uma das saídas da estação do metrô, construiu-se o Skating Palace. Para a compra do terreno de 2.139 m^2, com entrada pela praça e fundos para a rua Aurora, formou-se outra

Apesar do nome afrancesado, abertura apenas como rinque de patinação. *O Estado de S. Paulo*, 31/12/1914, p. 13.

sociedade anônima, a Companhia Sport e Atrações, cujos acionistas majoritários eram a Baruel e Cia., a Companhia Antarctica Paulista e Evaristo da Veiga. A obra projetada por José Rossi era de porte, posto que Arthur Saboya calculava que somente a Estação da Luz e a Casa Martinico possuíam coberturas de vidro semelhantes. As dimensões das plantas suscitaram discussões entre os engenheiros da Prefeitura e o projetista acabou aceitando alterações visando maior segurança, já que se avaliava um público de 1.500 espectadores. Pensado para cinema e rinque de patinação, em poucas ocasiões se exibiram filmes no Skating, mesmo quando a CCB o arrendou. O prédio foi inaugurado em 27 de dezembro de 1912, na praça da República, 50, tornando-se uma amarga experiência empresarial para Evaristo da Veiga. As grandes dimensões do rinque, com seu serviço de bar com 60 empregados, 12 professores de patinação e um público que sempre lhe faltou (os ingressos eram caros), acabaram por forçar a sociedade a arrendar o prédio a quem se interessasse. A primeira linha de montagem da Ford no Brasil ali se instalou em 1919-20. Como declarou Evaristo da Veiga, o "mal de origem" foi a construção caríssima e suntuosa, cujos encargos financeiros para o término das obras agravaram a situação da empresa.[13] Sem dúvida, a patinação estava fora de moda, denotando uma perspectiva míope da Companhia Sport e Atrações. Quando o imóvel foi ocupado pelo República, em 1921, o primeiro grande palácio cinematográfico da cidade foi um sucesso, demonstrando que o tempo era do cinema.

Adentrando a Vila Buarque, o primeiro cinema a se instalar no largo do Arouche – no número 57-A, do lado das ruas Rego Freitas e Amaral Gurgel – foi o High-Life, da empresa Attila Dias e Figueiredo. Ambos os sócios, principalmente Joaquim Gomes de Figueiredo, foram importantes no panorama exibidor da cidade, por integrarem o consórcio das Empresas Cinematográficas Reunidas, que praticamente dominou o mercado exibidor paulistano na década de 1920. Inaugurado em 23 de dezembro de 1908, o High-Life foi identificado, na primeira vistoria, como um "armazém". A classificação não escondia que se tratava da apropriação apressada de mais um barracão para exibições cinematográficas, aproveitando a onda de sucessos do final de 1907. Tendo passado pela prova da sobrevivência, passou por reforma em 1911, quando foi transformado em teatro de feição italiana, com a instalação de 34 camarotes (136 espectadores) e 900 cadeiras na plateia. O palco, que desde 1910 oferecia espetáculos de variedades, foi aumentado em 1912, com projeto do engenheiro Adelardo Soares Caiuby. Nesse mesmo ano, a empresa associou-se à Companhia Kinemacolor. Para efeito contábil, o cinema foi avaliado em 220 contos, pelos quais cada sócio do High-Life recebeu 550 ações da nova sociedade. O processo de filme colorido estreou em 28 de fevereiro de 1913, não permanecendo um ano em cartaz. Com o fracasso do empreendimento, o High-Life foi alugado à CCB em janeiro de 1914, passando depois, com o nome

13 Conforme "Relatório da Cia. Sport e Atrações", em *Diário Oficial do Estado de São Paulo*, 5/7/1921, p. 4108-4109.

O SMART

PUBLICAÇÃO DE LITERATURA E ASSUMPTOS [...]

Orgão de propaganda do Smart Cinema

ANNO I — S. PAULO — DOMINGO, 23 DE OUTUBRO DE 1910

"O Smart"

O *Smart* surge hoje como por encanto, simplesmente para solemnisar o primeiro anniversario da inauguração do Smart Cinema, e ao mesmo tempo cumprir o grato dever de registrar em suas columnas as palavras de conforto, os votos de sympathias com que foi distinguido o anniversariante pela selecta sociedade deste opulento bairro.

A's distinctas familias que fazem do seu estabelecimento o ponto predilecto de suas diversões; ás senhoritas, que transformam-no em um idolo; á rapaziada alegre e folgazan que faz do Smart um cinema modelo; ao operariado honesto que busca alli alguns momentos de distracções, esquecendo as agruras da vida laboriosa, a todos em fim, a Empreza do Smart Cinema, por intermedio d' *O Smart* envia um cordial aperto de mão, resumindo os seus agradecimentos neste simples, mas sincero vocabulo—OBRIGADO.

SER NOIVA!

A' uma amiga

Ser noiva é sentir n'alma um fogo santo,
E' ver em cada estrella um novo ideal,
Na flor, no céo, no mar, um novo encanto,
Sentir um gozo puro sem egual.
E' vêr no olhar de Mãe tanta ternura,
Nos labios de uma irmã ledo sorrir,
Voar co'o pensamento na ventura,
Doces, prever os dias do porvir.

Ser noiva é percorrer num devaneio,
As serenas paragens do Universo,
Sentir arfar mais forte o brando seio,
Em novas emoções agora immerso!
Mas... ser noiva é tambem provar o encanto,
Sentindo o bello cilio avelludado,
Molhar a vez primeira em doce pranto...
Mágoa triste dos dias do Passado!

Não vês, ó bella amiga, neste esboço,
Do terno coração retrato vivo?
Nem é preciso te affirmar, que ouço
Um «sim» tão meigo, firme e positivo.

. . . .

Pois bem, agora és noiva e seja o teu futuro
Sublime e encantador, tornando-te feliz.
Para mim o porvir é um ponto negro, escuro...
Noiva, nunca serei... o coração m'o diz.

Climène Duval Baroni.

SMART CINEMA

O NOSSO ANNIVERSARIO

E' hoje dia de jubilo para nós, dia de contentamento para todos desta casa, porque commemoramos o primeiro anniversario do—Smart Cinema — que sempre tem sabido se conduzir, merecendo por isso, o maximo conceito das familias mais distinctas deste arrabalde.

Guerras nos têm sido feitas com o fim de nos hostilisarem, porém, baldados têm sido todos os esforços dos nossos contendores, porquanto a frequencia no nosso Cinema tem crescido demasiadamente, tem augmentado consideravelmente ao em vez de deminuir.

Temos proporcionado bellas soirées, festivas matinées aos frequentadores do — Smart —, onde tem sido exhibidos os melhores *films* de «Pathé Frères», «Biograph», «Cines», etc., como ultima novidade no genero.

Como sempre acontece, nos primeiros dias tivemos que luctar para manter neste estabelecimento de diversões a norma que tem seguido.

Si não fôra a pertinacia, a vontade de ferro e a energia que nos tem acompanhado, o — Smart — nunca chegaria obter o bom conceito que tem tido.

Exhibindo boas fitas, novidades cinematographicas, e sendo um Cinema *inteiramente familiar*, forçosamente havia de manter-se, progredir e elevar-se.

Temos a satisfação de consignar nestas linhas os nossos agradecimentos ás distinctas familias, as elegantes e graciosas senhoritas, aos rapazes *smarts* e ao publico os favores com que nos tem distinguido frequentando nosso Cinema e concorrendo para o seu rapido progresso.

Não nos falte esse grandioso apoio e o — Smart — continuará manter-se, progredir e elevar-se ainda mais.

Salve! Smart Cinema!

Além de ser uma agradavel tarefa é um imperioso dever cumprimentar hoje o digno proprietario do—Smart—.

Esse distincto cavalheiro que conseguiu com energia inneguálavel, dar extraordinario impulso ao jovem e já bem conhecido estabelecimento da Praça Alexandre Herculano. E' um meio sympathico, onde se reunem as mais distinctas familias, onde a fina flor da sociedade paulista afflue apreciando boa musica entre o riso alegre e uma palestra amavel; admirando «films»

A edição número 1 da revista do cinema distribuída aos espectadores. *O Smart: órgão de propaganda do Smart Cinema*, 23/10/1910, p. 1.

de Teatro Brasil, para a empresa D'Errico e Bruno, núcleo inicial das Reunidas, na década seguinte.

Do lado oposto ao High-Life, na mesma praça, estava o Smart, aberto em 24 de outubro de 1909. O proprietário, Pedro Ernesto Maneille, já era dono da Tipografia e Papelaria Smart (largo do Arouche, 96) e abriu o cinema no prédio ao lado. Com experiência em tipografia, o futuro exibidor lançou um jornal dirigido especialmente ao público de seu cinema, *O Smart*, que, aparentemente, não foi além do primeiro número. O barracão de madeira e zinco era mais precário do que o armazém do concorrente. Como as exibições fossem feitas em projeção direta sobre a tela, Arthur Saboya pediu para que a cabine situada entre as portas de entrada fosse revestida de material incombustível, com vistas a preservar ao máximo o madeiramento de um possível incêndio. Mas, como já vimos, foi o vizinho que provocou um sobressalto em 1913. O Smart foi reformado em três ocasiões no ano de 1911, quando se aumentou a capacidade de público e se reconstruiu a fachada. Em 1913, passou para a CCB, que introduziu camarotes na sala. Logo depois, foi arrendado para a empresa D'Errico e Bruno, passando a se chamar Teatro Guarani, numa nacionalista composição com o Brasil, situado do outro lado da praça.

Retornemos ao vértice do Moulin Rouge. Um pouco abaixo, na rua São João, 135-137, funcionou o Gentil Theatre por um curto espaço de tempo. O proprietário, João Santana Ordatarce, da Empresa Gentil Recreativa, pediu a licença de funcionamento, em 11 de junho de 1909, para um salão de 52 m², que José de Sá Rocha calculou ter a capacidade de receber a quantidade exagerada de 130 pessoas por sessão. O prédio era estreito (4 m × 13 m), com uma pequena sala de espera ao lado. Na inauguração, em 19 de junho de 1909, o *Correio Paulistano* publicou que o "cineminha" funcionava com um projetor Pathé Frères movido por uma "invenção" dos eletricistas Souza e Ribeiro. Qual seria a invenção? Nada nos é informado. Como o número 137 entrou em reformas em novembro daquele ano, é possível que as sessões tenham se encerrado. Para cima da São João, em direção a Santa Cecília, e, provavelmente, aproveitando a atração representada pelo largo do Arouche, à esquerda, abriu-se o São João, em 27 de outubro de 1910. Essa sala vinha transferida da Barra Funda pelo seu proprietário, a empresa Garcia Leal e Cia., estando anteriormente instalada na rua Lopes de Oliveira, 53. O único inconveniente encontrado por Arthur Saboya dizia respeito à cabine de projeção, que ainda não estava protegida por material incombustível, quando de sua inspeção em 21 de outubro. Havia uma sala de espera ligada à de projeções, e as duas portas de entrada eram seguras para o fluxo dos espectadores. Não se sabe quanto tempo o São João permaneceu aberto.

Dois anos depois foi a vez de Antonio Cacchione tentar a sorte nas proximidades do São João. O empresário vinha de uma experiência na Luz, quando abrira um cinema na avenida Tiradentes, 31, passado depois para o futuro proprietário do Éden da rua São Caetano, Josué Isola. No empreendimento da rua São João,

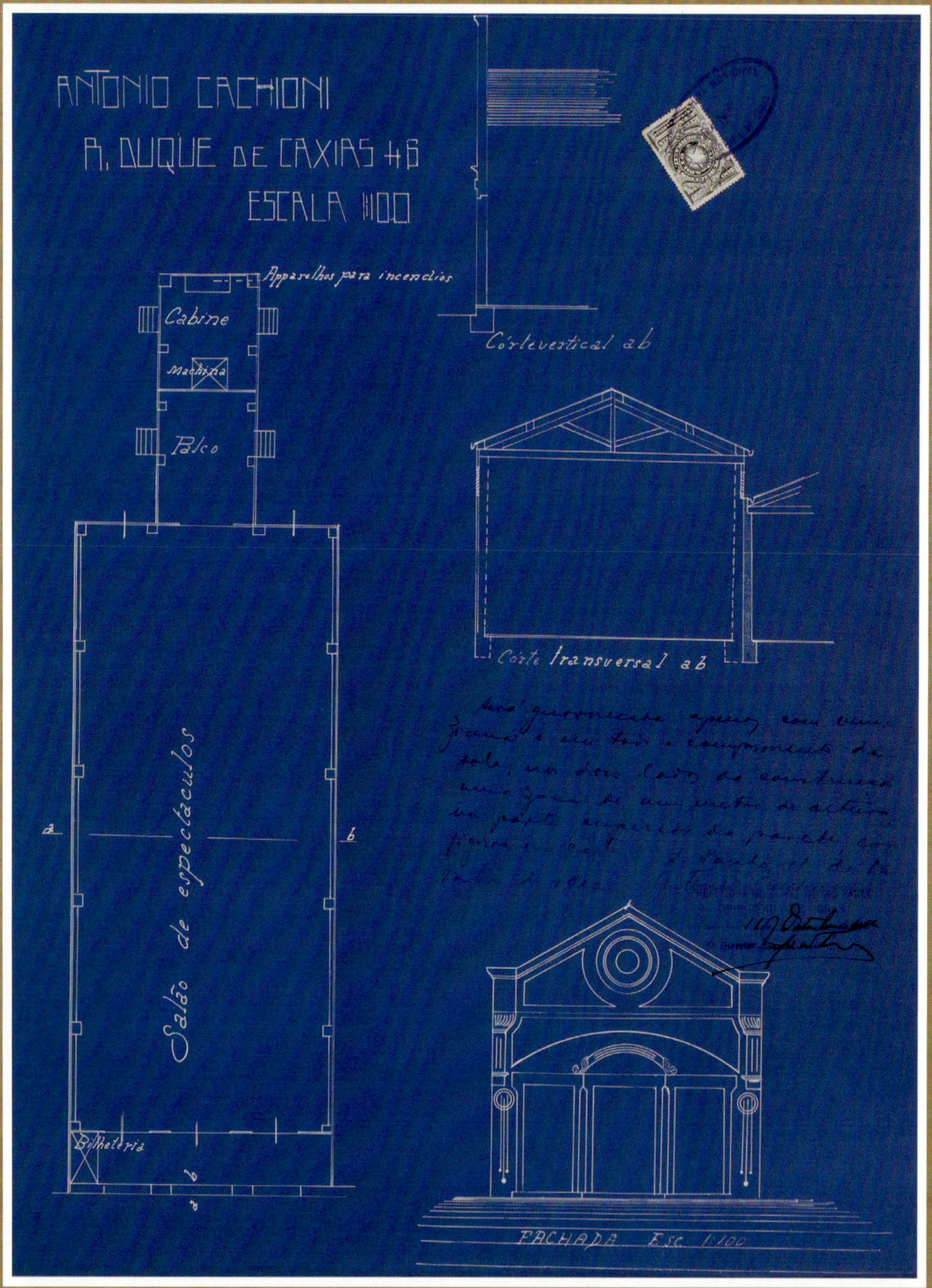

Projeto do Odeon com anotações da Diretoria de Obras a serem respeitadas pelo construtor (11/10/1912).

389, Cacchione se associou a Oliveira Arruda e, no início de setembro de 1912, o prédio adaptado estava em condições de ser inaugurado. Certamente esse é o Carlos Gomes anunciado pelo *O Estado de S. Paulo* (25/9/1912, p. 13), porém, do outro lado da rua São João, em número par (382). Desconhece-se o tempo de permanência do cinema em atividade. Talvez tenha sido curto, porque em dezembro Cacchione estava abrindo o Odeon, na rua Duque de Caxias, 46, tendo enviado o pedido de construção ainda no mês de funcionamento do Carlos Gomes (o processo deu entrada em 24 de setembro de 1912). O local escolhido devia ser próximo do outro cinema, pois ficava entre as ruas Barão de Campinas e Barão de Limeira. O projeto do Odeon, compreendendo um edifício de 11 m de frente e 323 m² de área, foi criticado por Saboya, que se mostrou preocupado com a estreita porta de acesso. Ele pediu, de início, duas portas de 2 m cada, aumentadas depois para três, já que o prédio não era isolado. Um corredor de 1,5 m ao longo da plateia também foi sugerido ao construtor. Cacchione propôs que, em vez de claraboias de ventilação, se empregassem venezianas dos dois lados das paredes, sugestão que foi aceita. O Odeon foi inaugurado em 10 de dezembro de 1912, sendo arrendado pelo exibidor João Alberto de Carvalho.

O bairro dos Campos Elíseos tinha um polo dinamizador no entorno do largo Coração de Jesus, que atraía os circos e, agora, os cinemas para essa área da cidade. Os salesianos foram os primeiros a serem agregados por Francisco Serrador, já que dispunham de um ótimo espaço. Contudo, o empreendimento resultou em fracasso comercial. Mais poderoso foi o Pavilhão dos Campos Elíseos, que se solidificou no panorama urbano com o nome de Coliseu dos Campos Elíseos, abandonando a antiga feição circense. Mas antes de falarmos dessa casa permanente, lembremos as que passaram meteoricamente pelo bairro. Na rua Aurora, abriram-se duas: o Cinema Aurora e o Aurora Theatre, ambos em 1911. O primeiro, da firma Engel e Souza, nem sabemos se chegou mesmo a funcionar no número 28, porque só conhecemos o

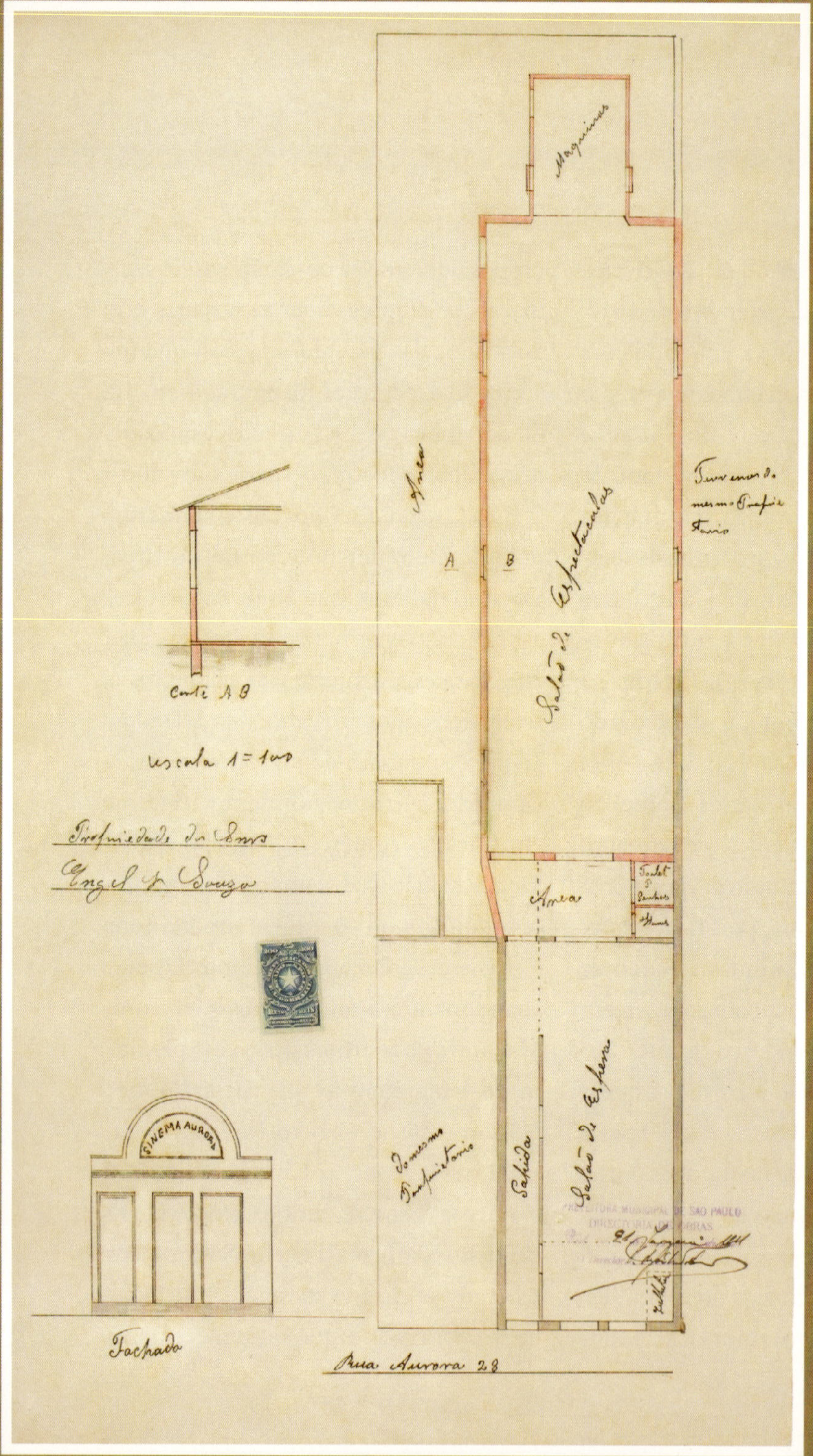

Cinema na rua Aurora que não se sabe se chegou a funcionar.

pedido de reforma de uma casa de Leonor Luiza Machado. O segundo, situado no número 59, quase rua de Santa Ifigênia, também era uma casa adaptada, embora constasse como endereço comercial desde 1901. Na análise do prédio, Saboya opôs-se às condições de segurança da cabine de projeção. Quanto às reformas de adaptação, o antigo negócio ganhou ares de salão, pois o empreiteiro Fernando Simões informou que a empresa Caetano, Lima, Santos e Cia. tinha pedido somente um piso cimentado, reboco novo nas paredes e pintura. Mesmo com esse aspecto franciscano, foi chamado de "elegante teatrinho" pelo *Correio Paulistano* de 7 de outubro de 1911, em reportagem publicada uma semana depois da abertura. O Aurora passou pelas mãos de alguns exibidores, que a certa altura trocaram seu nome para The Berlim Cinema (1913), até que foi fechado em janeiro de 1914. No largo dos Guaianazes com a Duque de Caxias, 81 e 83, abriu-se a Casa Te-Be (abreviatura de Teixeira, Bastos e Cia.), que juntava a confeitaria com projeções de filmes, sem gratuidade, agregando ao espetáculo uma pequena orquestra conduzida pelo maestro Lorena. Aberta em 4 de março de 1911, faliu em abril do ano seguinte. No local se instalou o Cinema Guaianazes de J. Perrone e Cia., outro empreendimento que durou menos de um ano. Em setembro de 1913, provavelmente cessou de funcionar o Guaianazes, tendo como último proprietário Marino e Cia. Na rua dos Andradas, 53, em outra casa adaptada, os italianos Vicente d'Errico e João Antonio Bruno deram partida ao império cinematográfico que se consolidou duas décadas depois, abrindo o nacionalista Brasil Cinema em 15 de maio de 1909. O sobrado tinha uma área de 144 m^2 que, por determinação de Saboya, foi diminuída para 108 m^2, com a inclusão de um corredor central na plateia. Mesmo assim, era possível acomodar 150 pessoas por sessão no salãozinho. O cinema contava ainda com uma sala de espera e três portas dando para a rua. A cabine de projeção era externa à plateia, provavelmente em retroprojeção. Com essas exíguas proporções, o cinema ainda foi reformado em 1910 para a colocação de distintivos camarotes, a fim de atrair o público mais abastado do bairro. A empresa D'Errico e Bruno vendeu o cinema em 1913 para a Werner e Cia., que menos de seis meses depois o repassou para a Novais e Cia. A empresa não se sustentou como negócio, indo a leilão em 7 de agosto de 1913. O leiloeiro Albino de Morais apregoou os "objetos preciosos" da casa liquidada, entre eles, um projetor, cadeiras austríacas, estofados, instalações elétricas, etc.

A D'Errico e Bruno arrendou o Chantecler da rua General Osório, 77, esquina com a Visconde do Rio Branco, cinema construído em 1910 pela Empresa F. Serrador. O Chantecler era a segunda investida, agora de sucesso, de Francisco Serrador nos Campos Elíseos, embora o prédio tivesse iniciado sua vida de forma tumultuada, sem planta aprovada, o que lhe rendeu uma multa e o embargo da obra, em 4 de junho de 1910. O Chantecler foi anunciado como uma homenagem à peça dramática *Chantecler*, de Édmond de Rostand, cuja estreia tinha se dado no início daquele ano em Paris; contudo, somos levados a sugerir também que poderia ser uma reverência à Pathé Frères, que tinha o "chantecler", o galinho vermelho, como emblema da companhia, da qual Serrador era o maior beneficiário na cidade. O cinema era de construção sólida em ferro, cimento e alvenaria, com plateia para 700 espectadores e 30 ou 31 camarotes. A iluminação era "feérica", sendo provida por 400 lâmpadas na sala de sessões e outras 300 na sala de espera, que era mobiliada em couro almofadado. A inauguração se deu em 10 de novembro de 1910 com champanhe para a imprensa. O Chantecler não se limitava aos filmes, funcionando também com temporadas de patinação e espetáculos de variedades no palco. D'Errico e Bruno arrendaram o cinema em janeiro de 1912, trocando o nome para Rio Branco e também a programação, que se concentrou nos filmes.

A origem do Pavilhão dos Campos Elíseos, situado na alameda Nothmann com a alameda Barão do Rio Branco (antiga dos Bambus), estava num circo instalado nas proximidades do Liceu Coração de Jesus. A urbanização do largo Coração de Jesus não se completou e, nos terrenos vazios, instalaram-se circos. A área era privilegiada para a ocupação por esse gênero de diversões. Ali também se instalara o pavilhão de Alfredo Egochaga (1907-8), comprado pelo advogado Gabriel Lessa em 1909, que passou a dar sessões cinematográficas com o nome de Empresa Gaumont. O circo foi transferido depois para Serrador. Às várias reclamações dos moradores do bairro contra a algazarra promovida pelos frequentadores, em 1909, acrescentaram-se outras enviadas ao jornal *O Estado de S. Paulo* (11/7/1909) sobre o "banheiro público" em que havia se transformado o entorno do "célebre pavilhão", que continuava com sessões cinematográficas. Para a prefeitura, era função da polícia estadual o controle das "necessidades corporais" do público. Como os melhoramentos da área estavam ainda na Câmara Municipal, aguardando a ordem de desapropriação de alguns imóveis, as reclamações dos moradores caíram no vazio. Segundo Vicente de Paula Araújo, o circo pertencia a Antonio Álvares Leite Penteado, estando possivelmente arrendado a Serrador (Araújo talvez tenha confundido a posse do terreno onde estava o circo com sua propriedade). Sabe-se que, além dos espetáculos equestres e circenses, havia ainda os de variedades e campeonatos de luta romana. Em 1911, o Pavilhão dos Campos Elíseos abandonou sua característica de circo, reabrindo como Coliseu dos Campos Elíseos. O nome se devia à capacidade do espaço: cerca de 2.000 assentos divididos em plateia, frisas, camarotes e galerias. Por outro lado, era Coliseu somente no nome porque se assemelhava ao Politeama, sendo classificado por Sá Rocha como um barracão de zinco e madeira. A construção foi aprovada, aparentemente, a "título provisório", assim permanecendo até ser obrigada a se adaptar à legislação baixada em 1916. O Coliseu foi inaugurado em 24 ou 25 de novembro de 1911 com uma série de peças levada ao palco pela Companhia do Teatro Carlos Gomes, do Rio de Janeiro, começando com *Uma festa em Guabiroba*, dirigida por João Colás.

O braço esquerdo, partindo do Moulin Rouge, dirigia-se para as obras da igreja da Consolação e para o Velódromo.

O primeiro exibidor a realizar projeções na rua da Consolação, 115, foi a empresa Andrade e Cia.[14] O endereço era um terreno vazio, propício para a instalação de circos, e foi o que motivou o pedido feito à prefeitura em 9 de julho de 1909. Saboya informou que a cabine de projeção estava isolada do "pavilhão coberto de pano", não havendo impedimento para a concessão da licença. No ano seguinte, Paschoal Russo construiu duas casas no local.

Dois anos depois da empresa Andrade e Cia., foi a vez do Pavilhão Halley se instalar na Consolação, no número 371, altura da rua Fernando de Albuquerque. Esse provável terreno de Antonio Álvares Leite Penteado tornou-se um tradicional ponto para instalação de circos no bairro. O Halley tinha sido vendido num leilão por Rodrigo S. Soares, dono do Circo Soares; contava com um projetor Pathé, 400 telhas de zinco, pano de cobertura de 16 metros de raio, arquibancada de madeira de lei, cadeiras de palha e outros apetrechos próprios para a atração do público, como um sino, campainhas e um coreto de música. Foi arrematado pela empresa Carvalho, Medeiros e Cia., que o transferiu do Ipiranga para a Consolação. Uma fiscalização corriqueira pediu a vistoria de um engenheiro, para a qual foi designado Lúcio Martins Rodrigues, que declarou a impropriedade sanitária do Halley – embora a Polícia Administrativa e Higiene estivesse interessada nos aspectos de segurança do projetor. Para tal avaliação, foi necessária a intervenção de Saboya, que reportou, em 25 de dezembro, a conveniente instalação da aparelhagem de projeção. A questão higiênica e o apedregulhamento do solo eram questões secundárias, "[...] e diz mais à repartição Sanitária que continua insistindo nesse assunto".[15] Como já vimos, a prefeitura não tinha controle sobre as condições higiênicas dos espaços de diversão. As reclamações de leitores de *O Estado de S. Paulo*, em fevereiro de 1912, sobre a falta de mictórios no circo foram

14 Desconhecemos se era a mesma que explorava o cinematógrafo-reclame de Alberto de Andrade, aboletado sobre vários edifícios do centro da cidade, começando pelo largo da Misericórdia, nos altos do Café Java, em 19 de junho de 1908, e encerrando sua carreira propagandística em 1911.

15 AHSP, Série Polícia Administrativa e Higiene, caixa 79.

menosprezadas. Mesmo assim, a queixa foi encaminhada a Saboya, que informou já ter dito tudo sobre a "parte que lhe competia", isto é, a cabine de projeção e a segurança do público. O fato de se urinar em qualquer lugar era uma questão de alçada da polícia estadual. Não se sabe quanto tempo o Halley permaneceu na Consolação nem se é o mesmo que estava em excursão pelo interior do estado em 1911 (Americana) e 1913 (Matão).

O Velódromo também foi local para projeções cinematográficas na quermesse organizada entre 9 e 15 de fevereiro de 1912, em benefício das obras da matriz da Paróquia de Nossa Senhora da Consolação (quase uma década depois, projeções de filmes sacros eram realizadas no salão paroquial para "ilustração" das aulas de catecismo). O projetor cedido pela CCB de Francisco Serrador também tomou cenas do local, a cargo do pioneiro cinegrafista paulistano Antonio Campos, exibidas mais tarde no Radium com o título *A quermesse no Velódromo em benefício da matriz da Consolação*. Mas os dois cinemas que catalisaram os moradores do bairro e das vizinhanças foram o América e o Minerva.

O América, aberto em 4 de novembro de 1911, foi de longa vida, estando em funcionamento ainda na década de 1940. A família Ornello Reina (Alfio e José) estava presente no bairro da Consolação desde 1908, quando ergueu casas na antiga rua Angélica (atual avenida) e na Maceió. O local escolhido para o cinema situava-se na rua da Consolação, 324, entre as ruas Coronel José Eusébio e Maceió, conforme identificado pelo *site* Almanack Paulistano. Provavelmente, Alfio Ornello Reina começou com uma habitação na rua da Consolação, cuja proximidade com o burburinho provocado pelo outro lado da rua, já que ele estava em frente ao espaço de circos da rua Fernando de Albuquerque, deve ter-lhe inspirado a construção do cinema. A planta deu entrada na Diretoria de Obras em 11 de agosto de 1911. A posse do terreno vizinho permitia a abertura de janelas da galeria para este lado. O "barracão" recebeu alvará de construção em 14 de setembro, tendo de 28 m a

30 m de fundo, para uma área de 261 m². Durante a edificação, o fiscal estranhou a quantidade de camarotes, porém Arthur Saboya garantiu que a sustentação deles se fazia por meio de colunas de ferro, obtendo-se boa ventilação por aberturas no alto das paredes. É provável que Reina tenha arrendado o prédio, pois anúncios de 1912 e 1913 chamavam o cinema de Biógrafo Variedades ou Cinema Biograph. Orozimbo Chaves e Maurício Auricchio figuravam como gerentes ou arrendatários. Em reforma realizada em fevereiro de 1914, a área edificada passou para 324 m², com uma frente de 9 m. Vicente de Paula Araújo refere-se ao cinema América nessa época e, em 1916, temos a empresa Medici e Puntone na direção da sala de espetáculos. Quando José de Sá Rocha realizou uma vistoria de todos os cinemas da cidade a pedido da Diretoria de Obras, a descrição deixada do América não foi das mais elogiosas:

> É inacreditável como neste local se conseguiu encaixar um cinema com plateia, frisas, camarotes e balcões. É bem de ver que num espaço de 8 ou 9 metros de largura, uma casa de espetáculos nessas condições é contrária a tudo quanto há de mais rudimentar quanto às condições de segurança, comodidade e facilidade de movimento. Se acrescentar a isso que o palco é péssimo, feito com pedaços de tábuas de várias larguras, a cabine não oferecendo condições de segurança, pode-se ver que não há meio de se poder continuar a tolerar um tal estado de coisas. Adaptação aqui não há possibilidade. Só mesmo por excessiva tolerância pode ter sido aprovada a planta para este cinema! A lotação é excessiva quanto à plateia. Camarotes e frisas tendo espaços de 1 m de largura, servidos por corredores de 60 cm, e com grande dificuldade de acesso, o balcão tem acesso por uma escada situada no vestíbulo, acesso [que] serve igualmente aos camarotes. A casa do lado de cima ocupa boa parte do vestíbulo e parte da sala com a sua parede formando

uma espécie de cunha que dificulta ainda mais o movimento da sala para fora. O exposto é suficiente para demonstrar que esta casa não reúne condições satisfatórias, e que não é possível qualquer adaptação.[16]

Como outros cinemas de bairro, o América sobreviveu às críticas de Sá Rocha. A disposição acidentada entre o corpo do cinema e a cunha provocada pela casa vizinha se devia à história da ocupação dos lotes, em que a residência do proprietário do cinema veio antes dele. O dente representado pela parede da casa obrigava a um número menor de assentos para uma das ordens das frisas e camarotes, perdendo-se cinco cadeiras nesse lado em relação ao oposto. Uma das saídas laterais dava para o quintal do proprietário, o que tinha causado estranheza ao fiscal durante a construção, quando anotou que a porta se abria para a cozinha. Em caso de incêndio, completou o fiscal, os espectadores fugiriam para um espaço fechado. Somente com a legislação de 1916 foi que Reina demoliu a casa para adaptar o cinema às novas regras. E, como em muitos cinemas de bairro, as obras de adaptação se alongaram por anos, com idas e vindas na Diretoria de Obras, em longas discussões sobre as especificações técnicas.

Já o Minerva, na mesma rua, número 217, altura da rua Sergipe, tinha condições muito inferiores às do América. O terreno do cinema era inteiramente irregular, com uma frente estreita para a Consolação, alargando-se para o interior do lote. O projeto de construção foi analisado por Saboya, que se preocupou somente com a circulação do ar na sala, exigindo claraboias de ventilação ao longo da metade do comprimento do telhado. A área de construção era de 116 m^2. Em 27 de novembro de 1912, a empresa J. Alfredo e Cia. pediu a vistoria do imóvel, obtendo a licença de funcionamento em 3 de dezembro. Quando o jornal *A Capital* fez uma série de reportagens sobre os maus cinemas da cidade, o Minerva foi incluído entre eles, três meses depois da inauguração.

16 AHSP, Série Polícia Administrativa e Higiene, caixa 254.

Tinha saídas estreitas e excesso de espectadores. Um leitor de *O Estado de S. Paulo* reclamou da posição dos mictórios, situados nos fundos do terreno, dando para a casa vizinha e sem iluminação à noite. A fachada do cinema foi reformada em 1913 por Adelardo Soares Caiuby, mas a questão da higiene permaneceu intocada, levando o engenheiro Cássio Villaça a declarar que o Minerva não respeitava o Código Sanitário, que no seu artigo 370 exigia mictórios, latrinas e WCs internos ao corpo do edifício. Em 8 de julho de 1915, a empresa exibidora entrou com requerimento para a ampliação do cinema, que passaria a ter 266 m², e a troca do telhado (zinco por telhas francesas), porém, o objetivo oculto era a construção de camarotes. Os oito camarotes construídos de cada lado da plateia não constavam da planta, sendo descobertos após o término das obras. A licença de funcionamento foi concedida, dessa forma, em caráter "provisório", até a regularização do cinema. Vistoriado por Sá Rocha em 1916, recebeu as seguintes observações:

Instalado num vasto salão com 6,0 m de largura na frente e 9,0 m no fundo, este cinema dá o aspecto de um funil mas com o bico para a rua! Na frente há apenas 2 portas. [Na] Metade da extensão da sala tem 3 saídas laterais dando para um terreno que serve de botequim, e que forma o fundo das casas pegadas. Há ainda uns tantos camarotes com acesso por uma escadinha de 60 cm de largura, e com os camarotes da mesma largura. Com o agravante de ficar o solo do piso dos camarotes mais baixo 20 cm do que o do corredor. É como se vê coisa que não está de acordo com medidas necessárias de segurança, etc. A cabine é regular, mas não perfeita, fica no fundo de um palco que estavam fazendo quando ali fui. É difícil a meu ver qualquer adaptação de modo a satisfazer a qualquer dos requisitos da lei do atual salão só por si.[17]

17 *Ibidem.*

A construção dos camarotes no Minerva sugere um teatro imaginário proposto por Hollywood em *O homem que matou o facínora* (*The man who shot Liberty Valence*), dirigido por John Ford. O espaço do City Hall onde o personagem Ransom Stoddard (James Stewart) é eleito como representante do estado no Congresso em Washington, assemelha-se à proposta do cinema da rua da Consolação: estreito e com camarotes sobre a plateia.

O Minerva foi repassado para a empresa D'Errico, Bruno, Lopes e Figueiredo em 1917, reabrindo com o nome de Teatro Guarani.

Mas as condições do cinema deviam ser tão precárias que, com a nova legislação baixada em 1916, a empresa desistiu da sua exploração. Se formos dar crédito à carta de um morador do bairro, Eugênio Paulo Mirisola, o Minerva foi fechado pelo Serviço Sanitário em razão de um esgoto descoberto que passava sob a plateia, provocando mau cheiro, além do madeiramento e dos assoalhos deteriorados (não há documento sobre a interdição pelo Serviço Sanitário, embora seja crível a referência de Mirisola, já que houve uma *razzia* do estado contra os cinemas em 1916). As cadeiras antigas eram de vários modelos. O cinema não era isolado, fazendo parede com o imóvel vizinho com meio tijolo somente (0,25 cm). Uma cidade "moderna e artística"[18] como São Paulo não poderia comportar uma casa desse tipo, completou o queixoso. Com a saída de D'Errico e Bruno, o cinema foi transformado em depósito de móveis e garagem. A reabertura foi intentada duas vezes, primeiro por Maria Antonia Livieri e, depois, por Alfredo Boucher Filho, ambos em 1924. O caso mais estranho foi o do jornalista Boucher Filho que, após uma reforma completa, abandonou o prédio, que foi demolido, sem que saibamos a razão para o desencanto com o negócio.

18 AHSP, Série Cinemas, caixa Cine-3, requerimento 68.722.

Fachada que não foi construída para o Theatro Roma, em 28/7/1913.

O QUE ERA UM CINEMATÓGRAFO NAS PRIMEIRAS DÉCADAS

Nesta parte tentaremos montar um quadro sobre os diversos aspectos constitutivos de um cinema antes da legislação de 1916, que mudou radicalmente o controle sobre essas edificações. O período seguinte foi de adaptação à lei, quando o volume de novas construções foi baixo, criando-se um novo impulso na década de 1920, momento em que o filme sonoro provocou um novo rearranjo no mercado exibidor.

LOCALIZAÇÃO

Como vimos nas páginas precedentes, os cinemas se espalharam rapidamente pela cidade no final de 1907 e em 1908, mesmo que, em alguns casos, tivessem um caráter comercial efêmero. Não sabemos com exatidão se procuravam se instalar dentro de áreas com equipamentos urbanos (ruas e passeios calçados, linhas de bondes, fábricas, farmácias, escolas, praças públicas), embora certos eixos comerciais fossem procurados naturalmente: o centro, as ruas comerciais (rua 15 de Novembro ou avenida Rangel Pestana), os bairros populosos e as praças públicas. O "cinema da praça" nasceu com a expansão das salas de exibição, reconhecendo-se o valor agregador do espaço público como um dos fatores de sua perenidade. Foram inauguradas salas de exibição nos largos do Paissandu e da Concórdia, onde se abriram os pioneiros Moulin Rouge e Teatro Colombo, seguidos pelos cinemas dos largos do Coração de Jesus (4.900 m^2 de praça, muitas vezes ocupada por circos e depois pelo Pavilhão dos Campos Elíseos), São José do Belém, Arouche, Guaianases, José Roberto, Cambuci, e também os da rua do Gasômetro (para a qual confluíam outras ruas, formando um espaço de lazer de 3.705 m^2 em 1916) e das praças João Mendes e República – sem esquecer da primitiva utilização do Jardim da Luz e, nas décadas seguintes, da praça Verdi e do parque do Anhangabaú, que continuaram atraindo cinemas (Central, Meia Noite, Pedro II), circos (Piolim) e cinematógrafos-reclames nos altos dos prédios. Haveria que se fazer um estudo particularizado do histórico de cada cinema para, no final, tirarmos características gerais. Podemos avançar com certa firmeza que as salas se abriam primordialmente para o público local, ao contrário dos cinemas centrais. Estes, beneficiários da tradição comercial do distrito da Sé e pioneiros na cidade, desfrutavam da condição de cinemas lançadores de novidades (Bijou, Íris e Radium), estando aptos a receber um público mais diversificado, em oposição aos de bairro, salas de segunda linha nas quais nem sempre os filmes eram a atração principal (conjuntos típicos de cantores dirigidos às colônias italiana ou espanhola ou grupos cômicos e dramáticos podiam atrair mais público que a grande atração cinematográfica, servida, nesses casos, como preâmbulo ou complemento). A circulação urbana, por outro lado, favorecia a centralidade, pois, como escreveu Paulo Cursino de Moura, os bondes, "todos vão ter ao centro".[1]

1 Moura, 1980, p. 254.

A exposição direta para a rua como forma de demarcar uma territorialidade especial nem sempre era procurada. O exemplo do Politeama, situado no interior do terreno da Antarctica, com uma passagem mínima de acesso, apontou para vários exibidores que a fachada era menos importante que o corpo do cinema, isto é, a capacidade de receber espectadores. Bairros populosos e de ocupação acelerada como o Brás produziram vários casos desse tipo: o Ideal, na rua do Gasômetro, o Melitta, na Celso Garcia, o Ísis, também na Gasômetro, foram construídos no interior dos lotes disponíveis. Um caso pioneiro, datado de 1908, foi o Petit Sant'Ana, no distante arrabalde de Santana, cujo barracão cinematográfico, de curta duração, foi construído afastado do alinhamento da rua, sendo considerado, em princípio, como semelhante a uma casa particular. O Roma, situado no bairro da Lapa, foi erguido atrás de um restaurante, no fundo do terreno de esquina. Já o mal falado Palace Theatre, do coronel Alberto de Andrade, estava instalado no centro de um vasto terreno da Brigadeiro Luiz Antonio, que em 1929 receberia o Paramount. A prática seguiu até a década de 1920 (o Penha Teatro, na rua da Penha, também estava afastado da rua, mas isso talvez por causa da topografia acidentada do bairro). A simbiose entre pavilhão de circo e cinema também forçava essa interiorização, já que os circos tradicionalmente eram armados dessa forma. Oto Nielsen, em 1912, ao construir seu pavilhão de lona de 204 m^2 para exibições cinematográficas na rua Domingos de Morais, o fez com um recuo de quatro metros da rua.

Os pequenos lotes em bairros ou a reforma de casas para a transformação em salas de projeções demandavam pequenos capitais. Somente grandes empresários organizados em sociedades anônimas podiam se dar ao luxo de adquirir grandes áreas, como os 2.000 m^2 comprados pela Companhia Sport e Atrações na praça da República, para a construção, com fundos para a rua Aurora, do Skating Palace. A Companhia Puglisi, quando construiu o Teatro Olímpia na década de 1920, também escolheu uma área semelhante

(2.020 m^2). Pequenos empresários em início de carreira, como João Antonio Bruno, contentavam-se com a reforma de casas para a instalação de seu negócio. Dessa forma, proliferou o uso de imóveis com frentes de apenas 5 metros, encravados entre outros prédios, que, depois de 1916, tiveram enormes dificuldades para se adaptarem à legislação. O Moulin Rouge é um caso típico, que passou por várias adaptações ao longo de sua história. O cinema tinha na fachada sóbria três portas encimadas por três janelas simétricas dando para o largo do Paissandu, na altura onde foi construído o prédio do cine Olido, atual sede da Secretaria de Cultura do município. O nome Moulin Rouge era estampado em relevo no friso da balaustrada, ganhando destaque por meio de um luminoso vertical em arco, partindo da janela central, que se lançava sobre a calçada (as portas laterais também eram circundadas por lâmpadas). Do vestíbulo, atulhado de cartazes, como era praxe, passava-se para a plateia, cercada de frisas em forma de ferradura. Por dois lances de escadas, atingiam-se os camarotes (15 de cada lado). Uma escada lateral dava acesso às galerias. A fachada nunca sofreu intervenções de grande monta. Em 1917, quando já ostentava o nome de Avenida, apenas se destacaram imitações de pedras nas cantoneiras, ganhando o medalhão liso da balaustrada um desenho neoclássico, que não sabemos se chegou a ser feito. Quatro luminárias adornavam o balcão externo dos camarotes. Para a administração pública, a questão sempre residiu nas saídas laterais para a rua Dom José de Barros e nos reduzidos equipamentos de higiene para o público. Se o corpo do cinema ganhou amplidão para o interior do lote, os "dentes" laterais do prédio, dando para a Dom José, receberam as saídas de socorro e outros equipamentos que foram sendo modificados com o tempo, notadamente em 1917-1918, quando passou para a Empresa José Loureiro. A pequena fachada, o fato de estar encravado entre outros edifícios, o espaço fragmentado para todos os equipamentos necessários desagradavam à prefeitura, porém, o cinema sobreviveu até a década de 1950.

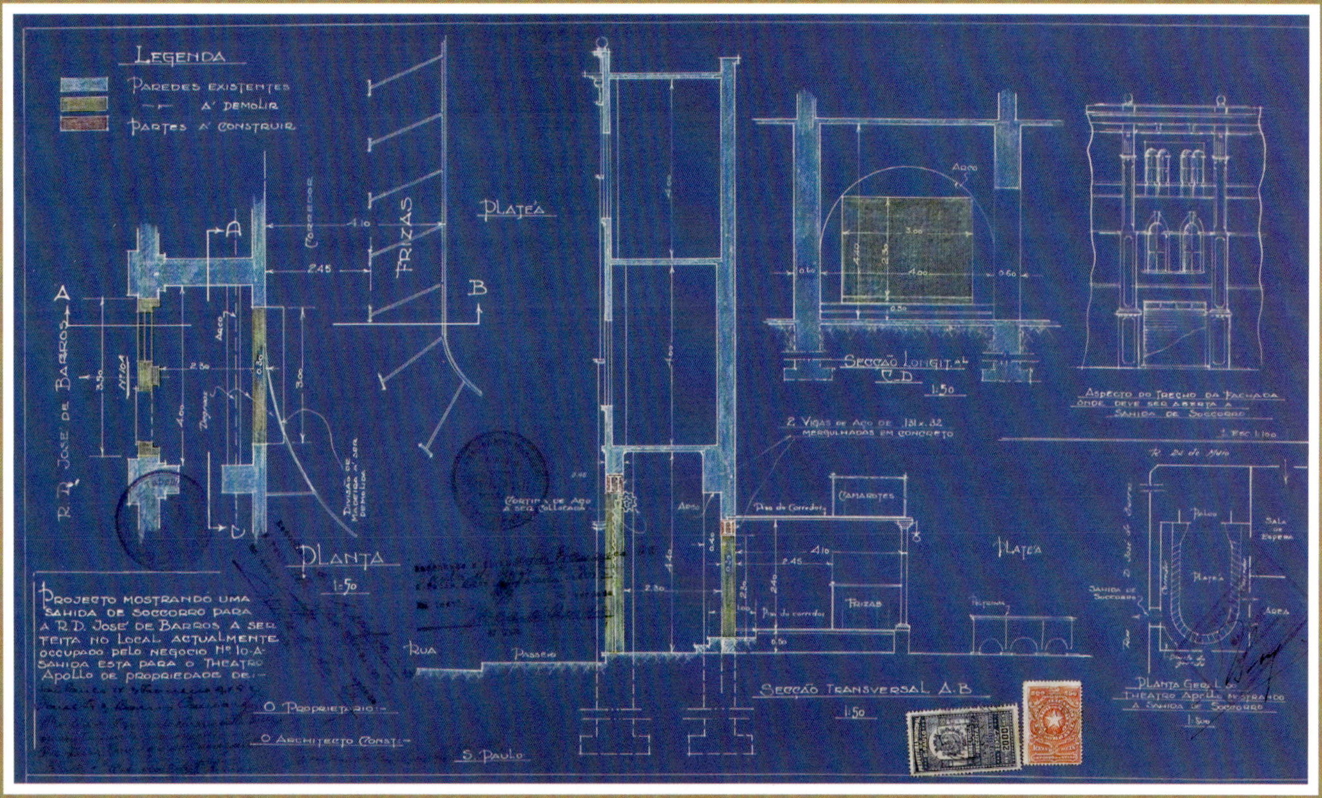

Reforma e nova saída do Teatro Apolo em 1927.

EDIFÍCIO

O Moulin Rouge, depois Teatro Variedades, depois Avenida, também destacava a força da concepção do teatro italiano com sua plateia, frisas, camarotes e galerias, elementos, quando possíveis, projetados em forma de ferradura. Esse é o padrão clássico que a maioria dos cinemas buscará copiar, amoldar e implantar, com as alterações de desenho exigidas pela disponibilidade do terreno e sucessivas adaptações construtivas. Somente com o advento do cinema sonoro ocorreria uma alteração substancial, com a imposição da plateia, da plateia superior e do balcão, eliminando-se frisas e camarotes.

A plateia com cadeiras austríacas de palhinha ou metálicas eram soltas e, conforme vimos no caso do Minerva, provenientes de fabricantes diferentes. As razões para a liberdade de arranjo dos espectadores na plateia não decorriam de uma imposição dos exibidores nem da preocupação em oferecer uma melhor visualização do filme (hipótese que tinha o seu peso), mas da necessidade de utilização do espaço para outras finalidades: bailes de carnaval, temporadas de patinação, lutas de boxe e campeonatos de luta livre podiam ser organizados na plateia com facilidade e pouco dispêndio. Outra razão comercial importante era a possibilidade de encher a sala conforme a atração do público, decorrendo daí as avaliações de "excesso de lotação" e de "ganância" dos exibidores, mais preocupados com a bilheteria do que com o conforto dos espectadores.[2] O número de multas lançadas contra os exibidores pelas administrações municipal e estadual merece atenção. Um levantamento efetuado a mando da 3ª Delegacia Auxiliar, em 22 de agosto de 1920, encontrou três cinemas com excesso de lotação, o Eros, o Mafalda e o Avenida, multados em 200 mil réis cada.

Essa ocupação variável dos cinemas tinha nascido com as primeiras salas improvisadas de exibição, sendo referendadas pelo corpo de engenheiros quando se

2 Segundo o jornal *A Capital*, os exibidores, diante do excesso de público nos domingos e feriados, riam, sem dar importância às reclamações.

tratava de exibidores poderosos. Durante a construção do Teatro São Paulo, um empreendimento capitaneado por Pedro França Pinto, sócio da Companhia Antarctica, José de Sá Rocha forneceu a capacidade da sala, 1.300 espectadores, mas ressalvou que o número "constitui a lotação normal do teatro, sendo que nas galerias ainda se poderá tolerar, em casos excepcionais, mais umas 100 ou 150 pessoas".[3] Havia uma preocupação dos engenheiros com a padronização das cadeiras, que deveriam ter medidas de 0,40 m × 0,40 m e afastamento mínimo de 0,80 m entre as fileiras, disposições em geral desrespeitadas, dadas as reiteradas observações registradas sobre esses tópicos nas vistorias. As reclamações se dirigiam tanto à estreiteza dos corredores de passagem, como publicou *O Estado de S. Paulo*,[4] quanto ao contato físico entre homens e mulheres, conforme relatou um leitor de *A Gazeta*:

> A exiguidade de espaços entre as filas de cadeiras em alguns cinemas está a reclamar uma providência [...]. As senhoras que sempre que se veem forçadas a procurar cadeiras no centro das filas são forçadas a se esfregar pelas pernas dos marmanjos sem educação, que propositalmente se conservam sempre sentados.[5]

O contato físico, de fato, não era uma preocupação dos engenheiros municipais, embora o Código Sanitário ditasse que, nos teatros, as cadeiras deviam ser providas de braços, individualizando o espectador.

Não parece ter sido uma prática comum em São Paulo a divisão entre cadeiras de primeira e segunda classe. Como relatou Pedro Nava sobre suas sessões no cinema Velo, no Rio de Janeiro, somente

3 AHSP, Série Cinemas, caixa Cine-26, requerimento 39.388.

4 "Quando se deseja tomar assento, ou retirar-se do cinema, é tão dificultoso e maçante que é preferível deixar esvaziar-se as cadeiras dos lados para se poder sair." Cf. *O Estado de S. Paulo*, 31/10/1916, seção Queixas e Reclamações.

5 *A Gazeta*, 17/8/1923, p. 5.

a "gente besta do bairro ia de primeira", sentava-se espaçadamente em cadeiras "tristonhas", enquanto ele e sua família frequentavam a segunda, mais barata e popular.[6] Entre os cinemas paulistanos, o Bijou fazia essa distinção. O Teatro Cassino, vindo da tradição teatral, impunha essa nobilitação nos espetáculos dramáticos.

As frisas e os camarotes já eram sinais maiores de distinção. As frisas eram a primeira seção superior à volta da plateia, onde galegos "apatacados, proprietários, senhoras de chapéus de plumas, moças preciosas", ainda segundo Pedro Nava,[7] podiam se isolar da plateia democrática, com a compra de baias de quatro ou cinco lugares em que a família burguesa se diferenciava da massa. A entrada para essas acomodações se fazia pela plateia. Os camarotes já pertenciam a uma ordem acima, onde a própria posição do espectador em relação aos outros tornava dominantes e distintivas suas possibilidades de ver e ser visto. O acesso era independente, por fora ou internamente ao edifício, mas sem mistura com as outras classes. O camarote era o domínio de mulheres da elite, como Yolanda Penteado, da polícia e das autoridades (estes últimos tinham um ou dois sempre reservados). Os equipamentos de alimentação (bufês) e de higiene também eram localizados à parte.

As queixas dos engenheiros contra as frisas e camarotes se voltavam para aspectos construtivos, não ideológicos. Em geral, porque tais parâmetros de construção eram impostos a qualquer edifício, fossem eles adequados ou não. Baixa altura do pé-direito, exiguidade dos espaços internos, corredores com acessos estreitos, às vezes atravancados por cadeiras, eram sempre lembrados. O uso intensivo da madeira para a instalação de equipamentos no interior dos prédios de alvenaria, quando eram de alvenaria e não barracões inteiramente de "madeira e zinco", era outra reclamação constante. "É necessário em absoluto modificar o modo como se faz o acesso para os camarotes, tornando incombustíveis

6 Nava, 1977, p. 201.
7 *Ibidem*.

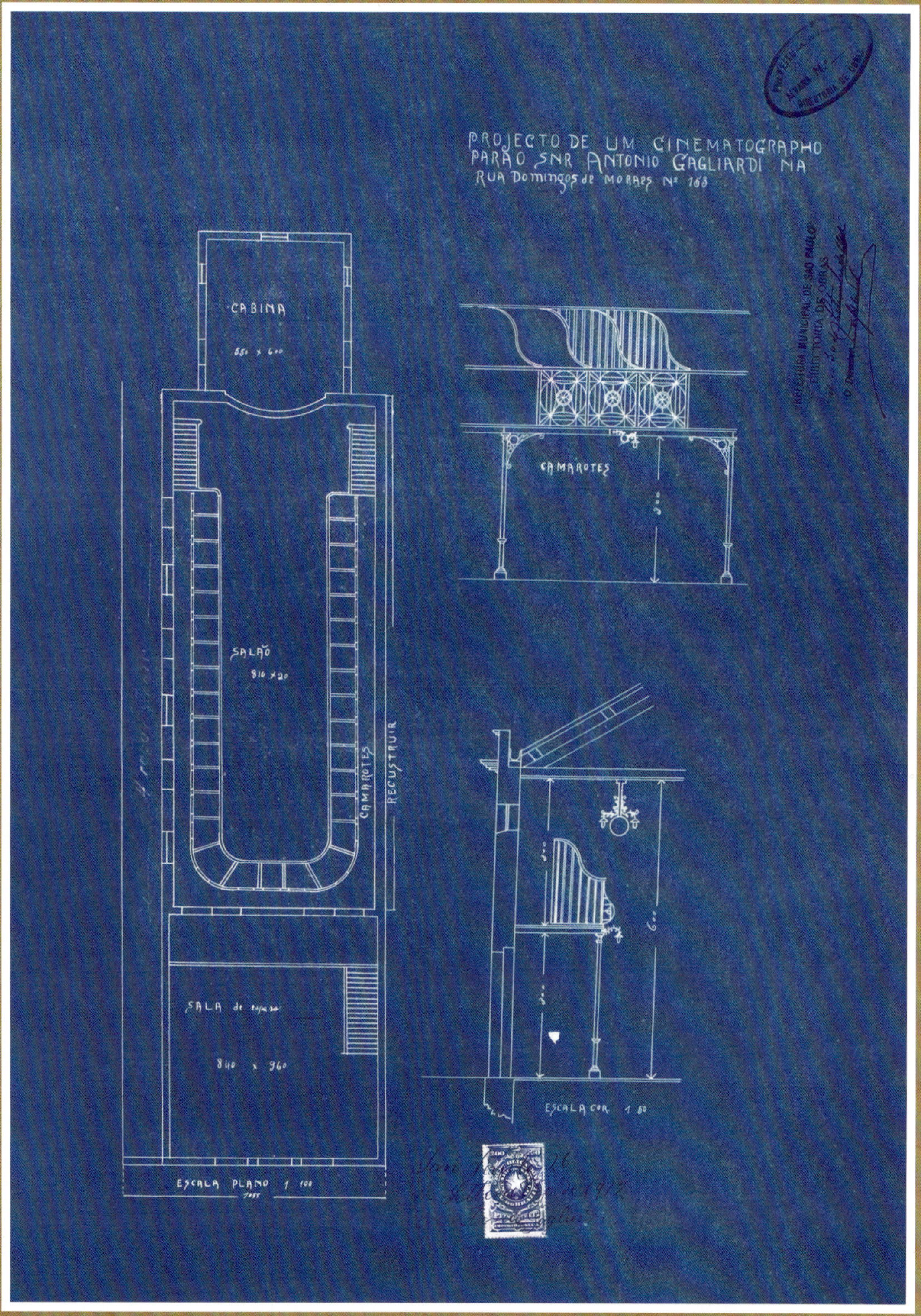

Projeto de reforma
em setembro de 1912
do cinema de Antonio
Gagliardi na Vila Mariana.

as escadas",[8] alertava Sá Rocha sobre o Rio Branco do burguês Campos Elíseos. Colunas de madeira para sustentação das frisas e camarotes foram totalmente banidas entre 1916 e 1924 (mas a luta por mais segurança foi além dessa data).

As galerias eram os locais mais baratos, 200 a 300 réis, quando não de graça para os molecotes, que aguardavam a oportunidade de espetáculo gratuito concedida pelo gerente, por camaradagem ou magnanimidade (um deles morreu pisoteado no desastre do Teatro Boa Vista, quando o estuque do forro se desprendeu, estabelecendo o pânico entre o público). Eram chamadas de "geral", "poleiro", "galinheiro", já que se tratava de simples arquibancadas de madeira, sem divisórias, atraindo sempre aqueles que queriam fazer brincadeiras com o público na plateia ou com a narrativa na tela. Em 1924, o gerente do Marconi, na dúvida sobre a autoria da brincadeira, expulsou indistintamente 13 espectadores das galerias, entre eles quatro soldados, por jogarem ovos podres na plateia.[9] Frequentadores do Teatro São Pedro recordam que se atirava pó de mico nos de baixo e, se minha memória não falha, Jaguar, pelas páginas de *O Pasquim*, relatou uma galinha lançada da geral do São Luiz, no Rio de Janeiro. O anedotário sobre as galerias sempre tende a crescer, e qualquer livro de cunho memorialístico soma um "causo" aos já existentes.[10]

Os exemplos pioneiros do Politeama e do Bijou traçaram um programa construtivo que foi repetido pelos bairros de São Paulo: o extensivo emprego da madeira e seu corolário, os telhados de zinco. O antigo Smart, transformado em Teatro Guarani pela empresa D'Errico, Bruno, Lopes e David, era um barracão de madeira e zinco; igualmente o Melitta, na avenida Celso Garcia; o Coliseu dos Campos Elíseos, aberto como "provisório", tornou-se definitivo como "barracão"; o Cinema Barra Funda, o Brás-Cinema, o Cinema Drolhe, o Estrela, na rua Oriente, ou seja, da Vila Buarque ao Brás, do Ipiranga

8 AHSP, Série Polícia Administrativa e Higiene, caixa 254.

9 *A Gazeta*, 27/11/1924, p. 5.

10 Ver Brandão (2009, p. 35).

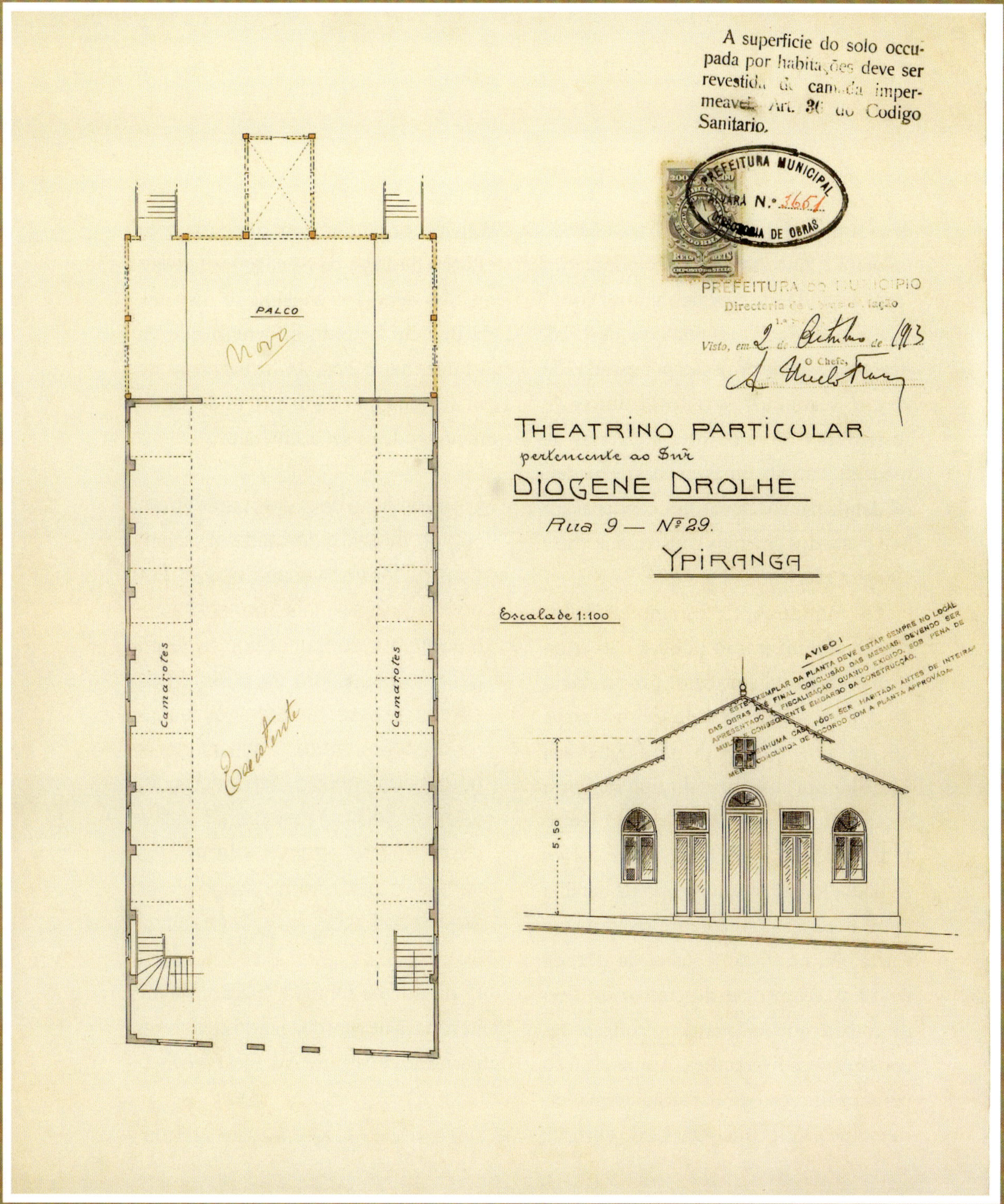

Fachada e planta baixa do "teatrinho particular" com camarotes situado no Ipiranga.

aos Campos Elíseos, havia barracões de madeira e zinco atendendo a população "sem garantias de espécie alguma", como escreveu Sá Rocha no relatório de 1916. Acessos à sala de projeção por escadas de 90 cm, vestíbulos estreitos, colunas de sustentação de camarotes e galerias de madeira, "estreitíssimas escadas de madeira" dando para os camarotes, condenavam boa parte dos cinemas construídos entre 1908 e 1916.

Os conflitos entre os empreendedores e a administração pública não eram raros. Paschoal Plastino, proprietário do American, na avenida Celso Garcia, 40, passou o cinema para Estevam Knoeller por discordar do tipo de porta de saída imposta pela prefeitura. O Teatro Independência, de Reinaldo Janfré, até ser fechado, forneceu um campo de batalha entre o poder público e o privado. Luiz Castagna, na distante Lapa da década de 1910, é um caso ilustrativo do tipo de embate que se dava entre concepções construtivas divergentes. A autorização para a edificação do barracão de madeira e zinco foi pedida em 22 de abril de 1912, aproveitando a proximidade com a estação da Lapa da São Paulo Railway. Dois dias depois, o engenheiro distrital, Luiz Bianchi Betoldi, informou que na rua Engenheiro Fox, 14, o barracão de 11 m de frente por 22 m a 30 m de fundo somente poderia ser autorizado

> [...] à condição de que as paredes em vez de tabuado de madeira, sejam construídas de alvenaria, de não menos de um tijolo inteiro de espessura, e ao menos com um reforço de um pilar na espessura da parede nas pontas de assentamento das tesouras. Convém também observar que no telhado coberto com zinco com vão livre de 11 m de largura [...], fica muito sujeito ao jogo interno dos ventos, e por isso arriscado a ser arrancado [...].[11]

O diretor de Obras e Viação, Victor Freire, estava de acordo, dando ciência do despacho ao construtor Manuel Francisco

11 AHSP, Série Edificações Particulares, caixa E1/F1/1912.

Dias. Em 4 de maio, Castagna entrou com novas plantas, porém, recusou-se a alterar o processo construtivo das paredes para alvenaria e pilares de sustentação, e muito menos para uma cobertura de telhas "tipo Marselha", como se dizia na época. O saber construtivo que ele dominava, ou ao qual tinha acesso, era um direito que lhe assistia "[...] que não se pode tolher, nem tampouco a Diretoria de Obras tem competência para exigir que se faça de tijolo conquanto todos que existem na cidade são de zinco, quando no perímetro da cidade são feitas de zinco por que na Lapa não pode ser?".[12] O argumento era irrespondível, levando Betoldi a anotar no processo que "[...] à vista das considerações de outros barracões congêneres que estão funcionando em diversas ruas da cidade pode ser autorizado".[13] O Recreio da Lapa foi inaugurado com 264 m^2 de área, servindo a cerca de 300 espectadores. Como já dissemos, enquanto o Politeama e o Bijou foram chagas no distrito da Sé, a Diretoria de Obras se viu afrontada pelos exibidores.

12 *Ibidem.*
13 *Ibidem.*

EQUIPAMENTOS

A sala de projeções não era o único atrativo para se ir ao cinema. Espaço pioneiro de congregação dos moradores dos bairros, competindo com capelas e igrejas, o cinema também agregava outras possibilidades de exploração no campo do prazer, como o bar e, em raros casos, bilhares. Nascido de uma sociedade recreativa filodramática, o Teatro Dramático Giuseppe Garibaldi, na rua Carlos Petit, 2, Vila Mariana, transformado em Teatro Apolo, incorporou a sugestão de oferta de outros divertimentos quando se mudou para a rua Domingos de Morais, ganhando maior visibilidade. Como funcionava uma ou duas vezes por semana, como era comum nos cinemas de bairro distantes, incorporou uma mesa de bilhar a seu espaço. Como veremos mais à frente, na década de 1920 haveria uma diversificação das ofertas propostas pelo espaço cinematográfico.

Esplendido

LEILAO

DO

CINEMA BRASIL

a

RUA DOS ANDRADAS N. 53

Magnifico apparelho com todos os seus pertences Quantidade de cadeiras austriacas e de jacarandá; sofás estofados, optimos reposteiros com galeria e sanefas, installações para luz electricas e campainhas, grandes espelhos, quadros, ornamentações, tela e scenarios, divisões e muitos outros objectos precisos e existentes no bem montado

CINEMA BRASIL

ALBINO DE MORAES

Plenamente autorisado por quem de direito venderá retalhadamente

Quinta-feira, 7 do corrente

á 1 hora da tarde

á

Rua dos Andradas

N. 53

Tudo o que alli existe e que será minuciosamente descripto neste jornal do dia do leilão

ALBINO DE MORAES

Leiloeiro

O atestado de óbito do cinema.
O Estado de S. Paulo, 5/8/1913, p. 14.

Em geral, o palco era um item comum, fosse porque nele se instalasse o aparelho de projeções (retroprojeção), fosse porque servisse a grupos amadores dramáticos ou musicais. Muitas vezes vemos queixas do poder público contra esses palcos construídos com materiais velhos e irregulares, assim como o isolamento da cabine, de quando em quando protegidas por folhas de zinco. Os botequins, como eram chamados na época quaisquer tipos de bar, eram alvos de intensas negociações, passando de mãos com frequência. A documentação em geral especificava a venda de doces como objetivo principal, mas os interesses da Companhia Antarctica Paulista na venda de seus produtos não devem ser desprezados (na esteira do Politeama, seguido do acordo com o Bijou, vieram o Teatro São Paulo e o Central e o arrendamento do bar do Teatro Municipal). Quando eram independentes do corpo do cinema, podiam também comercializar cigarros, permanecendo abertos para além do horário de funcionamento do cinema, desde que obtivessem uma licença especial.

Cine-Triangulo
Hahn-Goerz
junto com a inauguração do CINEMA TRIANGULO na rua 15 de Novembro será tambem inaugurado o primeiro apparelho cinematographico HAHN-GOERZ — producção alleman. — O primeiro apparelho no BRASIL, com 2 projectores e reflector de espelho de crystal — cuja projecção
E' TÃO FIRME E LUMINOSA,
que supplanta qualquer outra machina, seja qual fôr e além disso
ECONOMISA 80 nor cento de CORRENTE ELECTRICA.
Unicos representantes para todo o Brasil:
THEODOR WILLE & CO. - São Paulo
LARGO DO OUVIDOR, 2.
CAIXA POSTAL, 94

Anúncio de abertura do cinema com o novo projetor.
O Estado de S. Paulo, 29/6/1923, p. 11.

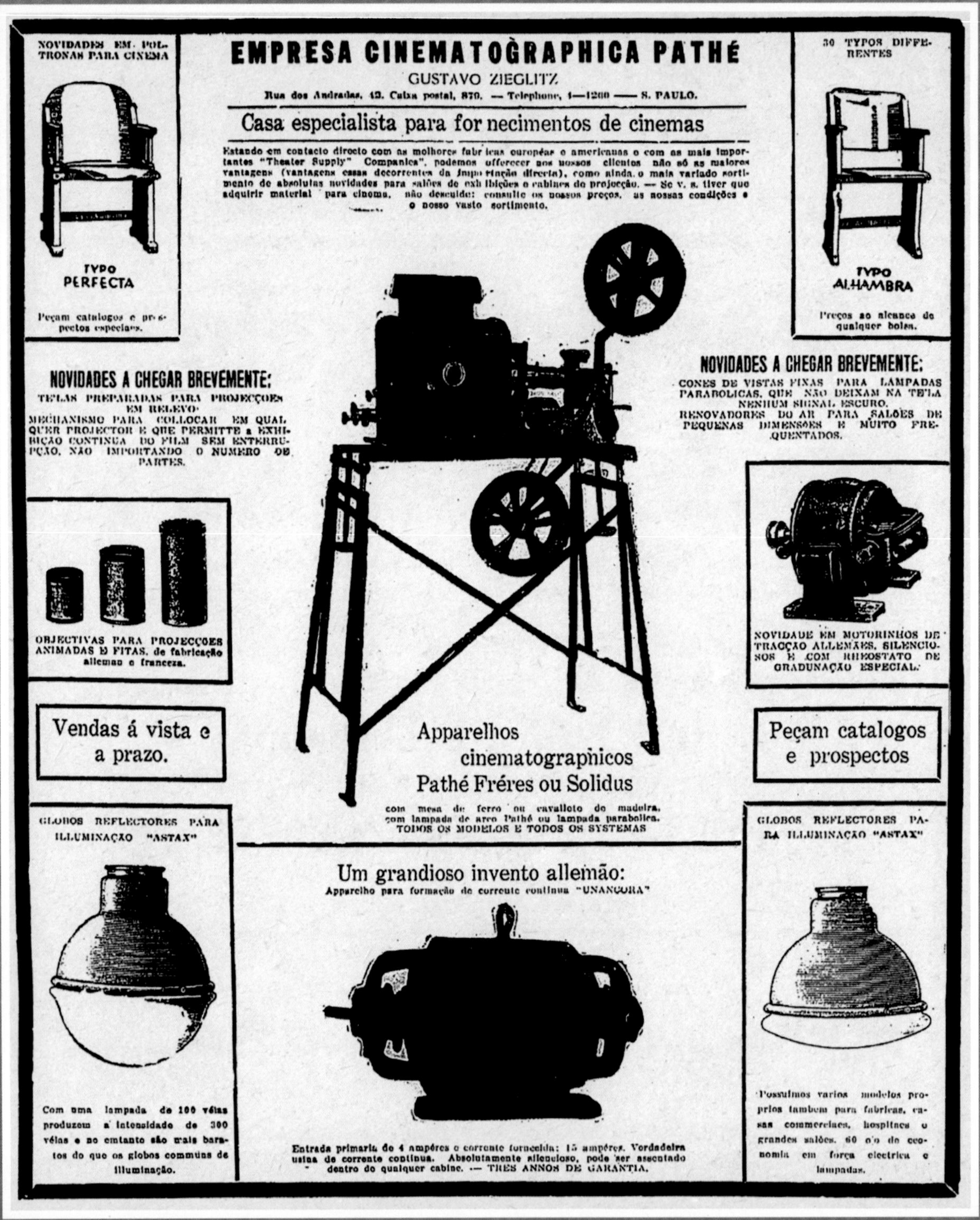

Anúncio do representante da Pathé Frères. *O Estado de S. Paulo*, 7/10/1928, p. 28.

O botequim do Teatro São José, com portas abertas para as ruas Xavier de Toledo e Barão de Itapetininga, foi multado em 50 mil réis por funcionar depois das 19 horas, motivando discussão entre a administração sobre a validade ou não da medida. Para a cobrança de impostos, os bares de cinemas se enquadravam nas quatro categorias existentes para seus similares de rua, embora os valores fossem salgados para os exibidores.

Casos como o do Recreio da Lapa, na rua Engenheiro Fox, 14, que se comunicava com o cinema instalado no número 16 e, ao mesmo tempo, vendia secos e molhados pela família Castagna, proprietária do cinema, também motivavam reclamações sobre o cálculo da licença para funcionamento além do horário normal ou em dias especiais. Uma cobrança de 870 mil réis para o primeiro semestre de 1924 foi considerada onerosa ao exibidor, visto que funcionava de portas fechadas para a rua depois das 21 horas, vendendo cigarros e doces somente para o público do cinema. Uma das soluções, nesses casos, era o pedido de reclassificação, em que um botequim de 2ª ordem, por exemplo, passava à 3ª ordem, sobre a qual incidia um imposto menor.

Atritos também ocorriam em torno dessa questão quando o exibidor resolvia instalar o botequim – que geralmente ficava no vestíbulo, compondo a entrada do cinema com a bilheteria – nos fundos do cinema. Nicola Ferraro, proprietário do São José, na rua Nova de São José, 22, incorreu na ira de Sá Rocha ao tomar tal medida: "Não concordo absolutamente com a instalação de botequins ou qualquer outra [ilegível] nos fundos de cinematógrafos, e muito menos com entrada pela sala de espetáculo. Deve ser indeferido o pedido".[14] Aqueles que assistiram ao filme *Os 39 degraus* (*The 39 steps*), de Alfred Hitchcock, devem se lembrar do *music-hall* onde se refugia o personagem Richard Hannay (Robert Donat). Ao lado da plateia estava o movimentado bar sob as galerias, de onde partiam os apoios ao orador do *meeting* político involuntariamente encabeçado

14 AHSP, Série Polícia Administrativa e Higiene, caixa 122.

pelo canadense fugitivo. Nicola Ferraro pretendeu algo semelhante, fazendo da passagem lateral à plateia um corredor de acesso ao bar. Além do mais, o bar e uma espécie de terraço, que o exibidor pretendia construir, ficavam próximos da cabine de projeção, já que era outro cinema dotado de retroprojeção. Sá Rocha avaliava ainda que o botequim "[...] tão no interior de um terreno constituiria um foco de desordens".[15] Estabeleceu-se uma ampla discussão entre as autoridades quando o inspetor de Higiene do estado, Gastão da Silva, informou que não havia inconveniente na localização. Se houvesse arruaças, a polícia tomaria as devidas providências. A interferência da Higiene num caso de engenharia parecia indevida aos olhos da 2ª Seção Técnica. O que estava em jogo era a proximidade com a periculosidade da cabine de projeção, fonte de uma possível explosão entre a sala de projeções e o botequim, encurralando os usuários, que não poderiam escapar para a rua. Como o botequim fora instalado de acordo com os desejos de Ferraro, o processo foi enviado para a Procuradoria Judicial (além do polêmico botequim, o exibidor também tinha construído ilegalmente galerias, mas estas, aparentemente, a administração acabou aceitando). A documentação não é clara quanto ao destino do polêmico botequim e, apesar do volumoso processo contra o São José, ficamos sem saber se foi demolido ou não.

PUBLICIDADE

A foto clássica de Aurélio Becherini sobre o Bijou, já em inícios de alargamento da rua de São João, futura avenida dentro do projeto urbanístico Bouvard, apresenta os arcos e as colunas da fachada cobertos de cartazes, tanto do Bijou-Theatre como do Bijou Salão. A senhora que sobe a ladeira com seu cachecol displicentemente pendendo do pescoço, a anunciar um tempo invernoso – ainda que a chapa tenha sido batida em um dia claro e ensolarado, resultando nos ótimos contrastes do documento –, permite datar a foto com uma

15 AHSP, Série Polícia Administrativa e Higiene, caixa 122. Informação de 24/4/1914.

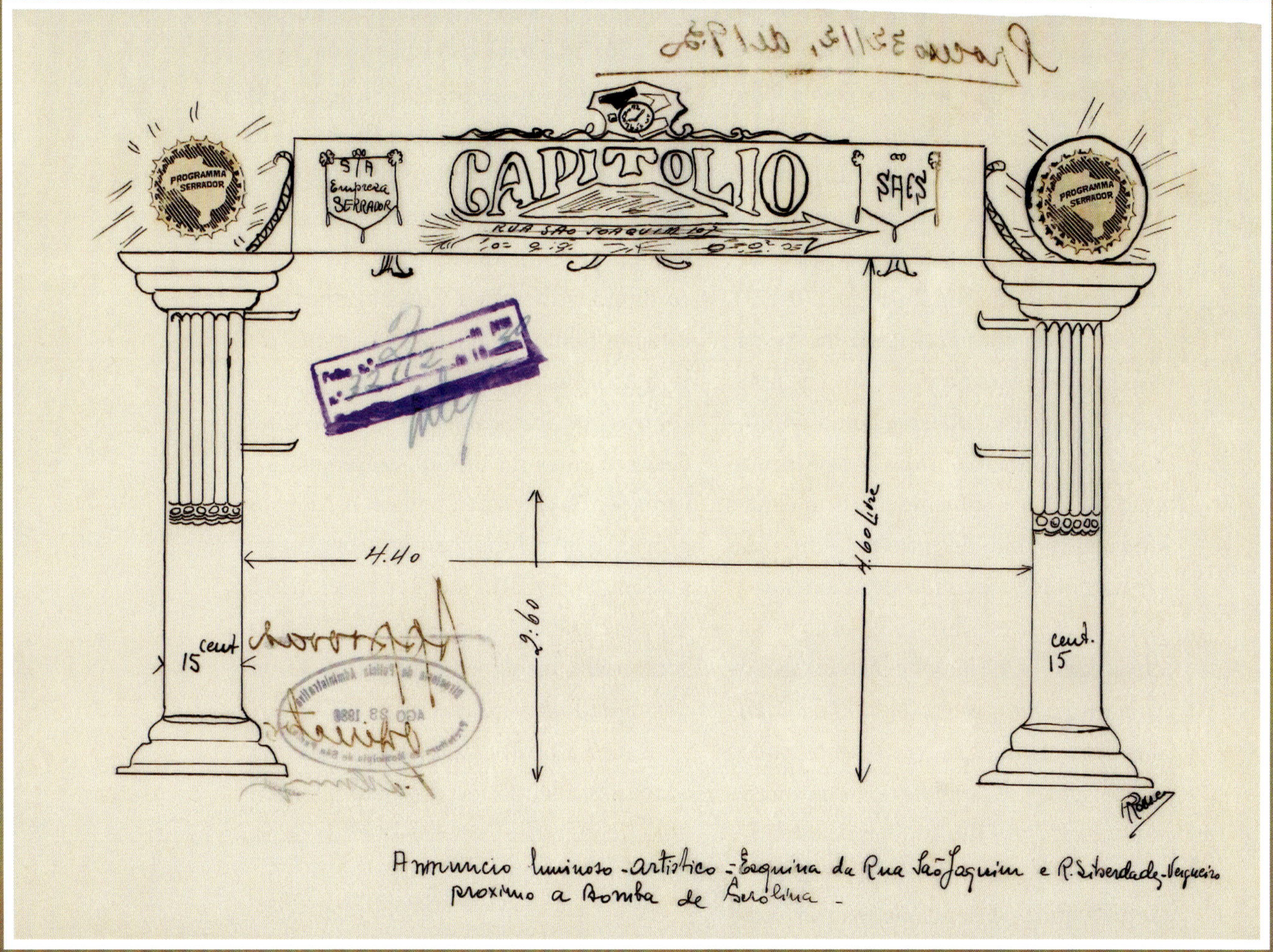

Anúncio luminoso de 1930.

certa precisão, graças também aos títulos expostos com o aviso de "brevemente": *O mistério da ponte de Notre Dame*, "film d'art Éclair", e *O Capitão Scott no polo*, filme "natural" (documentário), exibido em junho de 1914 – ou seja, pelo menos dois anos depois da data citada na legenda da imagem (Becherini, 2009, pp. 170-171).

As fachadas foram eleitas como o espaço ideal para atrair o olhar dos passantes para o cinema, vindo em seguida a profusão de lâmpadas coloridas para o espetáculo noturno e, somente nos primórdios do cinema como diversão pública, o uso de gramofones. Segundo levantamento de Ricardo Mendes sobre a legislação municipal, esse tipo de anúncio não foi alvo da cobrança de impostos, fugindo da alçada da Polícia Administrativa, ao contrário das propagandas de liquidações, dos dizeres de fachadas, dos títulos fixos de estabelecimentos, que passavam pela averiguação da gramática e dependiam de autorização moral e fiscal.[16] A ausência de um enquadramento legal não impedia, contudo, que os fiscais atuassem contra os exibidores. Um diligente funcionário público, ao fazer o trajeto da rua da Consolação, sentiu-se particularmente atingido pelo grande número de anúncios e reclames do Guarani. O fiscal do distrito tinha se antecipado ao diretor Alberto da Costa e, antes que o memorando lhe chegasse às mãos, ele já "[...] tinha dado providências severas contras as exibições de anúncios do Cine Guarani, sito à rua da Consolação nº 217, verdadeiros transtornos para o trânsito público e danificadores da arborização pública. Por quatro vezes mandei avisar o proprietário do cinema a não mais continuar com semelhante abuso, sendo desatendido em todas elas".[17]

A colocação de cartazes não se limitava à fachada, adentrando o saguão ou vestíbulo do cinema. Uma das queixas de Sá

16 Ver, a propósito, o número eletrônico do *Informativo*, nº 15, nov/dez 2007. Havia críticas dos espectadores sobre a tradução dos letreiros das películas, mas estas não passavam pelo exame do município.

17 AHSP, Série Polícia Administrativa e Higiene, caixa 307, requerimento 172.973. Os anúncios da Consolação parecem ter sido particularmente visados, porque J. Vergueiro Steidel informou, em 8 de outubro de 1918, o "grande número de vezes" que tinha conduzido ao depósito público os cartazes dos cinemas daquela via.

Rocha contra o Eldorado da rua Quintino Bocaiúva dizia respeito à obstrução provocada pelos "grandes cartazes de reclames", que inutilizavam três portas de saída para a rua. Outro Guarani, o do largo do Arouche, tinha o vestíbulo ocupado por móveis e cartazes, além de um gradil de metal, que impediam a "facilidade de evacuação da sala". Igualmente o Rio Branco, que, apesar de ter seis portas de saída para a rua, estas de nada serviam, pois, segundo Sá Rocha, estavam "obstruídas pela colocação de grandes cartazes de reclames".

Outro elemento que resultava em conflitos com a administração pública era a distribuição dos programas de cinemas – impressos em papel jornal trazendo as datas de exibição, os títulos dos filmes ou dos grupos de variedades que se apresentavam no palco e o resumo das fitas. Em razão dos processos gerados contra os exibidores que os espalhavam pelas ruas, alguns exemplares chegaram ao Arquivo Municipal, já que nenhum dos primeiros espectadores se deu ao trabalho de guardá-los para a posteridade, ao contrário dos nobres programas teatrais, mais facilmente localizáveis. A propaganda por reclames avulsos era uma necessidade, como argumentou o Eldorado da rua Quintino Bocaiúva, em 7 de novembro de 1911, porque o estabelecimento estava situado em "lugar muito oculto, e que se não fizerem reclames, não terão frequentadores".[18] O Éden da rua São Caetano foi multado em 30 de agosto do mesmo ano pela distribuição de anúncios, com base no artigo 19 da Lei 1.413. No seu pedido de relevamento da multa, Josué Isola argumentou que o "[...] pequeno [menino] encarregado de espalhar os programas aos frequentadores das sessões cinematográficas por travessura talvez mas a que os suplicantes foram estranhos, jogou alguns exemplares dentro de um bonde [...]", resultando numa multa de 30 mil réis.[19] Em geral, quando os exibidores eram flagrados, a culpa recaía sobre empregados ou usuários que

18 AHSP, Procuradoria Judicial, caixa 30, requerimento 36.883.

19 AHSP, Série Polícia Administrativa e Higiene, caixa 71, requerimento 34.229, maço Intimação e multa.

jogavam os programas nas ruas.[20] Outros se eximiam por não serem alvo das multas. A Sociedade Anônima O Estado de S. Paulo, por exemplo, tendo arrendado o Teatro Boa Vista para a empresa Azevedo--Serra, pediu o relevamento da multa porque era somente a proprietária do imóvel. Havia aqueles que se utilizavam da proibição para fazer publicidade. O Universal publicou pela imprensa que "de acordo com o novo regulamento municipal [...] não mandará mais distribuir os programas pela via pública, podendo os mesmos encontrar o anúncio nesta folha, ao contrário na porta do cinema [*sic*]".[21]

Cartazes colados nas paredes deviam receber o carimbo do Tesouro, como se deduz de uma multa aplicada ao empresário do Palace Theatre, Marzullo e Cia., por espalhar 100 cartazes ilegais. As altas taxas cobradas pelo uso de cartazes e tabuletas desanimavam o exibidor ou o jogavam na ilegalidade. O pedido de licença de Cunha, Áreas e Cia., proprietários do Éden da rua São Bento, para distribuir reclames pelas ruas esbarrou no imposto de 200 a 400 réis cada em 1909. O proprietário do Smart, Pedro Maneille, desistiu de colocar uma tabuleta no cinema ao ser informado do valor da taxa: 200 mil réis.

O exibidor poderia fazer algum caixa com publicidade alugando o espaço interno e o pano de boca do cinema. Algumas empresas se organizaram para explorar e agenciar esse tipo de anúncio, como a de Aníbal Rodrigues, que era concessionário dos anúncios do Teatro Apolo, na rua Domingos de Morais. Uma propaganda da Lusitana e outra da Antarctica (1,50 m × 0,60 m) na parte interna do cinema rendiam 220 mil réis por seis meses, desde que o cinema seguisse aberto, o que não foi o caso do Apolo.[22] Os anúncios eram taxados por quantidade (menos de dez, mais de dez), resultando às vezes em cobranças amargas para os pequenos exibidores de bairro. O agenciador de anúncios Gaboni

20 A Empresa Paschoal Segreto (Teatro Cassino) assumiu a culpa por distribuir anúncios avulsos pelas ruas, alegando desconhecer a proibição. Quer o exibidor reconhecesse ou não a culpa, sempre se pedia o relevamento da multa.

21 *O Estado de S. Paulo*, 24/9/1916.

22 AHSP, Série Cinemas, caixa Cine-14, requerimento 60.123.

Na publicidade do jornal, uma foto do interior do cinema.
O Estado de S. Paulo, 28/10/1916, p. 17.

e Cia., sediado no largo do Palácio, 7, 4º andar, encaminhou esse tipo de consideração à prefeitura ao ver taxado o Cine Voluntários, um "cinema de arrabalde". Tal foi o caso também de Alberto Motta, que pediu a redução do imposto para os dez anúncios do pano de boca, por não ter conseguido o número limite de anunciantes (somente nove). O lançador de impostos, no caso, podia reduzir a cobrança de 500 mil para 300 mil réis. Não se tem ideia do que fosse o "pano de boca rotativo" instalado no cinema Avenida, em 16 de outubro de 1920, pela Empresa Propaganda de Anúncios de Rogério Bonetti.

PÚBLICO

Todo o conjunto de práticas envolvendo localização, construção, exibição e publicidade visava a imantação dos espectadores para o cinema, que na década de 1910 sofria a concorrência dos privilegiados bailes e jogos de *boccia* (aportuguesado para jogo de bolas). Na década seguinte, o futebol destacou-se como o novo rival, tornando-se em breve o esporte das massas urbanas. Mas, ao contrário desses esportes, voltados quase que exclusivamente ao público masculino, e dos bailes, para os adultos, o cinema possuía a capacidade de magnetizar crianças e mulheres, adultos e idosos (Simões, 1990, p. 10). Com exceção desse quadro genérico sobre o público dos espaços de projeção, pouco mais sabemos sobre a renda, a escolaridade, a distribuição por sexo, as preferências dos frequentadores de cinema. A ausência total de informações, estudos ou documentos sobre os espectadores relegou o campo da exibição ao espaço exclusivo da memória dos que passaram pela experiência de ir ao cinema no começo do século. Fora desse contexto, somente uma pálida assertiva foi encontrada na historiografia paulistana, ao contrário de cidades como Nova York, palco de disputas acirradas entre os historiadores dedicados a estudar o público das primeiras audiências.[23] O viés negativo sobre a possibilidade de a classe

23 Ver, a respeito, a polêmica entre Singer (1995a) e Allen (1995) no *Cinema Journal*.

operária, no final da década de 1920 – ou seja, num período bem avançado para o nosso estudo –, incluir o cinema entre suas opções de lazer é sensível no texto de Maria Auxiliadora Guzzo de Decca:

> [...] cinema, a dança e o futebol eram as diversões mais populares da cidade de São Paulo, aos fins da década de vinte e início de trinta. [...] Nos bairros operários, as diversões também eram cinema, futebol e bailes e teatros amadores. [...] A maioria dos operários não deveria ir muito ao cinema, embora bastante frequentado pela população paulistana em geral ("chegava a formar fila") na época. Os cinemas de preço mais baixo correspondiam a 1% ou mais do salário mensal mais comum entre os operários. O rádio ainda não era popular no período, os bares não os possuíam, eram caros e sinal de "boa posição econômica e social". (Decca, 1983, p. 41)

Se para os cinemas centrais, como o Bijou ou o Íris, podemos imaginar, e não mais do que isso, situações como as descritas para o Odeon do Rio de Janeiro – sala de espera cheia, gente sentada e em pé –,[24] os acidentes e tumultos provocados no interior das salas fornecem indícios de que outras classes sociais estavam aptas a pagar o ingresso e se divertir com as películas de Francisco Serrador e outros exibidores. No Recreio da rua Major Diogo, o chapeleiro Oscar Paulino dos Santos, 26 anos, morador da mesma rua, em estado de embriaguez perturbou uma sessão das 21h30 do dia 19 de julho de 1912, saindo da algazarra atingido por cacetadas na cabeça e com um ferimento na mão produzido à faca, golpes desferidos pelo público pouco simpático ao arruaceiro. Um tiro de revólver também foi disparado dentro do cinema do Bexiga, sem ferir ninguém. Depois de medicado, o operário foi encaminhado ao posto policial da Consolação para curar a bebedeira. Na inauguração do Cinema Maria José, do respeitável dr. Mário Vicente de Azevedo,

24 Conforme publicado em *O Estado de S. Paulo* em 4 de dezembro de 1911: "Na multidão policrômica e variada há políticos, homens de negócio sobraçando pastas, senhoras formosas, elegantemente vestidas [...]".

dois operários, Joaquim Conceição e Antonio Fontes, agrediram-se a cadeiradas na plateia (as cadeiras não estavam fixadas ao solo, como mandaria mais tarde a legislação), sendo medicados na Assistência Policial. O Pathé Palace da rua Rodrigo Silva, 8, no bairro da Liberdade, vizinho à Sé e ao Bexiga, passou por um incêndio na cabine de projeção em 1º de fevereiro de 1916. Os peritos da polícia, Moisés Marx e Sampaio Viana, concluíram que a culpa do incêndio cabia ao projecionista, que aproximara o arco voltaico da película. Consequências mais graves do que as provocadas no chamuscado encarregado da projeção deram-se entre o público, ocasionando a morte do pedreiro José Palongo e ferimentos no carpinteiro Ângelo Negri e no comerciário Francisco Lambert, ou seja, dois representantes da classe operária e um da pequena burguesia ligada ao setor de serviços. No bairro operário da Mooca, onde se localizavam na rua da Mooca as fábricas da Antarctica (nº 320) e da Tecidos Labor (nº 143), as oficinas da Companhia Mecânica e Importadora de São Paulo (nº 289) e a Calçados Clark (nº 325), o Palácio Moderno, da empresa Falgetano e Maffi, situado na mesma rua, no número 407, só podia receber um público de trabalhadores. Um conflito entre os espectadores na sessão de 11 de março de 1922, segundo *O Estado de S. Paulo*, resultou em um ferimento na cabeça do operário Leonardo Marco, provocado por uma espadeirada de um soldado. O acidente mais grave foi o do Teatro Boa Vista, ocorrido durante a apresentação da peça *Quem paga é o coronel*, da Companhia de Alda Garrido. Uma parte do forro se desprendeu, causando pânico entre os espectadores. Entre os 27 feridos relacionados, três eram operários, apesar de os ingressos para espetáculos teatrais serem mais caros que os de cinema. Além dos operários, havia também bancários, fazendeiros, escolares (José Orestes Stabile, que morreu aos 14 anos) e senhoras do bairro dos Campos Elíseos.

Os casos são poucos, impedindo qualquer sistematização. Há que reconhecer, no entanto, que o cinema era a "maior diversão", como gritam os anúncios da rede exibidora Severiano Ribeiro, do Rio de Janeiro, e acessível a todos os bolsos, principalmente para os menos desprovidos.

ARRECADAÇÃO DE IMPOSTOS

Somente em 1900 o Tesouro Municipal instituiu uma licença para funcionamento dos ambulantes com suas exibições de cinematógrafo, cobrando-se, pelo artigo 35 da "Tabela de impostos, estacionamentos e localizações", a importância de 100 mil réis por mês. Como se recolhia o mesmo valor para a apresentação de "fotografia animada", nota-se certa ambiguidade no reconhecimento da nova diversão pública.[25] Em 1902, na proposta orçamentária para o ano seguinte, a tabela de imposto de licença foi alterada (art. 26), cobrando-se para "cinematógrafo ou fotografia animada no triângulo central" a importância de 200 mil réis, enquanto fora dessa área custava a metade (Lei nº 611, 22/10/1902). No orçamento para 1904, o artigo 20 do imposto de licença foi aumentado para 300 mil réis no centro da cidade e metade desse valor fora do Triângulo. A música dos fonógrafos era recolhida à parte, ao custo de 100 mil réis por mês.

Excetuando-se o ano de 1903, em que a licença para projeções significou 1,5% da arrecadação total, nos anos seguintes, durante esse período inicial, os recolhimentos renderam menos de 1%.

Como resultado da cobrança municipal, arrecadou-se de 1903 a 1906, entre taxas e emolumentos:

ANO	ARRECADAÇÃO	LICENÇA MENSAL	LICENÇA DIÁRIA
1903	3:900$000	3	-
1904	1:650$000	3	-
1905	300$000	1	-
1905	1:350$000	-	27
1906	1:880$000	-	58

Fonte: Relatórios apresentados à Câmara Municipal pelo prefeito, 1903-1906.

25 Ver o Quadro Resumo da Legislação Municipal organizado por Ricardo Mendes para o *Informativo* nº 15 do Arquivo Histórico de São Paulo.

Para o ano de 1907, a Câmara resolveu instituir uma taxa de 5 mil réis para o imposto de licença de "cinematógrafo ou fotografia animada não permanente, em casa particular, fora do centro da cidade, por dia" (Lei nº 956, 16/11/1906). Em locais públicos, no centro da cidade, a exposição mínima era por 10 dias, cobrando-se dos exibidores a quantia de 150 mil réis e, fora do centro, 30 mil réis. A Lei nº 1.258 de 30/10/1909 orçou para o exercício de 1910 o imposto de licença para "cinematografia", pagando os cinemas com um só projetor 500 mil réis por mês ou 30 mil réis por dia no centro da cidade; fora do centro, os valores caíam para 200 mil mensais ou 20 mil por dia. Essa taxação se manteve até 1913.

A partir de 1908, a licença para os cinematógrafos pulou de 5,1% do total da arrecadação para 9,3% em 1909; 14,2% em 1910; 22,5% em 1911; 25,7% em 1912; e 26,1% em 1913.

ANO	ARRECADAÇÃO	LICENÇA MENSAL	LICENÇA DIÁRIA
1907	1:650$000	7	-
1907	1:830$000	-	87
1908	12:530$000	19	-
1908	120$000	-	6
1909	24:640$000	26	-
1909	53$000	-	8
1910	50:000$000	178	-
1910	280$000	-	12
1911	74:050$000	306	-
1911	100$000	-	2
1912	102:650$000	411	-
1912	380$000	-	7
1913	131:800$000	454	-
1913	1:400$000	-	26

Fonte: Relatórios apresentados à Câmara Municipal pelo prefeito, 1907-1913.

Em 1913, fez-se uma revisão da tabela de impostos para o orçamento do ano seguinte (início do governo de Washington Luiz). Criou-se uma cobrança para os distribuidores de filmes ("mercadores ou alugadores"), enquadrados em três ordens (artigo 17 da tabela do imposto de indústria e profissões). Pela Lei nº 701 de 11/7/1914, que consolidava a legislação de 1896 a 1912, as licenças por mês para os cinemas no centro da cidade com mais de um aparelho projetor foram aumentadas para 800 mil réis, demonstrando que as boas casas exibidoras já trocavam o rolo de filme projetado sem paralisação. Os cinemas com um só aparelho continuavam pagando 500 mil réis. Fora do centro da cidade, não se fazia distinção entre o número de projetores, permanecendo os valores de 200 mil mensais e 20 mil por dia.

ANO	ARRECADAÇÃO	LICENÇA MENSAL	LICENÇA DIÁRIA
1914	112:800$000	564	-
1914	1:400$000	-	28

Fonte: Relatório apresentado à Câmara pelo prefeito, 1914.

A porcentagem correspondente à arrecadação total caiu para 22,4%, igual ao ano de 1911.

Para os anos seguintes, os relatórios apresentados pelos sucessivos prefeitos à Câmara não especificavam mais as quantidades de licenças concedidas às salas de cinemas, englobando-as num valor genérico para "cinemas e teatros", o que dificulta a distinção dos estabelecimentos que recolhiam a taxação legal.

Tanto para o município como para o estado, as taxas de licenciamento e de censura cinematográfica, esta exercida somente pelo governo estadual, ganharam relevância na década de 1920, levando o relatório do governador para 1928 a assinalar a importância da "renda pecuniária que produz ao Estado".[26]

26 Mensagem em http://brazil.crl.edu/bsd/bsd/u1187/000001.html.

Corte transversal do Royal em 1913 com todas as ordens de cadeiras, notando-se a pequena tela de projeção.

ALEGRIAS E VICISSITUDES DOS CINEMAS ANTES DA LEGISLAÇÃO DE 1916

UM TENDAL DE CARNES QUE VIROU TEATRO

Depois do exitoso arrendamento do mercado de verduras do largo da Concórdia para ser transformado no Teatro Colombo, Pedro França Pinto conseguiu da prefeitura a cessão do prédio do tendal de carnes do largo São Paulo para o mesmo fim. Pela Lei 1.393 de 20/3/1911, ele se comprometia a pagar um aluguel anual de 1 conto e 500 mil réis por 25 anos, erguendo no local uma casa de diversões e espetáculos.[1] Após esse prazo, "todas as obras e benfeitorias reverteriam para a Câmara". As obras de

1 Relatório de 1911 apresentado à Câmara Municipal de São Paulo pelo prefeito Raymundo Duprat, pp. 70-71.

edificação começariam em seis meses, com prazo de 12 meses para a conclusão.

Como no caso do Colombo, França Pinto associou-se a outros investidores, fundando a empresa Gadotti e Cia. com Antonio Gadotti, Francisco Serrador, Carlos de Andrade (pai de Mário de Andrade) e Fortunato Augusto de Andrade (tio do escritor), com capital de 150 contos de réis. A cota de França Pinto era representada pelo contrato assinado com o município, entrando os demais sócios com 30 contos cada em espécie. O objetivo da sociedade era a construção e operação do teatro para todos os gêneros e divertimentos (circo, teatro e café-concerto), montando-se para isso camarins para os artistas e bares para o público, nos quais só se venderiam produtos da Companhia Antarctica Paulista, da qual o sócio majoritário era também um dos acionistas e diretor.[2]

O projeto do futuro Teatro São Paulo foi entregue a Alexandre de Albuquerque. Em 19 de dezembro de 1911, estava pronto para ser encaminhado à Diretoria de Obras. Para melhorar as "condições estéticas e arquitetônicas do novo teatro", o projeto avançava sobre parte da rua da Glória, o que não foi considerado uma usurpação privada do espaço público, visto que o conjunto resultante reverteria para o próprio município. As plantas seguiram para exame de José de Sá Rocha, que somente pediu a abertura de mais duas portas laterais de 1,5 m de largura. Em 7 de fevereiro de 1912, o engenheiro informou que o projeto podia ser aprovado, posto que "é razoável e prática a disposição das localidades, há bastante espaço para o público e boas condições de segurança. As galerias e camarotes de 1ª ordem têm entradas independentes, e desde que seja mantida a lotação que vai adiante indicada o teatro ficará em boas condições". Como era um prédio que retornaria ao poder municipal, Sá Rocha reafirmou em outra ocasião, no dia 29 de fevereiro, que as "[...] colunatas que sustentam frisas, camarotes e galerias deverão ser metálicas. Os assoalhos dos

2 AHSP, Série Cinemas, caixa Cine-27, Teatro São Paulo, cópia do contrato. As citações a seguir são deste documento.

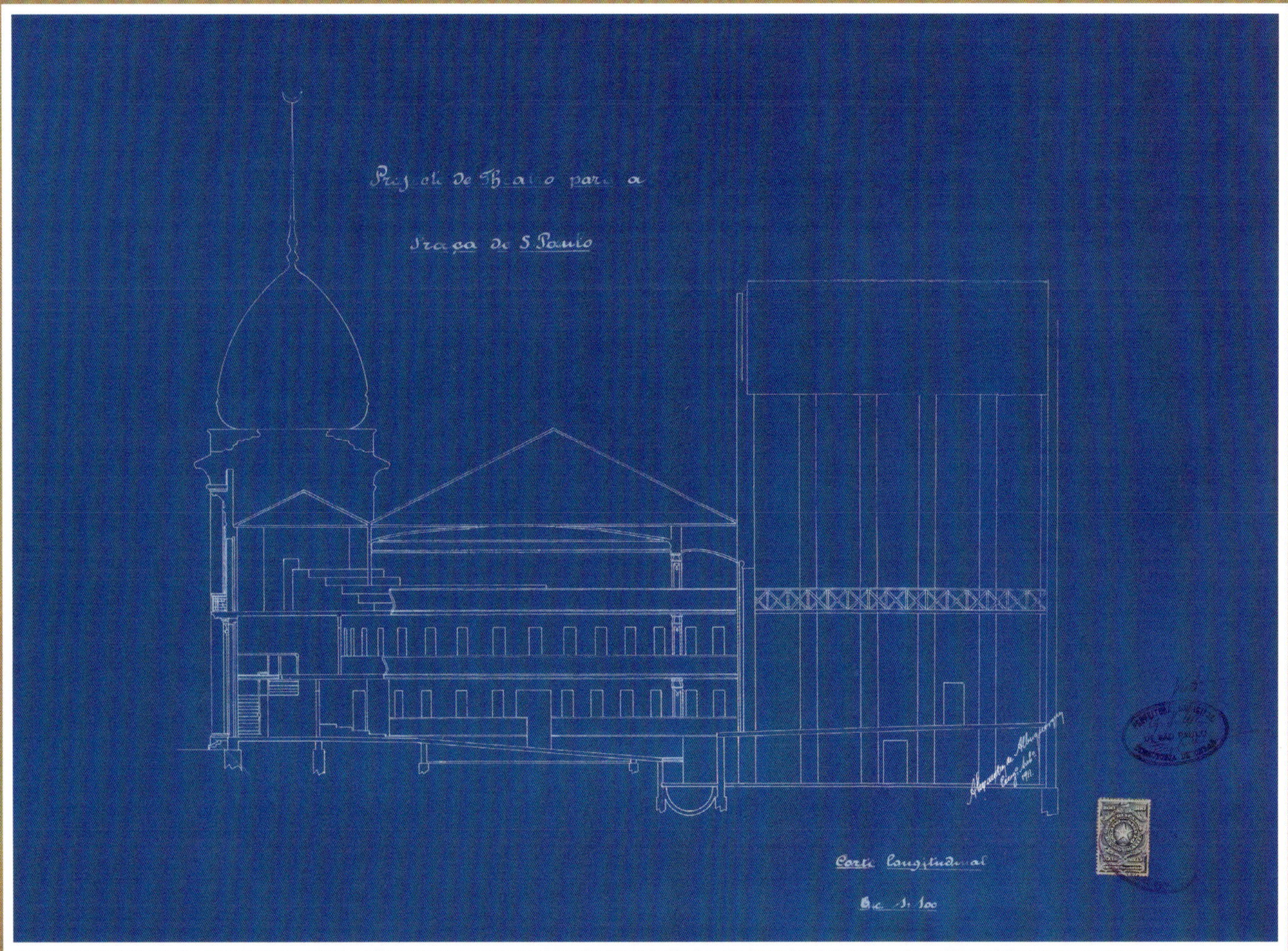

Corte longitudinal desenhado em 1911 para o Teatro São Paulo.

pavimentos deverão ser sobre abobadilhas [uma estrutura de sustentação geralmente feita de tijolos] ou lingotes metálicos ou de cimento armado, com exceção talvez do assoalho da plateia que terá de ser removível uma vez que o teatro tenha de ser adaptável igualmente para circo. Convém igualmente que a armação do telhado fosse metálica" (medida inspirada no Código Sanitário, instituído por decreto em 2/3/1894). Na área edificada de 1.200 m^2, caberiam 1.300 espectadores, divididos em 600 cadeiras na plateia, 20 frisas de cinco lugares, 33 camarotes, também de cinco lugares, e 453 assentos nas galerias. O diretor de Obras e Viação, Victor da Silva Freire, concordou com Sá Rocha, seguindo na mesma linha de pensamento. No final de março, inspirado na arquitetura de teatros europeus, propôs que a caixa do teatro e o palco tivessem passagens com portas de ferro, assim como a boca de cena, separada da plateia por uma tela metálica ou de amianto; na parte mais alta do prédio deveria ser instalada uma caixa d'água de 20 m^3, distribuindo água "em jorro" por todas as seções do teatro, numa espécie de *sprinkler*; na cobertura haveria uma claraboia de 20 m^2; os camarins teriam saída independente para o exterior; a construção deveria ser sólida, excluindo-se qualquer uso de madeira, salvo partes imprescindíveis como pisos, portas, janelas e assentos.

A intervenção de Victor Freire, professor de tecnologia civil e mecânica da Escola Politécnica e, na época, diretor de Obras da Prefeitura havia mais de dez anos, foi a que causou maior comoção entre os empreendedores. Pedro França Pinto, em carta ao prefeito, considerou as medidas "absurdas", "sem razão séria de ordem técnica, sem estudo consciencioso do próprio projeto apresentado, parecendo mais obra de prevenção apaixonada e de manifesta má vontade". A eliminação da madeira era impensável. A utilização do ferro "não traz uma garantia a mais para a vida deste [prédio]; é apenas uma exibição de segurança, uma *fita* [de fazer fita, dissimular] adrede preparada para captar as simpatias do público leigo". A separação da boca de cena, nas dimensões projetadas, motivaria o uso de aparelhagem especial para sua movimentação (avançando um pouco, torna-se incompreensível a mudez de Freire quanto a esse ponto, que seguia o Código Sanitário estadual de 1894 no capítulo dedicado aos teatros). Se fosse em amianto, "também não apresenta vantagem" (a fumaça empurraria a tela para a frente como a vela de um navio). A claraboia sugerida e as saídas dos camarins estavam no projeto. No Teatro Municipal, por outro lado, joia da arquitetura paulista, não havia caixa d'água como a exigida. O edifício do São Paulo era completamente isolado, ao contrário de outros projetos aprovados pela Diretoria de Obras, como o São José, o Variedades (antigo Moulin Rouge) e o Santana, que eram cercados por outras edificações, com a aprovação tácita do serviço dirigido por Victor Freire. "Não é [...] com exibições de material metálico que se garante a vida dos espectadores, contra o perigo dos incêndios. [...] A garantia de vida do público repousa, pois, principalmente em saídas amplas e numa claraboia de vidros [...]", que tirasse a fumaça do ambiente interno. Os concessionários já tinham se comprometido a aumentar as portas laterais. Mais não poderia ser feito. França Pinto encerrou sua argumentação com um apelo ameaçador: "[...] desde que não lhes oponham novos embaraços e dificuldades", os concessionários transformariam em "poucos meses, o infecto e mal construído Depósito de Carnes em uma bela casa de diversões e de atrativos públicos, a qual atestará por muitos anos o brilhante e fecundo período de administração de V. Excia.".

Em junho e julho, o processo correu as instâncias da prefeitura, indo da Secretaria Geral à Diretoria de Obras, e, mesmo invocando-se os "termos descomedidos" de França Pinto, concluiu-se que as plantas mereciam aprovação com as modificações propostas por Sá Rocha.

Dessa forma, com o único acréscimo de duas portas, o projeto do Teatro São Paulo foi aprovado.

Doze anos depois, uma vistoria verificou que as escadas de acesso aos camarotes empregavam madeira em vez de material incombustível, assim como as colunas de sustentação das galerias, que

Anúncio de inauguração do cinema.
O Estado de S. Paulo, 29/1/1914, p. 14.

ainda por cima recebiam a canalização da rede elétrica. A fim de evitar a cassação da licença de funcionamento, a Empresas Cinematográficas Reunidas, exibidora de filmes que, na época, era concessionária do São Paulo, resolveu suspender as projeções e manter apenas os espetáculos de variedades.

UM BARRACÃO EM 1913-1914

Desde dezembro de 1912, ano em que comprou o negócio do empresário circense Rodrigo S. Soares, Reinaldo (ou Rinaldo) Janfré explorava no bairro do Cambuci um pavilhão cinematográfico com o pomposo nome de Teatro Independência, situado na antiga estrada do Ipiranga. Seu concorrente mais próximo era o Guarani, no largo do Cambuci, do italiano Nicola Tenani, inaugurado em 3 de julho de 1913. O Independência sofreu um incêndio logo após a inauguração do rival, motivando uma queixa de Tenani na Polícia Administrativa e Higiene. *O Estado de S. Paulo*, em 11 de agosto de 1913, publicou que o cinema de

Janfré era um "barracão mal instalado no largo do Cambuci". Talvez insuflada pelo italiano, uma comissão de moradores foi ao jornal prestar queixa contra o cinema.

José de Sá Rocha foi encarregado de proceder à vistoria do pavilhão, chegando à conclusão de que a diferença entre os dois cinemas do Cambuci era a mesma que havia entre o Teatro São José e o Politeama no centro da cidade. O Independência, segundo ele, era um

> [...] barracão de folhas de zinco, tal qual o Politeama, o seu antagonista mais moderno, um edifício de tijolos, no interior do terreno, com melhores acomodações e outro conforto [...]. Entretanto, foi feito com licença, ignoro se fui eu quem a deu, o aspecto é péssimo, exatamente como o Politeama, mas creio que só por esse motivo não se pode exigir a sua remoção [...]. Em resumo: dadas as condições deste e de outros cinemas, estabelecidos em barracões idênticos não vejo razão para se proceder contra este caso

Cartaz de propaganda de um barracão de bairro.

isoladamente, em benefício de um concorrente apenas.[3]

Tal não foi o pensamento de outro engenheiro, Cássio Villaça, no ano seguinte. No momento de renovar a licença de funcionamento, esta foi negada porque, conforme sugeriu Janfré maldosamente, Villaça "[...] não se conformou com o aspecto exterior do referido cinema, e porque, assim está convencido o suplicante, há no mesmo distrito outro cinema que melhor caiu nas graças do mesmo engenheiro".[4] Em vista das "más condições de segurança, de estética e higiene do prédio", segundo Alberto da Costa, pediu-se o parecer da Diretoria de Obras, num *crescendo* ameaçador que levou o prefeito a ordenar, em 15 de abril, a demolição do imóvel.

Janfré não se conformou com a determinação e entrou na 2ª Vara Cível com um pedido de vistoria por uma comissão de peritos. Constituiu como advogado José Benedito dos Santos, que reportou ao juiz José Maria Bourroul os infortúnios que a prefeitura provocava em seu cliente. Em 22 de abril, as partes indicaram os peritos, que por Janfré foram Ulisses Lancelotti, Antonio Alves da Silva e Carlos Brown, e pela Câmara Municipal, Henrique José Guedes, Tito Martins Ferreira, José Luiz Gomes Nogueira, Francisco de Salvo e Hercules Campagnole. Ao final, a comissão foi montada com os engenheiros Carlos Brown, Campagnole e Gomes Nogueira. Foi dado o prazo de oito dias para a apresentação dos laudos.

Dez quesitos foram propostos pelo advogado do queixoso e dez pela Câmara; outros dez suplementares foram anexados pelo procurador do município, Raul Vergueiro. A vistoria foi marcada para o dia 21 de abril. As respostas dos examinadores expõem vários detalhes sobre o barracão da atual rua Independência, nas proximidades do largo do Cambuci. O terreno usado já fora cercado um dia, dando o aspecto de ter sido abandonado. A construção era isolada, estando a 15 metros de distância do prédio mais

3 AHSP, Série Polícia Administrativa e Higiene, caixa 101.

4 AHSP, Série Polícia Administrativa e Higiene, caixa 143. As citações seguintes são deste processo.

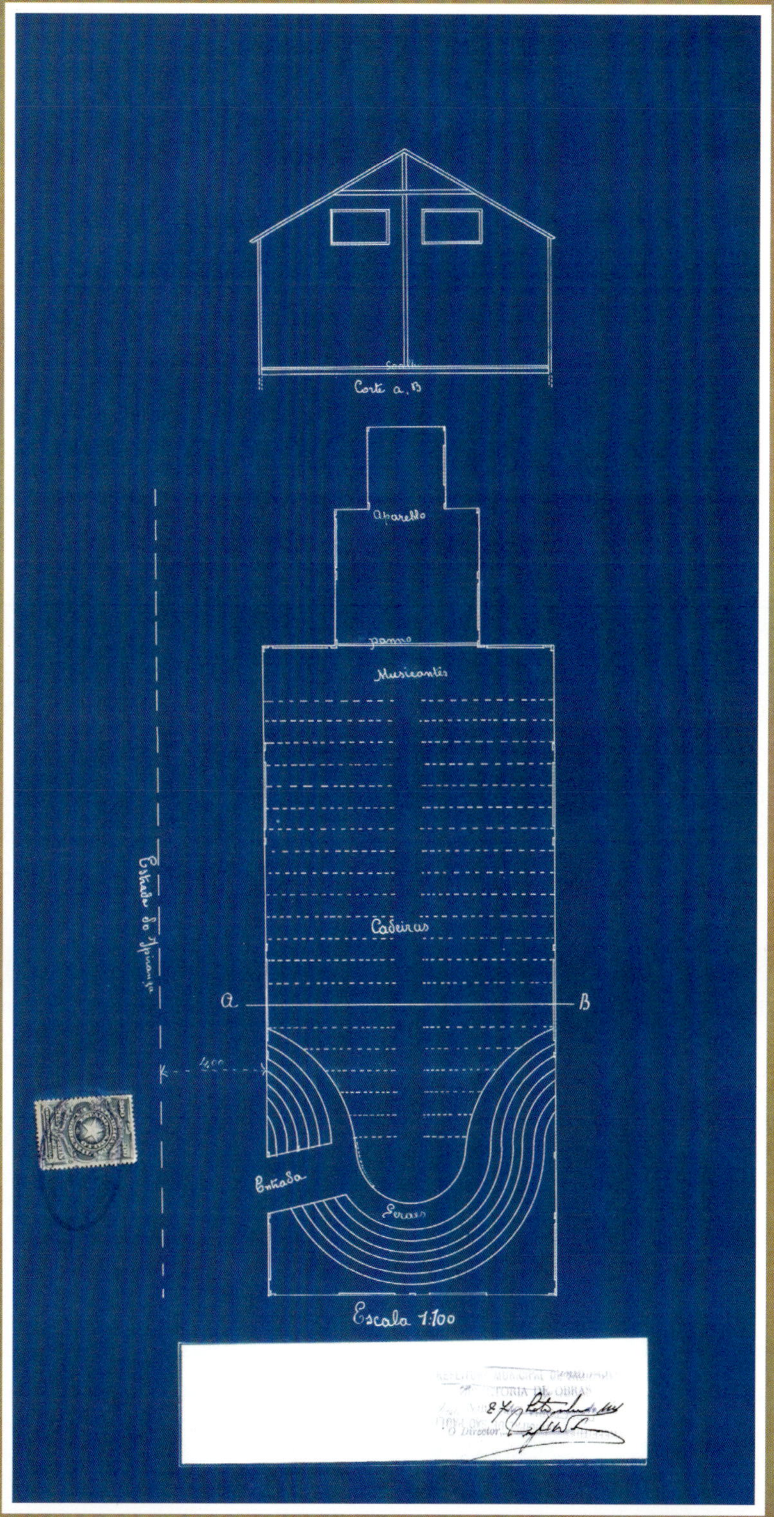

Planta do barracão de Janfré em 1911.

próximo. O barracão era externamente fechado e coberto com folhas de zinco, e internamente com parede de tábuas pintadas a óleo. Os materiais empregados na construção demonstravam uso, mas bom estado de conservação. Tinha seis portas com 1,50 m de largura por 2 m de altura, distribuídas entre porta principal, três do lado esquerdo e duas do lado direito, todas abrindo para o exterior, permitindo a rápida saída do público. Para a troca de ar, o cinema estava munido de ventiladores elétricos, seis venezianas e uma claraboia central; repuxos de água arrefeciam a temperatura do zinco aquecido durante o dia (a descrição de Campagnole não se refere às venezianas, mas às aberturas fechadas com sarrafos dispostos de forma a imitá-las). O aspecto estético não primava pela elegância que devia "presidir as construções urbanas". Era tolerável no Cambuci, onde não existiam guias para calçadas, muito menos rua pavimentada.

O barracão não possuía nem frisas nem camarotes. O público se acomodava em 550 ou 600 cadeiras "ordinárias", de palha, e numa bancada montada com "pedaços de tábuas de caixões" ou "tábuas singelamente feitas", dependendo da informação do perito. A construção, no seu conjunto, não poderia ser tolerada como definitiva, mas como provisória, "[...] até que se acentue naquele bairro puramente operário, melhoramentos mais positivos". Para Carlos Brown, o local não era bem iluminado, "[...] prestando-se a reuniões de vagabundos e à prática de atos imorais", fora das sessões cinematográficas que ocorriam duas vezes por semana, como era comum nos cinemas de bairro. Campagnole seguiu essa opinião, pois, como "todos os terrenos em abandono", o do Independência poderia servir para reuniões de vagabundos; "penso que não poderá prestar-se entretanto para a prática de atos imorais". A vigilância da polícia do estado é que deveria prevalecer.

Em termos estruturais, Campagnole afirmou que as tesouras presas por tirantes e braçadeiras de ferro suportavam a carga do telhado. Porém, dada a construção rudimentar, seria impossível afiançar até onde elas poderiam aguentar, já que não se prestava a nenhum cálculo. Para Brown, o madeiramento estava em boas condições, com seções necessárias para suportar até o dobro da carga constante.

Não é concludente o resultado da perícia judicial. Janfré foi obrigado a pagar as custas do processo.

De maneira a conseguir o funcionamento provisório, o exibidor submeteu o cinema às reformas requeridas pela Diretoria de Obras em 28 de maio: pinturas externa e interna; reforço das bancadas de madeira; substituição do assoalho de madeira da cabine de projeção por outro de material incombustível; e instalação de um coletor para escoamento das águas pluviais. A fiscalização de Villaça confirmou a maioria dos pontos, destacando outros. A pintura tinha sido realizada, e as bancadas de circo foram reforçadas. Uma das calhas foi providenciada. O assoalho da cabine foi trocado. Mas Villaça ainda colocou reparos no revestimento interno, feito com um oleado sobre o tabuado facilmente inflamável; a única calha também era insuficiente. Depois de refeitos os senões apontados, Arthur Saboya foi de opinião que se poderia conceder a licença a título precário até dezembro de 1914.

A última pressão veio do Serviço Sanitário do Estado que, em 9 de julho de 1914, pediu que fosse negada a licença de funcionamento enquanto o empresário não cumprisse a intimação sanitária que lhe tinha sido expedida (esse documento não consta do processo). Para a prefeitura, no entanto, a situação estava resolvida, pois a licença já estava em vigor.

Como Janfré desapareceu do cenário urbano, é provável que tenha desistido do Teatro Independência no final de 1914.

QUADRO II. SALAS DE CINEMA DE 1907 A 1916.

PERÍODO	EMPRESA/CONTRATANTE	ENDEREÇO	BAIRRO	ESPAÇO
1/1/1907 a ?/1/1907	Joseph Cateysson	Rua São João, 19-21	Sé	Éden Theatre
20/4/1907 a 19/5/1907	J. Oliveira	Avenida Rangel Pestana, 227-A	Brás	Salão Apolo
18/5/1907 a 16/6/1907	Caputo e Falcone	Largo da Concórdia, s/n	Brás	Sem informação
10/6/1907 a 23/2/1908	Alexandre Pagliarelli	Rua Voluntários da Pátria, 455	Santana	Sem informação
?/7/1907	Orfanato Sant'Ana	Rua Voluntários da Pátria, s/n	Santana	Orfanato Sant'Ana
19/7/1907 a ?/8/1907	Bernardo Mandelbaum Amandier	Rua 15 de Novembro, 38	Sé	Salão Progredior
24/7/1907 a 25/8/1907	Empresa Cinematográfica Paulista	Rua São Bento, 59-61	Sé	Rotisserie Sportsman
3/8/1907 a 1/9/1907	Empresa Richebourg	Rua Boa Vista, 20	Sé	Teatro Santana
17/9/1907 a 29/9/1907	Empresa Richebourg	Rua Boa Vista, 20	Sé	Teatro Santana
3/11/1907 a 2/12/1907	Menezes e Cia.	Rua 15 de Novembro, 38	Sé	Salão Progredior
5/11/1907 a 26/11/1907	Companhia Maldacea	Rua São João, 21-A	Sé	Teatro Politeama
6/11/1907 a 7/12/1907	Egisto del Moro	Rua do Gasômetro, 114	Brás	Teatro Popular
10/11/1907 a 9/12/1907	Oshiyacko e Cia.	Rua São Bento, 59-61	Sé	Rotisserie Sportsman
16/11/1907 a ?/7/1911	Empresa F. Serrador	Rua São João, 19-21	Sé	Bijou-Theatre
9/12/1907 a 7/1/1908	Empresa Cinematográfica Americana	Rua do Gasômetro, 114	Brás	Teatro Popular
14/12/1907	Caio Prado	Rua Boa Vista, 20	Sé	Teatro Santana
19/12/1907 a 27/12/1907	J. B. Saraiva	Rua 15 de Novembro, 52	Sé	Kinema-Theatre
9/1/1908 a 8/3/1908	Nicola del Moro	Rua do Gasômetro, 114	Brás	Teatro Popular
10/1/1908 a 8/2/1908	Empresa Cinematográfica Americana	Avenida Rangel Pestana, 91	Brás	Sem informação
4/2/1908 a 9/2/1908	Empresa Didier	Rua São João, 21-A	Sé	Teatro Politeama
26/2/1908 a 14/4/1908	Empresa Paschoal Segreto	Rua Boa Vista, 20	Sé	Teatro Santana
?/3/1908 a 26/11/1910	Elisa Brose	Praça Dr. João Mendes, s/n	Sé	Pavilhão Elisa Brose
5/3/1908 a ?/7/1911	Empresa F. Serrador	Largo da Concórdia, s/n	Brás	Teatro Colombo
5/3/1908 a 2/4/1908	Canto e Cia.	Rua Bom Retiro, 70	Bom Retiro	Cinematógrafo Parisiense

(cont.)

PERÍODO	EMPRESA/CONTRATANTE	ENDEREÇO	BAIRRO	ESPAÇO
21/3/1908 a ?/7/1908	Empresa F. Serrador	Alameda Nothmann, s/n	Campos Elíseos	Liceu Sagrado Coração de Jesus
4/4/1908 e 5/4/1908	Rafael La Pastina	Avenida da Intendência, 250	Belém	Salão Minerva
11/5/1908 a 4/9/1908	Adelino Augusto dos Santos	Rua Dr. Abranches, 45	Vila Buarque	Pavilhão Paraíso
13/5/1908 a 11/6/1908	Empresa Costa	Rua São Bento, 59-61	Sé	Rotisserie Sportsman
17/6/1908 a 16/7/1908	Napoleão Reny	Rua 15 de Novembro, 38	Sé	Salão Progredior
19/6/1908 a ?/1911	Alberto de Andrade	Largo da Misericórdia, s/n	Sé	Café Java
22/6/1908 a 10/7/1908	Vitaliano Lilla	Rua Vergueiro, 159	Vergueiro	Salão Apolo
29/6/1908 a 30/6/1908	The American Smart Cinema	Rua São João, 21-A	Sé	Teatro Politeama
1/7/1908 a 30/7/1908	Empresa Felippi e Gatiglia	Rua 15 de Novembro, 38	Sé	Salão Progredior
18/7/1908 a ?/12//1908	Vitaliano Lilla	Rua Bom Retiro, 45	Bom Retiro	Sem informação
?/8/1908 a ?/9/1908	L. Mattos	Rua Quirino de Andrade, 7-A	Consolação	Cinema-Palace
1/8/1908 a 30/8/1908	Leopoldo Fregoli	Rua Boa Vista, 20	Sé	Teatro Santana
2/8/1908 a 4/8/1908	Cinematógrafo Ítalo-Brasileiro	Rua São João, 21-A	Sé	Teatro Politeama
5/8/1908 a 29/9/1908	Rosa e Oliveira	Rua da Graça, 116	Bom Retiro	Salão Luso-Brasileiro
2/9/1908 a ?/7/1909	Labieno da Costa Machado	Travessa do Seminário, 10-12	Santa Ifigênia	Cinematógrafo Mignon
4/9/1908 a ?/1913	Carlo Felice Anselmo	Rua Mauá, 71	Luz	The Edison Cinema
5/9/1908 a 4/10/1908	Eduardo dos Santos Pinto	Rua dos Imigrantes, 195	Bom Retiro	Sem informação
5/9/1908 a 24/9/1908	Ruben e Alcides	Rua 15 de Novembro, 52	Sé	Íris-Theatre
11/9/1908 a ?/11/1908	Alexandre Pagliarelli	Rua Voluntários da Pátria, 459	Santana	Petit Sant'Ana
19/9/1908 a 18/10/1908	S. Petrelli e Cia.	Rua do Gasômetro, 112	Brás	Éden Theatre
19/9/1908 a ?/12/1908	Empresa F. Serrador	Rua Senador Feijó, 2	Sé	Cinema Paulista
25/9/1908 a ?/7/1911	Ruben Guimarães e Cia.	Rua 15 de Novembro, 52	Sé	Íris-Theatre
26/9/1908 a 11/10/1908	Empresa Paschoal Segreto	Rua Boa Vista, 20	Sé	Teatro Santana
?/10/1908	Alberto Dantas	Rua do Seminário, s/n	Santa Ifigênia	Sem informação
11/10/1908 a 12/10/1908	Empresa F. Serrador	Jardim Público da Luz	Luz	Sem informação
11/10/1908 a 12/10/1908	Eugenio Lebre	Rua da Graça, 116	Bom Retiro	Salão Luso-Brasileiro
14/10/1908	Empresa F. Serrador	Jardim Público da Luz	Luz	Sem informação
14/10/1908 a 30/12/1910	Carlo Felice Anselmo	Avenida Rangel Pestana, 170	Brás	Cinema Popular

(cont.)

PERÍODO	EMPRESA/CONTRATANTE	ENDEREÇO	BAIRRO	ESPAÇO
19/10/1908 a ?/1908	The Excelsior Animatograph	Rua da Graça, 116	Bom Retiro	Salão Luso-Brasileiro
20/10/1908 a ?/1/1909	Ernesto Cocito e Cia.	Rua 15 de Novembro, 38	Sé	Salão Progredior
20/10/1908 a ?/1914	Alfredo Pelegrini e Cia.	Rua Direita, 5	Sé	Confeitaria Fasoli
?/11/1908 a ?/1/1909	Rosa e Oliveira	Rua Dr. Abranches, 45	Vila Buarque	American Pavilhão
?/11/1908 a ?/12/1908	José Zeppa	Alameda Nothmann, s/n	Campos Elíseos	Liceu Sagrado Coração de Jesus
5/11/1908 a ?/1908	Souza, Bresser e Cia.	Rua Piratininga, s/n	Brás	Sem informação
14/11/1908 a 15/11/1908	Benedito Flaquer	Rua Brigadeiro Machado, 3	Brás	Grupo Dramático Alunos de Talma
18/11/1908 a 29/11/1908	Trupe de Variedades G. Appiani	Rua São João, 21-A	Sé	Teatro Politeama
11/12/1908 a ?/2/1909	Lima e Cia.	Rua Anhangabau, 12 -14	Santa Ifigênia	Paris Theatre
18/12/1908 a 19/12/1908	Ernesto de Marco	Rua Conselheiro Ramalho, 177	Bexiga	Sem informação
19/12/1908 a 20/12/1908	Aristodemo Gazzotti	Rua Campos Sales, 23	Penha	Sem informação
23/12/1908 a 31/12/1914	Attila Dias e Figueiredo	Largo do Arouche, 57-A	Vila Buarque	High-Life Cinema
24/12/1908 a 25/12/1908	Ernesto de Marco	Rua Conselheiro Ramalho, 177	Bexiga	Sem informação
24/12/1908 a 25/12/1908	Aristodemo Gazzotti	Rua Campos Sales, 23	Penha	Sem informação
26/12/1908 a 26/1/1909	Hermette Rigotti	Rua do Lavapés, 13	Cambuci	Salão Guarani
20/1/1909 a ?/3/1909	Cunha, Arêas e Cia.	Rua São Bento, 33	Sé	Éden-Cinema
2/2/1909 a 2/3/1909	Gatti e Cia.	Rua Barão de Itapetininga, 44	Vila Buarque	Ideal-Cinema
6/2/1909 a 7/3/1909	João Gonçalves Gouvêa	Rua de São Lázaro, 19	Luz	Royal Cinema
6/2/1909 a 12/4/1909	F. M. Varela e Cia.	Rua São Bento, 59	Sé	Radium
20/2/1909 a ?/4/1909	Alves, Deodato e Queiroz	Rua Barra Funda, 151	Barra Funda	American Cinema
24/2/1909 a ?/7/1909	Companhia Paris Theatre	Rua Direita, 29	Sé	Paris Theatre
26/2/1909 a 27/3/1909	Antonio Tavolieri	Rua da Graça, 116	Bom Retiro	Salão Luso-Brasileiro
?/3/1909 a ?/4/1909	J. Cunha e Cia.	Rua São Bento, 33	Sé	Éden-Cinema
?/3/1909 a ?/6/1909	Gabriel Lessa	Largo Coração de Jesus, s/n	Campos Elíseos	Sem informação
6/3/1909 a 11/3/1909	Ruben Biógrafo	Rua São João, 21-A	Sé	Teatro Politeama
9/3/1909 a ?/12/1911	Emílio Siniscalchi	Avenida Rangel Pestana, 126	Brás	Confeitaria Guarani
15/3/1909 a ?/1909	Aristodemo Gazzotti	Rua Carlos Petit, 2	Vila Mariana	Sociedade Dramática G. Garibaldi

(cont.)

PERÍODO	EMPRESA/CONTRATANTE	ENDEREÇO	BAIRRO	ESPAÇO
19/3/1909 a 23/3/1909	Grande Cinematógrafo X	Rua São João, 21-A	Sé	Teatro Politeama
3/4/1909	Carolina Crem Meyer	Rua Carlos Gomes, 28	Sem informação	Sem informação
14/4/1909 a 22/7/1909	Antonio Pinto da Costa	Rua Dr. Abranches, 45	Vila Buarque	Circo Martinelli
18/4/1909 a 15/5/1909	Rafael Spinelli	Avenida Rangel Pestana, 335	Brás	Circo Variedades
?/5/1909 a ?/6/1909	Alberto Scazzola	Rua da Graça, 116	Bom Retiro	Salão Luso-Brasileiro
1/5/1909 a 30/5/1909	Antonio Choueiri	Rua Vergueiro, 4	Liberdade	Sem informação
12/5/1909 a ?/1909	Silvério Silvino	Rua São Bento, 33	Sé	Lírico-Cinema
15/5/1909 a ?/1/1913	Empresa Cinematográfica D'Errico e Bruno	Rua dos Andradas, 53	Campos Elíseos	Cinema Brasil
17/5/1909 a ?/1909	Dionisio Giudice	Alameda Nothmann, s/n	Campos Elíseos	Liceu Sagrado Coração de Jesus
25/5/1909 a ?/6/1909	Queiroz e Cia.	Rua de São Lázaro, 19	Luz	Royal Cinema
29/5/1909 a ?/8/1913	Miguel Pinoni	Rua São Bento, 47	Sé	Confeitaria Pinoni
?/6/1909 a 30/7/1909	Egino Accordi	Rua Conselheiro Ramalho, 177	Bexiga	Sem informação
2/6/1909 a 24/5/1911	José Balsells	Rua São Bento, 59	Sé	Radium
15/6/1909 a ?/2/1910	Pellegrino e Bodra	Rua de São Lázaro, 19	Luz	Royal Cinema
19/6/1909 a ?/1909	Empresa Gentil Recreativa	Rua São João, 135-137	Santa Ifigênia	Gentil Theatre
25/6/1909 a 24/7/1909	Moacir de Albuquerque	Rua Major Diogo, s/n	Bexiga	Sem informação
30/6/1909 a ?/1909	Empresa F. Serrador	Largo Coração de Jesus, s/n	Campos Elíseos	Sem informação
?/7/1909 a 24/11/1911	Empresa F. Serrador	Alameda Barão do Rio Branco, s/n	Campos Elíseos	Pavilhão dos Campos Elíseos
20/7/1909 a 18/8/1909	Andrade e Cia.	Rua da Consolação, 115	Consolação	Sem informação
30/7/1909 a ?/8/1909	Egino Accordi	Rua Ribeiro de Lima, 54	Bom Retiro	Sem informação
31/7/1909 a ?/8/1909	João Nogara	Rua Campos Sales, 25	Penha	Sem informação
3/8/1909 a 1/9/1909	Labieno da Costa Machado	Avenida Rangel Pestana, 335	Brás	Pavilhão do Brás
2/9/1909 a 2/10/1909	José Pereira dos Santos	Rua dos Imigrantes, 120	Bom Retiro	Sem informação
25/9/1909 a 30/7/1911	Companhia de Diversões S.A.	Rua Onze de Junho, 8	Santa Ifigênia	Teatro Cassino
?/10/1909 a ?/11/1909	Ibrahim de Almeida Nobre	Avenida Rangel Pestana, 335	Brás	Pavilhão do Brás
23/10/1909 a 2/1/1910	Monteiro e Cia.	Rua Marquês de Itu, 50-50-A	Vila Buarque	Petit Cinema

(cont.)

PERÍODO	EMPRESA/CONTRATANTE	ENDEREÇO	BAIRRO	ESPAÇO
24/10/1909 a ?/1/1913	Pedro Ernesto Maneille	Largo do Arouche, 94	Vila Buarque	Smart Cinema
8/11/1909 a ?/1909	Egidio Pierucci e Cia.	Beco do Paissandu, 51	Santa Ifigênia	Sem informação
24/11/1909 a ?/1909	Aristodemo Gazzotti	Rua Campos Sales, 25	Penha	Sem informação
?/12/1909 a ?/1909	Gordon e Cia.	Rua do Gasômetro, 35	Brás	Sem informação
5/12/1909 a ?/12/1909	Sem informação	Avenida Tiradentes, s/n	Luz	Pavilhão Paulistano
?/1/1910 a ?/7/1910	Carlos Menzel	Avenida Brigadeiro Luiz Antonio, 31	Sé	Pavilhão Americano
1/1/1910 a 9/1/1910	Empresa F. Serrador	Rua São João, 21-A	Sé	Teatro Politeama
17/2/1910 a ?/3/1910	Antonio Garcia Leal	Rua de São Lázaro, 19	Luz	Royal Cinema
12/3/1910 a 18/10/1910	Antonio Garcia Leal	Rua Lopes de Oliveira, 53	Barra Funda	Royal Cinema
14/5/1910 a 14/6/1910	Luiz Pizzoti	Rua da Mooca, 307	Mooca	Sem informação
4/6/1910 a ?/12/1910	Inocência Leoni	Rua do Gasômetro, 35-37	Brás	Ideal Cinema
9/6/1910 a 9/7/1910	Irmãos Sorba e Cia.	Avenida Tiradentes, 31	Luz	Sem informação
4/7/1910 a ?/3/1911	Alberto de Queiroz Mattos	Avenida Brigadeiro Luiz Antonio, 56	Bela Vista	Teatro Avenida
?/8/1910 a ?/10/1910	Barbosa e Oliveira	Avenida Brigadeiro Luiz Antonio, 31	Sé	Pavilhão Americano
?/8/1910 a ?/11/1911	Carlos Menzel e Filho	Largo São Paulo, 18	Liberdade	Teatro São Paulo
1/8/1910 a 30/9/1910	Francisco Bighetti e Cia.	Rua da Graça, 144	Bom Retiro	Real Cinema
3/8/1910 a ?/1910	Companhia de Diversões S.A.	Rua Marquês de Itu, 50-50-A	Vila Buarque	Odeon Cinema
?/9/1910 a ?/12/1910	Sem informação	Rua Piratininga, 118	Brás	Éclair Cinema
3/9/1910 a ?/12/1910	Matos e Bertocco	Avenida Rangel Pestana, 148	Brás	Cinema Joly Theatre
6/9/1910 a ?/1911	Empresa Cinematográfica Lapa	Rua Sete, s/n	Lapa	Salão Internacional
11/9/1910	Clube de Regatas São Paulo	Chácara da Floresta	Ponte Grande	Sem informação
1/10/1910 a 2/11/1910	João Travia e Cia.	Rua da Graça, 144	Bom Retiro	Real Cinema
7/10/1910 a ?/10/1919	Josué Isola e Cia.	Rua São Caetano, 15	Santa Ifigênia	Éden Cinema
26/10/1910 a 24/11/1910	Rodrigo S. Soares e Cia.	Avenida Independência, s/n	Cambuci	Circo Soares
27/10/1910 a ?/1910	Garcia Leal e Cia.	Rua São João, 371	Santa Cecília	Cinema São João
3/11/1910 a 4/12/1910	João Fiore e Cia.	Rua da Graça, 144	Bom Retiro	Real Cinema

(cont.)

PERÍODO	EMPRESA/CONTRATANTE	ENDEREÇO	BAIRRO	ESPAÇO
10/11/1910 a 10/7/1911	Empresa F. Serrador	Ra General Osório, 77	Campos Elíseos	Chantecler-Theatre
?/12/1910 a ?/6/1912	Vicente Linguanotto	Rua do Gasômetro, 35-37	Brás	Ideal Cinema
3/12/1910 a 31/7/1912	G. Moro e Cia.	Rua da Graça, 144	Bom Retiro	Real Cinema
3/12/1910 a 3/1/1911	Oliveira e Saboya	Rua Piratininga, 118	Brás	Cinema Piratininga
4/12/1910 a ?/11/1911	Lucido di Fiore	Avenida Rangel Pestana, 148	Brás	Brás Bijou
13/12/1910 a ?/1911	Elisa Brose	Rua Apa, 10	Santa Cecília	Pavilhão Elisa Brose
24/12/1910 a ?/6/1911	Sebastião Crisci e Cia.	Praça Dr. João Mendes, 9-11	Sé	Cinema Congresso
?/1911 a 3/1/1912	Gomes e Cia.	Avenida Brigadeiro Luiz Antonio, 56	Bela Vista	Teatro Avenida
?/1/1911 a ?/1911	Engel e Souza	Rua Aurora, 28	Santa Ifigênia	Cinema Aurora
1/1/1911 a 30/3/1911	Sarracino e Cia.	Avenida Rangel Pestana, 170	Brás	Cinema Popular
28/1/1911 a ?/1911	Clotaro Ramos Brandão	Rua da Mooca, 307	Mooca	Pavilhão da Mooca
28/1/1911 a ?/9/1912	Thadeu, Soncini e Nicoli	Rua Piratininga, 118	Brás	Cinema Piratininga
5/2/1911 a 5/2/1911	Sem informação	Chácara da Floresta	Ponte Grande	Clube de Regatas São Paulo
18/2/1911 a ?/12/1911	Manuel Correia Leite	Avenida Celso Garcia, 328	Belém	Cinema Belém
2/3/1911 a 2/4/1911	John William Hutchinson	Rua Sete, s/n	Lapa	Star Cinema
4/3/1911 a ?/4/1912	Empresa Te-Be Cinema	Rua Duque de Caxias, 81 e 83	Campos Elíseos	Casa Te-Be
1/4/1911 a ?/6/1911	Empresa Salvador Pugliesi	Avenida Rangel Pestana, 170	Brás	Cinema Popular
8/4/1911 a 12/3/1927	Luiz Taddeo	Rua do Gasômetro, 47	Brás	Ísis Theatre
10/5/1911 a ?/8/1912	Antonio Pinto da Costa	Avenida Brigadeiro Luiz Antonio, s/n	Bela Vista	Teatro Rink
12/5/1911 a 1/2/1912	Raphael Chirico e Cia.	Rua da Liberdade, 34	Liberdade	Liberdade Theatre
12/5/1911 a 12/6/1911	Manuel Ribeiro de Faria	Rua Major Diogo, 37	Bexiga	Sem informação
20/5/1911 a ?/1911	Maurílio de Carvalho	Rua dos Imigrantes, 39	Bom Retiro	Sem informação
24/5/1911 a ?/7/1911	Empresa F. Serrador	Rua São Bento, 59	Sé	Radium
8/6/1911 a 8/7/1911	Cunha e Freitas	Rua Rodrigues dos Santos, s/n	Brás	Pavilhão Oriente
13/6/1911 a 13/7/1911	Orozimbo Chaves	Largo de Pinheiros, s/n	Pinheiros	Sem informação
26/6/1911 a ?/9/1913	Carlos Murano e Cia.	Praça Dr. João Mendes, 9-11	Sé	Cinema Congresso
?/7/1911 a ?/1917	Empresa Gomes da Silva	Largo da Concórdia, s/n	Brás	Teatro Colombo

(cont.)

PERÍODO	EMPRESA/CONTRATANTE	ENDEREÇO	BAIRRO	ESPAÇO
?/7/1911 a 19/9/1911	Rodrigo S. Soares e Cia.	Rua da Consolação, 371	Consolação	Pavilhão Halley
?/7/1911 a ?/1914	Companhia Cinematográfica Brasileira	Rua São João, 19-21	Sé	Bijou-Theatre
?/7/1911 a 30/11/1916	Companhia Cinematográfica Brasileira	Rua 15 de Novembro, 52	Sé	Íris-Theatre
?/7/1911 a 29/12/1914	Companhia Cinematográfica Brasileira	Rua São João, 21-A	Sé	Teatro Politeama
6/7/1911 a 8/2/1914	Companhia Cinematográfica Brasileira	Rua São Bento, 59	Sé	Radium
11/7/1911 a 31/1/1912	Companhia Cinematográfica Brasileira	Rua General Osório, 77	Campos Elíseos	Chantecler-Theatre
30/7/1911 a ?/1914	Empresa Paschoal Segreto	Rua São João, 161	Santa Ifigênia	Teatro Variedades
31/7/1911 a 4/8/1913	Empresa Paschoal Segreto	Rua Dom José de Barros, 8	Santa Ifigênia	Teatro Apolo
6/8/1911 a ?/12/1913	Empresa Achilles Guilherme	Avenida Rangel Pestana, 170	Brás	Cinema Popular
26/8/1911 a 2/3/1913	Crisci, Medici e Cia.	Rua Quintino Bocaiúva, 39	Sé	Eldorado Cinema
?/9/1911 a ?/3/1913	Rodrigo Sayago Soares	Largo do Cambuci, s/n	Cambuci	Cinema Independência
7/9/1911 a 1/11/1911	Manuel Ribeiro de Faria	Rua Barra Funda, s/n	Barra Funda	Teatro Recreio
10/9/1911	Mengossi e Marita	Largo da Memória, 8-A	Bexiga	Sem informação
20/9/1911 a ?/2/1912	Carvalho, Medeiros e Cia.	Rua da Consolação, 371	Consolação	Pavilhão Halley
23/9/1911	José Joaquim	Rua Cajuru, 96	Belém	Sem informação
7/10/1911 a 1/4/1912	Caetano, Lima, Santos e Cia.	Rua Aurora, 59	Santa Ifigênia	Aurora Theatre
7/10/1911 a ?/11/1913	Luiz Seraphico de Assis Carvalho	Rua General Jardim, 57	Vila Buarque	Cinema Familiar
13/10/1911 a ?/8/1912	Manuel Jorge Domingues da Silva	Rua da Mooca, 438	Mooca	Cinema Mooca
26/10/1911 a ?/6/1912	Nicola Felice	Rua Oriente, 41	Brás	Flor do Oriente
?/11/1911 a ?/1912	Sílvio Moraes	Largo São Paulo, 18	Liberdade	Teatro São Paulo
?/11/1911 a ?/1923	Alberto de Andrade e Cia.	Avenida Brigadeiro Luiz Antonio, 69-A	Bela Vista	Palace-Theatre
3/11/1911 a ?/1/1912	Adam e Cia.	Rua Barra Funda, s/n	Barra Funda	Teatro Recreio
4/11/1911 a ?/1916	Alfio Ornello Reina	Rua da Consolação, 324	Consolação	Cinema América

(cont.)

PERÍODO	EMPRESA/CONTRATANTE	ENDEREÇO	BAIRRO	ESPAÇO
23/11/1911 a ?/2/1912	Salvador Caruso	Rua Major Diogo, 39	Bexiga	Pavilhão Recreio
25/11/1911 a 31/12/1923	Companhia Cinematográfica Brasileira	Alameda Barão do Rio Branco, 57	Campos Elíseos	Coliseu dos Campos Elíseos
10/12/1911 a ?/3/1912	Paschoal Plastino	Avenida Celso Garcia, 40	Belenzinho	Cinema American Theatre
17/12/1911 a 21/3/1912	Emílio Siniscalchi e Cia.	Avenida Rangel Pestana, 126	Brás	Cinema das Famílias
19/12/1911 a 31/6/1912	Antonio Macedo e Cia.	Rua Glicério, 149	Glicério	Cinema Glicério
28/12/1911 a ?/8/1912	Gioielli e Baptista	Rua Henrique Dias, 44	Brás	Pavilhão Oriente
?/1/1912 a ?/4/1912	Silva e Alberto	Avenida Brigadeiro Luiz Antonio, 56	Bela Vista	Teatro Avenida
2/1/1912 a ?/5/1912	Sprovieri, Fiore e Cia.	Avenida Rangel Pestana, 148	Brás	Brás Bijou
12/1/1912	Antonio Gagliardi	Rua Domingos de Morais, 153	Vila Mariana	Sem informação
?/2/1912 a ?/2/1912	Lucido di Fiore	Avenida Rangel Pestana, 111	Brás	Cinema Avenida
1/2/1912 a ?/1913	José Antonio Moreira Dias	Rua da Liberdade, 34	Liberdade	Liberdade Theatre
1/2/1912 a ?/4/1924	D'Errico, Bruno e Cia.	Rua General Osório, 77	Campos Elíseos	Teatro Rio Branco
9/2/1912 a 13/2/1912	Sem informação	Consolação	Consolação	Velódromo
15/2/1912	Sem informação	Consolação	Consolação	Velódromo
24/2/1912 a 25/2/1912	Armindo Soares Ferreira	Rua Vicente de Carvalho, 43	Cambuci	Sem informação
29/2/1912	Armindo Soares Ferreira	Rua Vicente de Carvalho, 43	Cambuci	Sem informação
?/3/1912 a ?/4/1912	Pires e Machado	Rua Trindade, 27	Lapa	Sem informação
2/3/1912 a 10/3/1912	Sem informação	Jardim Público da Luz	Luz	Jardim Público da Luz
9/3/1912 a ?/1914	Estevam Knoeller	Avenida Celso Garcia. 40	Belenzinho	Cinema American Theatre
30/3/1912	Clube de Regatas São Paulo	Chácara da Floresta	Ponte Grande	Clube de Regatas São Paulo
30/3/1912 a ?/3/1913	Siniscalchi e di Fiore	Avenida Rangel Pestana, 122	Brás	Central Cinema
?/4/1912 a 7/3/1913	Lorenzetti, Toti e Lencione	Praça José Roberto Penteado, 37-37-A	Ponte Pequena	Trípoli Cinema
2/4/1912 a ?/8/1912	Lima, Santos e Cia.	Rua Aurora, 59	Santa Ifigênia	Aurora Theatre
17/4/1912 a 13/12/1913	Salvador Caruso	Rua Major Diogo, 39	Bexiga	Pavilhão Recreio
21/4/1912 a 21/5/1912	Empresa Tavares	Rua Maria Marcolina, s/n	Brás	Circo Tavares
27/4/1912 a ?/6/1912	Lievore e Moro	Rua da Conceição, 5	Luz	Flor Cinema
4/5/1912 a ?/7/1912	Amaral e Castro	Avenida Celso Garcia, 328	Belém	Cinema Belém

(cont.)

PERÍODO	EMPRESA/CONTRATANTE	ENDEREÇO	BAIRRO	ESPAÇO
8/5/1912 a ?/5/1916	Gogliano, Cruz e Cia.	Avenida Rangel Pestana, 148	Brás	Brás Bijou
1/6/1912 a ?/4/1913	Giacomo di Camillis	Rua dos Italianos, 70	Bom Retiro	Internacional Cinema
14/6/1912 a ?/12/1913	Companhia Cinematográfica Brasileira	Rua do Gasômetro, 35-37	Brás	Ideal Cinema
17/6/1912 a ?/1913	Micciuli e Affonso	Rua da Mooca, 380	Mooca	Cinema São João
21/6/1912	Ruggiero Manetti	Rua Ezequiel Freire, s/n	Santana	Sem informação
2/7/1912 a 1/12/1912	Raphael Aurichio e Cia.	Rua Glicério, 149	Glicério	Cinema Glicério
3/7/1912 a 3/1/1913	Renato e Barreto	Rua Engenheiro Fox, 14	Lapa	Pavilhão Recreio
14/7/1912 a ?/9/1913	Centro Ipiranga Ass. Aux. e Instrutora	Rua Bom Pastor, 109	Ipiranga	Centro Ipiranga
26/7/1912 a ?/10/1913	Joaquim Moraes	Rua Barão de Iguape, 21	Liberdade	Cinema Elite
30/7/1912	Jardim e Andrade	Rua Prudente de Morais, 8	Penha	Sem informação
31/7/1912	Luiz Gorgoni	Rua Dona Deocleciana, 28	Ponte Pequena	Sem informação
31/7/1912 a 20/7/1913	Grêmio Dramático Musical Luso-Brasileiro	Rua da Graça, 144	Bom Retiro	Bijou Bom Retiro
?/8/1912 a ?/11/1912	Oto Nielsen	Rua Domingos de Morais, 6	Vila Mariana	Sem informação
1/8/1912 a ?/1912	Charles Hu e Cia.	Praça Antonio Prado, 2	Sé	Au Cabaret
5/8/1912 a ?/2/1913	Urbano de Palma	Rua Três Rios, 96	Bom Retiro	Cinema Familiar
24/8/1912 a ?/1914	Castro Azevedo e Cia.	Avenida Celso Garcia, 328	Belém	Cinema Belém
24/8/1912 a 31/10/1912	Salgado, Precioso e Cia.	Rua Conselheiro Ramalho, 205	Bexiga	Savoia-Theatre
?/9/1912 a 24/1/1915	Carlos Bernasconi	Rua Oriente, 41	Brás	Estrela do Oriente
?/9/1912 a ?/1912	Alfredo Boucher Filho	Rua Barão de Itapetininga, 13-A	Vila Buarque	Sem informação
1/9/1912 a ?/1912	Antonio Cacchione	Rua São João, 389	Santa Cecília	Cinema Carlos Gomes
15/9/1912 a ?/1912	Alberto de Andrade e Cia.	Avenida Brigadeiro Luiz Antonio, s/n	Bela Vista	Teatro Rink
2/10/1912 a 2/8/1913	J. Perrone e Cia.	Rua Duque de Caxias, 83	Campos Elíseos	Cinema Guaianases
5/10/1912 a 23/1/1913	Fernando Taddeo	Rua Piratininga, 118	Brás	Cinema Piratininga
5/10/1912 a ?/1914	Júlio Fagundes	Rua Voluntários da Pátria, 302	Santana	Cinema Santana
11/10/1912 a ?/12/1912	João François	Avenida Rangel Pestana, 298	Brás	Circo François

(cont.)

PERÍODO	EMPRESA/CONTRATANTE	ENDEREÇO	BAIRRO	ESPAÇO
?/11/1912 a ?/1912	Oto Nielsen	Rua Domingos de Morais, 6	Vila Mariana	Sem informação
1/11/1912 a ?/8/1913	Caldas e Cia.	Rua Conselheiro Ramalho, 205	Bexiga	Cinema Campos Sales
19/11/1912	Sem informação	Avenida Tiradentes, s/n	Luz	Quartel da Força Pública
?/12/1912 a ?/6/1914	Pedro Julian	Avenida Rangel Pestana, 111	Brás	Cinema Avenida
?/12/1912 a ?/9/1913	Calamarino e Apollonio	Rua Domingos de Morais, 153	Vila Mariana	Cinema Vila Mariana
3/12/1912 a ?/1917	J. Alfredo e Cia.	Rua da Consolação, 217	Consolação	Cinema Minerva
10/12/1912 a 3/9/1913	João de Carvalho e Cia.	Rua Duque de Caxias, 46	Campos Elíseos	Cinema Odeon
11/12/1912 a 12/1/1913	Sprovieri e Intinchi	Rua Glicério, 149	Glicério	Cinema Glicério
21/12/1912 a ?/2/1913	Rodrigo e Cia.	Rua Vergueiro, 362	Vergueiro	Cinema Paraíso
21/12/1912 a ?/4/1913	Ambrósio e Cia.	Rua das Flores, 68-70	Sé	Cinematógrafo Ambrósio
27/12/1912 a 27/6/1913	Companhia Sport e Atrações	Praça da República, 50	Vila Buarque	Skating Palace
?/1913 a ?/1913	Sem informação	Sem informação	Sem informação	Anglo Brasileiro
?/1913 a 25/10/1914	Francisco Camerata	Rua Mauá, 71	Luz	The Edison Cinema
?/1913 a 24/3/1913	Manuel Jorge Domingues da Silva	Rua da Mooca, 380	Mooca	Cinema São João
?/1/1913 a 1/7/1913	Companhia Cinematográfica Brasileira	Largo do Arouche, 94	Vila Buarque	Smart Cinema
?/1/1913 a 7/6/1913	Werner e Cia.	Rua dos Andradas, 53	Campos Elíseos	Cinema Brasil
4/1/1913 a ?/4/1914	Renato, Barreto, Dias e Cia.	Rua Engenheiro Fox, 14	Lapa	Pavilhão Recreio
11/1/1913 a ?/5/1913	Niccola e Cia.	Rua Aurora, 59	Santa Ifigênia	S. Ephigenia Theatre
24/1/1913 a ?/8/1929	Fernando Taddeo	Rua Piratininga, 95	Brás	Eros Cinema
28/1/1913 a ?/1913	Rafael Masini	Rua Trindade, 17 e 25	Lapa	Lapa Cineteatro
?/2/1913 a ?/1913	Vicente Jovino	Rua Vergueiro, 362	Vergueiro	Cinema Paraíso
?/2/1913 a ?/10/1913	Irmãos Squini	Rua Campos Sales, 23	Penha	Penha Cinema
1/2/1913 a ?/2/1914	Lorenzetti, Toti e Lencione	Avenida Tiradentes, 110-112	Luz	Cinema Tiradentes
17/2/1913 a ?/1914	Companhia Internacional Cinematográfica	Rua Três Rios, 96	Bom Retiro	Cinema Familiar
?/3/1913 a ?/6/1913	Renato Machado de Oliveira	Rua Imaculada Conceição, s/n	Santa Cecília	Cinema Santa Cecília
3/3/1913 a ?/12/1914	Rinaldo Janfré	Largo do Cambuci, s/n	Cambuci	Cinema Independência
3/3/1913 a ?/12/1915	Machado e Medici	Rua Quintino Bocaiúva, 39	Sé	Eldorado Cinema

(cont.)

PERÍODO	EMPRESA/CONTRATANTE	ENDEREÇO	BAIRRO	ESPAÇO
25/3/1913 a ?/12/1913	José Ribeiro da Costa	Rua da Mooca, 380	Mooca	Cinema São João
1/4/1913 a ?/11/1913	Joaquim dos Santos Vieira Pinto	Rua Apa, 12	Santa Cecília	Paris Cinema
5/4/1913 a 12/12/1923	Companhia Cinematográfica Brasileira	Rua Correia de Melo, 6	Bom Retiro	Marconi Theatre
15/4/1913 a ?/1914	Vitaliano Munguerico	Rua Glicério, 149	Glicério	Cinema Glicério
25/4/1913 a ?/1/1915	Manuel Fernandes Lopes	Rua Barra Funda, 16	Barra Funda	Cinema Barra Funda
1/5/1913 a 5/9/1913	Mário Vicente de Azevedo	Rua José Bento, 136	Cambuci	Cinema Maria José
15/5/1913 a ?/7/1913	Nigro, Mirabelli e Pagliuso	Rua Aurora, 59	Santa Ifigênia	The Berlim Cinema
30/5/1913 a 31/12/1924	Companhia Cinematográfica Brasileira	Rua Rodrigo Silva, 4 a 10-A	Sé	Pathé Palácio
7/6/1913 a ?/8/1913	Novaes e Cia.	Rua dos Andradas, 53	Campos Elíseos	Cinema Brasil
18/6/1913 a ?/4/1914	Renato, Barreto, Dias Couto e Cia.	Rua Guaicurus, 71	Água Branca	Bijou Santa Marina
?/7/1913 a ?/1913	Antonio Lobo Sobrinho	Rua Imaculada Conceição, s/n	Santa Cecília	Cinema Santa Cecília
1/7/1913 a ?/1915	Empresa Cinematogräfica D'Errico e Bruno	Praça Alexandre Herculano 26 e 28	Vila Buarque	Teatro Guarani
3/7/1913 a ?/1921	Nicola Tenani	Largo do Cambuci, 21	Cambuci	Teatro Guarani
21/7/1913 a ?/1914	Lopes e Cia.	Rua da Graça, 144	Bom Retiro	Bijou Bom Retiro
?/8/1913 a ?/1/1914	Antonio Scigliano	Rua Aurora, 59	Santa Ifigênia	The Berlim Cinema
3/8/1913 a 3/9/1913	Merano e Cia.	Rua Duque de Caxias, 83	Campos Elíseos	Cinema Guaianases
16/8/1913 a ?/12/1914	Companhia Kinemacolor	Rua Barão de Itapetininga, 10-14	Vila Buarque	Scala-Theatre
?/9/1913 a 31/12/1923	Empresa Giovanni Caruggi	Praça Dr. João Mendes, 9-11	Sé	Cinema Congresso
?/9/1913 a ?/12/1913	Dantas e Dias	Rua Duque de Caxias, 46	Campos Elíseos	Cinema Odeon
?/9/1913 a ?/12/1913	Silva Jardim e Silva	Rua Domingos de Morais, 153	Vila Mariana	Cinema Vila Mariana
?/9/1913 a ?/10/1913	Vicente Avella e Cia.	Rua Carlos Petit, 2	Vila Mariana	Teatro Garibaldi
3/9/1913 a ?/1913	Marino e Cia.	Rua Manuel Dutra, 68	Bexiga	Sem informação
3/9/1913 a ?/11/1913	Empresa Tavares	Rua da Cantareira, s/n	Luz	Circo Tavares
15/9/1913 a ?/1913	Empresa Giovanni Caruggi	Rua Conselheiro Ramalho, 205-A	Bela Vista	Cinema Campos Sales

(cont.)

PERÍODO	EMPRESA/CONTRATANTE	ENDEREÇO	BAIRRO	ESPAÇO
20/9/1913 a ?/1917	A. Gragnani e Cia.	Rua Barra Funda, 62	Barra Funda	Roma Theatre
?/10/1913 a 12/12/1913	Zeferino Chaves e Cia.	Rua Carlos Petit, 2	Vila Mariana	Teatro Garibaldi
11/10/1913 a 31/1/1914	Sociedade Anônima Companhia Royal-Theatre	Rua Sebastião Pereira, 68	Santa Cecília	Royal Theatre
15/10/1913 a ?/1/1914	Empresa Maria José	Rua José Bento, 136	Cambuci	Cinema Maria José
18/10/1913 a ?/12/1913	Diógenes Drolhe	Rua Nove, 29	Ipiranga	Cinema Drolhe
12/11/1913 a 24/3/1914	Henrique Romeu	Rua São Caetano, 226	Pari	Excelsior Cinema
28/11/1913 a 12/3/1914	F. Rossi e Cia.	Rua Lopes Chaves, 37	Barra Funda	Teatro Cristal
?/12/1913 a ?/5/1914	Rosa e Cia.	Rua da Mooca, 380	Mooca	Cinema São João
?/12/1913 a ?/1913	Zeferino Chaves e Cia.	Rua Domingos de Morais, 153	Vila Mariana	Cinema Vila Mariana
1/12/1913 a ?/2/1914	Raul Lincoln Gustavo	Rua General Jardim, 57	Vila Buarque	Cinema Familiar
1/12/1913 a ?/12/1914	Francisco Maria Pardal	Rua Bresser, 55	Belenzinho	Cinema Bresser
5/12/1913 a ?/1929	Companhia Antarctica Paulista	Rua Anhangabau, 67	Sé	Cassino Antarctica
15/12/1913 a ?/1/1914	Spera e Carpinelli	Rua do Gasômetro, 35-37	Brás	Ideal Cinema
?/1914 a ?/1914	Antonio Gordinho Filho	Avenida Rangel Pestana, s/n	Brás	Brás-Politeama
?/1914 a 4/11/1914	José Roberti	Rua Lopes Chaves, 37	Barra Funda	Teatro Cristal
?/1914 a ?/11/1915	Giacomo Bassini e Cia.	Rua Trindade, 17 e 25	Lapa	Lapa Cineteatro
?/1914 a ?/3/1916	Empresa Cinematográfica D'Errico e Bruno	Largo do Arouche, 63	Vila Buarque	Teatro Brasil
?/1914 a 31/12/1923	Gadotti e Cia.	Avenida Celso Garcia, 340	Belenzinho	Teatro Melitta
?/1914 a ?/1915	Sem informação	Rua Domingos de Morais, 221	Vila Mariana	Cinema Coliseu
?/1/1914 a ?/12/1914	Companhia Cinematográfica Brasileira	Praça da República, 50	Vila Buarque	Gaumont Palácio
2/1/1914 a ?/1914	Companhia Cinematográfica Brasileira	Largo do Arouche, 57-A	Vila Buarque	High-Life Cinema
24/1/1914 a ?/1914	Empresa A. Cacchione	Rua Duque de Caxias, 46	Campos Elíseos	Cinema Odeon
28/1/1914 a ?/3/1920	Companhia Cinematográfica Brasileira	Largo São Paulo, s/n	Liberdade	Teatro São Paulo
2/2/1914 a ?/1914	Silvio Tenuta e Cia.	Rua do Gasômetro, 35-37	Brás	Ideal Cinema
6/2/1914 a ?/1914	Joaquim Nunes	Rua Campos Sales, 23	Penha	Penha Cinema

(cont.)

PERÍODO	EMPRESA/CONTRATANTE	ENDEREÇO	BAIRRO	ESPAÇO
7/2/1914 a 28/4/1914	Matos e Cia.	Rua General Jardim, 57	Vila Buarque	Cinema Teatro
27/2/1914 a 31/1/1916	J. R. Staffa	Rua Sebastião Pereira, 68	Santa Cecília	Royal Theatre
7/3/1914 a ?/1916	Domingos Mezzacapa, Irmãos e Cia.	Rua João Teodoro, 47	Luz	Teatro da Paz
2/4/1914 a 31/12/1923	Anselmo, Pignatari e Cia.	Rua Conselheiro Ramalho, 132	Bexiga	Teatro Esperia
4/4/1914 a ?/6/1914	Sem informação	Rua Aurora, 59	Santa Ifigênia	Progredior Cinema
30/4/1914 a ?/12/1916	Luiz Castagna	Rua Engenheiro Fox, 14	Lapa	Pavilhão Recreio
?/5/1914 a ?/11/1914	Josué Isola e Cia.	Avenida Tiradentes, 110-112	Luz	Cinema Tiradentes
?/6/1914 a ?/6/1914	Sem informação	Rua Aurora, 59	Santa Ifigênia	Bijou Aurora
1/6/1914 a ?/1914	Gonçalves e Teixeira	Rua da Mooca, 436	Mooca	Cinematógrafo Internacional
12/6/1914 a ?/1915	Lima e Prata	Rua Nova de São José, 22	Brás	Cinema São José
2/11/1914 a ?/1914	Empresa Alberto de Andrade	Ladeira de Santa Ifigênia, 7	Santa Ifigênia	Follies Bergeres
2/11/1914 a ?/1914	Zeffiro Vanni	Rua Bandeirantes, s/n	Luz	Recreio Tiradentes
?/12/1914 a ?/1915	Sem informação	Rua Duque de Caxias, 46	Campos Elíseos	Éclair Palácio
17/12/1914 a ?/1925	Salvador José Marino	Rua Voluntários da Pátriam 302	Santana	Cinema Santana
18/12/1914 a ?/6/1916	João Bernasconi	Rua Bresser, 55	Belenzinho	Cinema Bresser
31/12/1914 a ?/7/1916	José Lobo Pessanha	Rua Barão de Itapetininga, 12	Vila Buarque	Brasil Cinema
?/1915 a ?/1/1917	Empresa Lopes e David	Rua Barra Funda, 16	Barra Funda	Cinema Barra Funda
?/1915 a 12/12/1916	Erasmino Gogliano	Avenida Celso Garcia, 40	Belenzinho	Vésper Cinema
?/1915 a 6/11/1922	Vicente Avella	Rua Domingos de Morais, 153	Vila Mariana	Cinema Apolo
?/1915 a ?/1917	Sem informação	Rua Ituanos, 33	Ipiranga	Cinema Ipiranga
?/1915 a ?/1916	Gonçalves e Sobrinho	Rua da Mooca, 436	Mooca	Cinematógrafo Internacional
1/1/1915 a ?/1915	Nicanor Checa	Largo da Memória, s/n	Consolação	Pavilhão Paulista
13/3/1915 a ?/4/1915	Árthur de Lima Ferreira	Avenida Celso Garcia, 40	Belenzinho	Cinema American Theatre
18/3/1915 a ?/12/1915	Vieira e Cia.	Rua Apa, 12	Santa Cecília	Teatro Bernardino de Campos
14/4/1915 a ?/7/1915	Emílio Palma	Avenida Celso Garcia. 40	Belenzinho	Cinema American Theatre
11/6/1915 a ?/1917	Guerra, Nunes e Mendes	Rua Oriente, 41	Brás	Flor do Oriente
13/7/1915 a ?/1915	Tuffi de Melo	Avenida Celso Garcia, 40	Belenzinho	Cinema American Theatre

(cont.)

PERÍODO	EMPRESA/CONTRATANTE	ENDEREÇO	BAIRRO	ESPAÇO
30/7/1915 a ?/1915	Carlos Remedi	Avenida Tiradentes, 110-112	Luz	Cinema Tiradentes
?/11/1915 a ?/1915	Cesare Mari	Rua Bandeirantes, s/n	Luz	Recreio Tiradentes
?/12/1915 a ?/1916	Companhia Sport e Atrações	Praça da República, 50	Vila Buarque	Skating Palace

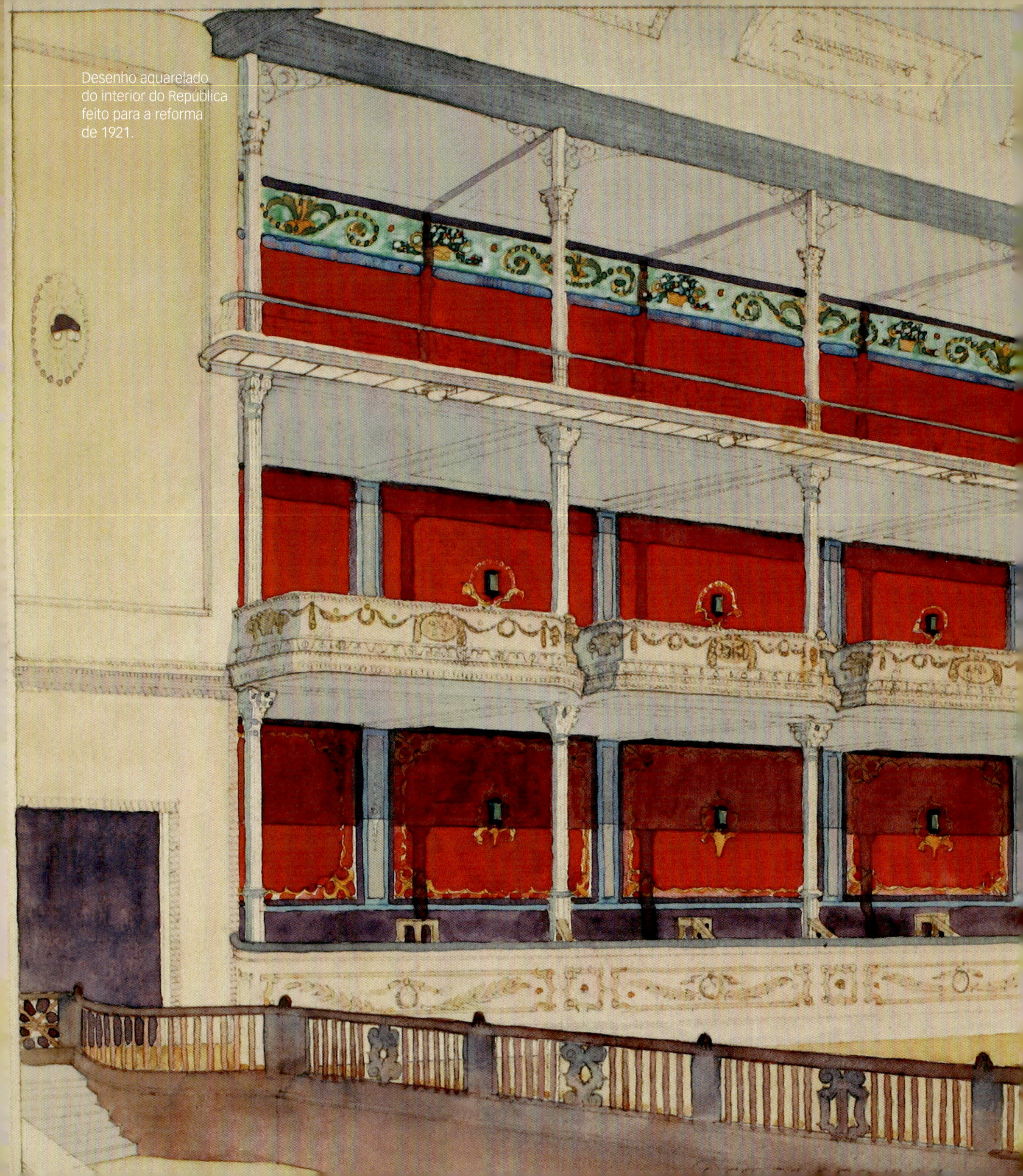

Desenho aquarelado do interior do Republica feito para a reforma de 1921.

O LONGO PERÍODO DE TRANSIÇÃO

O incêndio do Politeama culminou em um processo que havia se iniciado em agosto de 1913, quando o engenheiro José de Sá Rocha, o mais preocupado com os procedimentos de controle dos cinemas, enviou um esboço com 16 artigos para o diretor de Obras e Viação, que o encaminhou ao prefeito. Sá Rocha era natural de São Paulo (18/2/1867-19/10/1940) e fez seus estudos superiores na Alemanha e na Suíça. Diplomou-se pela Escola Politécnica de Zurique, entrando como auxiliar na Seção de Obras da prefeitura em 1907. Passou a engenheiro distrital no ano seguinte, fazendo toda sua carreira na 2ª Seção Técnica, que procedia à aprovação de plantas e vistoria de edifícios numa área que compreendia o populoso bairro do Brás, em constante transformação. Aposentou-se em 1925.

Da prefeitura, o anteprojeto, readequado pela Secretaria Geral, seguiu para a Câmara Municipal, onde recebeu o parecer do vereador Silva Telles em 20 de dezembro. Tramitou pela Comissão de Obras, ganhando a assinatura dos vereadores Amaral Gurgel, Baptista da Costa e Goulart Penteado em 16 de fevereiro de 1914; exatos quatro meses depois, o projeto de lei estava na Comissão de Justiça. Enquanto tramitava pelas gavetas da vereança, deu-se, em 29 de dezembro do mesmo ano, o acidente que transformou em cinzas o velho barracão da rua São João. Como já foi visto, mesmo sem provocar vítimas, o incêndio foi alvo de discussões na imprensa e entre os pares da Câmara, reacendendo a polêmica sobre a falta de normas para as salas de projeção. A terra arrasada em que se transformou o velho Politeama não apressou a lógica legislativa, mesmo que o primeiro requerimento da sessão ordinária de 4 de janeiro de 1915 recaísse sobre o trauma do incêndio. Somente em 9 de novembro o projeto recebeu as assinaturas dos vereadores Luiz Francisco, João José Pereira e Marrey Júnior, da Comissão de Higiene e Saúde Pública.[1] Em 23 de fevereiro de 1916, o prefeito Washington Luiz assinou a Lei nº 1.954 que regulamentava as construções de cinematógrafos na capital.

Na carta de encaminhamento ao prefeito, em 20 de setembro de 1913, Sá Rocha explicou a necessidade do estabelecimento de normas para esse tipo de construção:

> Como V. Exa. não ignora o cinematógrafo é hoje o divertimento mais ao alcance das classes populares, e daí a sua multiplicação a que não tem escapado a nossa cidade. Em vista dos constantes pedidos de instalações de cinemas, e não havendo regras algumas a respeito, achei que seria bom fazerem de certas exigências [*sic*] para isso tendo em vista a comodidade e segurança do público que é o que mais de perto deve interessar à administração. Nos cinematógrafos cujas plantas têm sido por mim aprovadas, tenho exigido aproximadamente o que consta do projeto, sem grande protesto por parte dos interessados. A falta, porém, de exigências oficiais é sensível e convém mesmo para a indispensável unidade de ação.

Em relatório de 17 de junho de 1916 encaminhado à prefeitura sobre a

1 AHSP, caixa LEG-47.

situação de todos os cinemas em funcionamento na cidade, Sá Rocha historiava a insegurança legal em que estavam as construções. A princípio, como marco regulatório, havia somente o padrão municipal de 1896 (Lei nº 252). "Essa disposição", explicava o engenheiro, "ou dava inteira liberdade à administração de fazer as exigências que bem entendesse de acordo com o critério pessoal dos seus engenheiros, ou não seria cumprida à falta de disposições complementares e de um regulamento adequado em virtude das quais se pudessem fazer exigências certas e determinadas". O regulamento da Polícia do Estado sobre divertimentos públicos (Decreto nº 1.714 de 18/3/1909) se resumia à cabine de projeções e "[...] nunca teve, que eu saiba, aplicação efetiva e permanente por parte da própria polícia". Com esse quadro, Sá Rocha afirmava: "Não duvidaria, pois, que, dadas essas circunstâncias, e em face de tantos pedidos de licença, vigorando no caso o critério pessoal de cada engenheiro, tivesse havido bastante tolerância na aprovação de plantas apresentadas – tolerância muitas vezes excessiva como facilmente se pode verificar".

As regras construtivas pleiteadas por Sá Rocha em agosto de 1913 previam, em primeiro lugar, o isolamento do prédio. A medida tinha como alvo as edificações "encravadas" entre outros imóveis (caso do Moulin Rouge, na época Avenida), facilitando a propagação do fogo às construções vizinhas. Como corolário, essa medida preconizava o espessamento das paredes para 30 cm (tijolo inteiro). A instalação em prédios isolados combinava-se com a proibição de utilizar edifícios com pavimentos superiores ocupados por qualquer outra atividade (caso do sobrado em que funcionava o cinema Santana, na rua Voluntários da Pátria, habitado no andar de cima pelo proprietário do imóvel). Outro alvo era o fim dos barracões de madeira e zinco. As paredes seriam sempre de alvenaria. Como anotou Sá Rocha, "[...] em falta de divertimentos, com pagamento de entrada, acessíveis a todas as bolsas, começaram a pulular em todos os cantos da cidade, os cinemas instalados as mais das vezes em prédios destinados a armazéns ou lojas, ou em simples barracões sem garantias de espécie alguma".[2] Dessa forma, todos os pequenos empresários de bairro adeptos de construções de baixo custo foram riscados do mapa.

Outro ponto que afastava os pequenos investidores era a determinação de uma frente de 12 m para os cinemas cujo projeto contemplasse todas as ordens de assentos (frisas, camarotes, balcões e plateia); para aqueles que tivessem somente plateia, a frente poderia ser de 8 m. A plateia seria organizada com uma passagem central e duas laterais, direcionando o fluxo de entrada e saída dos espectadores. Por outro lado, o controle da plateia se estendia sobre a disposição das cadeiras e poltronas, com o fito de assegurar um número fixo de lugares. Buscava-se o fim dos "excessos de lotação", do descontrole na ocupação da plateia pelos exibidores. O autor do esboço de legislação indicou que "[...] nenhum dos cinematógrafos observou a lotação fixada nas plantas, porventura aprovadas, tendo todos eles excessiva lotação, apertando as filas de cadeiras, e colocando-as mesmo nos vestíbulos, ao sabor dos seus interesses, sem que se possa contra isso reagir".[3]

Condenava-se também o emprego de madeira em escadas, colunas de sustentação de camarotes e galerias e apoio de assoalhos, que deveriam receber material incombustível, de preferência concreto armado. A iluminação sempre seria elétrica. Nos bairros afastados que não contassem com esse melhoramento, "seria tolerada outra espécie de iluminação em condições determinadas pela administração". Os bares e botequins ficavam restritos à sala de espera, evitando-se os atritos como o do São José, na rua Nova de São José, ou o do Teatro da Paz, na rua João Teodoro, em que o botequim tinha sido instalado embaixo do palco.[4] As portas deveriam

2 AHSP, Série Polícia Administrativa e Higiene, caixa 254, relatório, requerimento 158.468.

3 *Ibidem*.

4 Não há documentação, mas provavelmente o cinema funcionava com retroprojeção. Logo, o botequim ficava embaixo da "perigosa" caixa do projetor cinematográfico.

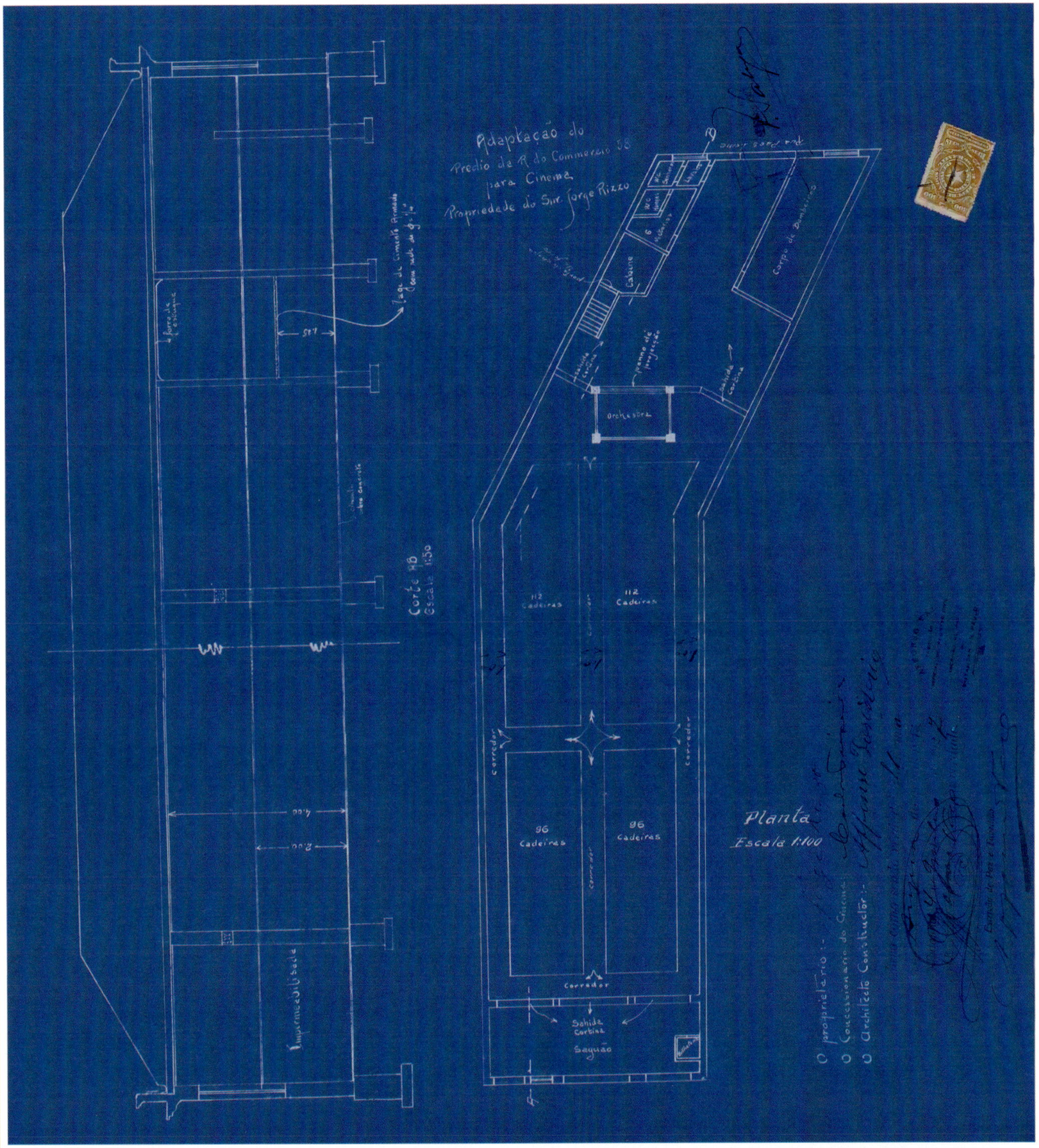

Barracão "torto" do Cinema Pinheiros, adaptação de uma garagem em 1927.

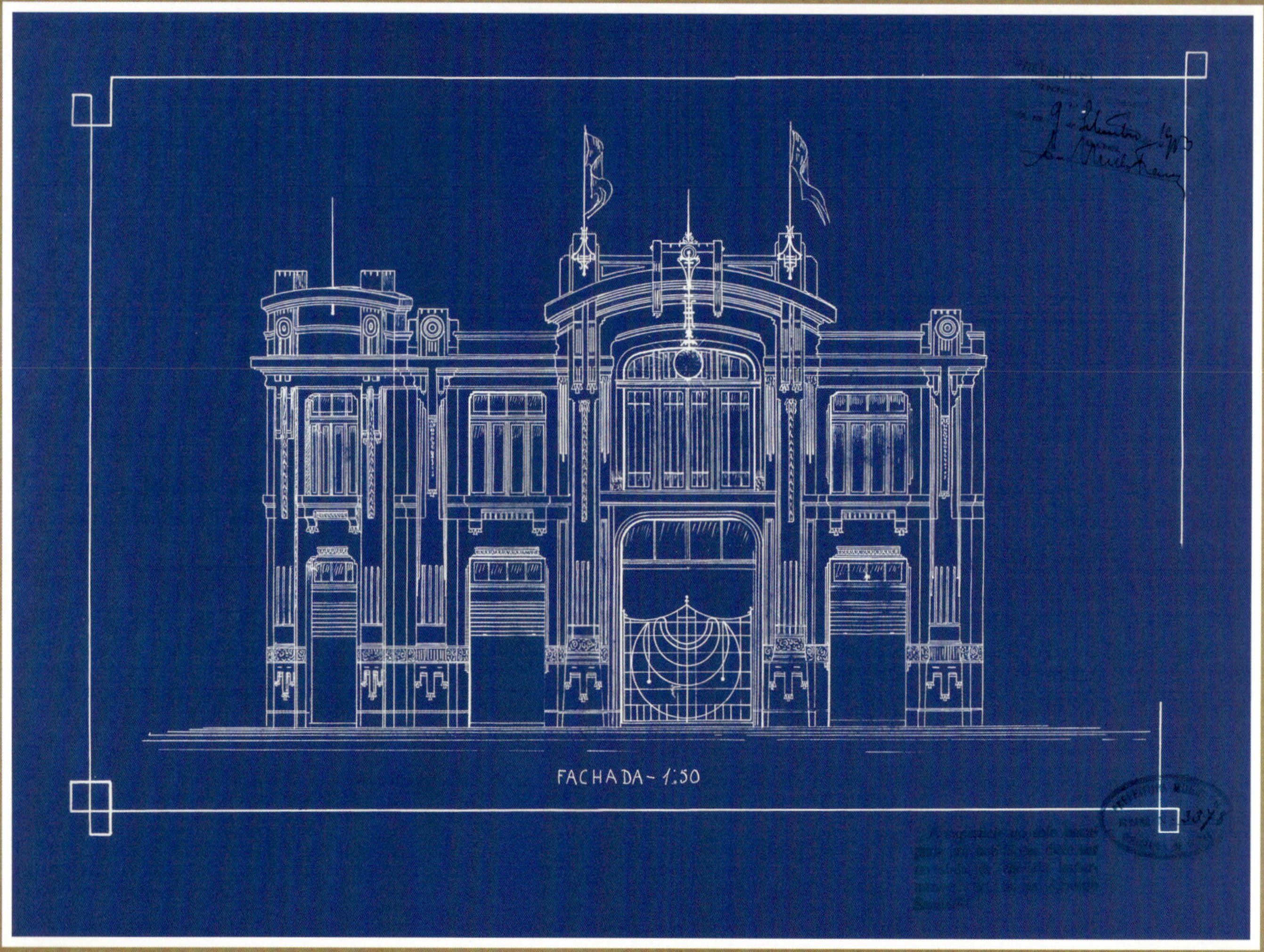

Fachada do Teatro da Paz no projeto original de 1913.

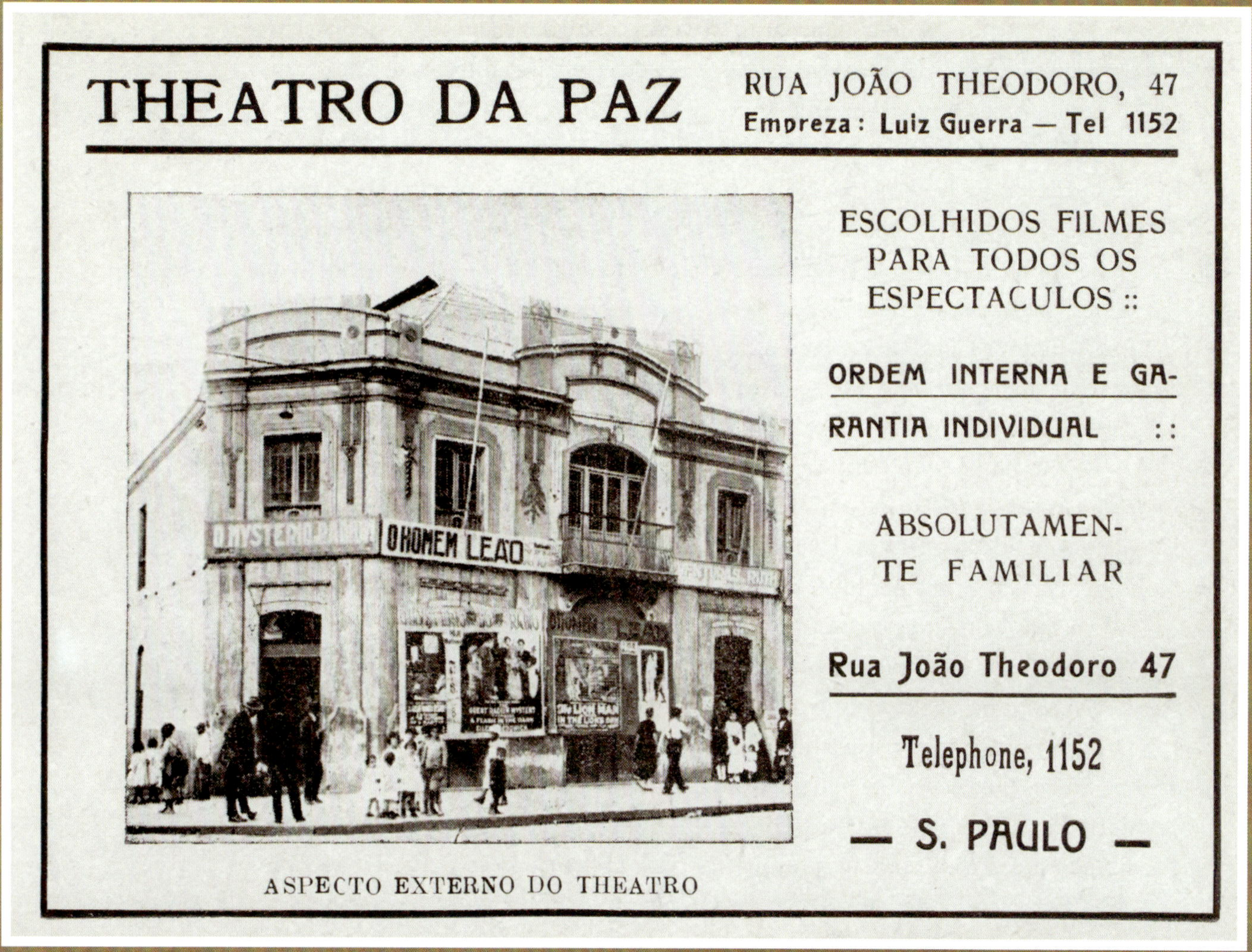
THEATRO DA PAZ
RUA JOÃO THEODORO, 47
Empreza : Luiz Guerra — Tel 1152
O HOMEM LEÃO
ASPECTO EXTERNO DO THEATRO
ESCOLHIDOS FILMES PARA TODOS OS ESPECTACULOS ::
ORDEM INTERNA E GARANTIA INDIVIDUAL ::
ABSOLUTAMENTE FAMILIAR
Rua João Theodoro 47
Telephone, 1152
— S. PAULO —

Publicidade do cinema em 1920.

ter a largura mínima de 1,50 m, abrindo para o exterior ou então com corrediças.

Uma proposta que trouxe muita dor de cabeça aos exibidores foi a opção de Sá Rocha pela retroprojeção. No artigo 13, ele sugeria que a "caixa ou cabine do aparelho devia ser instalada no fundo e nunca (salvo em caso muito especial) na frente junto à saída, obedecendo a instalação a todas as medidas de segurança exigidas para tal fim".

A mão do poder público se fechava com o direito expresso de aprovação das plantas, desde que cumpridas todas as exigências do regulamento, e, por fim, os cinemas existentes teriam um prazo "razoável" para se adaptarem à lei.

A maioria das observações de Sá Rocha foi incorporada à Lei nº 1.954. O isolamento dos prédios foi definido por áreas de passagem de 2,5 m. Quando o edifício tivesse saídas para duas ruas ou mais, essas passagens ficavam dispensadas. Essa medida teve muito efeito sobre a disposição dos projetores quando o processo de projeção direta começou a se impor à maioria dos exibidores (veremos essa questão mais à frente). O sistema elétrico dos cinemas também foi diretamente afetado pelas portas de socorro, que deveriam ser abertas, em caso de sinistro, por um botão situado na bilheteria e outros em cada corredor de circulação da sala, à "vista do público". Isso demandava um circuito independente da rede fornecida pela Light and Power para a abertura das portas e lâmpadas de aviso de saída, com o uso de geradores próprios e acumuladores para esse sistema de emergência (art. 7º). O artigo 13 impunha o uso de instalações sanitárias em "todos os cinematógrafos". Haveria uma multa de 50 mil réis para o excesso de lotação. O artigo 16 definia a posição da "caixa do aparelho ou cabine do operador [...] sempre ao fundo da sala de espetáculos, podendo, no entanto, ficar à frente quando na porta posterior houver saída permanente e ampla para a via pública". A posição da cabine se combinava com o artigo 14, que estabelecia a existência de um depósito de água "junto à tela, ao lado interno", para emprego em caso de acidente. Com a oficialização da cabine externa, o pobre do projecionista

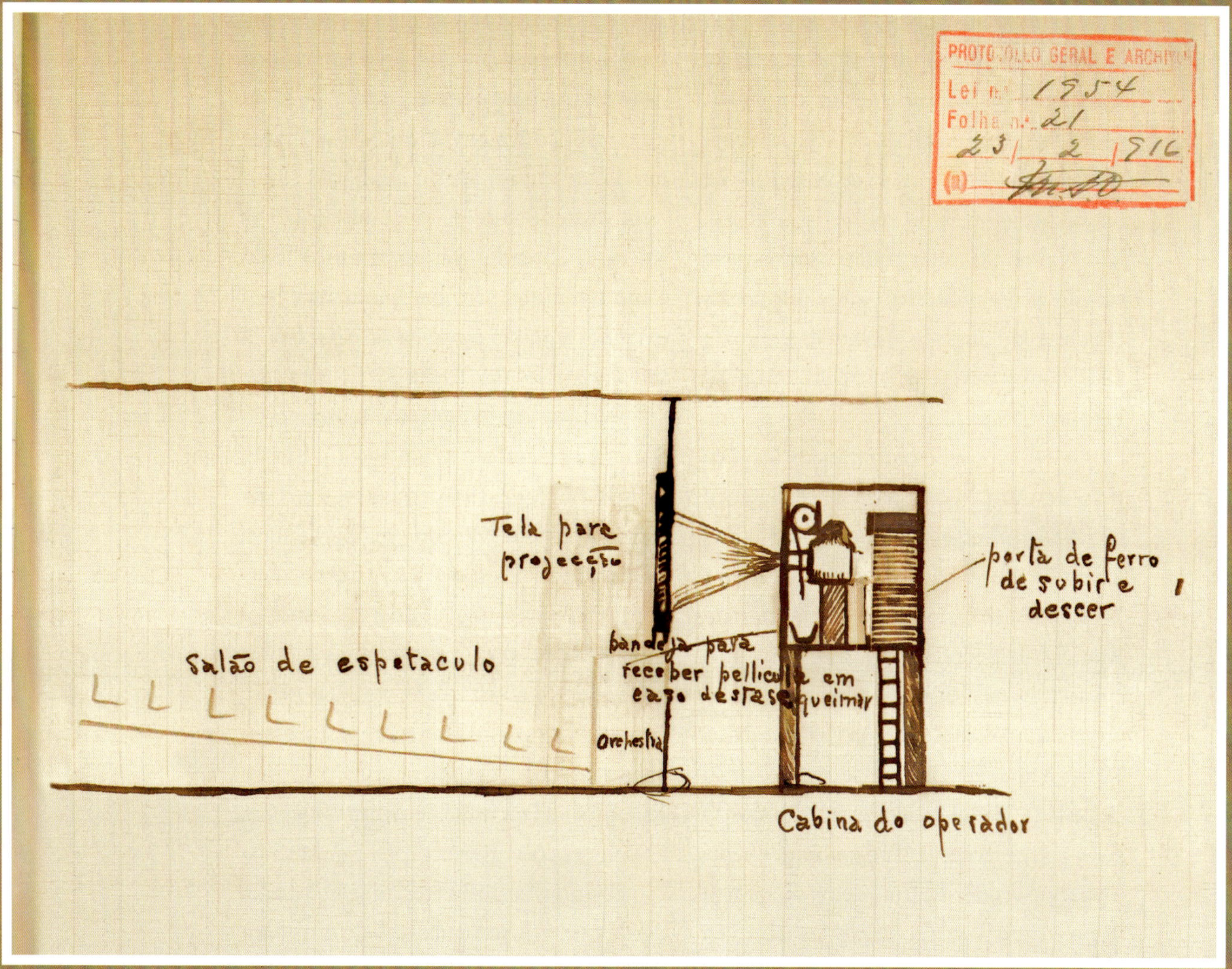

Cabine de projeção funcionando em retroprojeção, desenhada no projeto de lei de Sá Rocha.

ficava encerrado numa caixa de concreto à qual ascendia por uma escada de ferro, trancando-se no seu interior com uma porta também de ferro. As únicas aberturas permitidas eram as de passagem de luz do projetor ou de exame da projeção.

Os cinemas teriam quatro meses para iniciarem obras de adaptação e oito meses para sua conclusão, isto é, em fevereiro de 1917 todos deveriam estar em situação regular.

Os espaços cinematográficos listados pelo Tesouro Municipal em 18 de abril de 1916 foram em número de 31, dos quais José de Sá Rocha pôde examinar 26 (estavam fechados o Paris, na rua Apa, 12; o Recreio, na Major Diogo; o Bresser, na rua Bresser, 55; o Guarani, no largo do Arouche; e um na rua Trindade, 12, na Lapa, encontrava-se em processo de leilão). Todos estavam em desacordo com a legislação, levando o engenheiro a propor visitas incertas de três a quatro vezes ao ano para o controle das salas. Em caso de reincidência, a Prefeitura poderia ameaçar os exibidores com a cassação da licença, prática que se tornou efetiva nos anos seguintes. Como sugestão, Sá Rocha incluiu no relatório de vistoria um esboço de regulamentação da Lei 1.954.

O esboço foi enviado a Victor Freire em 11 de julho, sendo avaliado como "muito detalhado e consciencioso". Sá Rocha o considerava, entretanto, "bastante tolerante, se o compararmos com exigências feitas em outros países para tais construções". Tinha 33 artigos que serviram de apoio para o anteprojeto da Secretaria Geral de 22 de agosto. Em 21 de setembro de 1916, Washington Luiz assinou o Ato nº 983, que regulamentava a Lei nº 1.954. O esboço e o Ato eram concordes na apresentação de um memorial descritivo da obra junto com as plantas (respeitando o Ato nº 849, de 27/1/1916), contendo os dados que não eram representados nos desenhos (com o tempo fez-se uso de formulários impressos para as construções mais simples). A edificação no interior dos terrenos se mantinha desde que houvesse acessos de 4 m para o público. O Ato nº 983 criou um cálculo para a metragem das portas de socorro quando o cinema excedesse 80 m^2 de área.

A planta elétrica merecia atenção no artigo 18 e seus parágrafos. A vistoria prévia para licenciamento tornava-se obrigatória, e ao longo dos anos passou a ser feita por um e, depois, dois engenheiros.

Os primeiros cinemas a sofrerem com a promulgação da lei e do ato regulador foram o Central e o Teatro São Pedro. O segundo tivera suas plantas de construção aprovadas em 12 de fevereiro de 1916; sobre o Central, assim como outros imóveis da Companhia Antarctica, certamente retirados do arquivo da prefeitura, como era possível na época, falta a documentação original. A vistoria do São Pedro realizada por Arthur Saboya em 15 de janeiro de 1917 listou 12 itens irregulares em relação aos Atos 983 e 849. Comecemos pelo segundo ato, que passou a letra morta para o exame dos cinemas logo em seguida à comunicação do engenheiro. Por esse dispositivo legal, havia necessidade de um WC para cada 20 pessoas, sendo que o São Pedro tinha somente oito. Como a lotação era de 1.580 espectadores, imagine-se a diferença entre o mandamento da lei e a situação real.

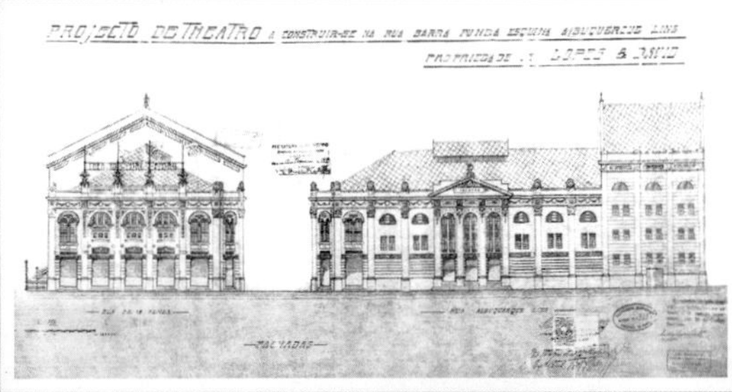

Projeto original do Teatro São Pedro na Barra Funda.

Interior do Teatro São Pedro.

A questão da higiene do público, embora avançasse com a legislação – afinal, agora eram obrigatórios os equipamentos sanitários –, ainda permaneceu conflituosa na sua aplicação, obedecendo ao escrutínio de cada avaliador da Diretoria de Obras. O item que relacionava o cálculo da metragem das portas com a metragem do cinema também criou entraves, sendo deixado de lado na maioria das vezes. No São Pedro, a soma da metragem das portas de saída da plateia era de 15,5 m, correspondente a uma área de 310 m^2. Como a sala possuía aproximadamente 493 m^2, a metragem das portas deveria ser de 24,6 m, ou seja, faltavam mais cinco portas de 2 m cada. Outras portas de comunicação não tinham as medidas legais; as portas da fachada eram de aço ondulado, que estavam agora proibidas; não havia portas de socorro dotadas de sistema elétrico independente. As cadeiras não estavam fixadas, nem havia aparelhos de renovação de ar. A cabine do projecionista fora montada com uma porta de madeira revestida com uma chapa de ferro galvanizado.

Adelmar de Melo Franco, da Diretoria de Obras, concluiu que o São Pedro oferecia condições "satisfatórias de segurança", mesmo que não respeitasse integralmente a Lei 1.954 e o Ato 983. Arnaldo Cintra, pela Secretaria Geral, foi contrário à concessão do alvará de funcionamento: "[...] como se trata de cinema ainda em construção, não se deveria dar a licença sem que ele ficasse de acordo com as disposições legais". A questão teve de subir até o prefeito Washington Luiz, que também foi contrário à abertura, num momento em que os proprietários se preparavam para sua inauguração. A Polícia Administrativa e Higiene pediu, então, que a Diretoria de Obras indicasse as reformas necessárias para colocar o cinema em ordem. Uma terceira opinião foi pedida ao engenheiro Samuel Ramos. Ele apontou somente duas medidas: 1) correção da largura das portas que não tivessem 2 m de largura no ingresso à plateia; 2) colocação de ventiladores para a renovação do ar. Para ele, o artigo 17 do Ato 849, relativo ao número de WCs, não poderia ser invocado por ser relativo às fábricas, escritórios e escolas;

como o prédio era de esquina, as portas de saída podiam também ser consideradas portas de socorro. Reduzindo o número de problemas a dois, a licença poderia ser concedida. Na fiscalização de 20 de janeiro, Nestor Ayrosa anotou a correção das portas; um ventilador já tinha sido instalado; uma caixa de aço fora colocada em substituição à anteriormente usada no sistema de eletricidade; as frisas tinham entrada independente. Dessa forma, o alvará de funcionamento foi emitido no mesmo dia. Anunciado desde o dia 16, quando ocorreu o problema legal, o cinema começou a funcionar para o público a partir de 20 de janeiro de 1917.

A legislação controladora das edificações completou o ciclo de alterações do mercado exibidor paulistano que tinha começado em 1914 – ao contrário da cidade do Rio de Janeiro, onde Alice Gonzaga localizou o período da "febre" de abertura dos cinemas entre 1907 e 1911, indicando uma *débâcle* no último ano. Na cidade de São Paulo, centro menos dinâmico, onde a difusão do cinema demorou mais tempo para arrancar, o período se alongou um pouco mais. Alterações urbanas como a abertura da avenida São João liquidaram o Bijou; compra e venda de imóveis encerraram a vida do Radium; outros tiveram sua existência paralisada por incêndios (Politeama, Edson, Excelsior), e uma gama variada de fatores comerciais, de salubridade, de localização em bairros afastados acabou com a carreira de outros quinze cinemas na cidade. Em 1915, mais quatro salas de projeção fecharam as portas (cinco se considerarmos o Pavilhão Paulista, um circo), o que se refletiu diretamente na arrecadação municipal:

ANO	ARRECADAÇÃO
1915	52:770$000
1916	94:300$000
1917	95:640$000
1918	99:320$000
1919	115:781$000

Fontes: Relatórios apresentados à Câmara Municipal pelo prefeito, 1915-1919.

Somente em 1919 se alcançaria o resultado de 1914, com a ressalva de que a arrecadação não distinguia entre os recolhimentos feitos aos cinemas e aos teatros.

A Primeira Guerra Mundial desarticulou a produção de películas dos principais países produtores, principalmente França e Itália. O tráfego marítimo de mercadorias europeias para o Brasil também foi prejudicado, criando uma crise de abastecimento, refletida nas reprises. A legislação veio se somar a esse panorama de completa transformação. Somente dois cinemas foram abertos em 1916 (o Central, na avenida São João, e o Moderno, na Mooca), outros dois em 1917 (São Pedro e Mafalda) e, tirando-se um na Penha, de curta duração, aberto em 1918, São Paulo teria de esperar o ano de 1921 para conhecer um novo ciclo de construções. Por outro lado, os cinemas novos e os já existentes tiveram dificuldades em se adaptar à nova legislação. Para os pequenos ou grandes exibidores, localizados no Triângulo ou nos arrabaldes, a mão da lei se fazia sentir de maneira cerceadora. Os entraves chegaram à Câmara Municipal, onde o vereador Heribaldo Siciliano (engenheiro e construtor) patrocinou um projeto de lei (nº 70, de 1/9/1917) que concedia mais prazo para os cinemas abertos antes da promulgação da Lei 1.954 e do Ato nº 983. A tramitação foi rápida. Em 10 de novembro foi aprovada a concessão de mais três anos para os cinemas se adaptarem à legislação (Lei nº 2.101).[5]

Cinemas de trajetória conturbada como o American, na Celso Garcia, 46, terminaram sua carreira com a legislação de 1916. Pantaleão Nicoletti tentou reabri-lo em 1917, realizando as reformas que considerava necessárias. O pedido de licença foi encaminhado ao engenheiro Celso Viana, que em 16 de abril assinou o indeferimento, já que a sala recebeu uma longa lista de "nãos": não tinha áreas laterais para isolamento do prédio; tinha apenas 6,7 m de largura (na parte mais larga, anotou o engenheiro, sugerindo a existência de outras partes mais estreitas); não tinha portas de socorro; as cadeiras não estavam fixadas no piso; a sala de espera tinha um gradil que dificultava a rápida saída dos espectadores em caso de incêndio; não tinha ventiladores; a

5 AHSP, caixa LEG-58.

porta da cabine de projeção não era de ferro; a escada de acesso à cabine não era de material incombustível; o pé-direito não atingia 2,50 m de altura; não tinha sistema elétrico independente da rede da Light; funcionava sem vistoria prévia e não tinha uma caixa d'água junto à tela de projeção. Diante do festival de negativas, Washington Luiz endossou o indeferimento. Pantaleão não desistiu. Pelo contrário, insistiu em agosto, afirmando que faria todas as modificações necessárias indicadas por Celso Viana. Segundo argumentou, as paredes divisórias eram de 30 cm, o prédio tinha saída para mais de uma rua, dispensando as áreas laterais, e o espaço estava funcionando havia mais de nove anos, sendo, portanto, anterior à Lei nº 1.954. Mas a largura do cinema foi o ponto nevrálgico: era inferior ao mínimo de 8 m, o que inviabilizava a petição, mesmo que se aceitassem os outros quesitos.

A leniência da fiscalização em relação aos cinemas, ao contrário do preconizado por Sá Rocha, que demandava vistorias em períodos incertos, somou-se a mais uma lei, a de nº 2.397, que prorrogou até 31 de dezembro de 1921 o prazo para a entrega de plantas de adaptação à legislação de 1916.[6] O projeto nº 4 de 29/1/1921 tinha sido apresentado pelo vereador Almerindo Gonçalves. Na Comissão de Obras e Justiça, os vereadores Heribaldo Siciliano, Luiz Fonseca, Armando Prado e Amaral Gurgel consideraram que, em vista de não ter ocorrido no período quaisquer acidentes graves com os cinemas desde a promulgação da Lei 1.954, havia condições de se conceder mais dois anos para a adaptação dos cinemas, desde que se apresentassem projetos arquitetônicos até o último dia daquele ano. Aprovada em primeira e segunda discussões, a lei foi para a sanção do vice-prefeito em exercício, Henrique de Souza Queiroz, em 8 de março de 1921, que a assinou duas semanas depois.

Pelo menos dois cinemas correram à prefeitura em 31 de dezembro: o Rio Branco e o Royal. Outros nem se deram a esse trabalho. O Coliseu dos Campos Elíseos começou a se regularizar em 11 de fevereiro de 1922; o Pathé, em 14 de

6 AHSP, caixa LEG-79.

fevereiro; o Melitta, mais de um mês depois, tendo seu pedido indeferido e voltando a se preocupar com o assunto em 19 de junho de 1923. Até o final da década encontramos cinemas em desacordo com a legislação de treze anos antes.

O Rio Branco, situado na rua General Osório, 77, era conhecido por suas irregularidades desde 1916. Sá Rocha denunciara as escadas de madeira, as portas atravancadas por cartazes, a cabine do projecionista fora dos padrões. No findar de 1921, a exibidora encarregou a construtora Abbate e Cia. da reforma. As plantas foram recusadas pelo engenheiro João Policarpo da Silveira por razões técnicas: apresentadas às pressas, não tinham escalas, cortes, memorial descritivo, etc. Somente em julho de 1922 a Diretoria de Obras deu seu parecer. O escritório técnico entrou com novas plantas em setembro. Dessa vez, foram examinadas por Adriano Marchini. Não havia isolamento em um dos lados do edifício; faltava o cálculo de resistência das colunas de sustentação dos camarotes; o memorial não se referia às portas de acesso à plateia, nem as plantas estavam tecnicamente cotadas; o número de mictórios era insuficiente, assim como os "toucadores" para as senhoras.

Novos desenhos foram encaminhados somente em 7 de fevereiro de 1923. Como mais uma vez havia desleixo na organização do processo (faltava o memorial), o projeto foi indeferido. Em abril de 1924, a prefeitura pediu a cassação da licença do cinema. Nesse meio-tempo, a empresa exibidora tinha passado para a Empresas Cinematográficas Reunidas Ltda., que prometeu uma reforma em 15 dias, obtendo uma licença provisória em 24 de abril. Em setembro de 1924 as reformas se concentravam na parte exterior do prédio. Em 24 de dezembro daquele ano, o engenheiro Regino Aragão informou sobre a conclusão da reforma, com o cinema em funcionamento. A combinação de descaso dos exibidores com a ineficiência da fiscalização deixou o cinema aberto de forma irregular por quatro anos. Quando o Rio Branco se pôs em ordem, a investidora Júlia Christianini tinha finalizado a construção do Central na mesma rua (General Osório, 52), parecendo mais vantajoso à Reunidas o arrendamento do novo imóvel, que contava com quase o dobro de lugares do Rio Branco (1.945 poltronas), do que a manutenção de um cinema inaugurado em 1910.

A mesma estratégia foi usada pelos mesmos atores no Royal. A Abbate e Cia. entrou com plantas equivocadas no último dia de 1921, resultando na sua recusa por João Silveira em meados de 1922. Até 7 de março de 1924, o vaivém de plantas entre o escritório de engenharia e a Diretoria de Obras manteve o Royal aberto em desacordo com a lei. Uma mudança de tática, porém, foi empregada: a sublocação para outro empresário. Domingos Fernandes Alonso passou a empresariar o Royal apenas com espetáculos teatrais, o que, em parte, o retirou do alcance da legislação de 1916. O problema maior do teatro, no entanto, era justamente sua caixa com cobertura de zinco, "insuportável no verão", prejudicando os camarins e o tablado. O laudo da prefeitura foi contestado pelo advogado Sílvio Margarido sob a argumentação de que a caixa do teatro estava em desacordo com a legislação para os cinemas, porém não havia especificações quanto ao uso para teatro (não havia legislação específica para os teatros, motivando um pedido de Arthur Saboya ao diretor Victor Freire no sentido de uma codificação semelhante à empreendida para os cinemas). O processo do Royal vagou pela administração até o final de 1924 sem que nenhuma providência efetiva fosse tomada. Quem tomou a iniciativa foi Domingos Alonso, que resolveu, em maio de 1925, oferecer também espetáculos cinematográficos, complicando a situação pacífica de um espaço que tinha caído no esquecimento. O empresário se dispunha a trocar a cobertura de zinco por telhas francesas; construir uma nova cabine de projeção (projeção direta); mudar o forro por outro de tela metálica com cimento e cal; e instalar duas escadas de acesso aos camarotes. As cadeiras seriam fixadas e seria implantado o circuito de lâmpadas de segurança. O retorno do Royal a cinema foi autorizado a "título precário". As obras de reforma continuaram estourando todos os prazos dados pelos engenheiros, até que em 4 de janeiro de 1926 deu-se o prazo "improrrogável" de 30 dias.

O Royal, no entanto, tinha passado para o empresário Francisco Serrador, que estava reconstruindo o circuito de salas paulistanas, depois de dez anos no Rio de Janeiro, onde tinha erguido a Cinelândia carioca. Por intermédio do gerente e compatriota Júlio Llorente, ele encaminhou o pedido de licença em 8 de março de 1926, declarando que as "obras de adaptação" do Royal tinham sido concluídas. Como a caixa do teatro permanecesse intocada, a vistoria de João Silveira frisou que a casa de diversões só poderia funcionar como exibidora de filmes, sendo proibidos os espetáculos teatrais e de variedades.

Sessão noturna do São Bento logo após a abertura em outubro de 1927.

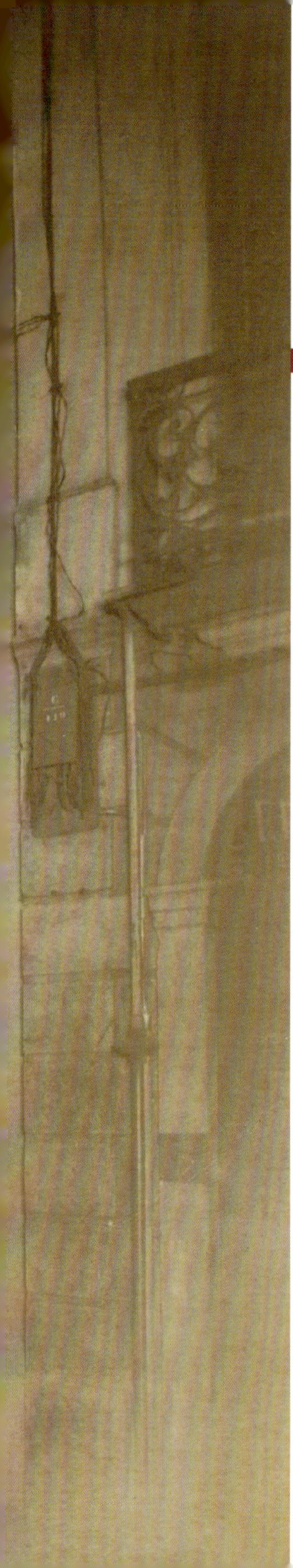

DO CINEMA (FALSAMENTE) MUDO AO SONORO: A DÉCADA DE 1920

Em geral, somos tentados a reproduzir fenômenos de outras cidades no nosso próprio panorama urbano. Tal é o caso da ideia de uma "Cinelândia" paulistana, ocorrência tardia quando apareceu nos anos 1950 e, por conseguinte, deslocada. Como bem explicou Alice Gonzaga, a Cinelândia foi um feito essencialmente carioca e impossível de ser reproduzido no resto do país (Gonzaga, 1996).

A área de 4.000 m^2 ocupada originalmente pelo Convento da Ajuda foi adquirida em 1911 pela Light and Power com o objetivo de transformar o espaço num hotel de primeira classe. Um projeto arquitetônico chegou a ser realizado, mas nada foi adiante. Depois que Francisco Serrador se mudou para o Rio de Janeiro, constituindo com Vivaldo Leite Ribeiro e outros acionistas a sociedade anônima Brasil Cinematográfica, a concretização de um centro de diversões portentoso e monumental, "verdadeiramente *yankee*", como publicou *Palcos e Telas*, em 25 de dezembro de 1915 (Gonzaga, 1996, p. 129), começou a ser difundido pelos empreendedores. O lote original foi retalhado para venda aos investidores, sendo que a Brasil Cinematográfica reservou para si uma área de 1.700 m^2 no canto do Passeio Público e Palácio Monroe com a avenida Rio Branco. Segundo Alice Gonzaga, alguns projetos para a ocupação do terreno, dois deles como "centro de diversões", foram lançados ao ar por volta de 1920. Várias tratativas entre os empreendedores e o poder público terminaram por reduzir a área dos lotes à venda, abrindo-se novas ruas (Álvaro Alvim, Alcindo Guanabara e Senador Dantas), de forma a se alinhar todo o quarteirão com o edifício do Conselho Municipal, na praça Marechal Floriano. Somente em 1923 começaram a ser erguidos os quatro primeiros prédios, nos quais os cinemas ocupavam a parte térrea dos imóveis. Teria de se esperar até 1925 para a inauguração dos cinemas Capitólio, Glória e Império, seguido pelo Odeon, no ano seguinte. Como apontou Gonzaga, a Cinelândia não alterou fundamentalmente o sistema de exibição carioca. A autora assinala que "[...] ocorreriam transformações mais profundas no espaço e no espetáculo cinematográficos, efetivadas somente na década seguinte" (Gonzaga, 1996, p. 115).

Em São Paulo, nenhuma dessas contingências esteve presente, com exceção de uma lógica de agigantamento dos espaços cinematográficos, sob a ótica dos *movies palaces* norte-americanos, porém sem sua pomposidade arquitetônica. Não tínhamos um Serrador na cidade, pelo contrário, a antiga Companhia Cinematográfica Brasileira, em decadência, foi obrigada a se associar ao grupo concorrente D'Errico, Bruno, Lopes e Figueiredo nas Empresas Reunidas, dividindo o controle dos cinemas existentes na cidade. A única grande área passível de um projeto como o da Cinelândia, os terrenos onde estiveram o Bijou e o Politeama, pertenciam à Companhia Antarctica, que optara pela construção de um prédio comercial de seis andares, com o cinema Central ocupando duas salas no térreo. Isso se dera antes da lógica do agigantamento, afastada de uma ideologia de criação de um "centro de diversões", embora a reurbanização do Anhangabaú oferecesse todas as condições para um tal projeto.

O quadro, no entanto, não era de estagnação. Novos grupos econômicos se associaram para a renovação do panorama paulistano, e um sinal dessa vaga foi a reutilização das antigas instalações do Skating Palace, na praça da República, 50, aberto em 1912. Seu último uso tinha sido como linha de montagem da fábrica Ford Motor Co., em 1919-1920.

Se, por um lado, o mercado exibidor não acompanhou a renovação do centro urbano na década de 1920, como acontecera com a primeira "febre" cinematográfica de 1907-1908, quando o Bijou, o Radium e o Íris dominaram o Triângulo, por outro, foram os bairros que desequilibraram a equação, sobrepondo-se ao vale do Anhangabaú reurbanizado. Os bairros que se destacaram na década que se abria repetiam o perfil dos anos anteriores, com o Brás, a Mooca e o Bom Retiro à frente – áreas populosas e de economia dinâmica ascendente desde a Primeira Guerra Mundial –, acrescentando-se o eixo da rua Vergueiro em direção à Domingos de Morais, ou seja, Paraíso/Vila Mariana.

As tensões bairro/centro foram percebidas pelo crítico Octavio Gabus Mendes, que em artigo publicado na revista *Para Todos*, em 4 de julho de 1925, mostrou-se indignado com os exibidores que jogavam os "bons" filmes em bairros distantes como o Brás:

> [...] o que sei é que para assistir um filme Serrador ou da Fox era preciso aos que moravam no centro da cidade ou em bons bairros darem uma nada confortável passeata à *bond*, de uns 40 minutos no máximo. É um absurdo.
>
> [...] Mais uma vez, Serrador e Cia. no olho da rua, ou melhor, no Brás, de novo e mais uma vez, o público seleto precisando andar muito e arriscar os ouvidos às inconveniências para assistir filmes dos ditos Senhores. (*Apud* Schvarzman, 2005, p. 163).

Na mesma época, o centro da cidade contava com que cinemas, além do República? Com o Cine Triângulo, classificado pelo mesmo crítico, na revista *Cinearte* de 14 de dezembro de 1926, com os seguintes epítetos: "[...] langorosas valsas e xaroposas músicas. Isso não devem estranhar (sic), porque lá é assim: casamento na tela, marcha fúnebre pela orquestra. Enterro na tela, marcha nupcial pela orquestra. Formidáveis! Que orquestra! Que forno! Que espelunca" (*apud* Schvarzman, 1995, p. 168).

O Brás, tão vilipendiado pelo crítico conservador das revistas *Para Todos* e *Cinearte*, tinha espectadores tão abastados como os de qualquer outro bairro de elite, que podiam ir ao cinema em suas vistosas "landaulets" (tipo de carro aberto de luxo), segundo resposta endereçada ao autor do texto acrimonioso. Era um público que também possuía capital cultural para entender o cinema como arte, ao contrário do que afirmava Octavio Gabus Mendes sobre os "ignorantões" que habitavam para além das porteiras do Brás.

Na década de 1920, a Companhia Puglisi diversificara seus negócios naquele lado da cidade com a construção do Teatro Olímpia. A Puglisi era outra empresa de imigrantes italianos que fizera fortuna com a importação e exportação de produtos alimentícios. Trazia vinho da Itália e exportava açúcar por meio da União dos Refinadores. Em setembro de 1922, passou para a moagem de trigo, com as instalações do Moinho Santista.

Para fazer o projeto do Olímpia, a companhia chamou o engenheiro José Sachetti, que já tinha trabalhado para a Companhia Cinematográfica Brasileira na construção do Marconi. O terreno escolhido no Brás tinha 2.020 m², formando um quarteirão com frente para a avenida Rangel Pestana, 92, laterais para as ruas Piratininga e Campos Sales e fundos para a Caetano Pinto, 43. As dimensões iniciais eram mais modestas do que as que acabaram prevalecendo. De início Sachetti previu 1.356 m² de área construída para atender a um público de 1.250 espectadores. O desenho, classificado como de "tipo moderno", fugia do padrão italiano de frisas, camarotes e galerias, para instituir uma grande plateia cercada somente de frisas. A exibição se faria por retroprojeção, estando a cabine do lado de fora do palco cênico. O forro de estuque seria em forma de cúpula, e 21 grandes janelas facilitariam a ventilação. No fundo do terreno ficariam as instalações higiênicas, em dois pavilhões. A Empresa L. Carbone e Cia. foi encarregada da obra. O projeto arquitetônico deu entrada em 19 de junho de 1920, sendo aprovado a 2 de julho.

No ano seguinte, Sachetti foi substituído por Sylvio Raja. O "tipo moderno" de cinema sofreu alterações com a inclusão de camarotes de cimento armado. Para os engenheiros da prefeitura, a construção dos camarotes era uma oportunidade para o reforço das paredes laterais, que não suportariam o peso do telhado. Antonio de Lima Pereira declarou que, antes da colocação das tesouras de sustentação do telhado, "[...] diversas paredes ruíram, tendo havido mesmo um desastre mortal na obra, e sobre os quais os jornais bordaram vários comentários. A obra desde o seu início foi mal lançada e pessimamente executada".[1] Com a desistência de Sylvio Raja em 23 de maio, a obra foi embargada em 4 de junho.

No lugar de Raja entrou o Escritório Técnico Companhia de Imóveis e Construções, de Andrea Bernasconi e Serafim Orlandi. Os novos construtores mudaram o projeto mais uma vez para um cineteatro com as divisões tradicionais. Durante o processo de vistoria, descobriram-se várias irregularidades: as passagens de galerias eram inadequadas, os corredores de camarotes e frisas tinham menos de 1 m, o espaçamento entre as filas de cadeiras era insuficiente, as escadas de acesso aos camarotes nem eram em lance reto nem tinham as larguras corretas. A Companhia Puglisi executou as correções recomendadas, obtendo permissão para a abertura do Olímpia em 22 de março de 1922. Sua capacidade tinha pulado para 2.154 espectadores, assim distribuídos: 250 nas frisas, 90 nos camarotes, 408 na 1ª classe, 482 na 2ª classe (plateia), 124 nas galerias e 800 nas gerais.

1 AHSP, Série Edificações Particulares, caixa R2/1921.

O prédio foi orçado em 900 contos de réis para efeito contábil. A operação do teatro ficou a cargo da S. A. Companhia Teatral Olímpia, que o arrendou à Empresa Teatral Paulista. A inauguração deu-se em 24 de março de 1922 com o filme *O conquistador*, estrelado pelo galã William Farnum, e um espetáculo levado pela companhia do cômico Sebastião Arruda.

O Olímpia foi acompanhado pelo Brás-Politeama, inaugurado logo em seguida, a 2 de junho de 1922, com capacidade para 3.225 espectadores. O gigantesco Brás-Politeama surgiu de uma associação do empresário circense Paschoal Ciocciola com José Canuto de Oliveira e Hypolito Rocha. O local escolhido foi a avenida Celso Garcia, 53, entre as ruas Progresso e Carlos Botelho (fundos). O projeto foi dado a A. de Saint-Aubin. A obra começou a ser erguida por Rodrigo Cláudio da Silva, sendo transferida para Manuel Asson, construtor com larga experiência, que trabalhava na cidade desde o começo do século XX. Nenhum dos projetos assinados por Saint-Aubin ou Asson previa projeções cinematográficas; as instalações necessárias para essa atividade foram construídas às vésperas da inauguração. Depois de passar pelos nomes de Politeama Cinema e Éden Politeama, o Grande Brás-Politeama foi aberto com a Companhia de Operetas Italianas de Lea Candini, encenando *A princesa das czardas*. Um filme da Fox, *Os cavaleiros da noite*, completou o programa.

Ao contrário do Olímpia, o Brás-Politeama utilizava projeção direta, com a cabine situada no plano dos camarotes. Contava com três portas para a Celso Garcia, quatro para um corredor que dava na Carlos Botelho e outras quatro para a rua Progresso (atual Costa Valente). A plateia tinha uma superfície de 960 m². À volta, na tradicional forma de ferradura dos teatros italianos, encontravam-se 28 frisas, 45 camarotes e 1.350 lugares nas galerias. A plateia comportava 1.022 cadeiras, das quais 488 eram "distintas" e 712 de 1ª classe (uma reportagem de *O Estado de S. Paulo*, em 3/5/1922, referiu-se a 1.200 poltronas e cerca de 300 lugares em pé nos *promenoires* ao longo das paredes laterais). Apesar das boas dimensões do palco, com 28 m de largura por 14 m de profundidade (boca de cena de 13 m), o jornalista de *O Estado de S. Paulo* criticou o construtor pela falta de coxias no palco e por ter abrigado os camarotes no lugar dos bastidores.

O Brás contava, portanto, com três cines-teatros – Colombo, Olímpia e Brás-Politeama –, somando mais de 7 mil lugares. Havia ainda os cinemas Ísis e Eros, ambos dos irmãos Taddeo, e, mais tarde, foram inaugurados o Variedades (logo depois Parisiense), do napolitano Carlo Nunziatta, e o Oberdan, da Sociedade Leale Oberdan. Na década seguinte, o número de lugares ofertados explodiu com o Universo (4.351 lugares). O bairro certamente era o mais bem servido de cinemas e teatros da cidade.

Outros grupos empresariais associaram seus negócios ao do mercado exibidor. A Sociedade Anônima Fabril Scavone, de Itatiba, no ramo industrial de cobertores, mantas, lençóis e outros tecidos desde 1893, viu uma oportunidade de diversificação com a compra das antigas

DIA 14
Estréa do cinema sonóro
NO
Oberdan
O 3.º cinema das Empr. Reunidas a exhibir fitas synchronisadas.

TAXI N. 13 — Da Radio, com Chester Conklin.

ORPHAM DO CIRCO — Da Radio, com Helene Costello e Joe Brown.

Publicidade de inauguração do Oberdan como cinema sonoro.
O Estado de S. Paulo, 10/11/1929, p. 29.

instalações da fábrica de fósforos da Vila Mariana, na rua Domingos de Morais com a Fontes Júnior, para a construção do Fênix. A lotação inicial foi pensada para 1.004 pessoas. O projeto de Adolpho Timm foi severamente criticado, porque descumpria mais de 15 itens da lei sobre edificações cinematográficas. A frente do cinema ocupava 19 m da Domingos de Morais e 33 m da rua lateral. O primeiro pavimento tinha 518 m^2, o segundo, 117 m^2, com mais 147 m^2 destinados a um genérico "dependências". A arquitetura inicial foi modificada com a inclusão de 24 camarotes. Como se tratava de um investimento, antes do término da construção, o Fênix já tinha sido arrendado para João de Castro Lucas e Cia.

Outra investidora foi Júlia Christianini. Proprietária de alguns imóveis na rua General Osório desde 1919, ela já passara por uma experiência anterior no mercado exibidor com a aquisição do Bijou Santa Marina, na Lapa. Em setembro de 1922, encarregou o engenheiro José de Macedo Fraissat da execução de um projeto para os números 38 a 52 daquela rua.

Fraissat se formara em engenharia elétrica pela Escola Politécnica. Talvez tenha sido por isso, e também por sua pouca experiência, que seu colega da Diretoria de Obras, Adriano Marchini, apontou 12 falhas no projeto, entre as quais, curiosamente, a falta da planta elétrica. A primeira polêmica que se estabeleceu sobre o projeto foi a colocação da cabine de projeção na frente do cinema (projeção direta). Fraissat argumentou que já havia cinemas na cidade com essa disposição, citando o Carlos Gomes, da Lapa, inaugurado no ano anterior. Além disso, os cinemas norte-americanos, como se podia ler na *American Builder* de maio de 1920, também utilizavam a projeção direta. Marchini não participara da análise do cinema da Lapa, mas as salas que se valiam desse expediente tinham saída para duas ruas, o que não era o caso do futuro Central. De qualquer forma, o engenheiro da Diretoria de Obras não era um opositor da projeção direta. Pelo contrário. Nas suas palavras, a "visão para o público é muito melhor, sem fadiga de

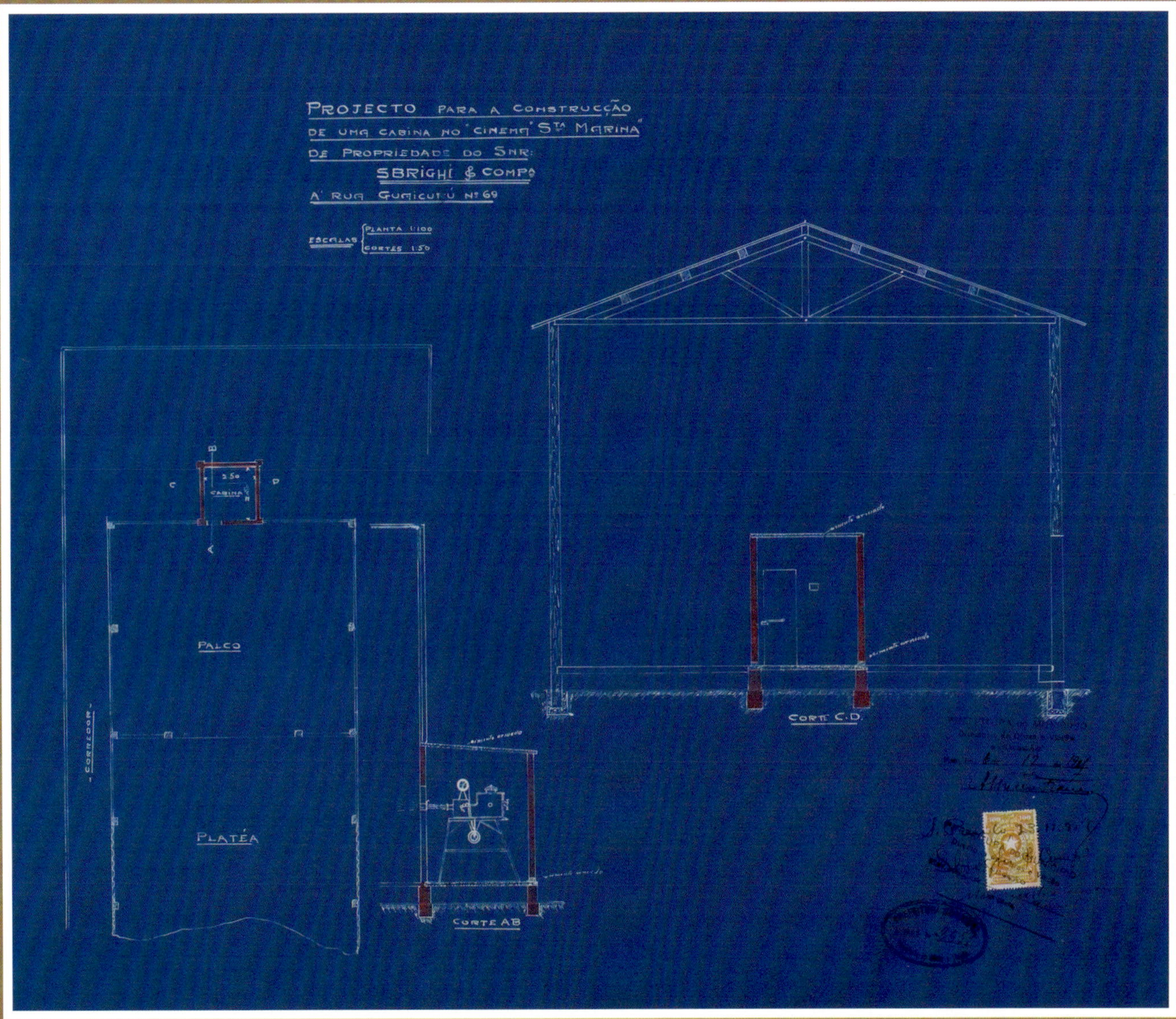

Reforma da cabine do Santa Marina, situado na Lapa, em 6/12/1917.

vista";[2] os modernos projetores tinham eliminado o grande perigo de combustão das películas; a lei de 1916, para ele, era antiquada, logo, o que tinha validade oito anos antes fora ultrapassado pelas inovações tecnológicas. Arthur Saboya foi favorável às ponderações de Marchini, observando apenas que a largura das portas de saída deveriam ser aumentadas. Somente em março de 1923 o projeto do novo Central (o Central original da Companhia Antarctica Paulista tinha sido fechado para dar lugar à Coletoria Federal) foi aprovado, com 820 m² para cada um dos três pavimentos (plateia, camarotes e galerias).

Durante a década de 1920, o concreto armado tinha se expandido pelas construções da cidade. A chegada desse material, segundo Ernani da Silva Bruno, ocorrera em 1909 com o prédio de dois pavimentos erguido nas esquinas das ruas Direita e São Bento pelo engenheiro Francisco Notaroberto (Bruno, 1953, p. 955). A verticalização da cidade, promovida pela prefeitura ao estabelecer o mínimo de três andares para os edifícios novos de certas ruas do centro, aumentou o interesse pelo concreto, cujo ápice foi o prédio Martinelli. No caso dos cinemas, o novo material vinha substituir o uso da madeira, condenada por ser combustível, e suplantava o ferro, que seria a saída natural para os projetistas e construtores por sua maleabilidade. As dimensões do Central, aliadas a uma série de alterações no projeto original que resultaram em embargos e revisões por parte da prefeitura, levaram Marchini a pedir uma comissão de peritos para a análise da estrutura do cinema. Saboya determinou que o próprio crítico, associado a outros engenheiros da Diretoria de Obras, França Pinto e José Amadei, compusessem a junta analisadora. O resultado foi favorável à proprietária do prédio.

O desenho do Central já antecipava algumas das tendências que só fariam aumentar durante a década, vindas na esteira das influências internacionais (o *palace movie* norte-americano) e nacionais, como os centros de diversões

2 AHSP, Série Cinemas, caixa Cine-9.

que a Cinelândia carioca lançara como proposta construtiva. Além dos bares e bufês, o Central tinha um salão de bilhar no nível das galerias, justamente aquele que atendia ao público mais popular. O cinema foi inaugurado em 5 de dezembro de 1924 com capacidade para 1.945 espectadores, substituindo no bairro o Coliseu dos Campos Elíseos, inaugurado em 1911.

Em meados da década, o agigantamento das salas, com os pés numa estética teatral ultrapassada, ombreava-se com a diversificação dos equipamentos oferecidos. A concepção antiquada dos novos cineteatros do Brás e de outros bairros, como Lapa e Vila Mariana, igualava-se ao desenho pesado e pouco gracioso do Palacete Santa Helena ou da adaptação do prédio do Odeon, na rua da Consolação. A construção do Santa Helena se iniciou em 1920 sob a direção de Manuel Asson, passando, com sua morte, para os filhos Adolfo e Luiz.[3] Somente em 23 de outubro de 1925 foi que se pediu o alvará de funcionamento do cineteatro. O importante a notar é que, além de funcionar como cineteatro (Luiz de Barros foi um dos que atuaram no palco com a Companhia Rataplan, trazida do Rio de Janeiro), havia nos baixos do espaço o Salão Egípcio, funcionando como bar, restaurante e café-concerto.

O Odeon, na rua da Consolação, 40-42, se enquadrava no antigo projeto dos "centros de diversões" proclamado por Francisco Serrador. Em 10 de março de 1920, a empresa de Serrador já havia declarado que iniciaria a construção de um cinema na cidade com dois "luxuosos" salões para cinema e teatro, envolvendo outros equipamentos, como sorveteria, restaurante e "outros melhoramentos".[4] A ideia ficou arquivada por oito anos, até que uma antiga agência de automóveis, o Coliseu Palácio, foi reformado pelo proprietário do prédio, Sílvio Álvares Penteado, para abrigar um edifício de quatro andares.

3 Sobre o Santa Helena, ver Campos & Simões Júnior (2006), principalmente o capítulo de Cândido Malta e Rafael Perrone.

4 *O Estado de S. Paulo*, 10/3/1920.

Álvares Penteado não era um neófito no ramo cinematográfico, tendo participado da construção do Scala, na rua Barão de Itapetininga, em 1911, além de possuir os direitos de exploração da patente do processo de filme colorido inglês, o Kinemacolor. O Escritório Técnico Júlio de Abreu Júnior ficou encarregado do projeto. Os dois primeiros pavimentos do edifício de uso misto foram destinados a duas salas de exibição, o Odeon Sala Azul e o Odeon Sala Vermelha (mais tarde se acrescentou a Sala Verde ao conjunto), e nos dois últimos pavimentos foram construídos apartamentos. Ainda que outros prédios com ocupação distinta nos andares superiores ao cinema já tivessem sido construídos na cidade, caso do Santa Helena, ou estivessem em construção, como o Rosário, o engenheiro da prefeitura Benjamin Egas informou que era proibida tal disposição (art. 167 do Ato nº 1.235). O engenheiro da construtora, Júlio Pacheco, foi chamado a dar explicações, anotando no processo, de próprio punho, que os dois cines-teatros tinham

> [...] entradas amplas e independentes por meio de largos planos inclinados, sem nenhum degrau, e saídas para as ruas Consolação e Epitácio Pessoa. É bom notar que esta grande segurança dadas pelas amplas e fáceis saídas é ainda aumentada por ser toda a construção de concreto armado e se acharem as cabines dos operadores cinematográficos [projecionistas] exteriores às salas de espetáculo.[5]

Arthur Saboya fez uma visita à obra "[...] verificando que os diversos planos terão acesso inteiramente independentes. Quanto à superposição de pavimentos, tratando-se de destinos equivalentes – Cinema e Teatro – não é o caso previsto na lei". Diante da falta de previsão da lei, o alvará de construção foi emitido em 11 de abril de 1928.

O Odeon foi arrendado ao Programa Serrador, sendo inaugurado em 11 de outubro de 1928. Tinha cinco salões com

5 AHSP, Série Cinemas, caixa Cine-6.

dois cinemas, um bar, uma confeitaria--sorveteria com 300 mesas, *dancing* e uma sala de exposições. O espaço multiuso intitulava-se o "maior centro de diversões da América Latina", com capacidade para 15 mil pessoas, o que era um exagero. A Sala Vermelha era a mais requintada, comportando 30 frisas, 32 camarotes, 400 espectadores nos balcões e 1.680 poltronas (cerca de 2.400 espectadores); a Azul tinha 18 camarotes, 240 lugares nos balcões e 1.600 poltronas na plateia (1.900 espectadores). A orquestra era composta de 30 "professores", e uma Eletrola Ortofônica Auditorium da Victor Talking Machine animava os intervalos. Na inauguração contou-se com uma *jazz band*. A programação de abertura foi dividida entre a cantora Ermelinda Cichero e os filmes *Lírio de Granada*, na Sala Vermelha, e *Quarteto de amor*, na Azul.

Outra tendência que apareceu no final da década, visando atrair um público sofisticado, foi a criação de espaços inspirados no orientalismo de alguns *movies palaces*. A sugestão não era nova se pensarmos nas duas torres bojudas do Teatro São Paulo, um projeto de Alexandre de Albuquerque de 1911, que se completava com as janelas e portas arqueadas em ferradura de estilo mourisco.

Dois desses projetos surgiram em 1928. Enquanto José Martinelli inaugurava o Alhambra, na rua Direita, 33, começava a ser erguido, no bairro de Santa Cecília, o cinema de mesmo nome.

Sobre o Alhambra não há muitas informações. A planta original previa um prédio de quatro andares. A construtora Duarte e Cia., no entanto, avisou a Diretoria de Obras em 15 de março de 1928 que somente a parte térrea, destinada ao cinema, seria ocupada, ainda que as fundações fossem feitas para um edifício de maior envergadura. A proximidade do Alhambra com os *palaces* norte-americanos estava no estilo mourisco, como o próprio nome indicava, caracterizado por janelas com muxarabis e uma estrela de oito pontas encimando os detalhes da fachada. Seu interior comportava somente uma plateia para 844 espectadores, embora o *Diário Nacional* tenha anunciado 1.200 pessoas em sua edição

A fachada mourisca do Alhambra.

de 12 de julho de 1928. Ainda segundo esse jornal, o Alhambra tinha sido "[...] especialmente construído sob todas as exigências da técnica, obedecendo ao modelo pelo qual se constroem presentemente os melhores cinemas norte-americanos". O estilo mourisco estava presente não só na fachada como num jardim de inverno com entrada pela rua São Bento. A busca de um público distinto daquele que frequentava os cinemas populares se evidenciava no acesso concedido aos espectadores vindos de carro, que poderiam estacionar seu veículo na rua José Bonifácio e, atravessando a galeria que levava à rua Direita, ingressar no cinema.

O Alhambra estreou em 20 de julho de 1928, com um filme que causou polêmica. A película dirigida por Clarence Brown, *A carne e o diabo*, com Greta Garbo e John Gilbert, foi falsamente vendida como uma adaptação do livro *Anna Karenina*, de Leon Tolstoi; a censura, vendo coisas que a crítica cinematográfica não entendeu, retalhou o filme e interditou-o para "senhoritas". O chefe da Censura Cinematográfica, Genolino Amado, diante das invectivas, veio à imprensa declarar que não tinha sido o autor dos cortes, somente da restrição às paulistanas menores de idade.

Embora o Cine Santa Cecília tenha sido inaugurado no período sonoro, seu projeto datava de 1928. Somente com a inauguração do Paramount e do Rosário foi que o investidor Crispiniano Martins de Siqueira mudou o rumo da sala, adaptando-a aos processos sonoros existentes, como o vitafone e o movietone. O projeto foi encaminhado pelo engenheiro-construtor Álvaro de Salles Oliveira em 29 de setembro de 1928, com as características orientais que fariam a fama da sala do bairro (o Santa Cecília era o segundo a adotar essa estratégia de atração do público, seguindo a via aberta pelo Alhambra da rua Direita). O investimento financeiro e programático em um cinema afastado do centro comercial ou de dinâmica industrial, como os construídos no Brás, é uma incógnita. A área de 1.176 m^2 compreendia uma face de 57,25 m para a rua das Palmeiras, fazendo esquina com a rua Conselheiro Brotero, na qual ocupava

S. PAULO NA VANGUARDA!
Paramount Pictures
UM CINEMA NOVO
QUE APRESENTARA'
COISAS NOVAS:
MOVIETONE, VITAPHONE, ETC.
CINE-PARAMOUNT
AV. BRIG. LUIZ ANTONIO, 79
Pellicula de inauguração :
"ALTA TRAIÇÃO" (The Patriot), producção Paramount, com Emil Jannings, Florence Vidor, Lewis Stone
Direcção de LUBITSCH

O cinema aparelhado com dois diferentes sistemas de sonorização.
O Estado de S. Paulo, 5/4/1929, p. 22.

mais 22,16 m. Um armazém com moradia no segundo pavimento também foi construído colado ao cinema, provavelmente para melhor aproveitamento do terreno. O desenho arquitetônico privilegiava o desejo de sonho de um Oriente das Mil e uma Noites, como foi assinalado pelo cronista Guilherme de Almeida, porém, mais importante do que isso era o despojamento da edificação, composta de uma plateia inferior e outra superior, assemelhando-se ao projeto original do Rosário. As plantas não foram bem recebidas na Diretoria de Obras da Prefeitura, encontrando-se defeitos de planejamento no aproveitamento da parede para o armazém, além de outros pecados menores, como falta de indicação do sentido de aberturas das portas e largura insuficiente na escada de saída da plateia superior. Indeferido a 12 de novembro, o construtor entrou com uma "reconsideração de despacho" no mesmo dia, denotando o conhecimento antecipado da recusa técnica. Nesse momento, ficamos sabendo um pouco mais sobre o investimento que Crispiniano Siqueira fazia no cinema.

O prédio era todo em concreto armado. Como o telhado tinha grandes dimensões, contratou-se a Fichet-Hautmont, a mesma que tinha projetado o Capitólio no ano anterior, para a construção da cobertura metálica. Os detalhes mais luxuosos estavam na utilização de mármore de Carrara nas escadas, nos peitorais das janelas, nas soleiras das portas e na bilheteria, e de mármore de Bardiglio na escada de acesso à galeria. A pintura também devia ser muito requintada, mas faltam informações sobre o desenho ou o artífice que dela se encarregou. Sabemos apenas que se procurava uma "pintura artística" para o *hall* de entrada, "semelhante às melhores casas desse gênero". Em contrapartida, o piso levava ladrilho hidráulico na entrada e peroba nas duas plateias. O alvará de construção foi emitido em 30 de novembro de 1928.

Durante o processo de construção resolveu-se que o cinema teria camarotes, alterando-se assim o projeto original (primeiro se pensou em 18 camarotes na plateia superior, aumentados para 30 no final da obra). O desvio era outra coincidência com o Rosário, cuja planta inicial também recebeu o elitismo dos camarotes. Mas o mais importante foi a alteração da cabine de projeção. Desde o início ela foi pensada para o uso de projeção direta. Os detalhes que se acrescentaram foram bebidos por Salles Oliveira na revista *Architectural Forum*, número de 1925, em que se pregava a necessidade de gabinetes sanitários na própria cabine de projeção, além da colocação de acumuladores de energia no mesmo espaço. A cabine de projeção sempre fora encarada como um cubo de concreto em que se encarcerava o projecionista, sem haver preocupação com a penosidade do trabalho exercido em tais condições. O Santa Cecília rompia com essa prática, mas a mudança não foi bem recebida pela Prefeitura. No primeiro momento, ela foi indeferida, e somente uma nota técnica e maiores esclarecimentos fizeram com que se aprovasse a alteração.

O alvará de funcionamento do cinema foi dado em 8 de julho de 1930, encarregando-se da sua administração a Sociedade Anônima Empresa Serrador. A lotação foi calculada em 2.068

espectadores, que a Serrador aumentou para 2.300 antes da abertura como forma de propaganda (Guilherme de Almeida expandiu a capacidade para 3.000 espectadores). O filme de James Cruze, estrelado pelo mitômano Erich Von Stroheim (o qualificativo é de Paulo Emílio), *O grande Gabbo* (*The great Gabbo*), abriu o cinema no dia 10, utilizando-se do processo de sonorização em vitafone.

Com o Santa Cecília podemos fechar o ciclo de inovações trazidas pela década de 1920. A ideologia cultivada pelos "mudistas", os partidários do cinema mudo, também foi abandonada em 1930, quando a revista *O Fan*, publicada no Rio de Janeiro, deixou o campo de luta.

O processo de sonorização da rede exibidora continuaria nos anos seguintes. Ainda que faltem estudos sobre esse período, é possível que 1934 tenha sido o ano de encerramento da fase de transição, momento em que todo o parque exibidor estava adaptado à nova tecnologia. Muitos exibidores abandonaram a profissão, dando lugar a outros. O trauma tinha sido superado e o cinema era sonoro.

QUADRO III. SALAS DE CINEMA EM SÃO PAULO 1916-1930.

PERÍODO	EMPRESA/CONTRATANTE	ENDEREÇO	BAIRRO	ESPAÇO
?/1916 a ?/1916	Renato e Cia.	Rua Guaicuru, 71	Água Branca	Bijou Santa Marina
?/1916 a ?/1917	Mattos e Cia.	Avenida Rangel Pestana, 148	Brás	Brás Bijou
?/1916 a ?/8/1917	Machado e Cia.	Rua Quintino Bocaiuva, 39	Sé	Eldorado Cinema
?/1916 a ?/3/1921	Luiz Guerra e Cia.	Rua João Teodoro, 47	Luz	Teatro da Paz
?/1/1916 a ?/1918	Empresa Medici e Puntoni	Rua da Consolação, 324	Consolação	Cinema América
?/1/1916 a ?/1916	Empresa C. O. P.	Rua Apa, 12	Santa Cecília	Teatro Bernardino de Campos
10/1/1916 a 22/6/1947	Empresa Januário Loureiro	Rua Boa Vista, 52	Sé	Teatro Boa Vista
1/3/1916 a 31/12/1923	Empresa Cinematográfica D'Errico, Bruno, Lopes e Figueiredo	Rua Sebastião Pereira, 68	Santa Cecília	Royal Theatre
15/3/1916 a ?/1917	Companhia Kinemacolor	Largo do Arouche, 63	Vila Buarque	Teatro Brasil
15/7/1916 a ?/1917	Empresa Pasquale Gullo	Rua Barão de Itapetininga, 12	Vila Buarque	Cinema Universal
?/11/1916 a ?/1923	Falgetano e Maffi	Rua da Mooca, 419	Mooca	Cinema Moderno
28/12/1916 a ?/3/1922	Companhia Cinematográfica Brasileira	Rua São João, 53	Sé	Cinema Central
?/1917 a ?/1917	Vasco Rodella	Rua Trindade, 17 e 25	Lapa	Lapa Cineteatro
?/1917 a ?/1917	José Stupiello	Rua Nova de São José, 22	Brás	Cinema São José
?/1917 a ?/1917	Bosque da Saúde	Bosque da Saúde	Bosque da Saúde	Cinema ao ar livre
?/1917 a ?/1919	D'Errico, Bruno e Cia.	Rua da Consolação, 217	Consolação	Teatro Guarani
?/1917 a ?/12/1918	Couto e Dias	Rua Engenheiro Fox, 14	Lapa	Pavilhão Recreio
5/1/1917 a ?/1917	Ramiro de Oliveira	Rua Bresser, 55	Belenzinho	Cinema Bresser
15/1/1917 a ?/1919	Empresa Lopes e David	Rua Barra Funda, 33	Barra Funda	Teatro São Pedro
6/3/1917 a ?/12/1929	João de Castro e Cia.	Largo da Concórdia, s/nº	Brás	Teatro Colombo
15/3/1917 a ?/6/1920	Vicente Spisso e Cia.	Avenida Rangel Pestana, 150	Brás	Teatro Mafalda
1/5/1917 a ?/5/1917	Marco de Panigai	Rua Barão de Itapetininga, 12	Vila Buarque	Cinema Municipal
7/6/1917 a 3/9/1917	Pantaleão Nicoletti	Avenida Celso Garcia, 40	Belenzinho	Sem informação
?/12/1917 a ?/1917	Sbrighi e Cia.	Rua Guaicuru, 71	Água Branca	Bijou Santa Marina
?/1918 a ?/1918	Gabriel e Nascimento	Rua Oriente, 41	Brás	Flor do Oriente

(cont.)

PERÍODO	EMPRESA/CONTRATANTE	ENDEREÇO	BAIRRO	ESPAÇO
?/1918 a ?/1924	Empresa Cinematográfica D'Errico, Bruno, Lopes e Figueiredo	Largo do Arouche, 63	Vila Buarque	Teatro Brasil
?/1918 a ?/1920	Sem informação	Rua da Penha, 74	Penha	Cine-Penha
17/1/1918 a 16/6/1919	Empresa Januário Loureiro	Rua São João, 161	Santa Ifigênia	Teatro Avenida
31/3/1918	Empresa N. Solvenini	Jardim da Aclimação	Aclimação	Jardim da Aclimação
?/7/1918 a ?/1929	Empresa O. Reina e Dias	Rua da Consolação, 324	Consolação	Cinema América
29/8/1918 a ?/1919	Francisco de Paula Abreu	Rua Oriente, 41	Brás	Flor do Oriente
12/12/1918 a ?/1919	D'Errico, Bruno e Cia.	Rua Barra Funda, 62	Barra Funda	Roma Theatre
?/1919 a 31/12/1923	Empresa Cinematográfica D'Errico, Bruno, Lopes e Figueiredo	Rua Barra Funda, 33	Barra Funda	Teatro São Pedro
?/1919 a ?/1919	Luiz Cigognato	Avenida Brigadeiro Luiz Antonio, 332	Bela Vista	Cinema ao ar livre
31/5/1919 a 31/5/1919	Sem informação	Rua Florisbela, 23	Consolação	Soc. Benef. Scandinavia Nordlyset
16/6/1919 a 12/12/1923	Companhia Cinematográfica Brasileira	Rua São João, 161	Santa Ifigênia	Teatro Avenida
?/10/1919 a ?/1919	José Ferrigno e Cia.	Rua São Caetano, 15	Santa Ifigênia	Éden Cinema
?/1920 a ?/1920	Gino Paganelli	Rua da Penha, 74	Penha	Cine-Penha
?/1920 a ?/6/1922	Victorino Queiroz de Vasconcellos	Rua da Penha, 74	Penha	Cine-Penha
?/1920 a ?/4/1922	Luiz Alonso	Rua Dom José de Barros, 8	Santa Ifigênia	Teatro Apolo
?/1/1920 a ?/1921	Irmãos Conti	Rua São Caetano, 15	Santa Ifigênia	Éden Cinema
4/3/1920 a 17/11/1923	Andrade e Cia.	Largo São Paulo, s/nº	Liberdade	Teatro São Paulo
?/6/1920 a ?/5/1922	Almeida, Alves e Cia.	Avenida Rangel Pestana, 150	Brás	Teatro Mafalda
5/6/1920 a 5/6/1920	Sem informação	Rua Florisbela, 23	Consolação	Soc. Benef. Scandinavia Nordlyset
13/7/1920 a 13/7/1920	Sem informação	Rua Comendador Cantinho, s/nº	Penha	Cículo Católico São José
?/1921 a ?/1921	Empresa Álvaro Máximo	Largo do Cambuci, 21	Cambuci	Teatro Guarani
?/1921	Sem informação	Rua Brigadeiro Tobias, 79-A	Luz	Ford Motor Co.
16/4/1921 a ?/1922	João de Castro e Cia.	Rua João Teodoro, 47	Luz	Teatro da Paz
16/4/1921 a ?/1926	Luiz Castagna e Filho	Rua Engenheiro Fox, 14	Lapa	Pavilhão Recreio

(cont.)

PERÍODO	EMPRESA/CONTRATANTE	ENDEREÇO	BAIRRO	ESPAÇO
3/10/1921 a ?/1921	Empresa Cinematográfica D'Errico, Bruno, Lopes e Figueiredo	Rua Barra Funda, 62	Barra Funda	Roma Theatre
18/11/1921 a 18/11/1921	Sem informação	Rua Comendador Cantinho, sn	Penha	Cículo Católico São José
?/12/1921 a ?/2/1922	Leoni Gragnani e Cia.	Rua Barra Funda, 62	Barra Funda	Roma Theatre
29/12/1921 a 31/12/1923	Sociedade Cinematográfica Paulista Ltda.	Praça da República, 46-50	Vila Buarque	Cine-Teatro República
31/12/1921	Matanó e Cia.	Rua Ituanos, 33	Ipiranga	Sem informação
?/1922 a ?/1922	Inocêncio Senador	Rua Maria Cândida, 8	Vila Guilherme	Sem informação
?/1922 a 31/12/1923	Empresa Cinematográfica União Paulista Ltda.	Rua Barra Funda, 62	Barra Funda	Roma Theatre
?/1922 a ?/1929	João de Castro e Cia.	Rua João Teodoro, 47	Luz	Colombinho
17/1/1922 a ?/1922	Paróquia da Nossa Senhora da Consolação	Rua da Consolação, s/nº	Consolação	Salão Paroquial
24/3/1922 a ?/1923	Empresa Teatral Paulista	Avenida Rangel Pestana, 88 a 94	Brás	Cinema Olímpia
24/5/1922 a ?/1928	Alves e Giordano	Avenida Rangel Pestana, 150	Brás	Teatro Mafalda
2/6/1922 a ?/7/1923	Canuto, Cicciola e Rocha	Avenida Celso Garcia, 53	Brás	Brás Politeama
24/6/1922 a 31/12/1923	Empresa Paulista de Diversões Ltda.	Rua Dom José de Barros, 8	Santa Ifigênia	Teatro Apolo
?/7/1922 a 31/1/1923	Azevedo e Cia.	Rua Domingos de Morais, 121	Vila Mariana	Cine Odeon
14/9/1922 a 4/3/1926	Empresa Manuel Perrucci	Rua 12 de Outubro, 46	Lapa	Teatro Carlos Gomes
?/1923 a 7/4/1924	Empresa Monteiro e Filho	Avenida Brigadeiro Luiz Antonio, 69-A	Bela Vista	Palace-Theatre
?/1923 a ?/10/1927	Empresa Monteiro e Filho	Largo do Cambuci, 21	Cambuci	Teatro Guarani
?/1923 a ?/3/1924	Companhia Teatral Olímpia S.A.	Avenida Rangel Pestana, 88 a 94	Brás	Cinema Olímpia
?/1923 a ?/1923	Sem informação	Estrada de Guapira, s/nº	Tucuruvi	Cine-Teatro Guapira
?/1/1923 a ?/4/1923	Irmãos François	Rua das Palmeiras, s/nº	Santa Cecília	Politeama Centenário
?/2/1923 a ?/1929	Vicente Avella	Rua Domingos de Morais, 153	Vila Mariana	Cinema Apolo

(cont.)

PERÍODO	EMPRESA/CONTRATANTE	ENDEREÇO	BAIRRO	ESPAÇO
30/6/1923 a 31/12/1923	Sociedade Cinematográfica Paulista Ltda.	Rua 15 de Novembro, 34	Sé	Cine Triângulo
?/7/1923 a ?/1927	Carvalho e Ximenez	Avenida Celso Garcia, 53	Brás	Brás Politeama
17/11/1923 a 30/12/1923	Companhia Cinematográfica Brasileira	Largo São Paulo, s/nº	Liberdade	Teatro São Paulo
19/12/1923 a ?/3/1924	João de Castro Lucas e Cia.	Rua Domingos de Morais, 74	Vila Mariana	Cineteatro Fênix
1/1/1924 a 30/11/1929	Empresas Cinematográficas Reunidas Ltda.	Rua 15 de Novembro, 34	Sé	Cine Triângulo
1/1/1924 a ?/03/1924	Empresas Cinematográficas Reunidas Ltda.	Alameda Barão do Rio Branco, 57	Campos Elíseos	Coliseu dos Campos Elíseos
1/1/1924 a ?/10/1928	Empresas Cinematográficas Reunidas Ltda.	Rua Rodrigo Silva, 4 a 10-A	Sé	Pathé Palace
1/1/1924 a ?/1928	Empresas Cinematográficas Reunidas Ltda.	Praça Dr. João Mendes, 9-11	Sé	Cinema Congresso
1/1/1924 a ?/1928	Empresas Cinematográficas Reunidas Ltda.	Rua Correia de Melo, 6	Bom Retiro	Marconi Theatre
1/1/1924 a ?/3/1924	Empresas Cinematográficas Reunidas Ltda.	Rua Sebastião Pereira, 68	Santa Cecília	Royal Theatre
1/1/1924 a 31/12/1926	Empresas Cinematográficas Reunidas Ltda.	Rua Barra Funda, 62	Barra Funda	Roma Theatre
1/1/1924 a 29/5/1952	Empresas Cinematográficas Reunidas Ltda.	Rua Conselheiro Ramalho, 132	Bela Vista	Teatro Esperia
1/1/1924 a 5/7/1924	Empresas Cinematográficas Reunidas Ltda.	Largo São Paulo, s/nº	Liberdade	Teatro São Paulo
1/1/1924 a ?/2/1928	Empresas Cinematográficas Reunidas Ltda.	Avenida Celso Garcia, 340	Belenzinho	Teatro Melitta
1/1/1924 a ?/1929	Empresas Cinematográficas Reunidas Ltda.	Rua Barra Funda, 33	Barra Funda	Teatro São Pedro
1/1/1924 a 17/8/1952	Empresas Cinematográficas Reunidas Ltda.	Rua São João, 161	Santa Ifigênia	Teatro Avenida
1/1/1924 a ?/1929	Empresas Cinematográficas Reunidas Ltda.	Rua Dom José de Barros, 8	Santa Ifigênia	Teatro Apolo

(cont.)

PERÍODO	EMPRESA/CONTRATANTE	ENDEREÇO	BAIRRO	ESPAÇO
1/1/1924 a 23/3/1924	Empresas Cinematográficas Reunidas Ltda.	Rua Boa Vista, 52	Sé	Teatro Boa Vista
31/12/1923 a ?/9/1931	Empresas Cinematográficas Reunidas Ltda.	Praça da República, 46-50	Vila Buarque	Cine-Teatro República
?/3/1924 a 1/7/1924	João de Castro e Cia.	Rua Domingos de Morais, 74	Vila Mariana	Cineteatro Fênix
?/3/1924 a ?/3/1926	Domingos Fernandes Alonso	Rua Sebastião Pereira, 68	Santa Cecília	Royal Theatre
21/3/1924 a 18/2/1950	Empresas Cinematográficas Reunidas Ltda.	Avenida Rangel Pestana, 88 a 94	Brás	Cinema Olímpia
?/4/1924 a ?/4/1925	Empresas Cinematográficas Reunidas Ltda.	Rua Genera Osório, 77	Campos Elíseos	Teatro Rio Branco
15/5/1924 a ?/5/1927	Casa Provincial da Ordem dos Salesianos	Rua Afonso Pena, s/nº	Bom Retiro	Cineteatro Instituto D. Bosco
20/5/1924 a ?/1925	Empresa L. Mesquita	Rua do Paraíso, 63	Paraíso	Teatro Paraíso
1/7/1924 a 20/12/1965	Souza e Filhos	Rua Domingos de Morais, 74	Vila Mariana	Cineteatro Fênix
?/8/1924 a ?/1924	Sem informação	Avenida Boulevard, s/nº	Tucuruvi	Sem informação
3/9/1924 a 31/10/1966	Ângelo Falgetano	Rua da Mooca, 419	Mooca	Cinema Moderno
22/9/1924 a ?/1925	Alfredo Boucher Filho	Rua da Consolação, 217	Consolação	Teatro Guarani
19/10/1924 a ?/1925	José Kauffmann	Rua José Paulino, 204-206	Bom Retiro	Cinema Bom Retiro
5/12/1924 a ?/1926	Companhia Cinematográfica Brasileira	Rua General Osório, 52	Santa Ifigênia	Cinema Central
?/1925 a ?/1925	Sem informação	Rua Butantã, s/nº	Pinheiros	Cine Santa Luzia
?/1925/?/1925	Miguel Thomaz e Belloardo	Rua particular, s/nº	Chácara Califórnia	Sem informação
?/1925 a ?/1929	Empresas Cinematográficas Reunidas Ltda.	Rua José Paulino, 204-206	Bom Retiro	Cinema Bom Retiro
?/1925 a 1/12/1945	Empresas Cinematográficas Reunidas Ltda.	Rua do Paraíso, 63	Paraíso	Teatro Paraíso
29/1/1925	Lahyr de Camargo Neves	Rua da Penha, 100	Penha	Sem informação
14/2/1925 a 8/3/1925	Independência-Omnia	Várzea do Carmo	Sé	Palácio das Indústrias
?/6/1925 a ?/1971	Empresas Cinematográficas Reunidas Ltda.	Largo São Paulo, s/nº	Liberdade	Teatro São Paulo
11/7/1925 a 15/6/1926	Annunciata Mazzei	Rua Tabor, 78	Ipiranga	Cineteatro Brasil

(cont.)

PERÍODO	EMPRESA/CONTRATANTE	ENDEREÇO	BAIRRO	ESPAÇO
28/7/1925 a ?/02/1927	Antonio Peres	Rua Voluntários da Pátria, 368-A	Santana	Cineteatro Voluntários
1/12/1925 a ?/1969	Empresas Cinematográficas Reunidas Ltda.	Praça da Sé, 53	Sé	Teatro Santa Helena
18/12/1925	Sem informação	Rua Washington Luiz, 4	Guaiaúna	Teatro Guaiaúna
?/1926 a ?/1927	Empresas Cinematográficas Reunidas Ltda.	Rua Engenheiro Fox, 14	Lapa	Pavilhão Recreio
?/1926 a ?/1929	Empresas Cinematográficas Reunidas Ltda.	Rua General Osório, 52	Santa Ifigênia	Cinema Central
20/2/1926 a ?/1926	Sem informação	Estrada da Cantareira, km 9	Tremembé	Sem informação
?/3/1926 a 24/1/1927	Antonio Regos	Rua da Penha, 75	Penha	Penha Cineteatro
?/3/1926 a 3/4/1968	Perrucci e Filhos	Rua 12 de Outubro, 46	Lapa	Teatro Carlos Gomes
8/3/1926 a 1/7/1952	Empresa Brasil de Filmes	Rua Sebastião Pereira, 68	Santa Cecília	Royal Theatre
15/6/1926 a ?/10/1927	De Gregório, Monteiro e Cia.	Rua Tabor, 78	Ipiranga	Cineteatro Brasil
11/8/1926 a ?/1929	Empresas Cinematográficas Reunidas Ltda.	Rua Boa Vista, 52	Sé	Teatro Boa Vista
28/8/1926 a ?/1929	Sem informação	Rua Formosa, 10 e 10-A	Santa Ifigênia	Meia Noite
10/9/1926 a 3/11/1957	Sociedade Anônima Empresa Serrador	Rua 24 de Maio, 43	Santa Ifigênia	Teatro Santana
30/10/1926 a ?/4/1927	Empresa Eduardo Caruggi	Rua França Pinto, 6	Vila Mariana	Excelsior Cinema
?/1927 a 24/11/1963	Sociedade Anônima Empresa Serrador	Avenida Celso Garcia, 53	Brás	Brás Politeama
?/1927 a ?/1929	Sem informação	Estrada de Tremembé	Tremembé	Cine Tremembé
?/1/1927 a ?/1927	Campos, Guimarães e Cia.	Rua Voluntários da Pátria, 302	Santana	Cinema Mascote
25/1/1927 a ?/1929	Vicente Bruno	Rua da Penha, 75	Penha	Penha Cineteatro
?/2/1927 a ?/1928	Victor de Melo	Rua Barra Funda, 62	Barra Funda	Roma Theatre
?/2/1927 a ?/8/1927	Abramo Bullentini	Rua Voluntários da Pátria, 368-A	Santana	Cineteatro Carlos de Campos
5/2/1927 a ?/1927	F. Chiaverini e Gonçalves	Rua Domingos de Morais, 151	Vila Mariana	Cine Selecto
13/3/1927 a 18/10/1970	Luiz Taddeo	Rua do Gasômetro, 47	Brás	Cine Glória
22/3/1927 a 9/9/1951	Empresa Cine Cambuci	Rua Clímaco Barbosa, 5	Cambuci	Cinema Cambuci

(cont.)

PERÍODO	EMPRESA/CONTRATANTE	ENDEREÇO	BAIRRO	ESPAÇO
?/4/1927 a 30/7/1929	Empresa Cinematográfica Paulista	Rua Turiassu, 251	Perdizes	Vitória
21/4/1927 a ?/1929	Sem informação	Rua Central, 44	Vila Maria	Cinema Vila Maria
10/6/1927 a 16/3/1953	Sociedade Anônima Empresa Serrador	Rua São Joaquim, 107	Liberdade	Capitólio
11/6/1927 a 19/6/1927	Chaves e Ferraz	Rua França Pinto, 6	Vila Mariana	Cine Império
11/7/1927 a ?/1929	Carlos Teixeira	Rua do Comércio, 58	Pinheiros	Cine Pinheiros
14/7/1927 a 10/10/1928	Empresa C. N. Dourado	Rua Cardoso de Almeida, 5-7	Perdizes	Cinema São Geraldo
24/8/1927 a ?/10/1928	G. Bernardini e Cia.	Rua Voluntários da Pátria, 388	Santana	Cineteatro Carlos de Campos
10/9/1927 a 23/9/1956	Sem informação	Rua São Bento, 37	Sé	Cinema São Bento
1/10/1927 a ?/12/1927	Sem informação	Rua Formosa, 18 e 20	Santa Ifigênia	Kursaal Bife
25/10/1927 a ?/1929	De Gregório, Monteiro e Cia.	Largo do Cambuci, 21	Cambuci	Teatro Guarani
25/10/1927 a ?/1928	Domingos de Palma	Rua Tabor, 78	Ipiranga	Cineteatro Brasil
17/12/1927 a 21/12/1947	Empresas Cinematográficas Reunidas Ltda.	Rua Dona Maria Tereza, 80-82	Vila Buarque	Teatro São Carlos
?/1928 a ?/1928	Eduardo Dorn	Rua Tabor, 78	Ipiranga	Cineteatro Brasil
?/1928 a ?/1929	Luiz Castagna e Filho	Rua Engenheiro Fox, 14	Lapa	Pavilhão Recreio
?/1928 a ?/1929	Programa Kauffmann	Rua Correia de Melo, 6	Bom Retiro	Marconi Theatre
?/1928 a ?/1929	Sociedade Anônima Empresa Serrador	Avenida Rangel Pestana, 150	Brás	Teatro Mafalda
?/1/1928 a ?/7/1928	Carlo Nunziata e Cia.	Rua Piratininga, 27-C	Brás	Teatro Variedades
5/1/1928 a ?/1929	Manuel Pinto Ferreira	Rua Otília, s/nº	Vila Esperança	Sem informação
23/1/1928 a 23/7/1928	Chahdan Kassab e Irmão	Avenida Celso Garcia, 771	Belenzinho	Cineteatro Jau
30/1/1928 a ?/1929	Sem informação	Rua Caguassu, 105	Itaquera	Cineteatro Íris
31/1/1928 a ?/1929	Salvador José Marino	Rua Voluntários da Pátria, 302	Santana	Cine Santana
4/2/1928 a ?/1929	Empresa Exibidora Filmes de Luxo	Rua Barra Funda, 62	Barra Funda	Roma Theatre
17/2/1928 a ?/8/1928	Empresa Fernando Taddeo	Avenida Celso Garcia, 364	Belenzinho	Cine Santa Terezinha
22/3/1928 a 6/8/1939	José Nahas Irmãos e Cia.	Rua da Consolação, 469-471	Consolação	Cinema Astúrias
24/3/1928 a 14/1/1962	Empresa Leonardi e Cia.	Rua da Mooca, 99	Mooca	Cine Santo Antonio

(cont.)

PERÍODO	EMPRESA/CONTRATANTE	ENDEREÇO	BAIRRO	ESPAÇO
24/3/1928 a 12/7/1963	Irmãos Falgetano	Largo São José do Belém, 17	Belém	Cineteatro São José
?/5/1928 a ?/11/1929	Annunciata Mazzei	Rua Tabor, 78	Ipiranga	Cineteatro Brasil
17/5/1928 a 22/9/1957	Sem informação	Rua Vergueiro, 140	Vergueiro	Cineteatro Paulistano
7/7/1928 a ?/12/1928	Nunziata e Cia.	Rua Piratininga, 27-C	Brás	Cineteatro Parisiense
20/7/1928 a 24/7/1957	Souza, Vasconcelos e Cia.	Rua Direita, 33	Sé	Cine Alhambra
24/7/1928 a ?/7/1929	Kaissar e Levy Ltda.	Avenida Celso Garcia, 771	Belenzinho	Cine Saturno
14/8/1928 a ?/1929	Vicenza Amatuzzi Bernasconi	Avenida Celso Garcia, 364	Belenzinho	Cine Santa Terezinha
?/10/1928 a 23/12/1929	Carvalho e Bullentini Ltda.	Rua Voluntários da Pátria, 388	Santana	Cineteatro Carlos de Campos
5/10/1928 a ?/1929	Victor do Carmo Romano	Rua Rodrigo Silva, 4 a 10-A	Sé	Pathé Palace
11/10/1928 a 30/10/1953	Sociedade Anônima Empresa Serrador	Rua da Consolação, 40-42	Consolação	Cinema Odeon
11/10/1928 a ?/1929	Sem informação	Rua Cardoso de Almeida, 5-7	Perdizes	Cinema Perdizes
?/12/1928 a ?/1929	Sem informação	Rua Madre de Deus, 72	Mooca	Sem informação
3/12/1928 a ?/1929	Barbosa e Brinati	Rua Piratininga, 27-C	Brás	Cineteatro Eldorado Paulista
?/1929 a ?/1929	Vicente Américo Tramontana	Rua Tabor, 78	Ipiranga	Cineteatro Brasil
?/1929 a ?/1929	Sem informação	Rua Conselheiro Moreira de Barros, 13	Chora Menino	Sem informação
?/1929/?/1943	Nagib Habdo Hanna	Estrada da Água Funda, s/nº	Jabaquara	Cinema Jabaquara
13/4/1929 a ?/1929	Sem informação	Avenida Brigadeiro Luiz Antonio, 79	Bela Vista	Cineteatro Paramount
?/7/1929 a 29/12/1930	Programa Matarazzo	Avenida Celso Garcia, 771	Belenzinho	Cine Saturno
?/8/1929 a ?/1929	V. Amatuzzi Bernasconi	Rua Piratininga, 95	Brás	Cineteatro São Carlos
1/8/1929 a 12/7/1930	Ângelo Niglio	Rua Turiassu, 251	Perdizes	Vitória
3/9/1929 a 12/8/1955	Empresa Brasileira de Cinemas	Rua São Bento, 405	Sé	Cine Rosário
13/9/1929 a 15/3/1968	Empresas Cinematográficas Reunidas Ltda.	Rua Xavantes, 7	Brás	Teatro Oberdan
17/9/1929 a 28/9/1952	Attila Gilardi	Rua Guaicurus, 69	Água Branca	Politeama São Carlos
?/11/1929 a ?/1929	Orozimbo Chaves	Rua Tabor, 78	Ipiranga	Cineteatro Brasil

(cont.)

PERÍODO	EMPRESA/CONTRATANTE	ENDEREÇO	BAIRRO	ESPAÇO
2/12/1929 a 21/10/1962	Empresa Urânia	Jardim do Anhangabaú	Santa Ifigênia	Pedro II
17/12/1929 a ?/1929	Sociedade Anônima Empresa Serrador	Largo da Concórdia, s/nº	Brás	Teatro Colombo
24/12/1929 a ?/1929	Carvalho e Cia.	Rua Voluntários da Pátria, 388	Santana	Cineteatro Carlos de Campos
10/7/1930 a 19/5/1961	S.A. Empresa Serrador	Rua das Palmeiras, 133	Santa Cecília	Santa Cecília

PORTFÓLIO

TEATRO POLITEAMA
(21/2/1892)

A construção do Politeama teria se iniciado em março de 1891, e o teatro foi inaugurado em 21 de fevereiro de 1892 com exibições de ginastas e cavaleiros da Grande Companhia Equestre Pierantoni. O terreno pertencia à Companhia Antarctica Paulista, que o arrendou por dez anos a Francisco de Salvio. Constituía-se de um barracão de madeira de forma circular, com cobertura de zinco. A entrada se fazia por um portão que dava para a rua São João, onde um passadiço de tábuas, também coberto de zinco, levava a um pátio revestido de cascalho. Em um dos lados da entrada, ficava um botequim com balcão, prateleiras e mesinhas de ferro; do outro lado, havia um estande de tiro ao alvo. O teatro tinha capacidade para 3 mil pessoas, divididas em 37 camarotes, 12 frisas, 200 varandas acima dos camarotes, galerias e 574 cadeiras na plateia, que não era assoalhada. O imóvel era iluminado por luz elétrica.

Dois anos depois da inauguração, o intendente municipal mandou fechar o Politeama, seguindo o parecer da Diretoria de Obras. Fechado como teatro, reabriu como circo, com a apresentação da Companhia Equestre de Frank Brown. Após a reforma, no segundo semestre de 1896, ganhou as condições indispensáveis para funcionar como teatro: plateia em plano inclinado; camarotes de uma só ordem, mais largos e cômodos; teto revestido com ripas de curva; maior número de portas e dois lances de escada externos dando acesso aos camarotes.

Depois do término do arrendamento a Francisco de Salvio, o teatro passou para a Empresa Paschoal Segreto. O contrato foi alterado em

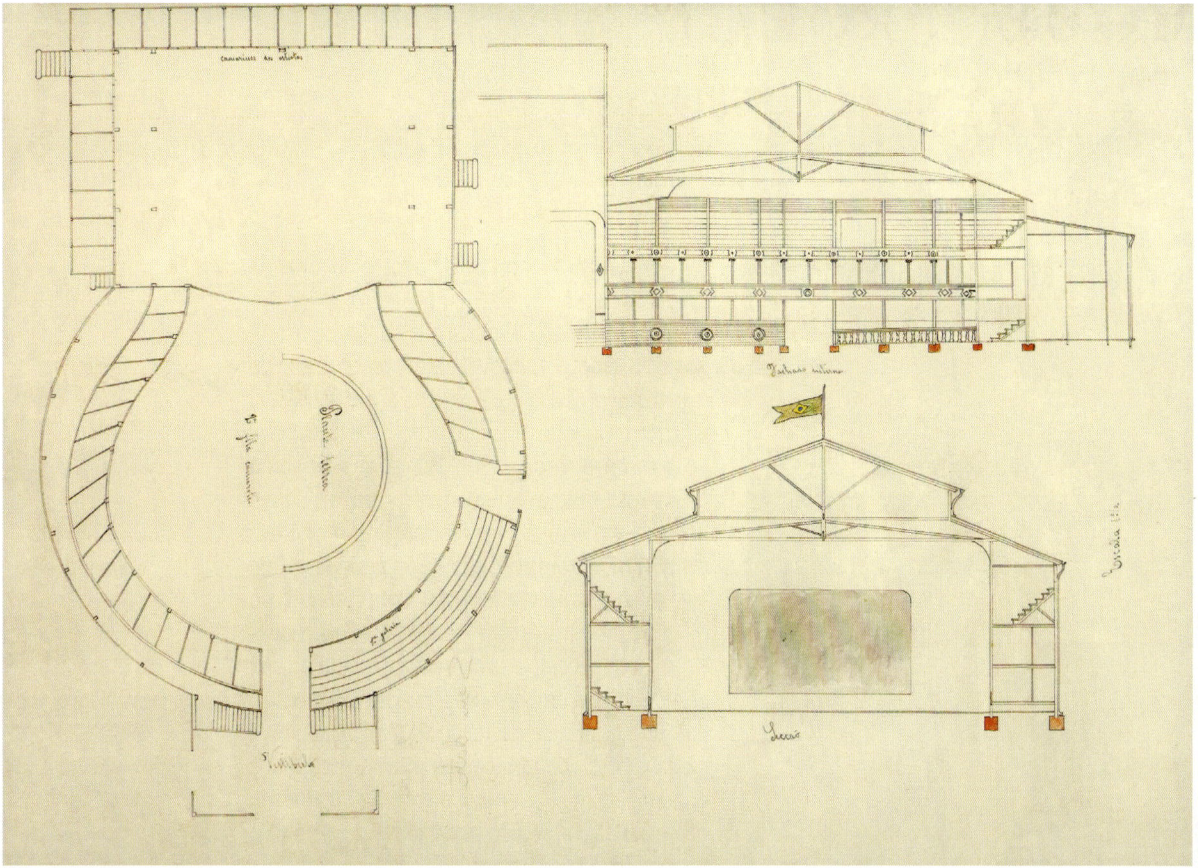

novembro de 1902, e o empresário permaneceu com o teatro até provavelmente meados de 1904. Um "biógrafo" fazia projeções no local (de maio a dezembro de 1902 e de janeiro a abril de 1903) com o nome de The American Biograph ou Biógrafo Lumière.

O Politeama foi completamente reformado e ajardinado em 1905, reabrindo com 24 frisas, 40 camarotes, 650 cadeiras e 630 lugares nas galerias. Com a chegada de Francisco Serrador a São Paulo, em 1907, o teatro foi repassado a ele.

Raramente ocorria alguma exibição cinematográfica. No final de 1914, com a demolição do Bijou para as obras da avenida São João, as sessões desse cinema passaram para o Politeama, mas duraram apenas cerca de 15 dias. No dia 29 de dezembro de 1914, perto das 5 horas da tarde, o Politeama incendiou-se.

O fogo se iniciou sob o palco, no momento em que os técnicos reparavam o grupo gerador de energia elétrica, composto de motor de 10 HP. Quando a segunda equipe dos bombeiros chegou, o teto já tinha vindo abaixo, restando somente a circunscrição do incêndio, que durou até as 21 horas. Os últimos filmes exibidos foram *O despertar da consciência* e *Conflagração europeia nº 14*.

MOULIN ROUGE

(30/8/1906)

Foi inaugurado em 30 de agosto de 1906 no prédio onde havia funcionado o Teatro Carlos Gomes. Estava situado na rua São João, 155, com o largo do Paissandu. O imóvel era de propriedade de Izoleta Augusta de Souza Aranha. Em 1905, estava alugado a Florindo Gracceto e Cia., que trabalhava no ramo de móveis desde 1899. Não se sabe como os irmãos Emílio e Florindo foram atraídos para o negócio dos espetáculos teatrais. Em 31 de maio de 1905, entraram com pedido na prefeitura para um "salão para recreio familiar". Uma comissão de peritos considerou a obra inadequada para o local. Os irmãos Gracceto desistiram do negócio, que foi assumido pela empresa Nascimento, Pinto e Cia., constituída para a exploração do Teatro Carlos Gomes. Os novos donos aceitaram as sugestões dos engenheiros da Prefeitura, menos a condenação das galerias. O prefeito Antonio Prado deferiu o projeto em 13 de agosto.

A 20 de agosto, a Empresa Paschoal Segreto, arrendatária do teatro, pediu a vistoria do imóvel. No dia 29, o engenheiro-fiscal João José Vaz de Oliveira declarou que o local tinha capacidade para 780 pessoas, distribuídas em 28 frisas de quatro assentos, 29 camarotes com quatro assentos, 160 cadeiras de primeira classe, 24 de segunda classe, 168 cadeiras de segunda classe com mesas, 80 cadeiras nas galerias e 30 mesas para quatro pessoas cada no corredor das galerias. No dia 31 de agosto, as duas empresas, Nascimento, Pinto e Cia. e Paschoal Segreto, pediram autorização ao chefe de polícia para a abertura do teatro.

A casa abrigou espetáculos de café-concerto empresariados pela C. Séguin e Cia., que reunia mais de 30 artistas entre cançonetistas, acrobatas e imitadores. As sessões de cinema deviam ser marginais no conjunto dos programas. Durante o ano de 1906, somente uma exibição foi anunciada, em 2 de novembro, com o American Biograph. A fama do local se devia aos números musicais, esquetes burlescos e aos campeonatos de luta livre. Em fevereiro de 1909, Segreto oferecia, no Rio de Janeiro, fitas de "gênero livre", em geral picantes ou mesmo pornográficas para a moral da época, após os números de café-concerto. Tal expediente não funcionou em São Paulo, pois a polícia proibiu as fitas "alegres", que foram substituídas por cômicas, para desencanto do público masculino. As projeções duraram até o final de março, quando o teatro fechou para pintura. Reabriu sob a gerência de Enrique Mayor, que pediu, em nome da Empresa Paschoal Segreto, para dar espetáculos de variedades, "incluso cinematógrafo".

Em agosto de 1911, o Moulin Rouge foi substituído pelo Teatro Variedades.

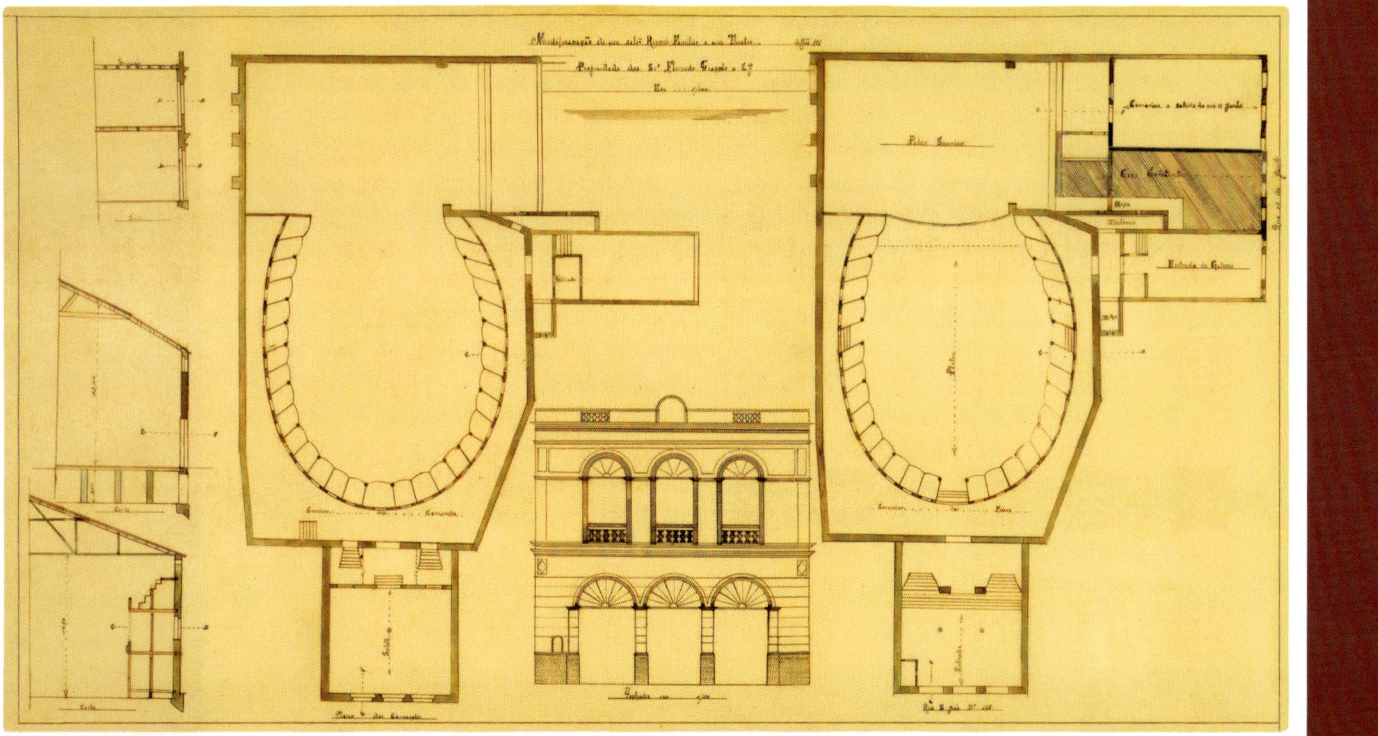

BIJOU-THEATRE
(16/11/1907)

Foi inaugurado em 16 de novembro de 1907 pelos exibidores ambulantes Francisco Serrador e Antonio Gadotti, no antigo endereço do Éden Theatre, na rua São João, 21.

Para a inauguração, o antigo Éden foi "completa e luxuosamente remodelado". Apesar desses qualificativos, o cinema estava instalado em um barracão de madeira e zinco, destacando-se a fachada de tijolos. Manteve-se provavelmente a antiga disposição de camarotes e plateia, com os primeiros, "espaçosos e cômodos", sendo "ligados todos por um passadiço onde fica situada a sala de *toilette* para senhoras". Havia 15 ventiladores para areação do ambiente, e propagandeava-se a existência de um ótimo botequim. Um sexteto acompanhava os filmes. Os espetáculos ocorriam em dois horários, às 13h30 e 19h30, aos domingos, e das 18h30 às 23 horas durante a semana, com uma média inicial de cinco filmes por sessão. Prosseguindo com os melhoramentos, a empresa anunciou um "salão de espera, luxuosamente mobiliado" para a comodidade das famílias. A lotação do Bijou era de 400 espectadores.

Diante do sucesso, em maio de 1908 Francisco Serrador celebrou um contrato com a prefeitura para construir no terreno vizinho, que dava para o Anhangabaú. O prefeito Raymundo Duprat aceitou o contrato, mediante o pagamento de 50 mil réis mensais de aluguel. No entanto, em 1909, a Companhia Antarctica Paulista contestou o acordo, reclamando a posse da área; provavelmente, Serrador passou a pagar o aluguel ao novo proprietário.

O novo prédio foi ocupado pelo Bijou Salão, ou Bijou Salon, que durante a febre dos filmes cantantes (filmes mudos com cantores dublando atrás da tela) parece ter sido escolhido para abrigar essas apresentações. De qualquer forma, enquanto no Bijou-Theatre sempre se exibiram somente filmes, no Bijou Salão se davam apenas as teatrais. As apresentações de novidades chegaram a transformar o Bijou Salão numa espécie de *penny arcade* norte-americana, a partir de 3 de janeiro de 1911, com a apresentação do "zonefone", aparelho mecânico que reproduzia a voz humana melhor que os gramofones (o apresentado pelo Bijou emitia a voz de Caruso). "Além disso, há um grande número de aparelhos para esportes atléticos, apropriados para amadores de tal gênero de diversão", conforme noticiou *O Comércio de S. Paulo* em 4 de fevereiro.

Durante 1909, o Bijou-Theatre recebeu um "salão de ilusões" (espelhos deformantes) para o "bom divertimento" dos que esperavam as sessões. No exterior, foi instalada a Ola Giratória, uma espécie de balanço gigante, que veio do Parque Antarctica. Como no Rio de Janeiro, instituiu-se a quinta-feira como o dia da "soirée da moda", ao qual o "mundo *smart*" (a gente fina) não podia faltar.

Com a reforma do vale do Anhangabaú e da rua São João, a retirada do Mercado e a construção do *boulevard* de acordo com o projeto urbanístico de Joseph Antoine Bouvard, o Bijou foi condenado pela prefeitura e demolido no final de 1914.

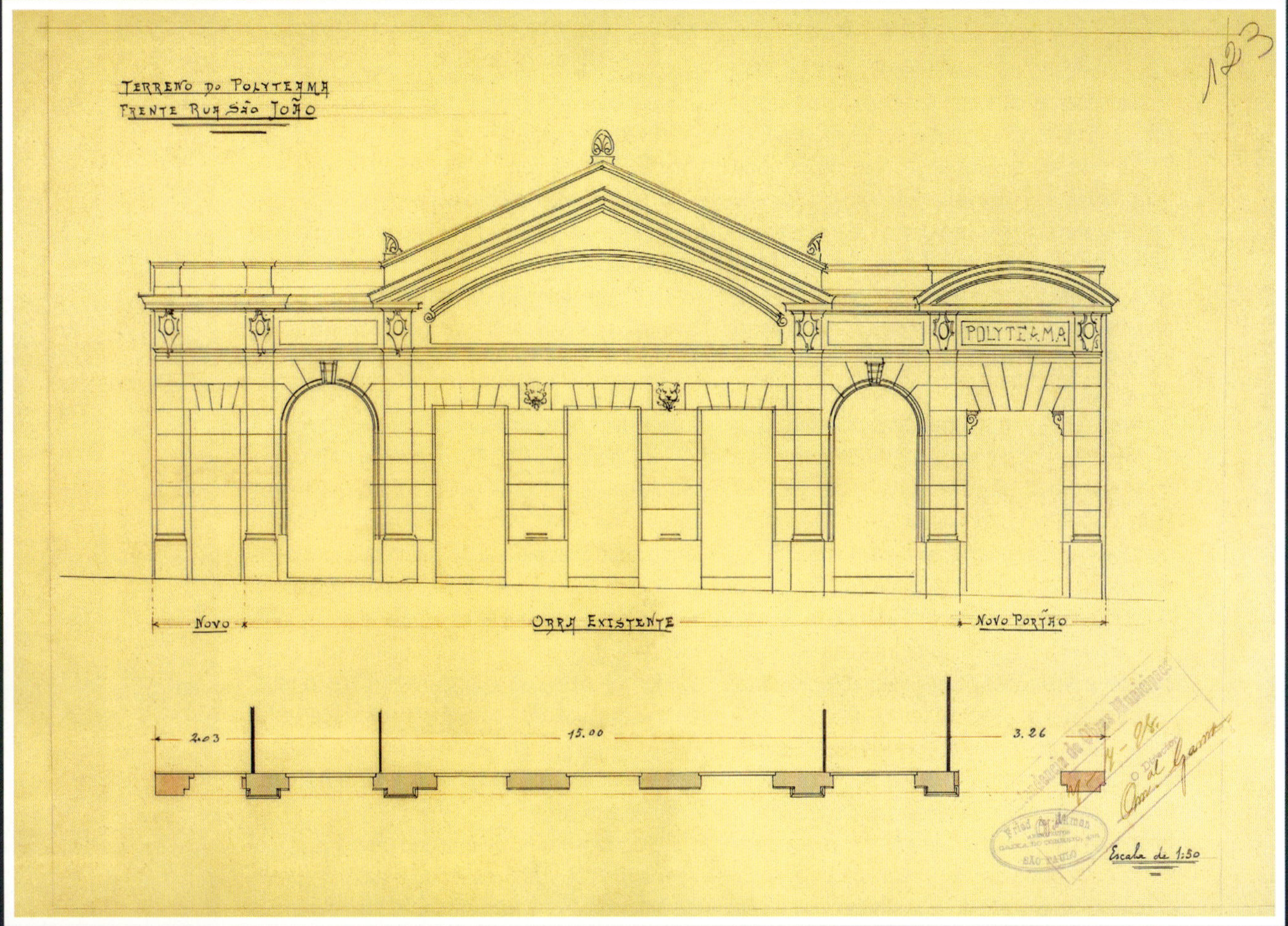

123
TERRENO DO POLYTEAMA
FRENTE RUA SÃO JOÃO
POLYTEAMA
NOVO
OBRA EXISTENTE
NOVO PORTÃO
2.03
15.00
3.26
Escala de 1:50

PAVILHÃO ELISA BROSE
(1908)

Vicente de Paula Araújo apresenta registro de ocupação da antiga praça do Teatro (local onde estava o Teatro São José), atual praça Dr. João Mendes, desde 1903, como espaço para a armação de circo de cavalinhos e pavilhões. A artista Elisa Brose, de origem desconhecida, já tinha passado por São Paulo em 1904 com um número de cães amestrados. De volta à cidade, teria se associado ao fotógrafo e empresário circense Bernardo Mandelbaum Amandier no Circo Fluminense, instalado na praça João Mendes entre outubro e dezembro de 1907. O rompimento entre os dois se deu em janeiro de 1908, mas Brose permaneceu na praça com o Circo União Artística.

As projeções cinematográficas no circo tinham ocorrido com a volta da Empresa Candburg a São Paulo, apresentando-se agora com um "Brésilien Cinematograph" no mês de março. A Empresa Candburg teria ficado no Circo União Artística até junho, quando um anúncio publicado n'*O Commercio de S. Paulo* informava a venda do projetor e de 30 mil a 200 mil metros de películas cinematográficas, além da transferência do contrato de um projecionista, que dariam ao interessado um rendimento mensal de 8 contos de réis.

Brose fez algumas reformas no local. Sua pretensão cresceu em 27 de abril de 1909 quando requereu a construção de um barracão provisório. O projeto foi enviado ao engenheiro José de Sá Rocha em 20 de abril, que exigiu medidas de segurança a serem observadas no momento da concessão da licença para funcionamento. O barracão teria 1.000 m^2 de área. Depois de passar pela "radical reforma", conforme anunciou o *Correio Paulistano*, o Pavilhão Elisa Brose reabriu em 13 de junho de 1909. No pedido de fixação da lotação encaminhado à 2ª Diretoria de Polícia, o pavilhão cinematográfico tinha capacidade para 1.800 espectadores nas galerias e 940 cadeiras na plateia.

Os negócios não devem ter ido bem para a artista nessa fase do pavilhão, pois ela abriu falência em julho de 1910. Francisco Serrador era credor de quase 2 contos de réis, certamente pelo fornecimento de filmes.

Em setembro de 1910, a cessão do terreno municipal foi encerrada "improrrogavelmente" para as obras do Paço Municipal. Elisa tentou ainda contornar a situação, pedindo a mudança do "barracão" para uma área de frente para a rua 15 de Novembro e lado para a praça João Mendes, de modo a não atrapalhar as obras. Ramos de Azevedo, o engenheiro contratado para a execução da construção, concedeu três meses de permanência, mas o prefeito Antonio Prado indeferiu o pedido em 26 de novembro daquele ano.

Elisa Brose teria se mudado para a rua Apa com a rua São João, reabrindo o pavilhão em 2 de julho de 1911. Não se sabe quanto tempo permaneceu nesse endereço.

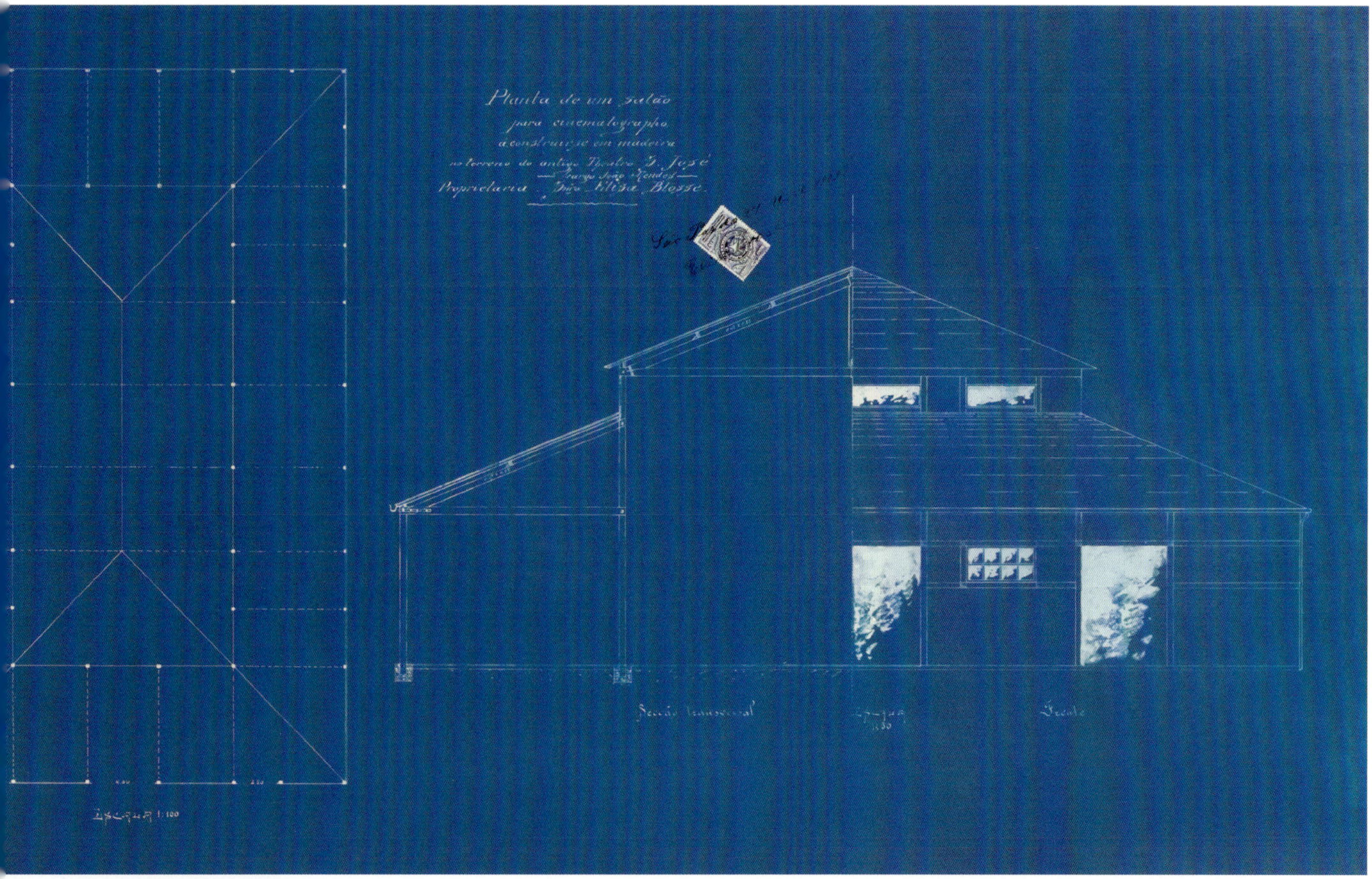
Planta de um salão
para cinematographo
Proprietaria

TEATRO COLOMBO
(20/2/1908)

Construído originalmente para ser um mercado de verduras em 1897, tinha a forma quadrangular, com um pátio com chafariz no centro. Por acordo firmado entre a Secretaria Geral da Prefeitura e Pedro França Pinto em 4 de julho de 1906, foi transformado em casa de diversões, com projeto de Augusto Fried. França Pinto arrendou-o por vinte anos.

O prédio remodelado tinha 30 m de frente por 20 m de fundo, com um total de 1.500 m^2 de área edificada. A sala de espetáculos, construída em forma de ferradura, tinha capacidade para 1.968 espectadores, divididos em 38 camarotes, 24 frisas, 750 cadeiras na plateia, três arquibancadas com 216 lugares cada uma (648 lugares) e mais 260 pessoas em pé nas duas filas atrás das arquibancadas (em 1914, anunciava-se a capacidade de 2.200 espectadores). O palco e os camarins para trinta artistas formavam um bloco destacado pela sua altura, mais elevados que o restante do edifício. Todo o mobiliário foi importado da Áustria.

O Colombo foi aberto em 20 de fevereiro de 1908, às 20h50, com a presença do prefeito Antonio Prado. No palco, apresentou-se a Companhia Dramática Italiana de Antonio Bolognesi, que levou o drama *Maria Antonieta*, de Paolo Giacometti. Pela Lei nº 1.111 de 11/8/1908, o prazo de arrendamento foi elevado de vinte para trinta anos (aumentado depois para quarenta anos pela Lei nº 1.669 de 19/3/1913).

A partir de 5 de março de 1908, Francisco Serrador sublocou o teatro para as apresentações do cinematógrafo Richebourg. Serrador ficou com o Colombo até 1911, quando o repassou para a Empresa Gomes da Silva.

O teatro foi sublocado por João de Castro e Cia. a partir de 6 de março de 1917 pelo prazo de sete anos. A empresa realizou uma reforma visando aumentar a lotação; o pedido de alvará deu entrada na prefeitura em 30 de outubro de 1917. Com o fim do contrato original, a Prefeitura notificou os herdeiros de Pedro França Pinto para a retomada do prédio, iniciando-se o despejo judicial. Isso só ocorreu em 1950, tendo o sublocador, Abílio Peixe, retirado todas as benfeitorias existentes no teatro. Novo processo foi movido contra o sublocador, que devolveu todos os pertences.

O Colombo foi reaberto em 10 de julho de 1952 pelo Departamento de Cultura, permanecendo sob a direção municipal até 1957, quando foi novamente fechado por falta de segurança.

Segundo *O Estado de S. Paulo*, o teatro estava ameaçado de demolição, depois de ser incluído no traçado viário da Radial Leste. Torcedores de futebol, durante a Copa do Mundo de 1966, ameaçaram queimá-lo. Um princípio de incêndio ocorreu na manhã do dia 17 de julho de 1966, um domingo, quando um colchão pegou fogo no teatro vazio. No dia 19, às 16h30, o Colombo voltou a queimar, restando dessa vez somente as paredes.

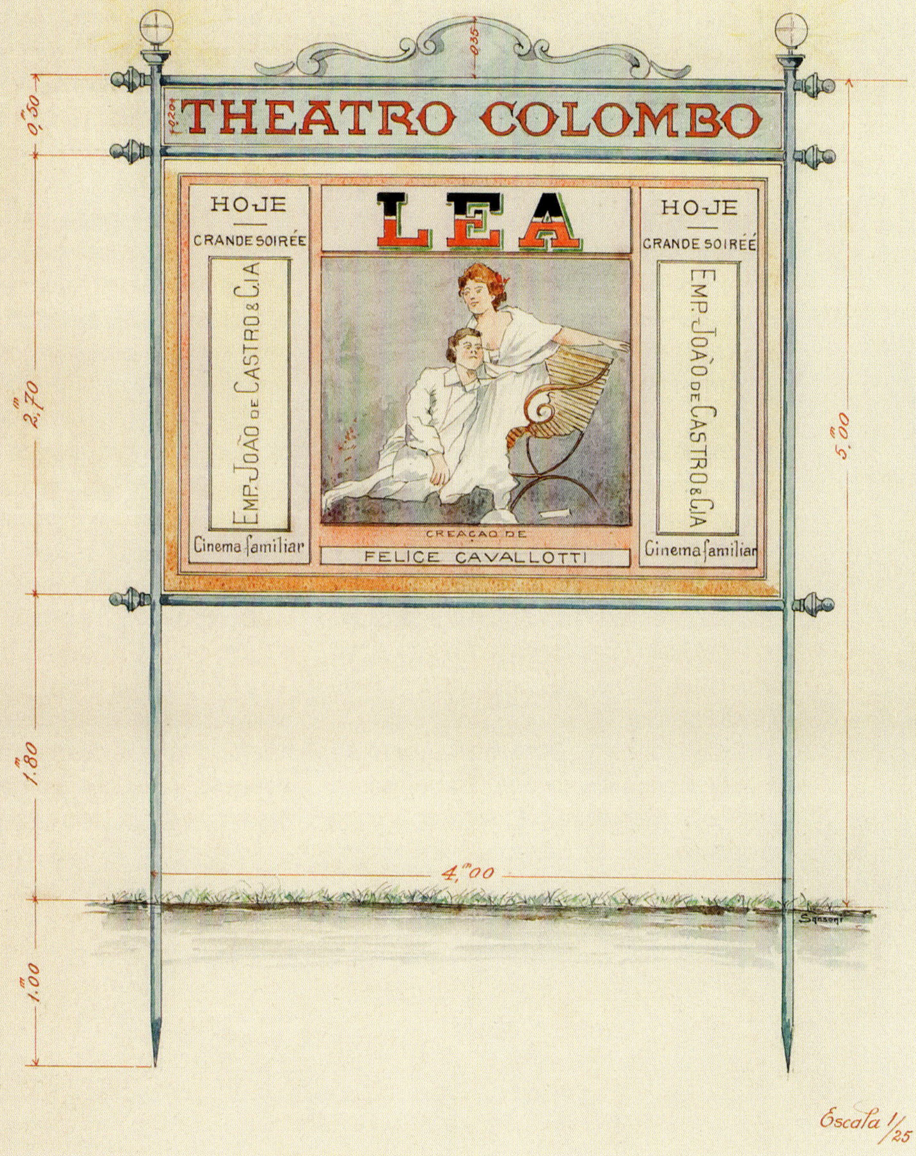
THEATRO COLOMBO
HOJE
GRANDE SOIRÉE
EMP. JOÃO DE CASTRO & CIA
Cinema familiar
LEA
CREAÇÃO DE
FELICE CAVALLOTTI
HOJE
GRANDE SOIRÉE
EMP. JOÃO DE CASTRO & CIA
Cinema familiar
0,50
2,70
1,80
1,00
5,00
4,00
Escala 1/25

THE EDISON CINEMA
(4/9/1908)

Carlo Felice Anselmo entrou com pedido na prefeitura, em 4 de agosto de 1908, para trinta dias de exibições cinematográficas. O pedido para "abrir um cinematógrafo" foi renovado em 18 de agosto, indicando-se como endereço a antiga rua da Estação (atual rua Mauá), nº 71. O processo foi despachado para a diretoria de Obras e Viação. O parecer do engenheiro José de Sá Rocha, de 28 de agosto, dizia que o local era "vasto e arejado", sugerindo que duas janelas fossem transformadas em portas para facilitar a circulação do público.

No dia 4 de setembro, o The Edison Cinema foi aberto, às 19h30, sendo considerado pelo jornal *O Estado de S. Paulo* um "teatrinho elegante, com cinematógrafo próprio para família". Anúncios do *Correio Paulistano* indicam que o fotógrafo de profissão, Giovanni Sarracino, teria sido sócio de Carlo Felice Anselmo no cinema em 1911, com a Empresa Cinematográfica Anselmo e Sarracino. Os filmes eram fornecidos pela Empresa F. Serrador (1908-1911) e pela Companhia Cinematográfica Brasileira.

Em 1912 ou 1913, o Edison passou para Francisco Cerati, ou Cirati, dono de casa de modas e chapéus na rua Boa Vista, 68, que o sublocou ao empresário Francisco Camerata, que em março daquele ano havia se apresentado com sua companhia no Teatro Colombo. Desconhece-se o motivo que o levou a se tornar exibidor.

Francisco Cerati tinha pedido a reforma do "salão para cinematógrafo" em 5 de maio de 1913, visando "[...] transformar o atual salão de espera em salão para espetáculos cinematográficos e variedades". Em 23 de maio, recebeu a aprovação do engenheiro Sá Rocha, desde que não ultrapasse a lotação de 200 espectadores, "[...] devendo haver entre as cadeiras no centro da sala uma passagem livre de 1,20 m de largura, e uma outra de cada lado das paredes de 0,75 cm no mínimo para facilitar [a] circulação do público. As portas (se houver) da divisão que dá para o átrio deverão ser de abrir para o exterior ou corrediças".

Como o cinema não era muito frequentado, o aluguel era pago de forma irregular.

O prédio incendiou-se na madrugada de 25 de outubro de 1914. A ação dos bombeiros limitou-se a circunscrever o fogo, e o imóvel do conde de Prates, segurado na L'Union em 20 contos de réis, foi totalmente destruído. Os peritos Moisés Marx e Sampaio Viana foram chamados, mas se desconhece o resultado da perícia.

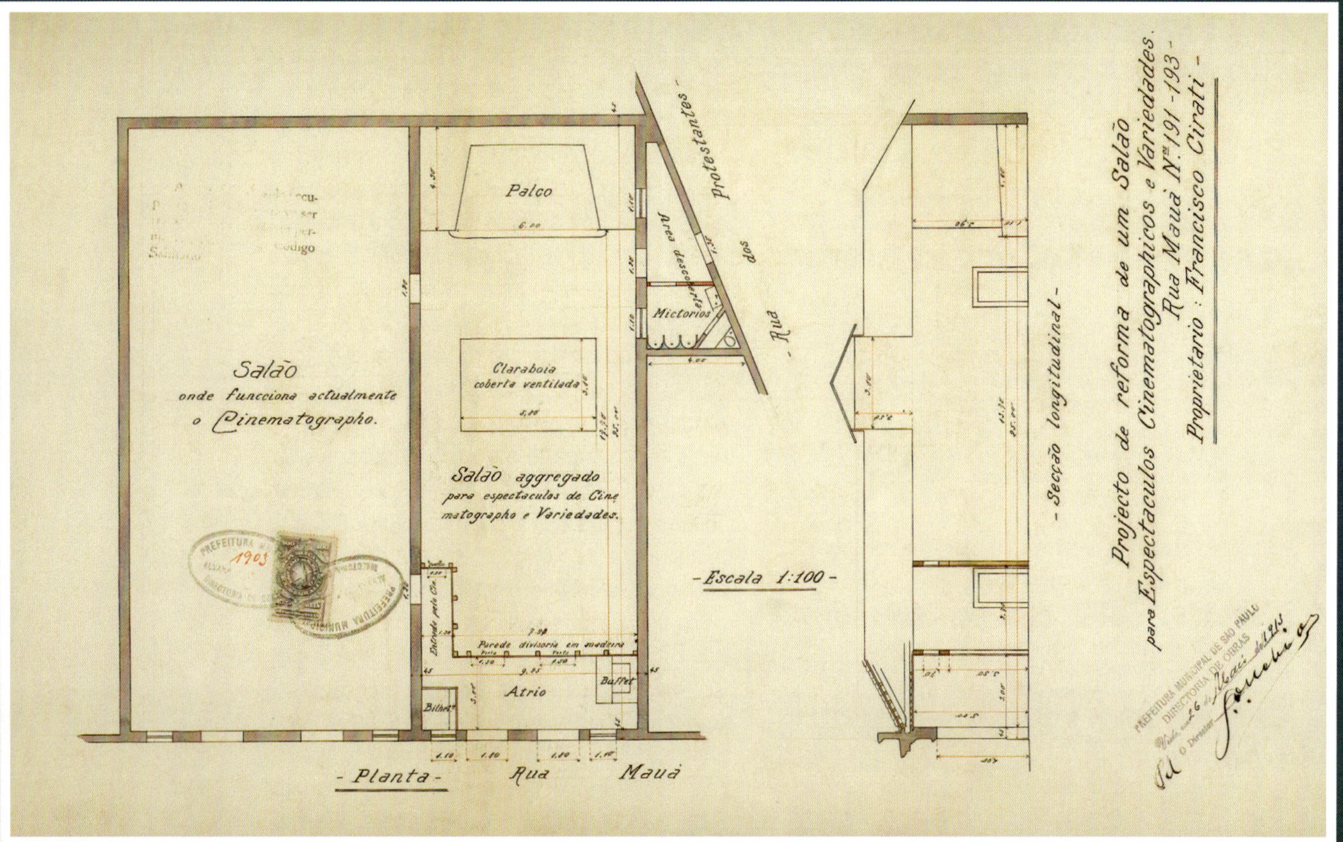
Projecto de reforma de um Salão
para Espectaculos Cinematographicos e Variedades.
Rua Mauá Nos 191-193-
Proprietario: Francisco Cirati -
Salão
onde funcciona actualmente
o Cinematographo.
Palco
Claraboia
coberta ventilada
Salão aggregado
para espectaculos de Cinematographo e Variedades.
Mictorios
Area descoberta
Parede divisoria em madeira
Atrio
Buffet
- Escala 1:100 -
- Planta -
Rua Mauá
Rua dos Protestantes -
- Secção longitudinal -
PREFEITURA MUNICIPAL DE SÃO PAULO
DIRECTORIA DE OBRAS
1903

ÍRIS THEATRE
(5/9/1908)

IRIS THÉATRE

A mais importante e luxuosa casa de exhibições desta capital

RUA 15 DE NOVEMBRO 52

Empreza Ruben e Alcides

HOJE — Domingo 6 — HOJE

MATINEE' A' 1 HORA E SOIREE' A'S 6 HORAS

Maravilhoso programma

PRIMEIRA SESSÃO

1.'—Idilio interrompido—Interessante vista comica.
2.'—Primeiro centenario de um regimento de cavallaria.
3.'—Oh! que cheiro de fumaça—Vista comicissima.
4.'—Farça de estudantes—Scenas muito comicas.

SEGUNDA SESSÃO

1.'—Dynamiteiros de Paris—Vista dramatica'
2.'—Sanphona mysteriosa—Vista muito comica.
3.'—Boa noite—Scena interessante.
4.'—O aspirador—Vista muito comica e de grande successo.

Quatro attracções ou quatro successos por sessão

Preços: 500 réis por sessão

Bella orchestra regida pelo maestro paulista A. Leal.
Piano Steinway, de propriedade da empresa.

Unico cynematographo livre de incendio, por ser tudo forrado de asbestos, que é incombustivel e de maior segurança.

Em 4 de agosto de 1908, Ruben Pinheiro Guimarães requereu à prefeitura alvará de trinta dias para um cinema na rua 15 de Novembro, 52. O prédio assobradado de Antonio de Toledo Lara era bem conhecido. O engenheiro Lúcio Martins Rodrigues afirmou que o imóvel era velho, estando situado em lugar destinado a recuo (retificação do alinhamento da rua 15 de Novembro). Ali já tinha funcionado a Charutaria Americana, de Felipe Caruso, em 1899, o Café e Restaurante O Guarani, de J. Alonso de Faria, entre 1900 e 1907, e, no final desse ano, o Kinema-Theatre, de curta duração.

Ruben Guimarães pediu licença para a utilização do prédio em 18 de agosto. O engenheiro José de Sá Rocha deu parecer negativo para o uso, posto que a casa seria imprópria para o objetivo. Apesar dos senões apontados para o local, o prefeito Raymundo Duprat concedeu a licença a 29 de agosto.

Vindo do ramo de venda de bilhetes de loteria, Guimarães associou-se, no início, a um tal de Alcides para a exploração do Íris (firma Ruben e Alcides). Dessa forma, em 5 de setembro de 1908, inaugurou-se o cinema. A sala foi montada com "riquíssima, luxuosa e confortável instalação, a primeira que se faz no Brasil". Para completar, declarava-se que a cabine onde estava instalado o projetor era toda revestida de asbesto, material não inflamável (essa foi a primeira referência ao isolamento da cabine de projeção, prática de segurança que se tornará norma). As sessões eram abrilhantadas pelo sexteto do maestro Alberto Leal. A lotação não foi anunciada antes de 1914, quando a Companhia Cinematográfica Brasileira informou a capacidade de 600 lugares.

Alcides não ficou muito tempo na empresa. Ainda em setembro, Ruben Guimarães se associou ao médico Antonio Cândido de Camargo e ao empresário Silvério Ignarra Sobrinho, do ramo de geração de energia, e abriram a firma Ruben Guimarães e Cia., com o capital de 50 contos de réis.

O Íris, e mais tarde o Radium, foi um dos cinemas que tentaram enfrentar o domínio de

Francisco Serrador, do Bijou-Theatre, no mercado exibidor paulistano e paulista. A disputa entre as duas firmas seguiu até 1911, quando a Companhia Cinematográfica Brasileira, sociedade anônima fundada por Serrador, teve como um dos subscritores o Íris Theatre. Antonio Cândido de Camargo e Silvério Ignarra Sobrinho tornaram-se sócios da CCB, enquanto Ruben Guimarães trocou São Paulo por Salvador.

Com a inauguração do Central, na rua São João, o Íris provavelmente foi fechado, já que seus anúncios somem das páginas dos jornais depois de 30 de novembro de 1916.

O endereço voltou a sua antiga função, com a instalação no local da Charutaria Trapani, aberta em abril de 1917.

HIGH-LIFE
(23/12/1908)

Em 10 de dezembro de 1908, a empresa Attila Dias e Figueiredo, dos sócios Attila Dias e Joaquim Gomes de Figueiredo, pediu licença para a abertura de um cinematógrafo em um armazém adaptado.

O High-Life Cinema foi aberto às 19 horas de 23 de dezembro de 1908 no largo do Arouche, 65. Tinha como regente da orquestra, em 1911, o maestro Francisco Ramos (substituído depois por Modesto de Lima).

Em 22 de maio de 1911, o cinema entrou com pedido de reforma. Para o trabalho de reconstrução da fachada e dos camarotes, além da modificação no telhado, foi encarregado o engenheiro Adelardo Soares Caiuby. Encaminhado o projeto em 27 de maio, Arthur Saboya, da diretoria de Obras e Viação, pediu que se indicasse a ventilação da sala de projeções. Outra informação constante do processo apontava a necessidade de paredes com 30 cm de espessura. Caiuby respondeu que a renovação do ar se faria por venezianas colocadas em toda a extensão do edifício. O forro tinha também treliças de ripas para ajudar na ventilação. O projeto foi aprovado em 16 de junho.

Em 10 de outubro de 1911, inaugurou-se a nova sala de exibições, com 900 cadeiras e 34 camarotes (quatro lugares cada), quando, provavelmente, o cinema passou a ter duas salas de exibição. Em 1914, a Companhia Cinematográfica Brasileira, que havia arrendado o cinema, anunciou a capacidade de 2.500 assentos nos dois salões.

Desejando possivelmente ampliar as sessões de cineteatro, a empresa pediu ao engenheiro Adelardo Soares Caiuby a construção de um palco em 21 de dezembro de 1912. Nessa época, o cinema tinha uma orquestra de dez "professores".

Com a constituição, em 19 de outubro de 1912, da Companhia Kinemacolor de São Paulo, presidida por Henrique de Souza Queiroz, os sócios do High-Life subscreveram ações, dando como garantia o cinema. Nessa época, havia sessões das 20 horas em diante. As apresentações do novo processo de filme colorido se deram em 28 de fevereiro de 1913. Havia três sessões de uma hora cada, começando às 19h30. O gerente do cinema então era J. Ferraz.

O High-Life sofreu um pequeno incêndio na sessão de 2 de fevereiro de 1913, quando o filme da primeira sessão (20 horas) explodiu na cabine. Apesar do atropelo dos espectadores, o fogo ficou circunscrito à cabine; não houve feridos e os bombeiros não tiveram trabalho para acudir ao sinistro.

Com o fracasso da Companhia Kinemacolor, o High-Life foi alugado em 2 de janeiro de 1914 pela Companhia Cinematográfica Brasileira. Nesse mesmo ano, a locação foi transferida para a Empresa Cinematográfica D'Errico e Bruno, passando a se chamar Teatro Brasil.

Segundo o *site* Almanack Paulistano, o cinema ficava na altura do atual largo do Arouche, 317, entre as ruas Rego Freitas e Amaral Gurgel.

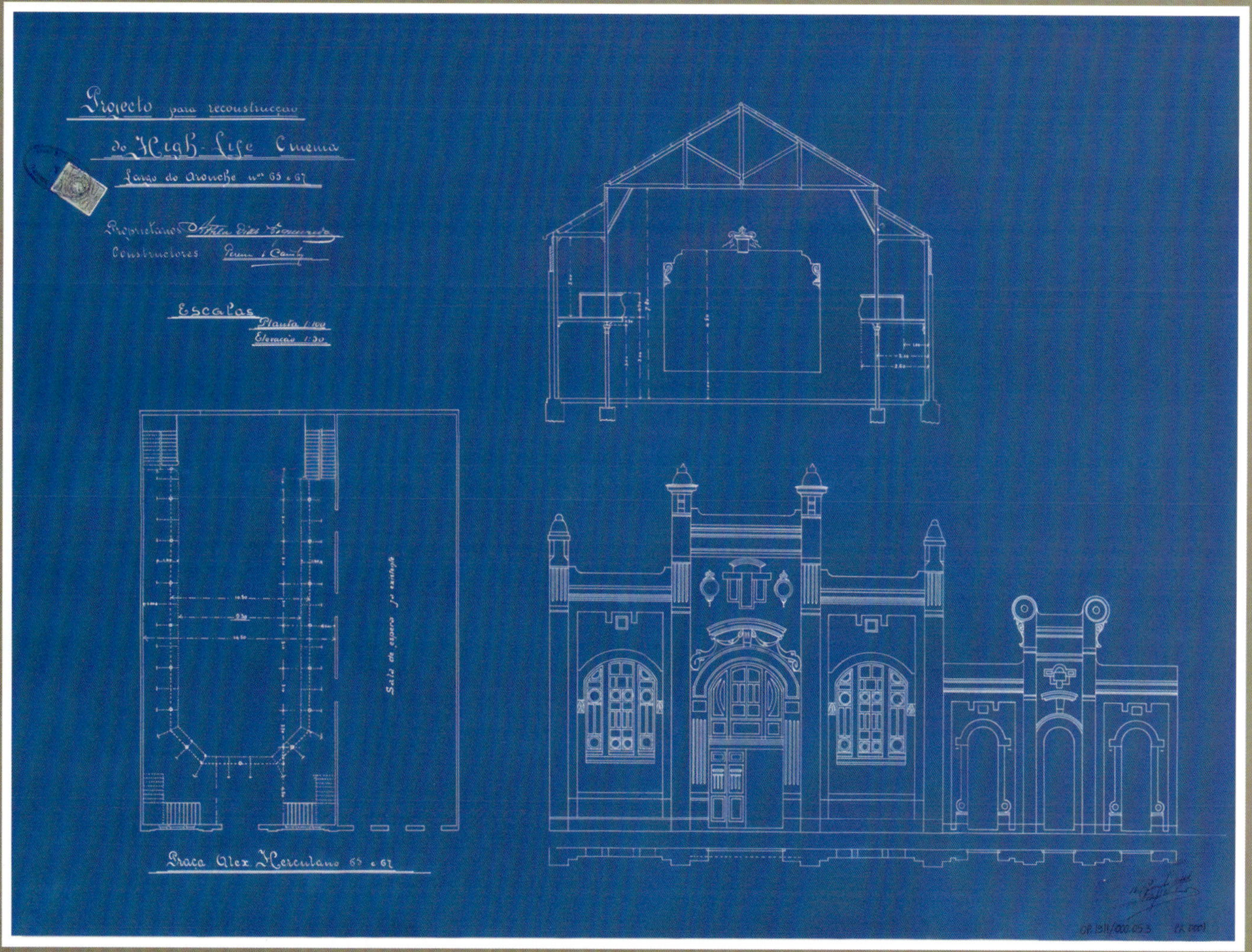

Projecto para reconstrucção
do High-Life Cinema
Largo do Arouche nos 65 e 67
Proprietarios
Constructores
Escalas
Planta 1:100
Elevação 1:50
Praça Alex Herculano 65 e 67

TEATRO CASSINO

(25/9/1909)

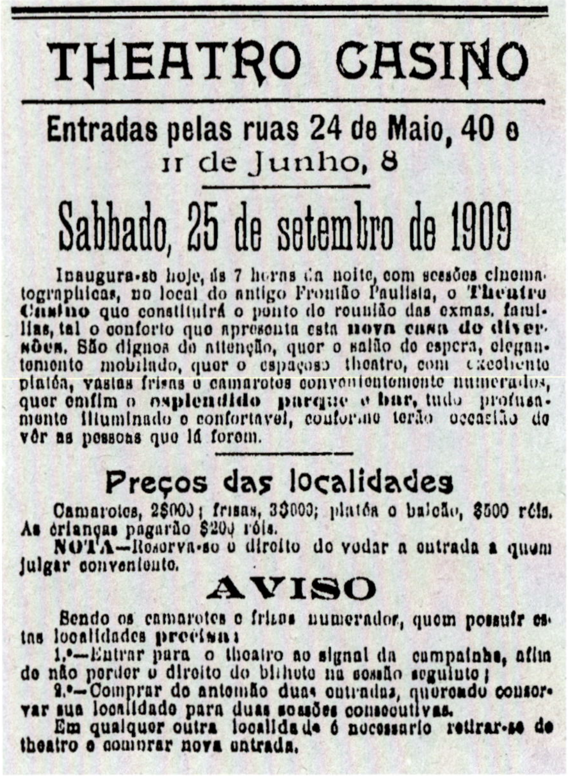

THEATRO CASINO

Entradas pelas ruas 24 de Maio, 40 e
11 de Junho, 8

Sabbado, 25 de setembro de 1909

Inaugura-se hoje, ás 7 horas da noite, com sessões cinematographicas, no local do antigo Frontão Paulista, o **Theatro Casino** que constituirá o ponto de reunião das exmas. familias, tal o conforto que apresenta esta **nova casa de diversões**. São dignos de attenção, quer o salão de espera, elegantemente mobilado, quer o espaçoso theatro, com excellente platéa, vastas frisas e camarotes convenientemente numerados, quer emfim o **esplendido parque e bar**, tudo profusamente illuminado e confortavel, conforme terão occasião de vêr as pessoas que lá forem.

Preços das localidades

Camarotes, 2$000; frisas, 3$000; platéa e balcão, $500 réis. As creanças pagarão $200 réis.

NOTA—Reserva-se o direito de vedar a entrada a quem julgar conveniente.

AVISO

Sendo os camarotes e frisas numerados, quem possuir estas localidades **precisa**:

1.º—Entrar para o theatro ao signal da campainha, afim de não perder o direito do bilhete na sessão seguinte;

2.º—Comprar de antemão duas entradas, querendo conservar sua localidade para duas sessões consecutivas.

Em qualquer outra localidade é necessario retirar-se do theatro e comprar nova entrada.

O Teatro Cassino foi construído no local do antigo Frontão Paulista, na rua 11 de Junho, 8 (atual Dom José de Barros), com entrada também pela rua 24 de Maio, 40. O engenheiro-arquiteto Alexandre de Albuquerque foi encarregado pela Companhia de Diversões da construção de um "teatro para cinematógrafo". Em 13 de setembro de 1909, a companhia entrou com o pedido de licença para funcionamento do teatro, que exploraria "[...] as seguintes diversões: 1) exibições cinematográficas, diurnas e noturnas; 2) espetáculos dos gêneros: líricos, dramáticos, operetas, comédias, e outras próprias de casas desses gêneros de diversões". Haveria ainda a comercialização de anúncios no interior do teatro, um bar e uma pequena charutaria.

O Cassino foi inaugurado em 25 de setembro de 1909, um sábado, às 19 horas, com a exibição de dez filmes. Segundo a propaganda, suas qualidades estavam no "salão de espera elegantemente mobiliado, [...] o espaçoso teatro, com excelente plateia, vastas frisas e camarotes convenientemente numerados, [...] o esplêndido parque e bar, tudo profusamente iluminado e confortável [...]". *O Estado de S. Paulo* informou que a capacidade era de 1.158 espectadores com 664 cadeiras na plateia, 42 frisas (cinco lugares), 34 camarotes (cinco pessoas) e 114 cadeiras no balcão (no alvará de construção constavam 1.131 lugares com 686 na plateia, 210 nas frisas e 235 nos camarotes). Havia duas *toilettes* para senhoras e um vestiário para os homens. A sala de espetáculos media 28 m x 20 m, e o palco, 13 m x 14 m, com 15 camarins e outras acomodações. A sala de espera de 18 m x 20 m era circundada por uma galeria de dois andares, com três entradas para a plateia e as frisas; outras duas entradas davam para os camarotes. O teto era decorado em estilo mourisco, com uma figura central simbolizando a música e outras quatro imagens laterais representando as estações do ano. Um bar com trinta mesas e

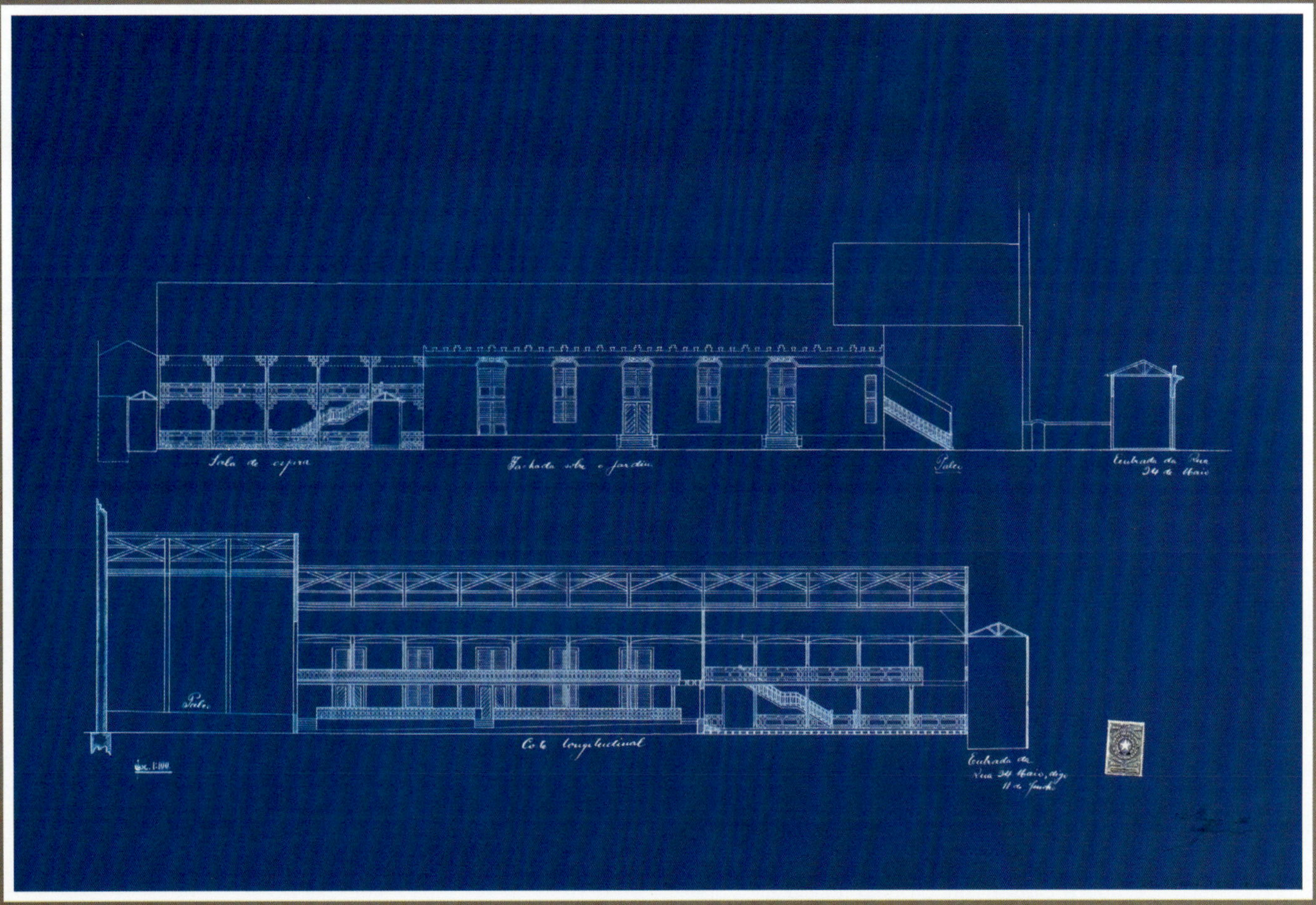

um jardim também com mesas para o serviço de bebidas completavam as instalações. *O Comércio de S. Paulo* noticiou que o maestro seria Ernesto Castagnole na estreia e que na sala de espera haveria uma pianista. Em janeiro de 1910, o maestro contratado era Antonio Leal. O Teatro Cassino foi o primeiro em São Paulo a oferecer espetáculos de palco e tela no mesmo dia.

A partir de 31 de julho de 1911, o Cassino foi arrendado para a Empresa Paschoal Segreto e passou a ser administrado por Afonso Segreto, que apresentou a Turnê Internacional Segreto. Mudou de nome para Teatro Apolo em 4 de agosto de 1913, ainda sob a direção da Empresa Paschoal Segreto.

Foi demolido em 1962, dando lugar a um prédio com galeria que fazia a união das ruas 24 de Maio e D. José de Barros.

CHANTECLER THEATRE
(10/11/1910)

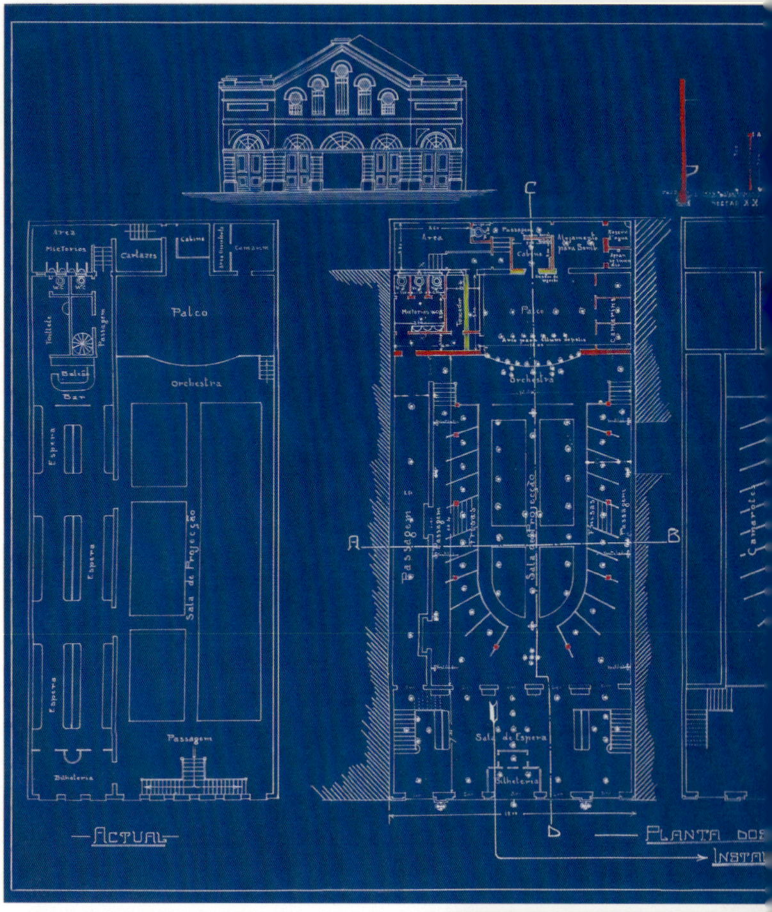

O Chantecler Theatre se localizava na rua General Osório, 73, esquina da rua Visconde do Rio Branco. Foi inaugurado pela empresa F. Serrador e Cia. em 10 de novembro de 1910. Construído com ferro e cimento, tinha uma sala de espera com mobília de couro almofadado e era decorado com quadros a óleo reproduzindo cenas da peça *Chantecler*, de Édmond de Rostand, iluminados por três candelabros. A tela de projeção media 12 m x 8 m. Para o público havia 30 ou 31 camarotes com guarnição de pelúcia e 700 cadeiras na plateia; a capacidade total era de 800 espectadores. A orquestra era regida pelo maestro Bellini Tavares de Lima.

O Chantecler foi arrendado em 31 de janeiro de 1912 pela Empresa Cinematográfica D'Errico e Bruno, que mudou o nome do cinema para Teatro Rio Branco. Sob a direção dessa firma, apresentava espetáculos de palco e tela.

Quando a cidade ganhou uma legislação específica para as edificações cinematográficas, em 1916, o engenheiro José de Sá Rocha fez uma vistoria no Rio Branco, constatando falhas nos acessos aos camarotes, escadas de madeira e obstrução de portas. Nesse mesmo ano, o Rio Branco realizou uma reforma ilegal nos camarotes, visando eliminar as colunas metálicas de sustentação que estorvavam a visão dos espectadores na plateia.

Aproveitando a última brecha legal para adaptar o teatro à legislação de 1916, a empresa arrendatária entrou com um requerimento em 31 de dezembro de 1921. O problema maior do cinema era o isolamento: havia somente uma passagem que o separava dos prédios vizinhos. Como o imóvel era antigo, anterior à regulamentação de 1916, ficava a critério do prefeito a dispensa das outras áreas de passagem. A firma Abbate e Cia. entrou com novo projeto somente em 7 de fevereiro de 1923. O pedido de adaptação foi indeferido pela diretoria de Obras e Viação.

O cinema ficou em desacordo com a legislação até que sua licença foi cassada em abril

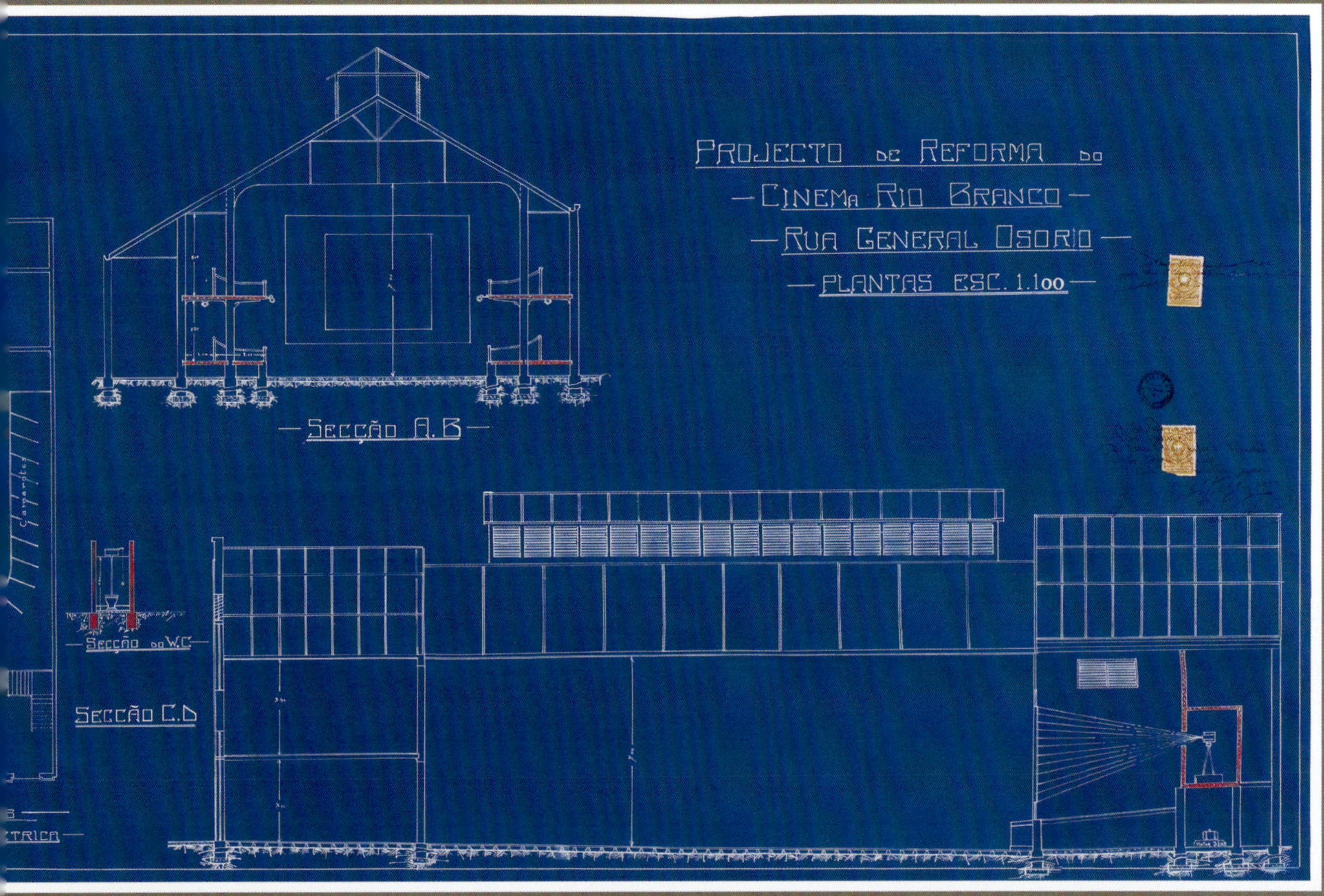

de 1924, quando já estava sendo gerido pelas Empresas Cinematográficas Reunidas Ltda. Uma vistoria de Regino Aragão e José Amadei listou dez artigos em que o prédio estava irregular. Em setembro de 1924, as obras ainda estavam na parte externa. Em 24 de dezembro, Aragão declarou que elas tinham sido concluídas com o cinema em funcionamento. Mas a intenção da Empresas Reunidas era outra. Com o término da construção do Cinema Central, a Reunidas arrendou o cinema de Júlia Christianini em 4 de dezembro de 1924, transferindo suas atividades para a rua General Osório, 52. O Rio Branco foi fechado, provavelmente, em abril de 1925.

CONGRESSO
(24/12/1910)

Sebastião Crisci já estava instalado na antiga rua do Teatro, 21, atual praça Dr. João Mendes, desde 1908, com um botequim de segunda ordem. Em 9 de dezembro de 1910, a empresa Sebastião Crisci e Cia. pediu licença para "[...] montar um cinematógrafo na rua do Teatro nº 9 denominado 'Cinema Congresso', em prédio já existente e com as condições exigidas para boa ventilação, entrada e saída franca, conforme regra higiênica [...]" (rua do Teatro, 9, esquina com a praça Dr. João Mendes). O nome do cinema se devia ao local, onde a Prefeitura pretendia construir o Paço Municipal, sede do futuro Congresso estadual (na época, havia presidente do estado, senadores e deputados). Foram pedidas várias alterações no projeto original. Não há registro da data de inauguração do cinema. Sabe-se que o fiscal municipal Benedito de Araújo informou, a 24 dezembro, que ele já estava funcionando. Era um cinema pequeno, com menos de 9 metros de frente, sem sala de espera e com bar para a venda de bebidas e doces. Os ingressos eram baratos: 500 réis na plateia e 300 réis para crianças.

Logo em seguida, em 1 de maio de 1911, Sebastião Crisci entrou com plantas para reformas. Como o cinema era pequeno, pediu-se a retirada dos camarotes. Crisci desistiu do projeto, passando-o para Carlos Murano em junho. Em setembro de 1913, o prédio foi vendido para Giovanni Caruggi, que procedeu a uma grande reforma no cinema.

As adaptações à legislação de 1916 (Lei nº 1.954 e Ato nº 983) somente foram encaminhadas em 1922, depois de esgotados todos os prazos dados pela administração municipal. Mas só com a ameaça de cassação da licença foi que o exibidor deu início à reforma, concluída em outubro de 1923. O prédio foi vistoriado, calculando-se a lotação em 438 espectadores: 50 nos camarotes, 88 no balcão e 300 na plateia.

Giovanni Caruggi foi um dos mais ardentes oponentes de Francisco Serrador e da Companhia Cinematográfica Brasileira (CCB) na cidade, acusando-o seguidas vezes de truste na distribuição e exibição de filmes. Com a criação da Empresas Cinematográficas Reunidas Ltda., em janeiro de 1924, formada pelos dois maiores exibidores da cidade (a CCB e a empresa D'Errico, Bruno, Lopes e Figueiredo), Caruggi passou o Congresso para o consórcio, arrendando o Cinema Olímpia, situado no Brás, onde trabalhou com teatro de variedades. Mas foi um mau ano, devido à revolução de julho de 1924.

O Congresso funcionou até 1925.

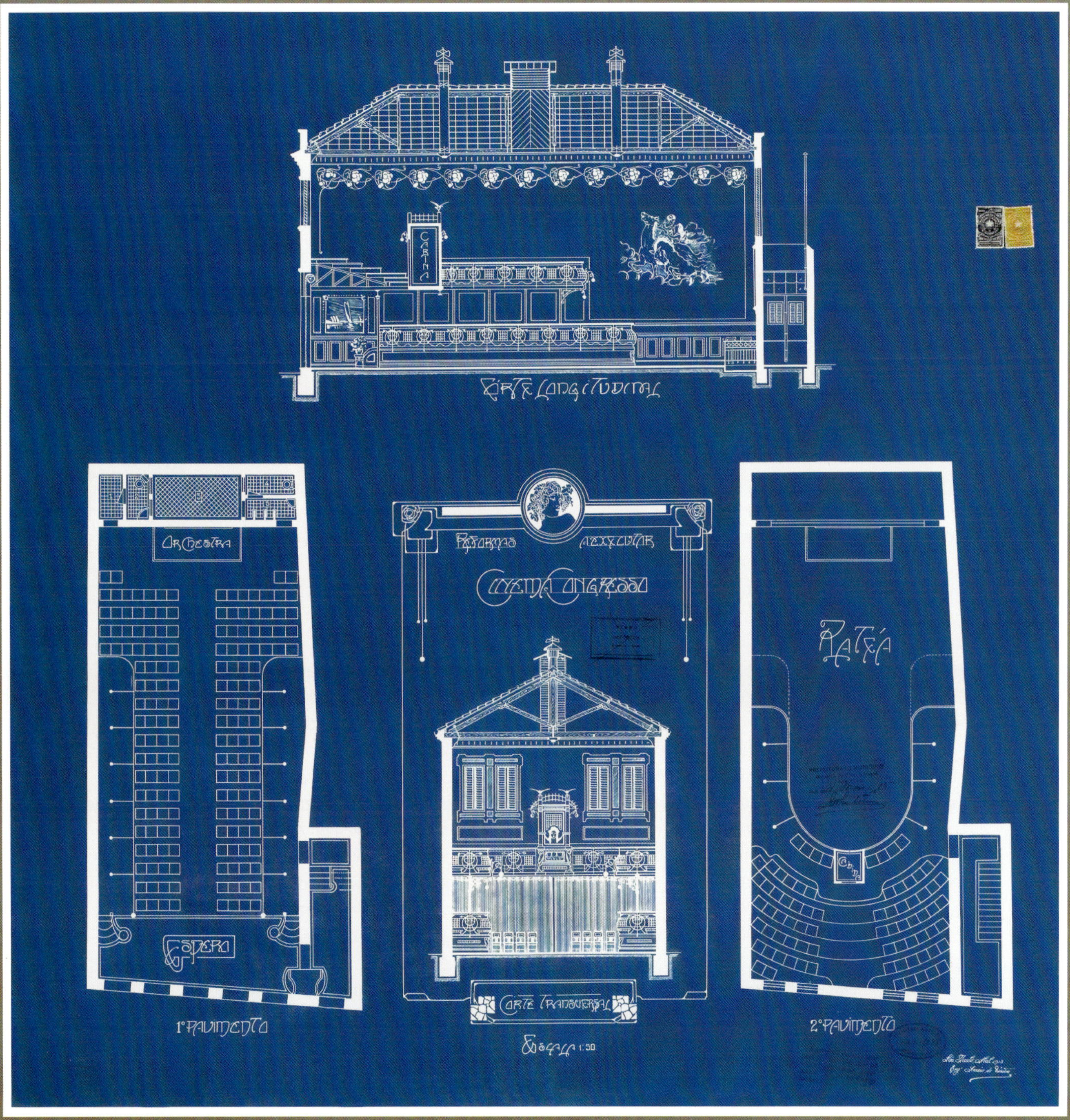
CABINE
CORTE LONGITUDINAL
ORCHESTRA
REFORMAS A EXECUTAR
CINEMA CONGRESSO
PLATÉA
CABINE
ESPERA
CORTE TRANSVERSAL
1º PAVIMENTO
2º PAVIMENTO
ESCALA 1:50

ÍSIS
(8/4/1911)

Em 25 de novembro de 1910, Fernando e Luiz Taddeo, desejando "[...] construir um salão para cinematógrafo, adaptando-o bem como o terreno para o fim a que é destinado [...]", entraram com pedido de licença na prefeitura. Os Taddeo eram italianos bem-postos na comunidade, investindo em imóveis desde dezembro de 1909. O futuro cinema Ísis estava situado nos fundos de um terreno da rua do Gasômetro, 47, no qual se entrava por uma estreita passagem (atual número 245). Atento a esse problema, o engenheiro Arthur Saboya deixou de assinar o alvará de construção, obrigando os irmãos a informarem que o imóvel que dava frente para a rua do Gasômetro lhes pertencia e que a passagem de 3,20 m de acesso ao cinema não prejudicava nem a luz nem a iluminação do sobrado. Após alguns contratempos, a construção foi permitida. Por volta do final de março de 1911, as obras estavam no acabamento. Segundo Vicente de Paula Araújo, o Ísis Theatre foi inaugurado a 7 de abril de 1911, mas o correto é dia 8, um sábado.

O cinema sofreu sucessivas alterações e reformas, começando em agosto de 1911. Dois anos depois reformou-se o térreo; em 1916, a fachada. Era um cinema popular, com ingressos a 400 réis para adultos e 200 réis para crianças. Anunciava-se a capacidade para 1.500 cadeiras em 1914. Em 1915, o maestro do Ísis era A. Pigatti. Um bar foi instalado nesse ano, de propriedade do exibidor.

Depois de estabelecida uma legislação específica para as edificações cinematográficas, José de Sá Rocha considerou, em relatório preparado para a Diretoria de Obras, que:

> a sala é vasta e oferece razoáveis condições de comodidade e facilidade de movimento, devendo contudo exigir-se que as cadeiras sejam fixas ao piso, observando o espaçamento de 80 cm entre as filas e observadas as larguras das passagens. O balcão que, decerto, indevidamente foi feito poderá ser conservado observadas as condições necessárias de segurança (art. 8) quanto aos apoio, escada, etc. A cabine deve ser melhorada de modo a oferecer as necessárias garantias, de conformidade com o exigido no art.16.

As observações de Sá Rocha teriam que esperar seis anos para surtirem efeito.

Com vistas à "reconstrução" do Ísis, Luiz Taddeo entrou com uma planta na prefeitura em 5 de agosto de 1922. A obra tinha como objetivo a adaptação do cinema à Lei nº 1.954 de 1916, com a fixação das cadeiras, a instalação de equipamento de incêndio junto à cabine, portas abrindo para fora, etc. A Diretoria de Obras observou que não havia áreas laterais de isolamento do prédio, indeferindo o pedido em setembro de 1922. Como faltam os documentos relativos aos anos seguintes, ficamos sem saber como os irmãos resolveram o impedimento legal. Provavelmente, a saída foi retirar o cinema dos fundos do terreno, aproximando-o da rua, com a incorporação do prédio vizinho (nº 45). Em março de 1925,

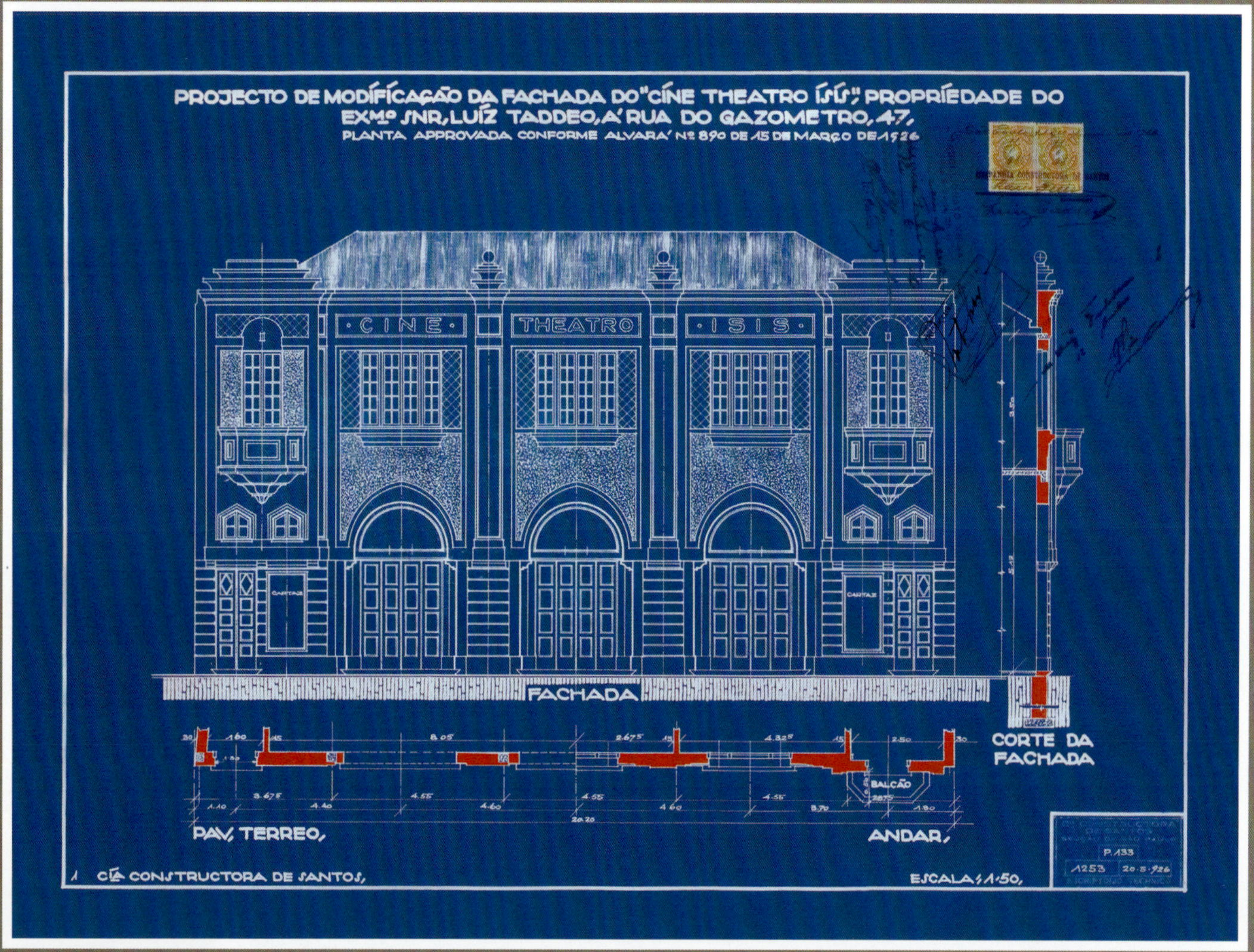

o cinema foi vistoriado, dando-se a lotação de 1.350 pessoas na plateia e 220 nos 44 camarotes, totalizando 1.570 espectadores.

A reconstrução da fachada começou no final do ano. A reforma se ampliou no ano seguinte com a construção de dois apartamentos no sobrado que ladeava a entrada principal do cinema. A obra ficou a cargo da Companhia Construtora de Santos, seção de São Paulo. O Ísis foi sucedido pelo Cine Glória em 13 de março de 1927.

ELDORADO

(26/8/1911)

Em 17 de julho de 1911, Sebastião Crisci, proprietário do Cinema Congresso na praça Dr. João Mendes, 9-11, requereu na prefeitura o direito de derrubar uma parede no prédio da rua Quintino Bocaiúva, 39, onde pretendia instalar um cinematógrafo. Em 25 de agosto, a empresa Crisci, Medici e Cia. pediu a vistoria do cinema, posto que gostaria de inaugurá-lo.

Segundo Vicente de Paula Araújo, em 26 de agosto se abriu naquele endereço o Eldorado Cinema, às 18 horas.

O cinema foi comprado pela empresa Machado e Medici em 3 de março de 1913, conforme escritura lavrada no 6º Tabelião da Capital, provavelmente com a saída do sócio Sebastião Crisci. A transferência para a nova exibidora foi requerida em 1º de agosto, sendo deferida três dias depois. Segundo *O Estado de S. Paulo*, o "recinto sofreu uma mudança radical. Está agora limpo, asseado e com ventilação necessária". Outra reforma foi realizada em março de 1915, quando se pediu a redução da quantidade de cadeiras na plateia de 272 para 168, embora só se contem 144 lugares pela planta aprovada.

Em 1916, quando a cidade já estava dotada de uma legislação específica para as edificações cinematográficas, o engenheiro José de Sá Rocha foi encarregado de uma vistoria nas casas existentes. Sobre o Eldorado ele escreveu o seguinte:

> Este cinema está instalado em um prédio antigo e pode dizer-se em comum com uma oficina ou depósito de cofres de ferro, pois deles é separado por uma divisão de madeira. A instalação é péssima. Não há cabine. O aparelho está colocado no palco, ao fundo, sobre um assoalho, aliás velho, e sem aberturas [retroprojeção]. Na frente da sala há um segundo vestíbulo de uns dois metros de largura, com três portas para a rua mas tais portas conservam-se sempre obstruídas pelos grandes cartazes de reclame, e assim de nada servem. De modo que o acesso é feito como a saída por uma única porta. A lotação, como em geral, é excessiva, e foi feita indevidamente uma galeria ou balcão com acesso por uma escada de madeira de 90 cm de largura, atravancando ainda [mais] a saída. Este cinema não oferece possibilidade alguma de poder ser reformado de modo a satisfazer qualquer das exigências legais, a não ser que ocupe todo o prédio, e mediante nova planta que satisfaça as exigências legais.

Em 1917, a empresa exibidora se chamava Machado e Cia., que sublocou a sala para as apresentações de Luiz de Freitas e Garridos, conforme anúncio de janeiro em *O Estado de S. Paulo*, oferecendo espetáculos de palco e tela.

Em 16 de agosto do mesmo ano, em relatório elaborado a mando do prefeito Washington Luiz sobre todos os cinemas da cidade, Arthur Saboya anotou que o Eldorado estava "fechado e penhorado não podendo nele entrar" para a vistoria.

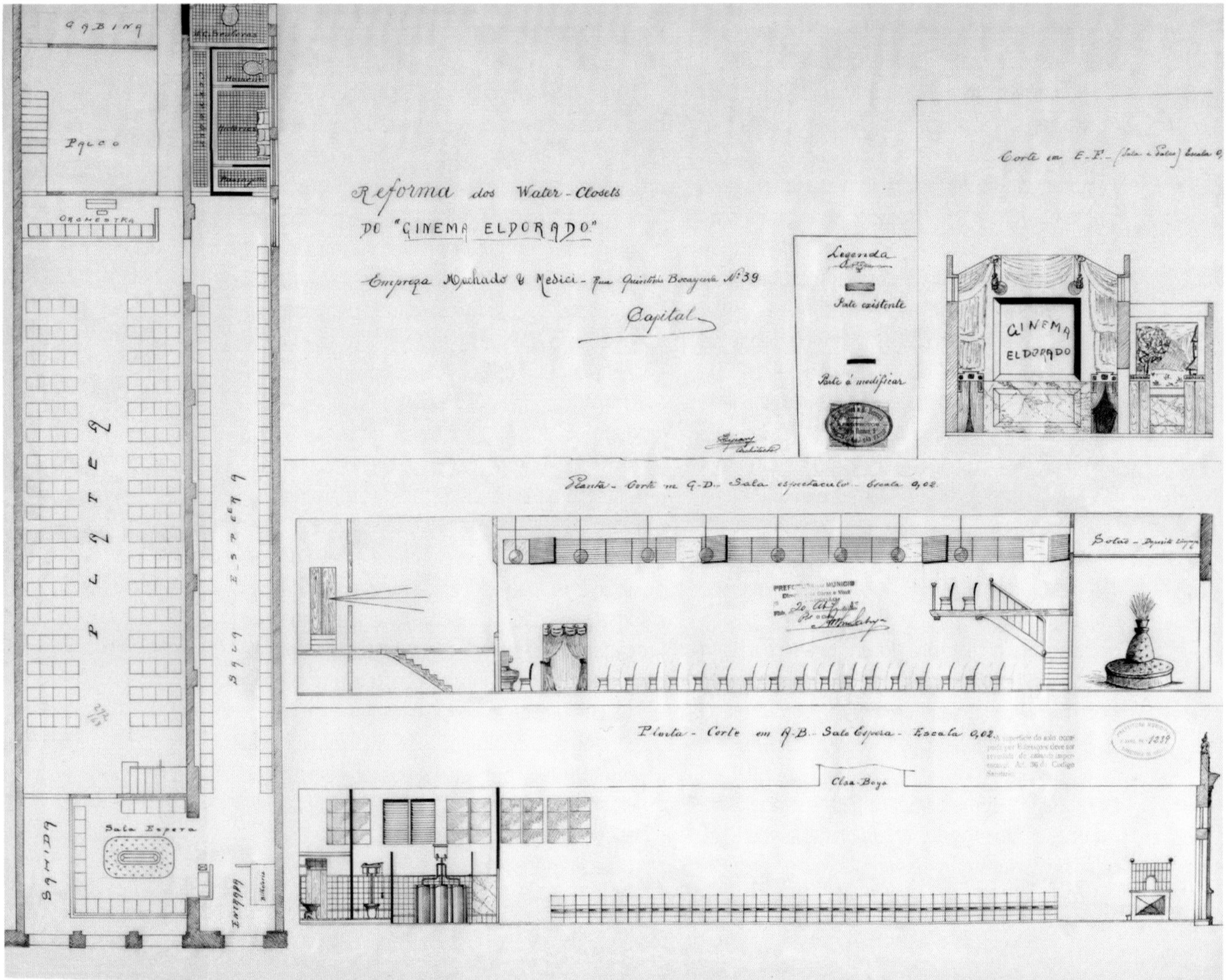

Reforma dos Water-Closets
DO "CINEMA ELDORADO"
Emprega Machado & Medici - Rua Quintino Bocayuva Nº 39
Capital
Legenda
Parte existente
Parte á modificar
Corte em E-F
CINEMA
ELDORADO
Planta - Corte em G-D - Sala espectaculo - Escala 0,02
Planta - Corte em A-B - Sala Espera - Escala 0,02
Caixa-Boya
CABINE
PALCO
ORCHESTRA
PLATEA
Sala Espera
SAHIDA
ENTRADA

ESTRELA DO ORIENTE
(18/10/1911)

Em 18 de outubro de 1911, Nicola Felice abriu um cinematógrafo na rua Oriente, 11 (também aparece como 41), requerendo a licença para funcionamento à prefeitura. Vicente de Paula Araújo registrou a inauguração do cinema Flor do Oriente no dia 21 de outubro daquele ano, às 17 horas. O *site* Almanack Paulistano localizou o cinema na rua São Caetano, 41, esquina com Rodrigues dos Santos. A lotação também não é precisa, anunciando a Companhia Cinematográfica Brasileira 1.500 assentos para o Pavilhão Oriente. Em setembro de 1912 teria mudado de nome para Cinema Oriente, quando pertencia a Carlos Bernasconi. Depois, ostentou na fachada Bijou Oriente e Cinema Estrela do Oriente, seu último nome. Em anúncio de 1912, a distribuidora J. R. Staffa diz que fornecia filmes para o Cinema Oriente e Pavilhão Oriental.

No domingo de 24 de janeiro de 1915, às 16h45, durante a matinê, um incêndio ocorreu na cabine de projeção, operada por João Gagliano Bernasconi e pelo auxiliar João Cipriano. Estavam na sala do barracão de madeira e cobertura de zinco mais de 600 pessoas, a maioria crianças. "O pânico foi enorme", publicou o *Correio Paulistano* no dia seguinte. O filme se queimou, e as chamas se propagaram rapidamente para a madeira do cinema. Bombeiros conseguiram debelar o fogo, isolando as casas vizinhas, inclusive a do proprietário do imóvel, José Antonio Martins, que morava no número 43. O prejuízo de Carlos Bernasconi foi de 10 contos de réis. Nem Bernasconi nem Martins tinham seguro.

Em 11 de fevereiro de 1915, menos de um mês após o incêndio, o proprietário José Antonio Martins deu entrada na prefeitura a um pedido de licença para a reconstrução do prédio do "Cinematógrafo Oriente". A 2 de março o projeto corrigido deu entrada na Diretoria de Obras e Viação, recebendo a aprovação de José de Sá Rocha no dia seguinte. A capacidade da sala foi calculada em 350 pessoas (324 segundo o desenho arquitetônico). A área construída era de 310 m^2. A vistoria foi feita em 11 de junho.

Esse cinema foi gerido pela empresa Guerra e Nunes, ou Guerra, Nunes e Mendes (multada em setembro pela distribuição de programas nas ruas) em 1915.

Em 1916, quando a cidade já estava dotada de uma legislação específica para as edificações cinematográficas, Sá Rocha foi encarregado de proceder a uma vistoria em todos os cinemas da cidade. Sobre o Oriente ele escreveu que havia um balcão edificado de forma ilegal.

O cinema foi dirigido por Guerra, Nunes e Mendes até 1917 e, em 1918, passou pela direção de Francisco de Paula Abreu e da firma Gabriel e Nascimento.

O fechamento ocorreu possivelmente nesse ano, mas não se tem informações exatas.

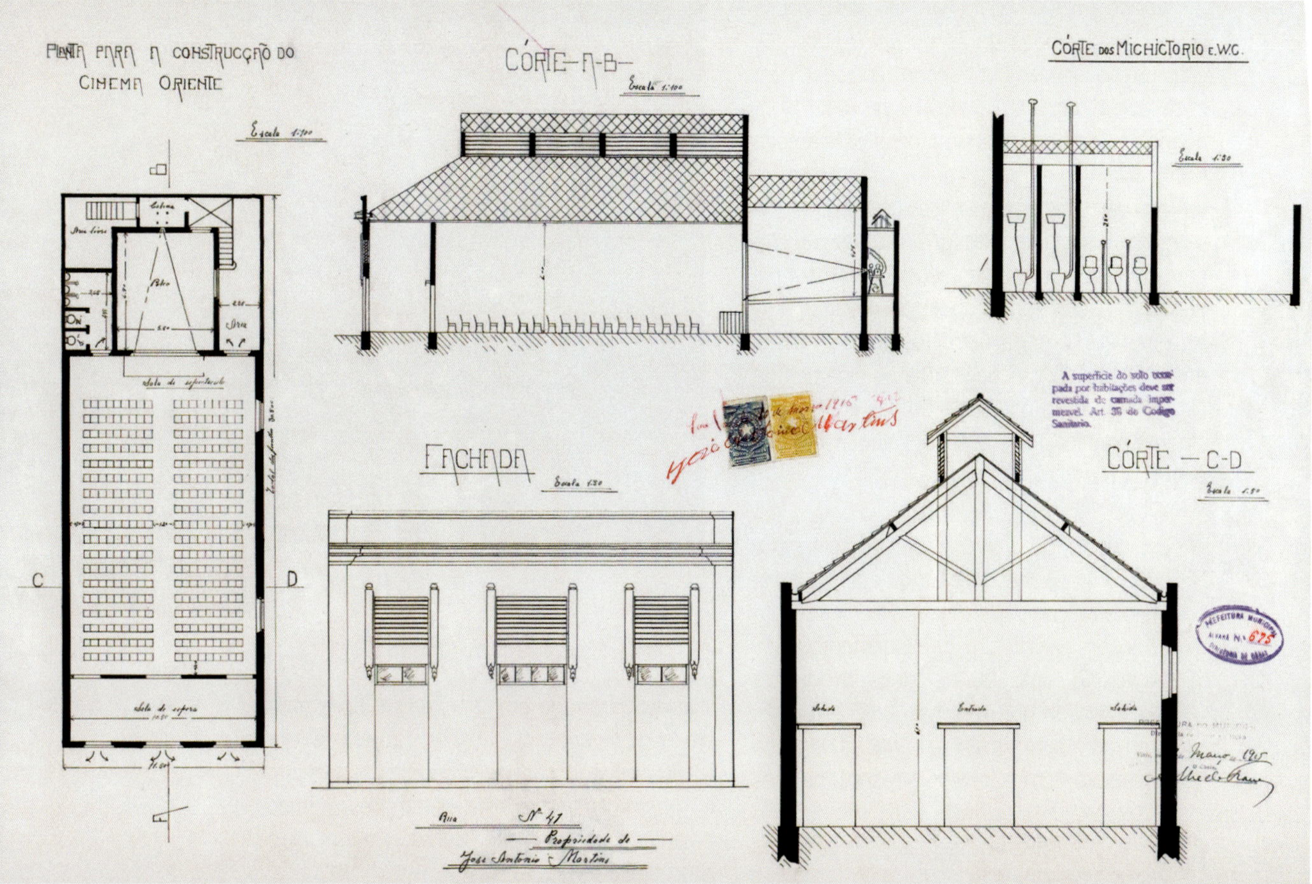
PLANTA PARA A CONSTRUCÇÃO DO
CINEMA ORIENTE
Escala 1:100
CÓRTE A-B
Escala 1:100
CÓRTE DOS MICHICTORIO E W.C.
Escala 1:50
Sala de espectaculo
Sala de espera
C
D
FACHADA
Escala 1:50
CÓRTE — C-D
Escala 1:50
Sahida
Entrada
Sahida
A superficie do solo occupada por habitações deve ser revestida de camada impermeavel. Art. 35 do Codigo Sanitario.
PREFEITURA MUNICIPAL
ALVARÁ N. 675
DIRECTORIA DE OBRAS
Rua Nº 41
Propriedade de
José Antonio Martins

COLISEU DOS CAMPOS ELÍSEOS
(24/11/1911)

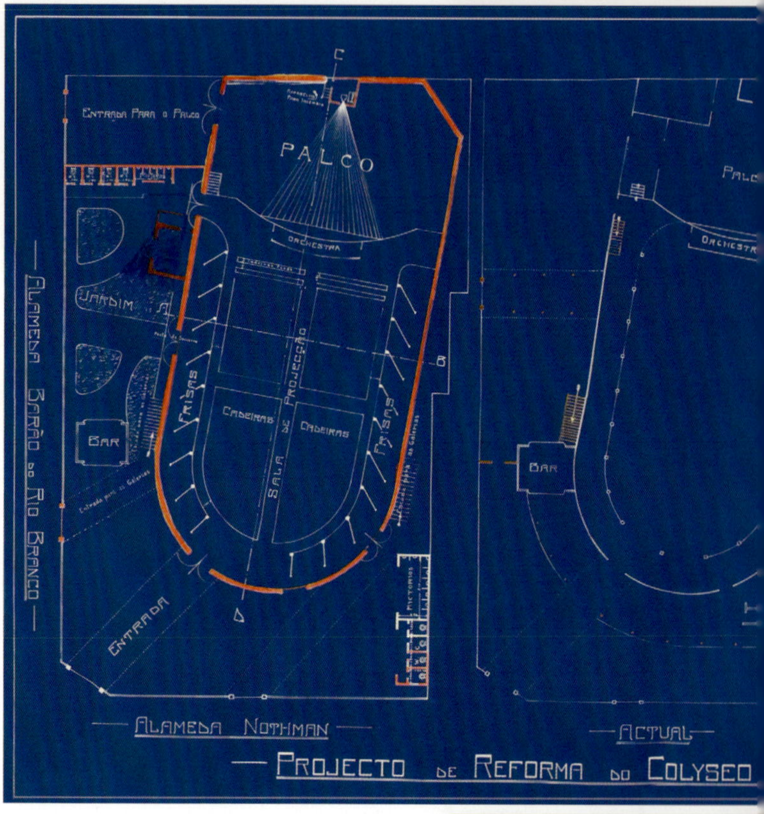

Aberto em 1909 como Pavilhão dos Campos Elíseos, na alameda Barão do Rio Branco, 57, esquina com alameda Nothmann, funcionou com essa denominação até 24 de novembro de 1911, quando a Companhia Cinematográfica Brasileira (CCB), por meio de seu gerente Francisco Serrador, mudou o nome para Coliseu dos Campos Elíseos. No dia seguinte, procedeu-se à inauguração com uma série de apresentações da Companhia do Teatro Carlos Gomes do Rio de Janeiro.

Em 1916, o engenheiro José de Sá Rocha, encarregado de vistoriar todos os cinemas da cidade com base na legislação das edificações cinematográficas, escreveu o seguinte parecer sobre o Coliseu:

> Este teatro foi construído se me não engano a título provisório, em ocasião em que havia pletora de companhias teatrais e deficiência de locais para o seu funcionamento. Esse provisório tornou-se definitivo, e o teatro tem passado por reformas, ignoro se com licença ou sem ela. É um barracão de zinco e madeira. Tem plateia com frisas e balcões e galerias, junto a estes 6 camarotes. É óbvio que as condições de segurança são precárias nessas condições.

Aparentemente, a única reforma empreendida no Coliseu foi a construção, na entrada, de um telheiro de zinco sobre pilastras de madeira, em fevereiro de 1917.

Vencidos todos os prazos concedidos para a regularização do cinema de acordo com a nova legislação baixada em 1916, a CCB apresentou em 11 de fevereiro de 1922 um projeto de renovação assinado pela A. Abbate e Cia., Projetos e Construções. As plantas foram despachadas para o engenheiro João Silveira que, em 24 de julho, declarou:

> O Coliseu dos Campos Elíseos [...] consta de um barracão de madeira e zinco, mal ventilado, com o piso cimentado, os assoalhos e colunas das galerias e frisas de material combustível, e se afasta completamente das disposições legais. Não há maneira de adaptá-

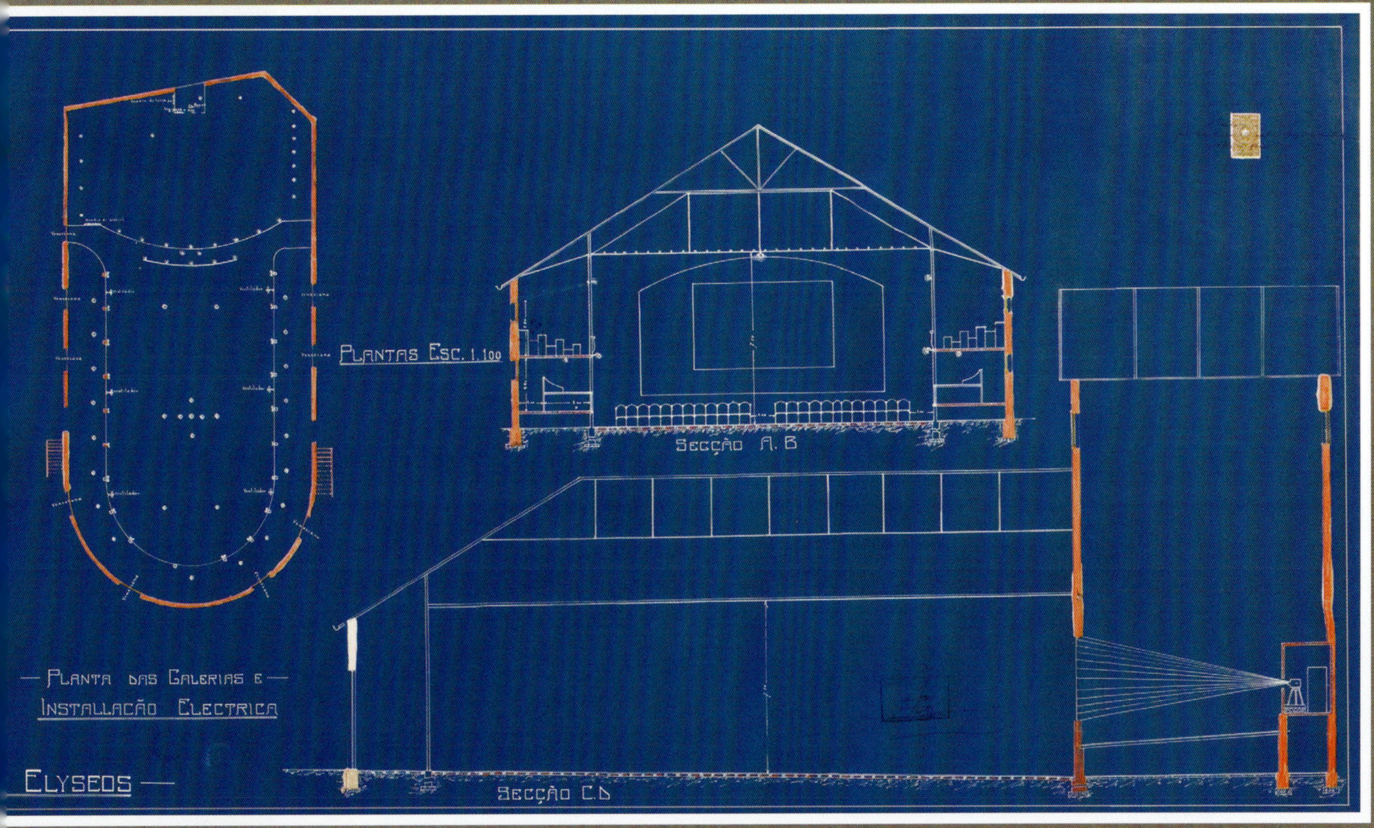

> -lo ao sistema preconizado na lei, tantas seriam as obras necessárias que equivaleriam a uma nova construção. Assim, pois, deve ser o interessado convidado a apresentar planta da reconstrução total do cinema.

Somente em 6 de dezembro a empreiteira entrou com novo projeto, e, dessa vez, recebeu a aprovação em 19 de janeiro de 1923. A área da plateia foi calculada em 867 m²; a das galerias, em 250 m². Mesmo assim, Arthur Saboya, na chefia da 2ª Seção Técnica, constatou que os corredores das galerias e das frisas estavam irregulares, medindo menos que 1 m de largura. A Abbate e Cia. retirou novamente o projeto em 29 de janeiro, retornando com o desenho corrigido em 27 de março. O alvará foi concedido em 3/3/1923.

O Coliseu passou para a direção da Empresas Cinematográficas Reunidas Ltda. em janeiro de 1924, fechando logo em seguida.

AMÉRICA
(?/11/1911)

O italiano Alfio Ornello Reina entrou com um pedido para a construção de um cinema na rua da Consolação, 324, em 11 de agosto de 1911 (altura do atual número 1.992). Houve reticências por parte da Diretoria de Obras e Viação, mas, após modificações nas plantas, o alvará de construção do "barracão" foi concedido. O imóvel devia ter 9 m de frente por 28 m ou 30 m de fundo, e uma parte dele para a casa vizinha (uma das portas de saída lateral se comunicava com a cozinha). Havia também uma cunha entre as paredes do cinema e a do vizinho, criando uma quebra no número de camarotes. Por volta de novembro, ele estava pronto para ser inaugurado, encontrando-se anúncios que assinalam a presença de um Biógrafo Variedades ou Cinema Biograph, provavelmente arrendado para Maurício Auricchio.

O cinema foi seguidamente reformado (a primeira vez em fevereiro de 1914), aumentando-se a área de 261 para 324 m². Nessa época, ganhou o nome de Cinema American e passou para a empresa Medici e Puntone.

Em 1916, quando a cidade adquiriu uma legislação específica para as edificações cinematográficas, o engenheiro José de Sá Rocha, em relatório preparado para a Diretoria de Obras e Viação, assim descreveu o já então chamado América:

> É inacreditável como neste local se conseguiu encaixar um cinema com plateia, frisas, camarotes e balcões. É bem de ver que num espaço de 8 ou 9 metros de largura, uma casa de espetáculos nessas condições é contrária a tudo quanto há de mais rudimentar quanto às condições de segurança, comodidade e facilidade de movimento.

Em 1918, o cinema voltou a ser propriedade de Alfio Ornello Reina, agora sob a firma Ornello e Dias (Attila Dias tinha sido proprietário do High Life do largo do Arouche).

Para se adaptar à legislação de 1916 (Lei nº 1.954), o América entrou em reforma em 1918. A análise das plantas listou a violação de mais de dez artigos da lei e somente a substituição dos projetos permitiu que a obra fosse iniciada. Em 17 de fevereiro de 1919, foi pedida a vistoria, estabelecendo-se a lotação de 512 lugares na plateia, 34 nas frisas e 256 nas galerias (não há referência aos camarotes). Outro embate com a administração pública foi a mudança do sistema de projeção dos fundos (retroprojeção) para a projeção direta sobre a tela, conseguida somente em 1929.

Mesmo sendo um cinema ultrapassado para a década de 1920, possivelmente ainda trabalhando com o projetor de 1911, o América sobreviveu mais duas décadas. No final dos anos 1920, tinha capacidade para 1.020 espectadores; em 1939, a lotação caíra para 987, mantendo a estrutura de plateia, frisas, camarotes e balcões.

Zélia Gattai e sua família eram frequentadores do América, e a escritora deixou uma vívida lembrança do cinema.

O cinema foi fechado em 1946.

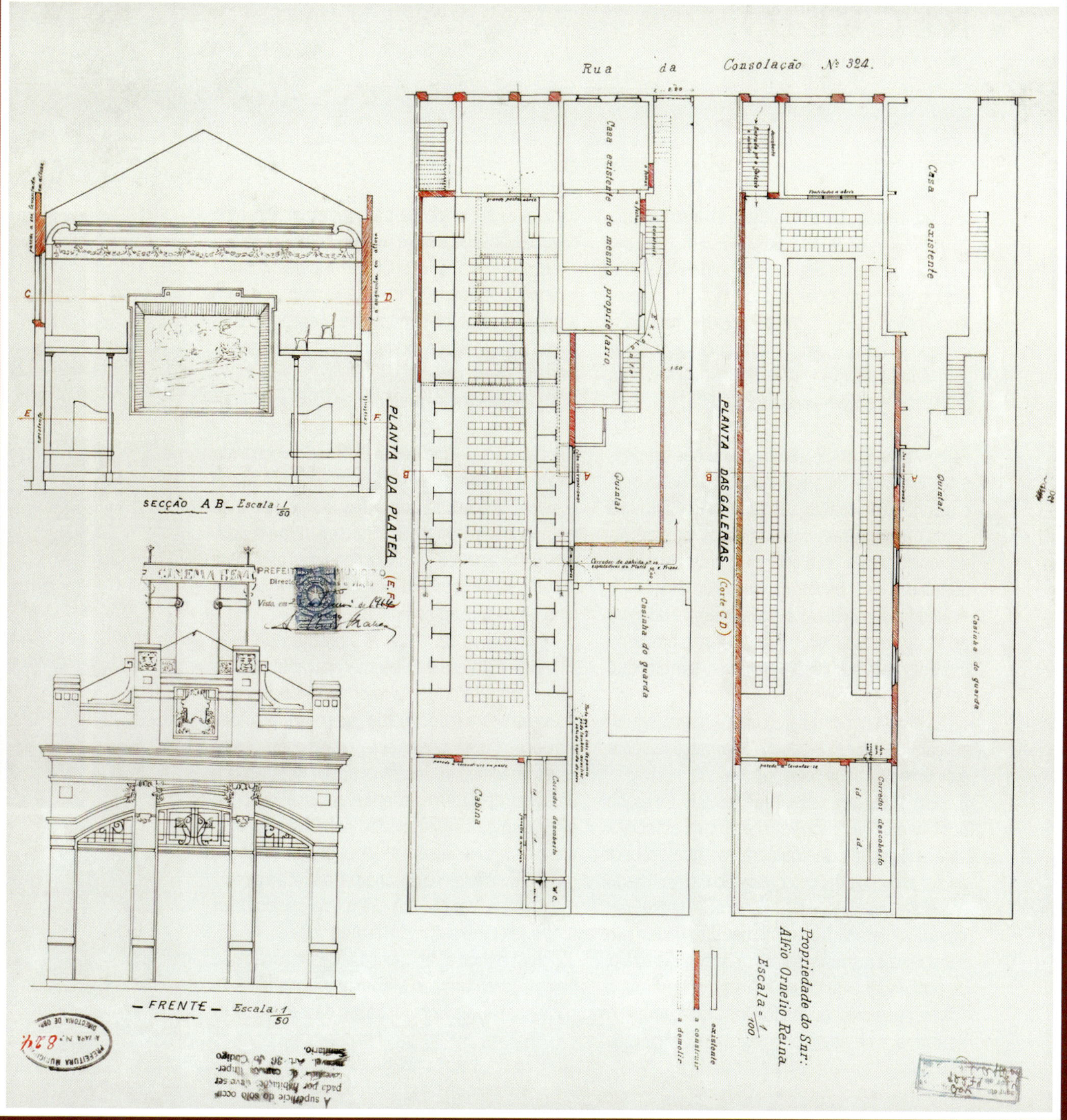

Rua da Consolação Nº 324.
Casa existente do mesmo proprietario
PLANTA DA PLATEA (E.F)
PLANTA DAS GALERIAS (Corte C.D)
Quintal
Casinha do guarda
Cabina
Corredor descoberto
Casa existente
SECÇÃO A B _ Escala 1/50
FRENTE _ Escala 1/50
Propriedade do Snr:
Alfio Ornelio Reina.
Escala = 1/100
existente
a construir
a demolir

RECREIO
(3/7/1912)

Luiz Castagna era morador do bairro da Lapa desde, pelo menos, antes de 1905. Em 1909, ele adquiriu a área do futuro Recreio da Lapa. Três anos depois, em 22 de abril de 1912, "[...] desejando construir um barracão feito de madeira e fechado a zinco [...] para Cinema de conformidade com a planta junta [...]", Castagna entrou com pedido de licença na prefeitura.

O cinema ficava em frente à estação da São Paulo Railway. Como outros barracões de periferia, o projeto foi em princípio recusado pelo engenheiro do distrito, Luiz Bianchi Betoldi. Mas, como Castagna retrucou que no centro da cidade funcionavam com licença outros barracões permitidos pela prefeitura, casos do Bijou e do Politeama, o projeto foi aprovado em 10 de maio de 1912. Em 3 de julho, Luiz Castagna arrendou o prédio para a empresa Renato e Barreto, que passou a gerir o cinema.

O cinema voltou para Luiz Castagna em 30 de abril de 1914. Há poucas informações sobre o cinema nos anos seguintes.

Em 1916, por ocasião da vistoria realizada nos cinemas da cidade com base na lei específica para edificações cinematográficas que acabara de ser promulgada, o Recreio não estava listado entre as salas visitadas. No ano seguinte, um novo levantamento dos cinemas da cidade, feito pelos fiscais distritais, dá conta de que o Recreio, de propriedade de Couto e Dias, funcionava em "caráter particular ou associativo". Mas, em 1917, de forma a se adequar à legislação, o cinema pediu alvará de licença para reformar a cabine de projeção, deixando-a fora do corpo da sala.

Um comunicado do fiscal Alcides Aranha informa que, entre 1919 e 1920, não constam lançamentos de pagamento de licença do cinema da Lapa, possivelmente porque permaneceu fechado nesse período.

O Recreio voltou a interessar ao dono do imóvel em 16 de abril de 1921, agora sob a empresa Luiz Castagna e Filho, tendo como endereço a rua Engenheiro Fox, 16. Em 5 de julho as adaptações estavam concluídas, concedendo-se o alvará de funcionamento em 29 de julho. Segundo a legislação (Lei nº 2.379), a empresa tinha dois anos para colocar o barracão em ordem, o que implicava uma reconstrução completa.

Em janeiro de 1922, a Diretoria de Obras intimou a empresa a apresentar as plantas necessárias para a reforma. As informações do auxiliar J. Silveira sobre o Recreio da Lapa não eram nada elogiosas. Com todos os acréscimos ocorridos ao longo do tempo, o cinema ocupava nessa época uma área de 10,20 m de frente, por 68 m de fundo e 15,20 m de largura média. Luiz Castagna alterou o projeto ainda em 1923, quando a projeção passou para a frente do cinema (projeção direta).

Entre 1926 e 1927, o cinema foi gerido pelas Empresas Cinematográficas Reunidas.

Com a morte de Castagna quem assumiu o cinema foi o cunhado Maximino Dias, que continuou com a sala exibidora até a década de 1940.

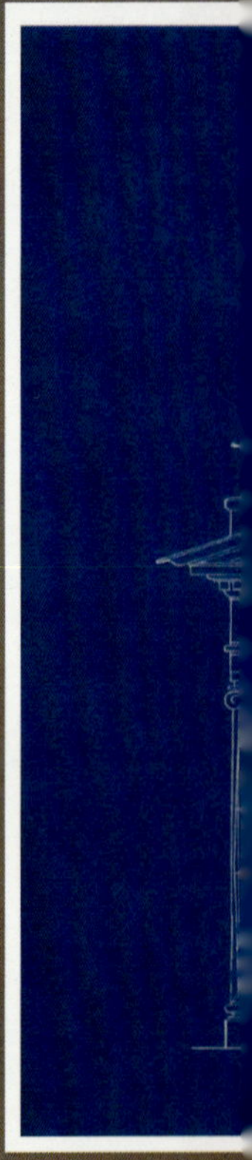

CINE
THEATRO RECREIO

SANTANA
(5/10/1912)

Sezefredo Fagundes investiu na construção de imóveis no suburbano bairro de Santana, em particular na rua Voluntários da Pátria. Em 6 de agosto de 1912 ele deu entrada para a construção de um sobrado com negócio no térreo no número 306, cuja área era de 103 m^2 (frente de 6 m; nos cálculos da prefeitura a área subiu para 174 m^2, mesmo com a frente diminuindo para 5 m). Pela disposição verificada no projeto, a projeção cinematográfica era por retroprojeção.

Em 2 de outubro de 1912, Júlio Fagundes, aparentado de Sezefredo, solicitou a licença para funcionamento do seu cinema, já que pretendia inaugurá-lo no dia 5 de outubro, um sábado.

Dois anos depois, em 29 de maio de 1914, Salvador José Marino pediu para fazer "um salão para cinematógrafo" na rua Voluntários da Pátria, 284 (ainda com número provisório), solicitando, dessa forma, a licença. O engenheiro José de Sá Rocha foi taxativo ao recusar o projeto de reforma: "Sou inteiramente contrário ao estabelecimento de cinematógrafos em prédios cujos andares superiores são utilizados como habitação".

Salvador Marino retirou as plantas em 27 de junho e o processo foi interrompido.

Somente a 18 de julho encaminhou-se à vistoria dos engenheiros da prefeitura a reforma realizada no imóvel "destinado a cinematógrafo", agora com planta aprovada. A inauguração não ocorreu de imediato, tendo-se dado em 17 de dezembro daquele ano.

Na década de 1920, o cinema ainda estava aberto no subúrbio de Santana, no mesmo imóvel. Somente a numeração havia sido alterada, localizando-se agora o cinema na rua Voluntários da Pátria, 316-318. Em 2 de junho de 1922, Marino entrou com pedido na prefeitura para a regularização do cinema em conformidade com a legislação de 1916. Entre as medidas preconizadas para a adaptação estavam uma saída para a avenida Cantareira e mais uma porta para a Voluntários da Pátria. Depois de pressionado várias vezes pelo poder municipal, somente em 17 de abril de 1923 o projeto de adequação foi aprovado. Aparentemente, nenhuma das reformas foi encaminhada como mostrou uma fiscalização de 17 de janeiro de 1924. A lotação foi calculada em 345 cadeiras na plateia e 24 nos camarotes.

Não se sabe o que foi feito entre 1924 e 1927 por Salvador Marino.

Nesse último ano, o Santana estava sob a precária direção de Campos, Guimarães e Cia. (Joaquim Antunes e Francisco de Campos), que mudou o nome da sala para Cinema Mascote.

No ano seguinte, quando a empresa solicitou a licença de funcionamento, o engenheiro Regino Aragão declarou que as obras de adaptação (provavelmente as de 1922-24) não estavam concluídas, por isso a licença seria concedida por prazo limitado.

Marino deu entrada em novo projeto em 9 de julho de 1928, que foi aprovado no mês seguinte, passando o cinema para uma área de 365 m^2.

Este cinema mudou de nome para Orion.

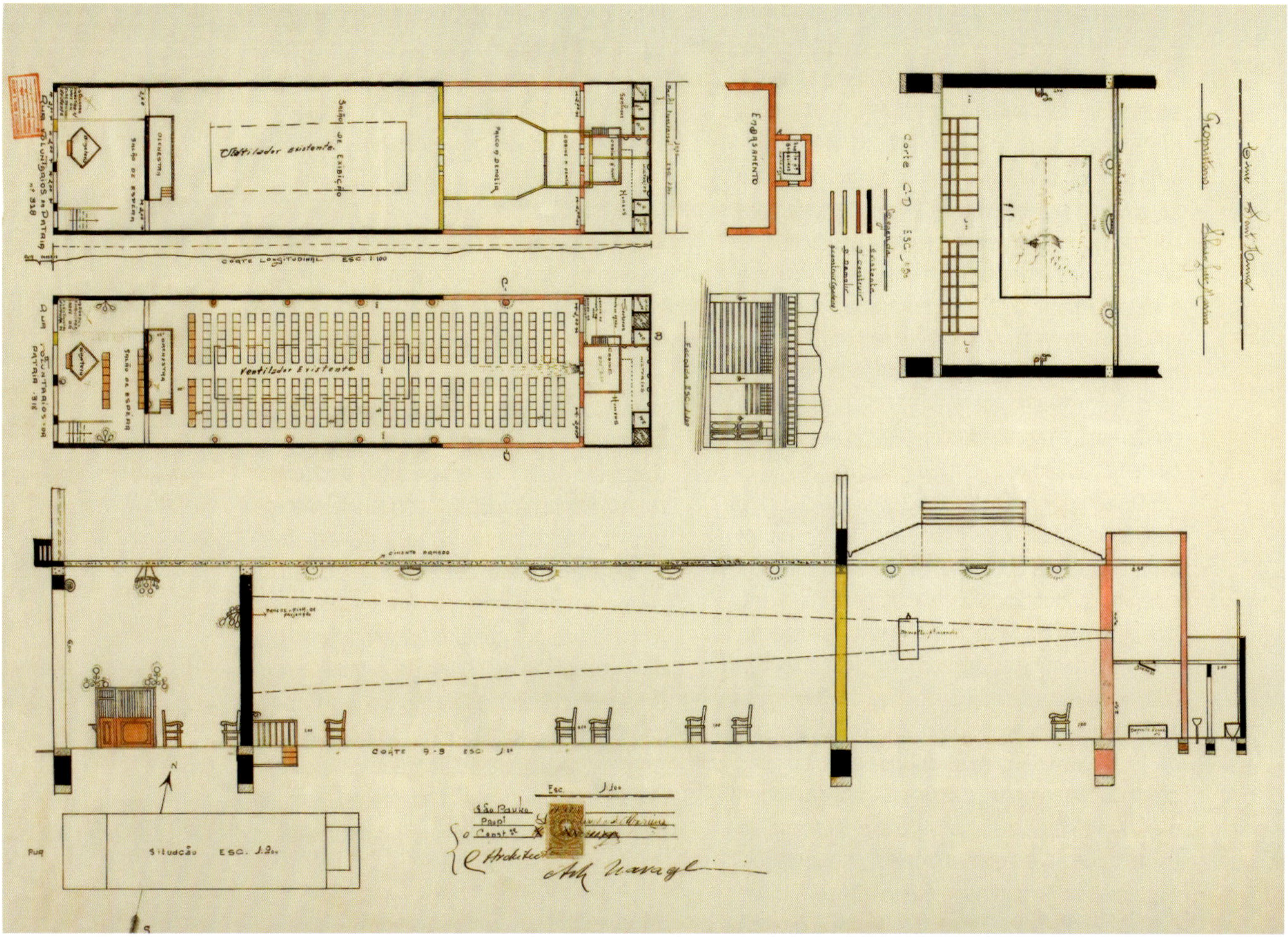

Ventilador existente
Salão de Exibição
Ventilador Existente
Embasamento
Corte Longitudinal
Situação
Architecto

MINERVA
(3/12/1912)

Em 21 de agosto de 1912, a empresa J. Alfredo e Cia. (João Alfredo) entrou com um pedido na prefeitura para a construção do Cinema Minerva, situado na rua da Consolação, 217, em frente à rua Sergipe (altura do atual número 1.499, segundo o *site* Almanack Paulistano). O requerimento foi enviado ao engenheiro Arthur Saboya, que concordou em conceder a licença desde que se abrisse uma claraboia para ventilação. O cinema tinha uma frente de 7,20 m, com área de construção de 116 m^2. O projeto foi retirado da Diretoria de Obras para as alterações, juntando-se novas plantas em 29 de agosto. Em 27 de novembro o prédio estava terminado, concedendo-se a licença de funcionamento em 3 de dezembro.

De acordo com o jornal *A Capital* (18/3/1913), o Minerva tinha saídas estreitas, que não ofereciam segurança aos espectadores em caso de incêndio. A lotação foi fornecida pela imprensa, que informou ainda sobre o excesso de espectadores aos domingos, quando o exibidor colocava 800 pessoas na sala de projeções.

A fachada foi modificada em 23 de dezembro de 1913. Nova reforma foi iniciada em 8 de julho de 1915. O engenheiro Cássio Villaça afirmou que o Minerva não satisfazia o Código Sanitário do Estado, que no artigo 370 exigia "[...] que 'todos' os teatros terão internamente mictórios, latrinas e lavabos para homens e *toilettes* com aparelhos higiênicos indispensáveis para as senhoras". O exibidor foi obrigado a se adequar à legislação, modificando o projeto em 15 de julho. Dessa forma, o requerimento foi aprovado, com o aumento da área interna para 266 m^2. Uma construção ilegal dotou o cinema com oito camarotes de cada lado. Feita a vistoria e constatado o fato, deu-se uma licença de funcionamento em "caráter provisório".

Em 1916, quando a cidade já possuía um código de edificações específico para os cinemas, o Minerva foi vistoriado pelo engenheiro José de Sá Rocha, que fez as seguintes observações:

> Instalado num vasto salão com 6,0 m de largura na frente e 9,0 m no fundo, este cinema dá o aspecto de um funil mas com o bico para a rua! Na frente há apenas 2 portas. [Na] Metade da extensão da sala tem 3 saídas laterais dando para um terreno que serve de botequim, e que forma o fundo das casas pegadas. Há ainda uns tantos camarotes com acesso por uma escadinha de 60 cm de largura, e com os camarotes da mesma largura. [...] É como se vê coisa que não está de acordo com medidas necessárias de segurança, etc. [...] É difícil a meu ver qualquer adaptação de modo a satisfazer a qualquer dos requisitos da lei do atual salão só por si.

Em 1917, o cinema estava sendo dirigido pela empresa D'Errico, Bruno e Cia., com o nome de Teatro Guarani.

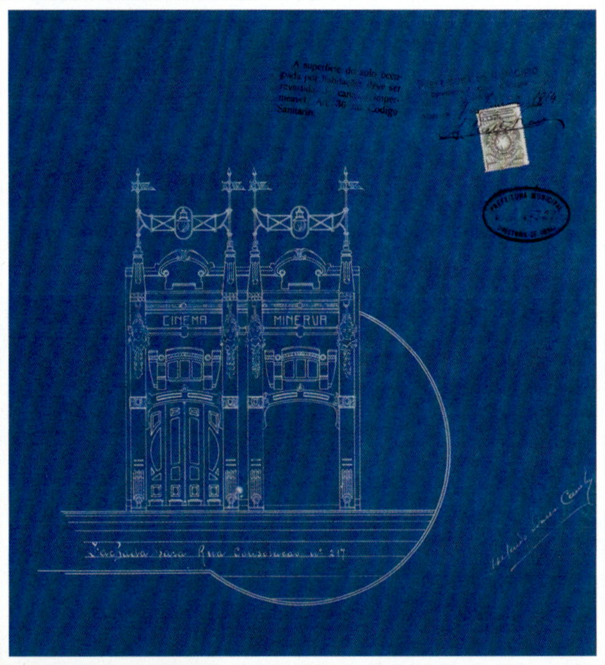
CINEMA
MINERVA
Fachada para Rua Consolação nº 217

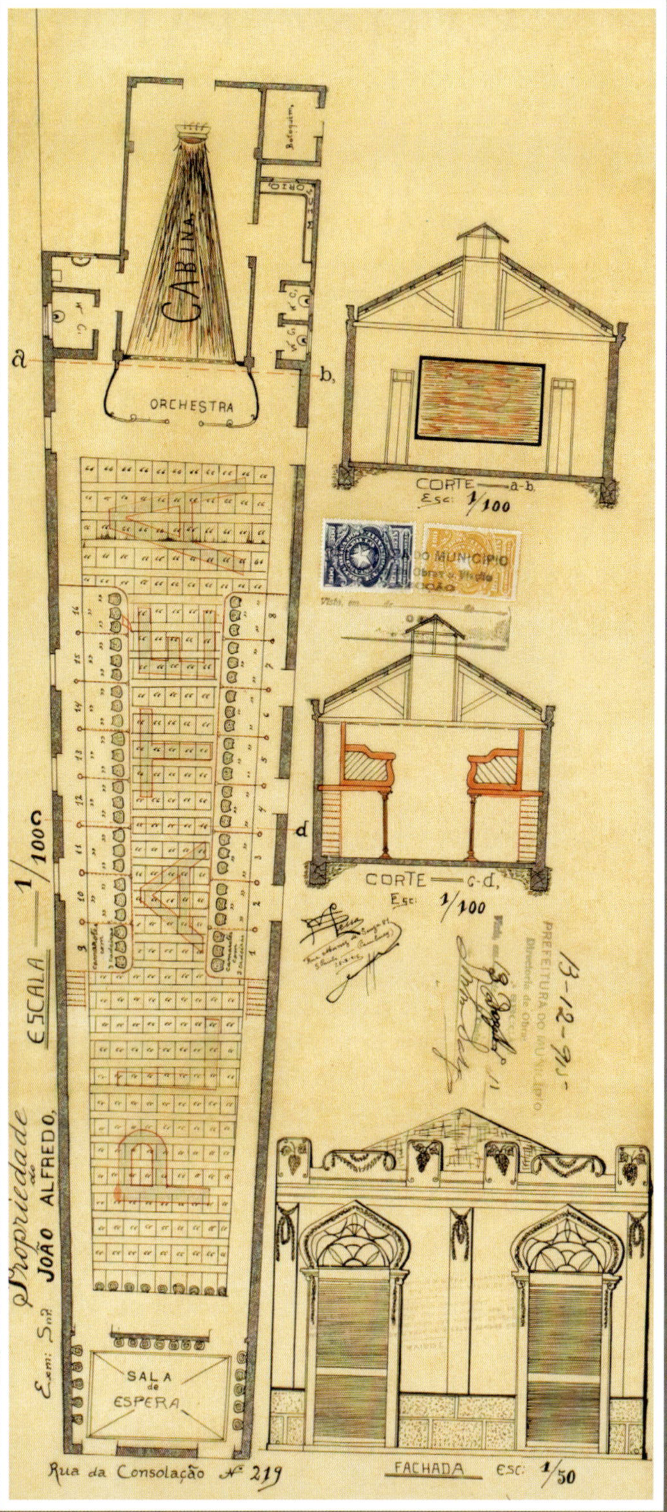
CABINA
ORCHESTRA
CORTE a-b
Esc: 1/100
CORTE c-d
Esc: 1/100
ESCALA 1/100
Propriedade do Exm. Snr. JOÃO ALFREDO
SALA de ESPERA
Rua da Consolação Nº 219
FACHADA Esc: 1/50
PREFEITURA DO MUNICIPIO

SKATING PALACE
(27/12/1912)

O engenheiro e empreiteiro José Rossi entrou com um pedido de licença para a construção de um prédio para patinação e cinematógrafo em 28 de julho de 1911. A proprietária do novo edifício era a Companhia Sport e Atrações. O terreno do futuro Skating Palace ficava na praça da República, 46, medindo 31 m para a praça e 31,25 m para a rua Aurora, 139, com uma área total de 2.170 m^2.

Quase dez dias depois, Sá Rocha e José Rossi entraram em entendimentos sobre as modificações no projeto. A lotação do espaço foi calculada em 500 pessoas nas galerias, 400 nos camarotes e até 600 na pista e no térreo, somando um total de 1.500 pessoas. O edifício abriria-se das 15 às 18 horas e das 20 até a 1 hora da madrugada.

O Skating Palace foi inaugurado para convidados em 27 de dezembro de 1912 na praça da República, 50, somente com patinação. Na abertura estavam os diretores da sociedade, Evaristo da Veiga e o secretário da Companhia Sport e Atrações, Sebastião Pereira, além de autoridades como Paulo de Moraes Barros, secretário da Agricultura. Uma banda de música da Força Pública abrilhantou a festa, tocando na entrada do edifício. Segundo a descrição de *O Estado de S. Paulo* (28/12/1912), havia vestiários para as senhoras, um pequeno espaço para a colocação dos patins, 11 auxiliares contratados para ajudarem o público e um bar com mesinhas.

> No Skating funcionará também um bem montado cinematógrafo. O arejado edifício comporta, facilmente, no pavimento térreo, camarotes e "torrinhas", um considerável número de espectadores.

No dia 28, a casa abriu para o público em geral.

Mais tarde, informou-se que tinha um bar americano com 60 pessoas no serviço e 12 professores de patinação. A primeira sessão cinematográfica ocorreu somente em 2 de janeiro de 1913. Os filmes fornecidos pela Companhia Internacional Cinematográfica, eram exibidos, como prometido, simultaneamente à patinação.

Uma das formas de cobrir os gastos com o espaço foi a locação para eventos, iniciada em 27 de junho daquele ano. Seus proprietários anunciavam ainda que servia para "companhia, clubes, repartição pública, etc". Foi arrendado

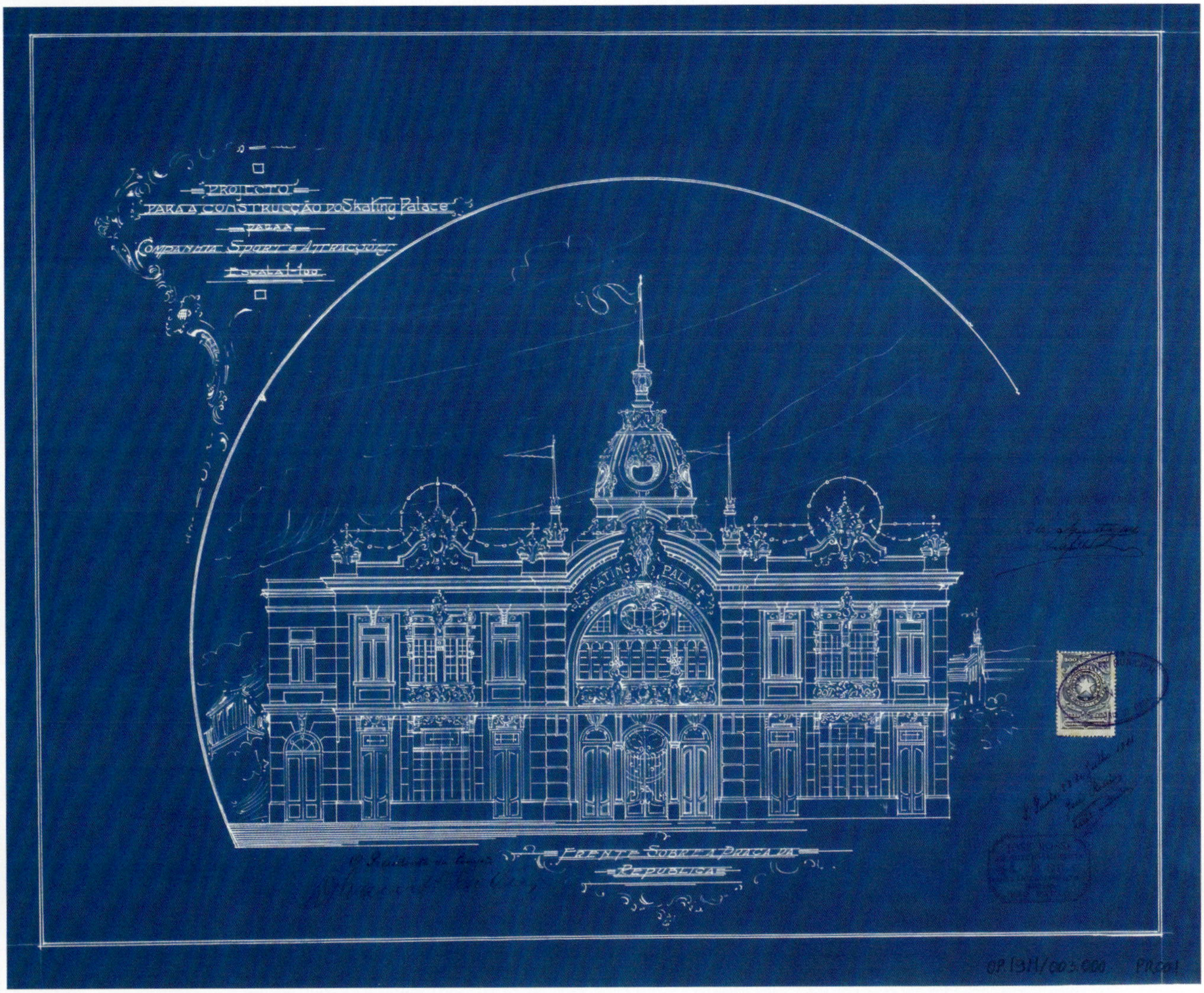

pela Companhia Cinematográfica Brasileira em janeiro de 1914, mantendo o sistema de patinação e exibições cinematográficas (mas não há registro de exibições).

Durante o ano de 1915 passou a se chamar Gaumont Palácio. No final do ano, já tinha voltado à antiga denominação. Antes de mudar-se para a rua Sólon, no Bom Retiro, o espaço abrigou a linha de montagem de automóveis e caminhões da Ford Motor Co. em 1920.

O prédio teria sido vendido a Lupércio Teixeira de Camargo por 400 contos de réis, dando lugar, em 1921, ao Cine-Teatro República.

EROS
(23/1/1913)

Cinema construído na rua Piratininga, 95, esquina com a Coronel Mursa, por Fernando Taddeo, com 13,2 m para a primeira rua e 23,2 m para a segunda, em substituição a outra sala do exibidor no número 118. Não há data de inauguração, porém a transferência de um local para outro foi concedida em 23 de janeiro de 1913.

Em 1916, após ser instituída a lei que regulamentava as edificações cinematográficas, o engenheiro José de Sá Rocha foi encarregado de realizar uma vistoria em todos os cinemas da capital. Sobre o Eros ele escreveu:

> É um pequeno cinema. Regulares condições de segurança. Lotação excessiva que convém que seja reduzida de acordo com o que tenho exposto até aqui. Existe um balcão, indevidamente feito.

Um leitor de *O Estado de S. Paulo*, em 6 de julho de 1916, foi mais cáustico em relação ao Eros:

> Além de acanhado, é deficientíssimo em ventilação, a despeito de dispor de alguns ventiladores elétricos, que não funcionam. As cadeiras não têm espaço suficiente. Para dar passagem a uma pessoa, o espectador tem de se levantar e, quando sentado, precisa encolher os joelhos para não os machucar na cadeira da frente. De resto, um mau cheiro insuportável.

Motivado ou não pela vistoria e pela reclamação do leitor de *O Estado de S. Paulo*, Fernando Taddeo entrou com um pedido de reforma do cinema em 3 de outubro de 1916. O requerimento foi encaminhado ao engenheiro Celso Viana que, como em outros casos apresentados após a promulgação da Lei nº 1.954 em fevereiro daquele ano, sugeriu uma série de mudanças no projeto original. No dia 8 de novembro, o pedido de reforma foi indeferido pela Diretoria de Obras, de acordo com as irregularidades apontadas.

Mas, em 7 de novembro, Taddeo já tinha entrado com um novo projeto, acrescido da reforma da casa situada nos fundos do cinema, dando para a rua Coronel Mursa, 10. Dessa vez, o construtor Vicente Fornari Júnior anexou um memorial descritivo com todas as obras que pretendia fazer, como mandava a lei. Nele estavam assinaladas a existência de 24 camarotes; a caixa d'água de 1.500 litros, "servindo para a molhação da tela, e para acudir a qualquer acidente"; lâmpadas indicadoras das saídas; cabine de projeção externa com porta de ferro, entre outras medidas.

Em 12 de março de 1923, depois de novas obras de adequação, o Eros recebeu novo alvará de funcionamento. Durante a concessão, a lotação foi calculada em 850 assentos, distribuídos em 645 cadeiras na plateia, 185 no balcão e 20 nos camarotes.

O Eros foi arrendado a Vicenza Amatuzzi Bernasconi, que tinha escritório na rua Alegria, 58, conforme pedido dirigido à prefeitura em 14 de agosto de 1929. A capacidade era então de 925 pessoas: 900 na plateia e 25 nos cinco camarotes. O espaço teria mudado de nome para Cineteatro São Carlos.

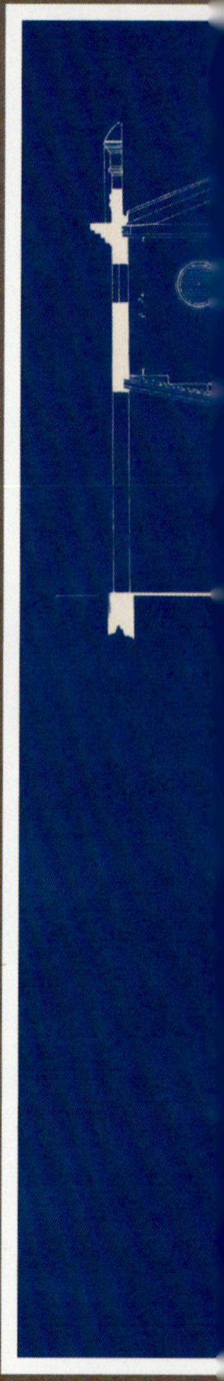

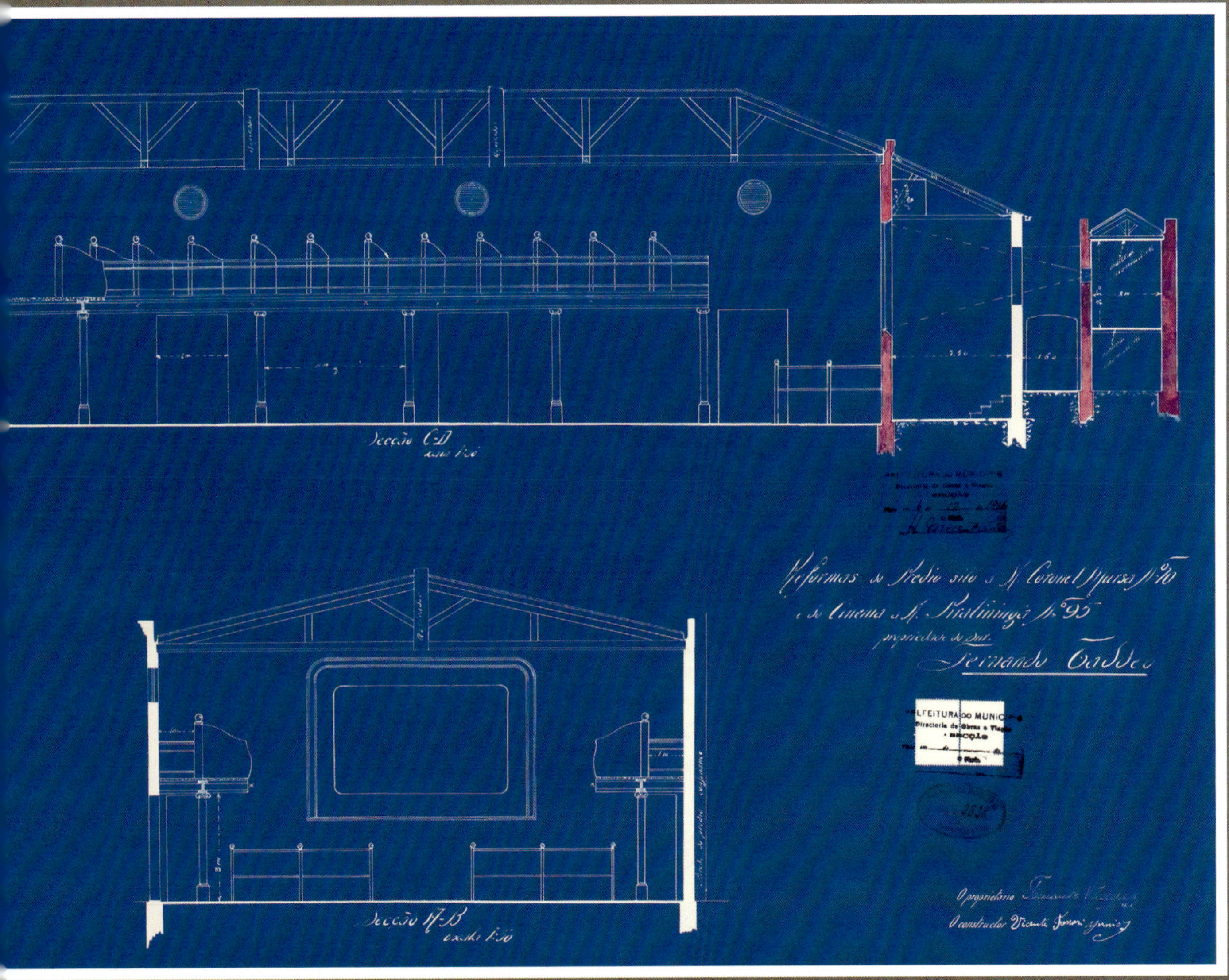

Secção C-D
Secção A-B
Reformas do Predio sito à R. Coronel Xavier N.º 70
e do Cinema à R. Piratininga N.º 95
proprietario do Snr.
Fernando Taddeo
PREFEITURA DO MUNICIPIO
Directoria de Obras e Viação
SECÇÃO
O proprietario
O constructor Vicente Fonori

MARCONI
(3/4/1913)

Na rua Correia de Melo, 6, tinha funcionado o Estabelecimento Litográfico Cardinale. A Companhia Cinematográfica Brasileira (CCB), em 15 de julho de 1912, comprou o terreno e o prédio por 100 contos de réis. Em 4 de novembro daquele ano, a CCB, desejando adaptar o prédio, apresentou à prefeitura a planta com a "projetada transformação" assinada por José Sacchetti. O alvará de funcionamento foi solicitado em 3 de abril de 1913. Anunciava-se a capacidade de 1.500 lugares.

Em 1916, com a legislação específica para as edificações cinematográficas, o engenheiro José de Sá Rocha, encarregado de fazer a vistoria de todos os cinemas da capital, escreveu que o Marconi era uma "boa casa de espetáculos".

Antonio Gadotti, diretor da CCB, pretendeu reformar o Marconi em 29 de setembro de 1920. Nessa data, a capacidade era de 1.215 espectadores, distribuídos em 26 frisas (130 pessoas), 585 cadeiras na plateia e 500 nas galerias. Em 11 de fevereiro de 1922, a CCB entrou com novo pedido de reforma, dessa vez para adaptar o Marconi "às disposições legais" (Lei nº 1.954 e Ato nº 1.235, de 1916). O projeto de A. Abbate e Cia. retirava as galerias, mas mantinha o sistema de retroprojeção; além disso, reformava o telhado (trocado por telhas francesas), colocava escadas de cimento armado, fixava as cadeiras com espaçamento legal, etc. As galerias foram retiradas porque, segundo a lei, estavam proibidas em cinemas com largura menor que 14 m, como era o caso do Marconi. As plantas, entregues incompletas, foram recusadas pela Diretoria de Obras. Novo projeto deu entrada na prefeitura em 30 de maio de 1922, mais foi examinado somente em 1923, sem que se saiba o resultado. O pedido foi indeferido em 17 de abril.

Diante da falta de reformas, a Polícia Administrativa e Higiene pediu a cassação da licença do cinema em 6 de junho. Atendendo ao pedido, o prefeito Firmiano Pinto baixou a portaria nº 406 em 27 de junho de 1923.

Uma vistoria realizada por João Silveira em 13 de julho de 1923 listou dez infrações cometidas pelo cinema. O pedido de revogação de 10 de agosto encaminhado por Gadotti foi então indeferido.

Em 7 de fevereiro de 1924, o cinema foi multado por continuar aberto, e outra multa foi aplicada em maio. Dada a repetição da infração,

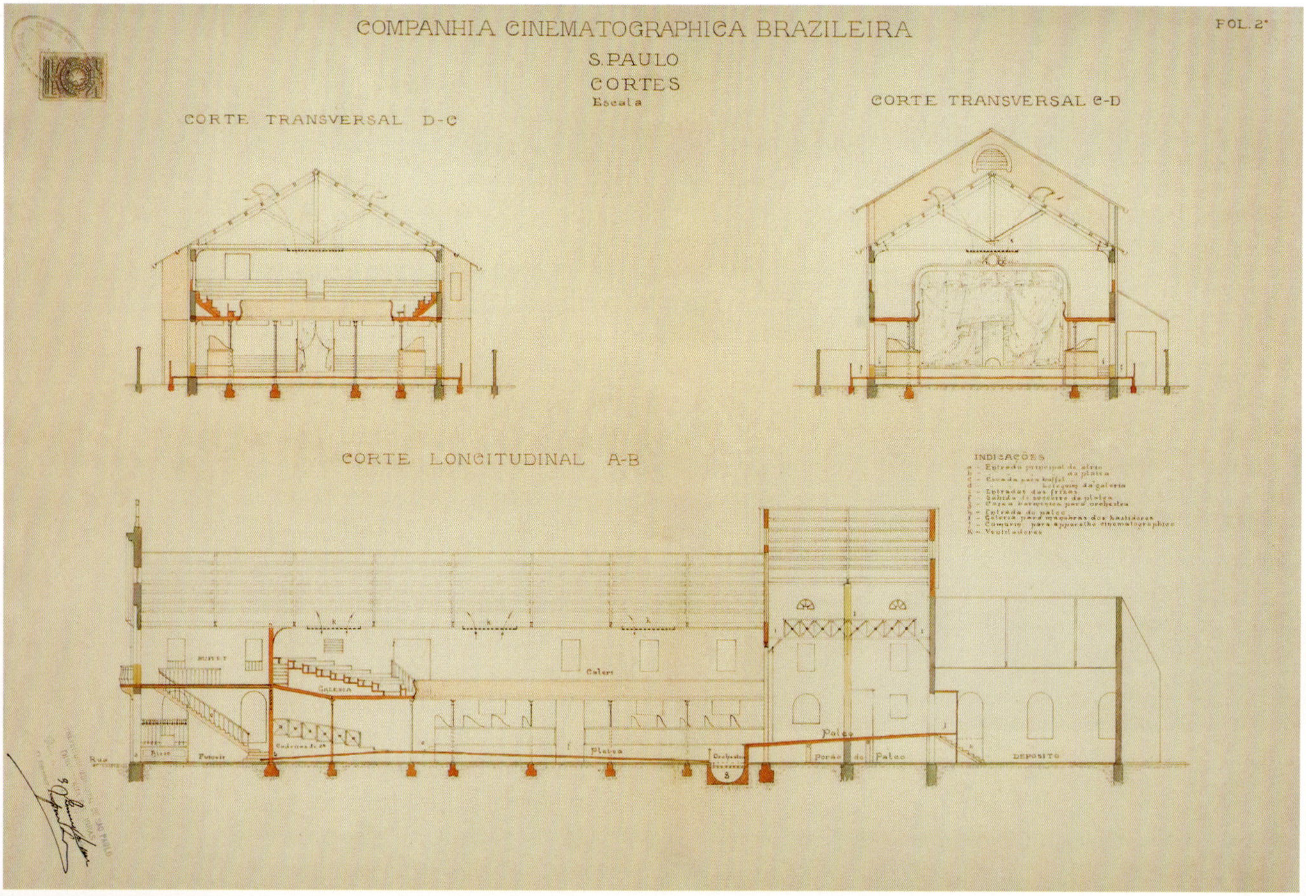

oficiou-se à Polícia do Estado. Washington Luiz, presidente do estado na época, deu 12 meses para o cinema se adaptar à legislação, podendo funcionar nesse prazo. Em 30 de maio, A. França Pinto informou que as obras de reforma estavam se encerrando.

Em 6 de maio de 1925, o processo retornou à Diretoria de Obras. Nova vistoria foi solicitada, constatando-se que somente tinham sido suprimidas as frisas e fixadas as cadeiras. Como a largura do cinema passara agora para 13,70 m e as frisas tinham sido retiradas, mostrando boa vontade da empresa proprietária, Silveira era da opinião que a diferença de 30 cm num cinema antigo, com satisfatórias condições de segurança e higiene, poderiam ser relevadas. Mas a informação foi recusada.

Segundo anúncio de *O Estado de S. Paulo* (12/5/1928), o cinema estava sendo gerido pelo Programa Kauffmann.

PATHÉ PALACE
(30/5/1913)

Em 25 de setembro de 1912, Francisco Serrador, diretor da CCB, requereu a construção, em terrenos de sua propriedade, situados na rua Rodrigo Silva, 4 a 10-A (antiga rua da Assembleia), de um cinema que foi depois denominado Pathé Palace.

O projeto foi mandado para o engenheiro José de Sá Rocha, que pediu algumas alterações, entre elas, facilidades para a saída do público. O construtor Luiz Apostólico retirou as plantas para adequá-las às instruções do engenheiro. Em 26 de outubro, Sá Rocha estava satisfeito com as correções feitas e outras que foram acrescentadas. Calculou-se a área de construção em 622 m^2. A capacidade do cinema, pela planta, era de 24 frisas com cinco lugares cada, 16 camarotes com cinco lugares cada, 540 cadeiras na plateia, 50 nos balcões inferiores, 250 espectadores nas galerias, somando um total de 1.040 pessoas. A orquestra com 12 "professores" era regida pelo maestro Carlo Pagliucci, e a casa oferecia espetáculos de palco e tela. Para a inauguração, em 30 de maio de 1913, deram-se duas sessões, às 19h30 e 21 horas, com três números de variedades, seguidos de quatro filmes de "longa metragem" que não mereceram discriminação.

Em 1922, o Pathé ainda não se tinha adaptado à nova legislação. Além do mais, havia perdido os benefícios do último prazo dado pela Lei nº 2.379 (a data final de adaptação era 31 de dezembro de 1921). Em 14 de fevereiro de 1922, a CCB entrou com um projeto de adequação do Pathé. Segundo o engenheiro Adriano Marchini, o projeto incorria em pelo menos oito falhas, entre as quais instalações sanitárias deficientíssimas, saídas da plateia irregulares, cabine de projeção ainda em zinco e madeira, falta de fixação das cadeiras, etc. Mandou-se comunicar ao interessado em 24 de março, indeferindo-se o pedido em 4 de abril.

A empresa Abbate e Cia., encarregada do projeto, deve ter entrado com novo pedido em setembro de 1922, mas faltam documentos. Em 9 de abril de 1924, Antonio Gadotti, como representante da Companhia Cinematográfica Brasileira no consórcio das Empresas Cinematográficas Reunidas Ltda., pediu a reconsideração do despacho de 1922. Como o novo projeto da Abbate e Cia. suprimia as galerias (estas foram transformadas em camarotes de segunda ordem, conforme projeto aprovado em 17 de fevereiro de 1925), praticamente deixava de haver entrave para a aprovação das plantas.

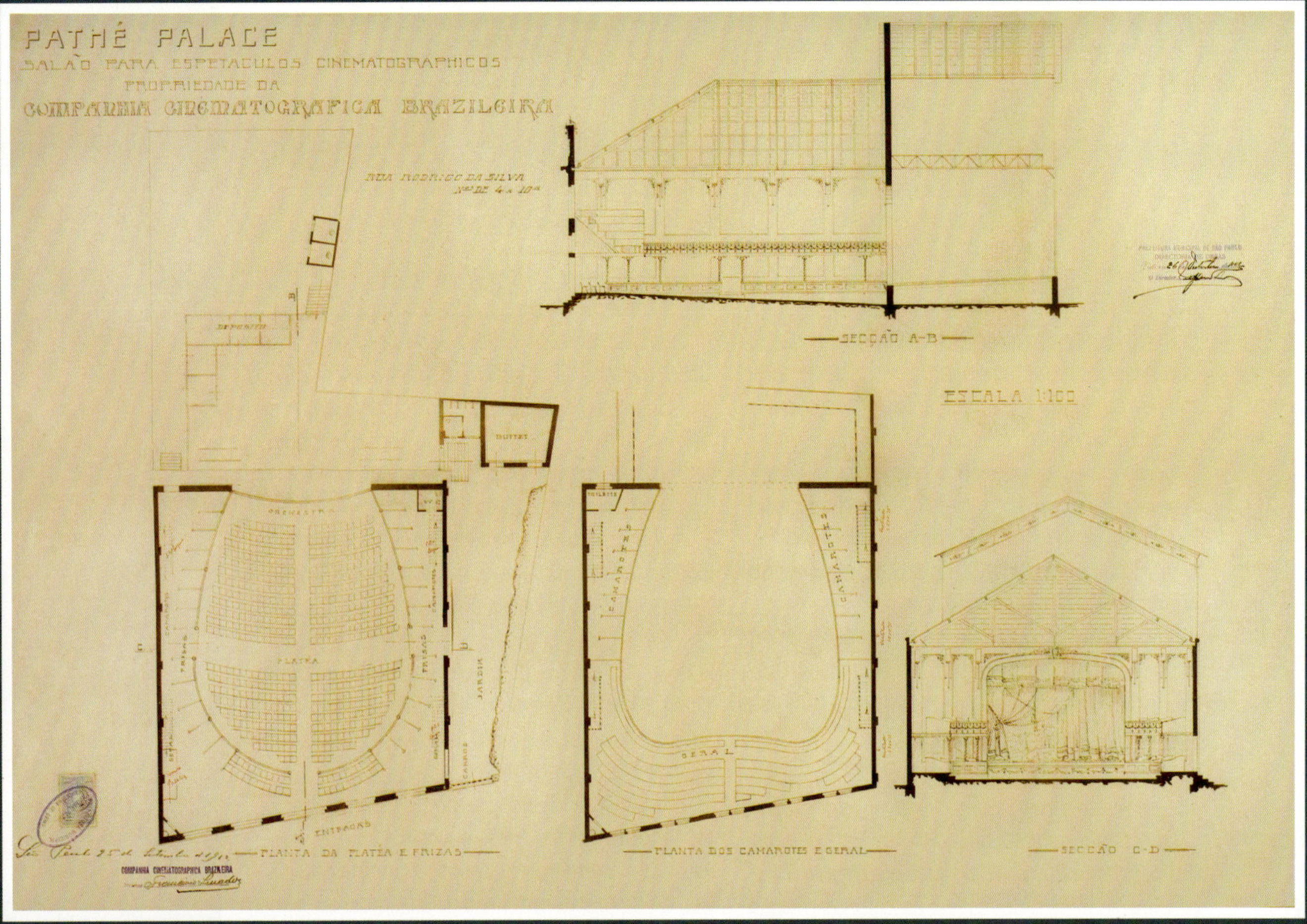

Com a morte de Antonio Gadotti, o Pathé Palace foi devolvido em julho de 1928 a Joaquim Garcia de Oliveira, sem que saibamos como o prédio passou para esse novo proprietário. Em 5 de outubro, foi assinado um contrato de locação por sete anos no valor de 2 contos de réis mensais com o empresário teatral Victor do Carmo Romano, que pretendia transformar o antigo cinema em cabaré (Moulin D'Or).

Transformado em ringue de boxe em outubro de 1929, com lutas promovidas pelo Centro Pugilístico Manuel Lacerda Franco, voltou a ser cabaré no final do mesmo ano, permanecendo como teatro até 1933 (Teatro Recreio). Teve uma curta vida como cinema em maio de 1930, provavelmente por falta de atrações teatrais.

GUARANI
(3/7/1913)

Em 3 de janeiro de 1913, Nicola Tenani entrou com um requerimento na Prefeitura para a construção de "um prédio para cinema, no largo do Cambuci, nº 21". O engenheiro da prefeitura, José de Sá Rocha fez várias observações sobre o projeto ao próprio construtor, que retirou as plantas e devolveu-as corrigidas em 10 de fevereiro. A área total foi calculada em 400 m². A licença de funcionamento foi deferida em primeiro de julho. O Teatro Guarani tinha 300 lugares na plateia, 150 nas frisas e 175 nos camarotes.

Em 1916, com base no código de edificações específico para os cinemas, o engenheiro José de Sá Rocha procedeu a uma vistoria no Guarani, anotando as seguintes observações:

> Pequeno teatro com razoáveis condições de segurança. Cabine situada fora e independente do corpo do teatro e do palco. [...] Tornadas incombustíveis as colunas e vigas que sustentam as galerias [...] observadas as larguras das passagens, não há inconveniente no funcionamento deste teatrinho.

No início da década de 1920, vencidos os prazos para a adequação do prédio à legislação de 1916, a Polícia Administrativa e Higiene apertou a fiscalização sobre o Guarani. O cinema era considerado um "pardieiro velho".O diretor Alberto da Costa intimou o proprietário, quatro dias depois, a colocar o cinema em ordem. Nicola Tenani, intitulando-se agora arrendatário do cinema (arrendamento cujo contrato venceria somente em 1929) e dizendo-se pobre e "um tanto idoso, vivendo exclusivamente deste rendimento", pediu dois anos de prazo para regularizar o cinema. Alberto da Costa, entendendo que Tenani já devia ter posto o prédio de acordo com a lei, desconsiderou a petição. Em julho, a fiscalização insistiu para o exibidor entrar com as plantas da reformulação e, logo em seguida, tomou a medida drástica de cassação da licença.

O cinema, no entanto, tinha sido arrendado para a empresa Monteiro e Filho (Manoel Antonio Coelho Monteiro e Álvaro Antonio Coelho Monteiro), que já tinha entrado, em março de 1922, com o projeto de adaptação. A planta foi recusada. A empresa pediu, então, o direito de reabrir o cinema com o compromisso de reapresentar o projeto em dez dias, iniciando-se as obras três dias depois da aprovação.

Os projetos de adaptação do cinema à legislação foram sendo feitos e refeitos entre 1923 e 1924. Como em outros casos, o cinema não deixou de funcionar em razão disso. Em 26 de junho de 1924, a Monteiro e Filho deu a reforma por terminada, pedindo a licença de funcionamento. Nesse momento, a lotação foi calculada em 530 espectadores, divididos em 380 poltronas na plateia e 30 frisas com cinco cadeiras cada (150 pessoas). Uma comissão de peritos foi requerida pelo exibidor para comprovar a segurança da laje de concreto armado das galerias, realizando-se testes de resistência em março de 1925. Pelo uso das galerias, o número de espectadores deveria ser maior.

O Guarani foi oficialmente transferido para a empresa De Gregório, Monteiro e Cia. e, provavelmente, não sobreviveu à chegada do cinema sonoro.

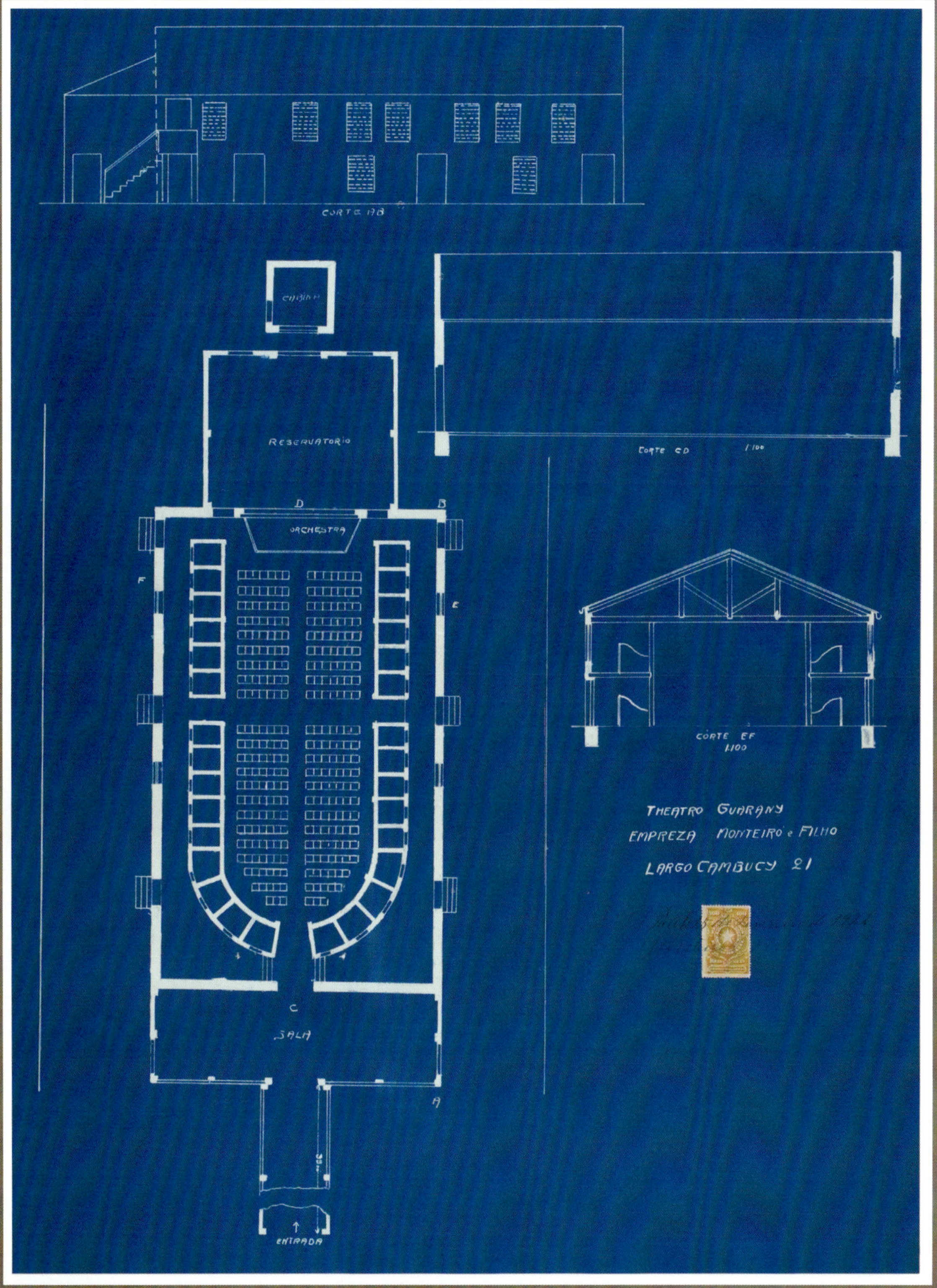
CORTE AB
CABINA
RESERVATORIO
ORCHESTRA
CORTE CD 1/100
CORTE EF
1/100
THEATRO GUARANY
EMPREZA MONTEIRO e FILHO
LARGO CAMBUCY 21
SALA
ENTRADA

SCALA
(16/8/1913)

Em 25 de abril de 1912, o conde Sílvio Álvares Penteado, "querendo fazer edificar um cinematógrafo, composto de sala de espera e duas salas de seções [*sic*] segundo as plantas [...]", pediu autorização para a construção na rua Barão de Itapetininga, 10-14. O requerimento foi enviado ao engenheiro José de Sá Rocha que, em primeiro lugar, levantou a questão do projeto de alargamento da rua, para poder "informar com conhecimento de causa" (é preciso lembrar que o Teatro Municipal, inaugurado no ano anterior, estava nas proximidades do cinema e que toda a área do vale do Anhangabaú sofreria grandes alterações nos anos seguintes). O diretor de Obras e Viação declarou que a construção era provisória, de "caráter transitório". De qualquer forma, os interessados deveriam declarar por quanto tempo a construção permaneceria na rua Barão de Itapetininga. Em 29 de maio, um engenheiro informou dubiamente no processo que a "construção do cinematógrafo é considerada em parte como construção provisória, segundo o desenvolvimento comercial da rua, entretanto [é] uma construção em alvenaria de tijolo com bastante solidez e segurança tendo sido projetado o telhado coberto com zinco". No dia 6 de junho, informou-se que não havia deliberação sobre a alteração do alinhamento, nem de construções "especiais" na mesma rua. Em vista do despacho, o engenheiro Sá Rocha deu a licença, calculando a área edificável em 800 m^2. O alvará de construção foi concedido a 8 de junho.

A licença para o funcionamento do cinema foi pedida em 16 de agosto de 1913, sendo deferida no mesmo dia, quando se emitiu a guia nº 195 para o pagamento da taxa mensal.

O Scala Theatre foi inaugurado no mesmo dia, um sábado, com 600 poltronas, 80 camarotes e 80 frisas. Como tinha duas salas de projeções, funcionavam duas orquestras, segundo *O Estado de S. Paulo*. Pelos anúncios publicados na imprensa, tem-se a impressão de que o filme de lançamento, *Ódio humano*, foi exibido nas duas salas. Os ingressos custavam 2 mil e 500 réis nas frisas, 2 mil réis nos camarotes, 500 réis a poltrona e 300 réis para crianças.

Com a decadência da Companhia Kinemacolor, uma das salas foi arrendada a José Lobo Pessanha que, em 23 de dezembro de 1914, entrou com requerimento para mudar o nome da casa para Brasil Cinema. Não se sabe o destino da segunda sala.

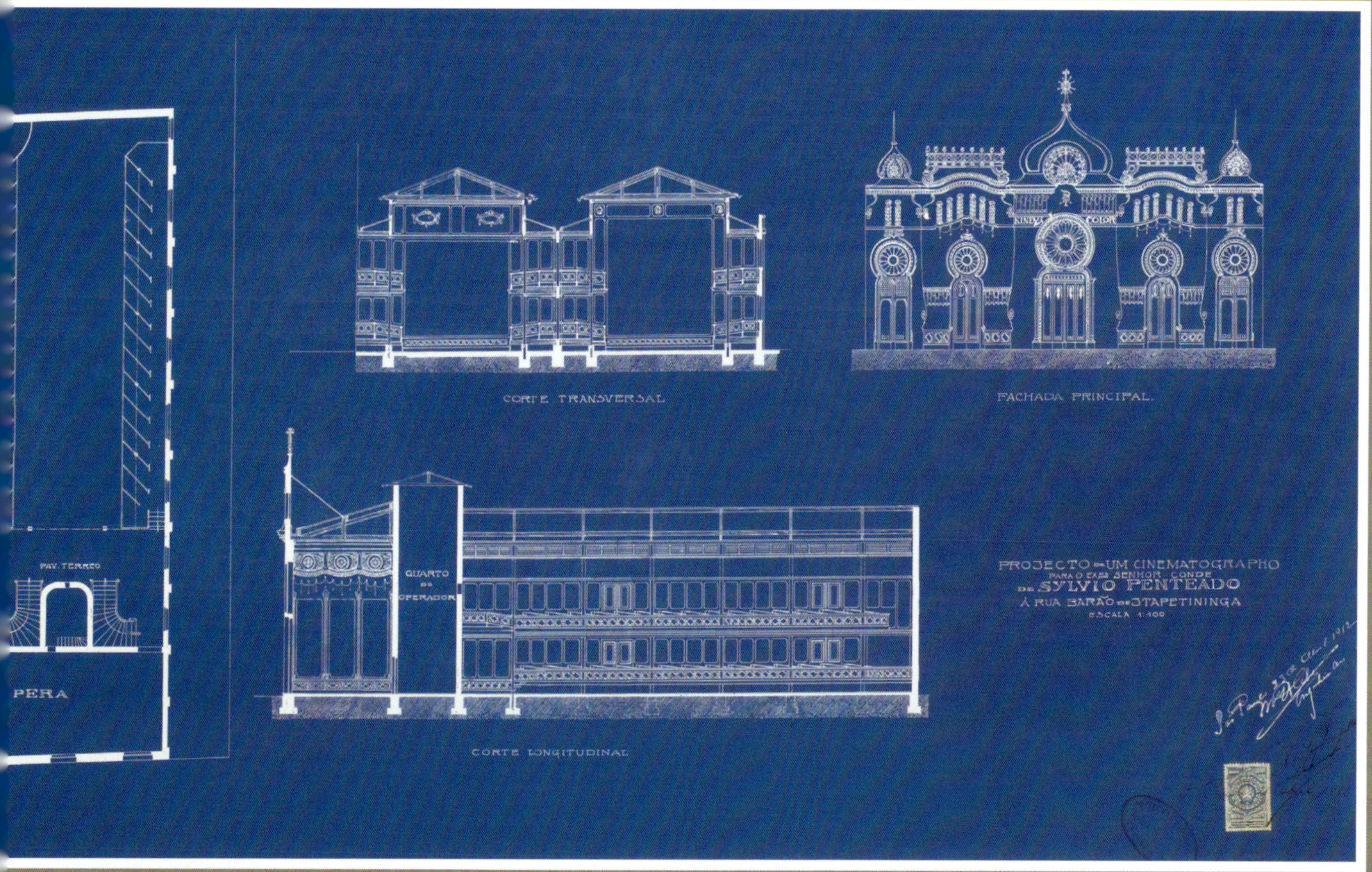
PAV. TERREO
PERA
CORTE TRANSVERSAL
FACHADA PRINCIPAL.
KINEMACOLOR
QUARTO
OPERADOR
CORTE LONGITUDINAL
PROJECTO UM CINEMATOGRAPHO
PARA O SENHOR CONDE
SYLVIO PENTEADO
Á RUA BARÃO JTAPETININGA
ESCALA 1:100

ROYAL
(11/10/1913)

Rodrigo Cláudio da Silva e Horácio de A. Rodrigues, engenheiros e empreiteiros, entraram com pedido na prefeitura para a construção de um "prédio destinado a um cinematógrafo" na rua Sebastião Pereira, 68, em 27 de janeiro de 1913. A frente do imóvel a ser construído tinha 22,2 m, calculando-se a área de construção em 878 m^2. O cinema era de propriedade da S. A. Companhia Royal-Theatre.

Segundo Vicente de Paula Araújo, o Royal Theatre foi inaugurado em 11 de outubro de 1913, na rua Sebastião Pereira, 62-66, pela distribuidora de J. R. Staffa, do Rio de Janeiro, com programa de filmes e palco. O *Correio Paulistano* informou que havia 750 cadeiras na plateia, 40 frisas e outros 40 camarotes (1.170 espectadores aproximadamente). O palco para espetáculos de variedades tinha 16 m x 13 m de fundo, com a boca de cena medindo 11 m de largura.

Em 1916, por ocasião da vistoria realizada em todos os cinemas da capital em conformidade com a nova legislação para as edificações cinematográficas, o engenheiro José de Sá Rocha escreveu o seguinte parecer sobre o Royal: "uma bonita casa de espetáculos".

A partir de 1 de março de 1916, o Royal foi arrendado pela empresa D'Errico e Bruno. O cineteatro foi adquirido pela empresa J. R. Staffa em janeiro de 1920, sem alteração do arrendamento.

Os prazos para as adaptações necessárias do imóvel à Lei nº 1.954 de 1916 foram estendidos até a última data. Somente em 31 de dezembro de 1921, último prazo dado pela Lei nº 2.379, a empresa D'Errico, Bruno, Lopes e Figueiredo entrou com as plantas na Diretoria de Obras e Viação por meio da construtora Abbate e Cia. O desinteresse da D'Errico e Bruno talvez se devesse ao fato de o Royal ter voltado às mãos do arrendatário original, J. R. Staffa, com gerência do filho André Staffa (pedido de licença de 5/3/1924).

O cinema foi sublocado para o empresário Domingos Fernandes Alonso, passando a funcionar como teatro. Mesmo sem ter realizado todas as mudanças, Alonso passou o cinema para a Empresa Brasil de Filmes, de Francisco Serrador, em 8 de março de 1926. Como não tinham sido efetuadas as reformas na caixa do teatro, a Diretoria de Obras e Viação restringiu o funcionamento da casa às projeções, sem espetáculos teatrais ou de variedades. A lotação foi calculada em 1.065 espectadores, distribuídos por 205 cadeiras nas 41 frisas, 190 nos 38 camarotes, 470 na plateia, 70 lugares atrás das frisas (provavelmente em pé no *promenoir*) e 130 nos balcões.

Com a morte de J. R. Staffa, em 1927, no Rio de Janeiro, André Staffa pediu a transferência do Royal para o seu nome, em 20 de dezembro de 1928.

O Royal funcionou como cinema com o nome de Roial até 5 de março de 1950, quando passou por um período de uso como teatro começando com a Cia. Palmerim Silva. Reabriu reformado como cinema em 7 de agosto de 1951, com o filme estrelado por Maurice Chevalier, *O Rei*, fechando definitivamente em 1º de julho de 1952 com o programa duplo *Teresa Venerdi*, dirigido por Vittorio de Sica, e *Noturno sertanejo*.

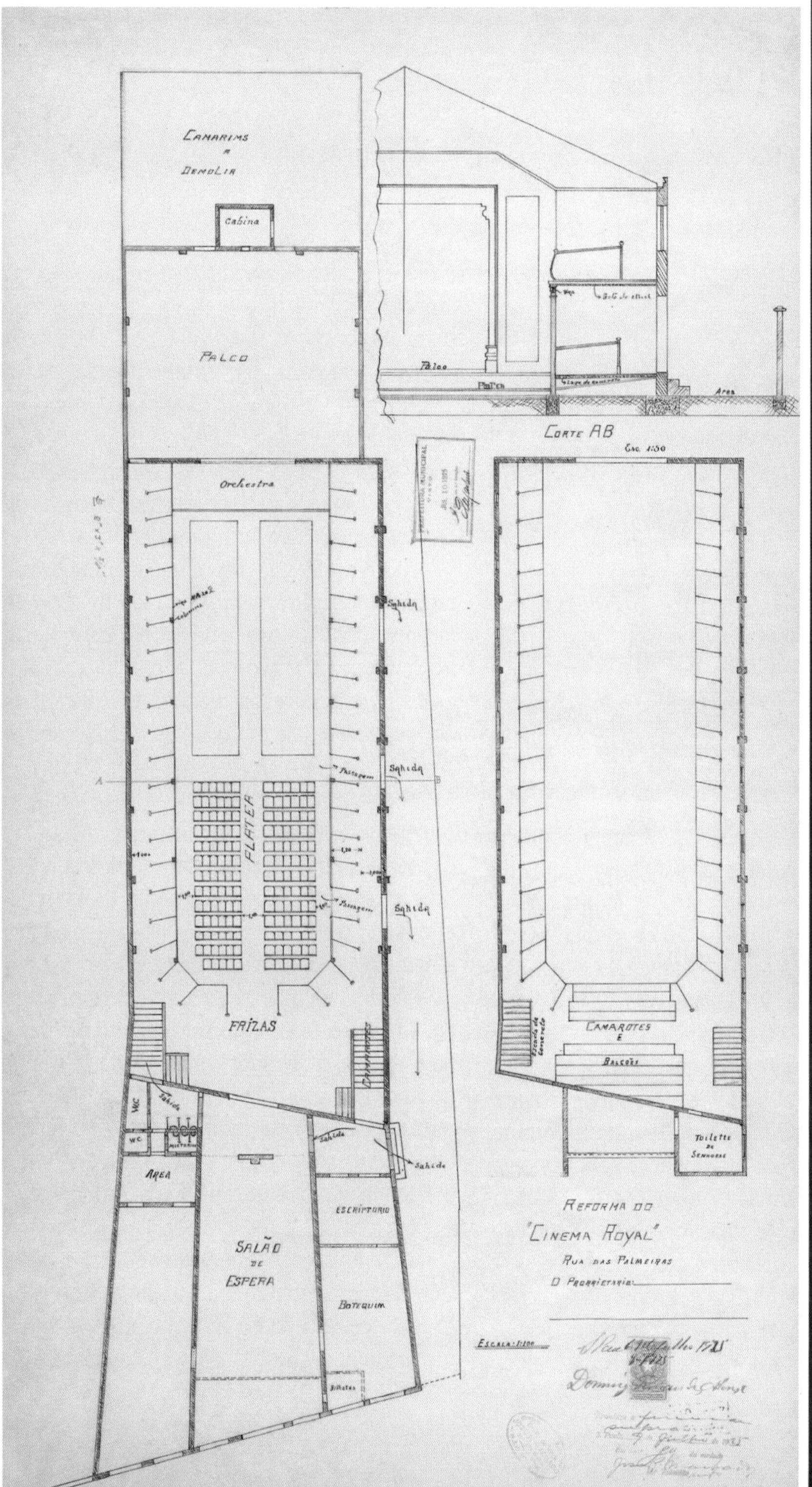
CAMARIMS A DEMOLIR
Cabina
PALCO
Palco
Area
CORTE AB
Esc. 1:50
Orchestra
Sahida
Passagem
PLATEA
FRIZAS
CAMAROTES E BALCÕES
Toilette de Senhoras
WC
AREA
ESCRIPTORIO
SALÃO DE ESPERA
Botequim
REFORMA DO
"CINEMA ROYAL"
RUA DAS PALMEIRAS
O PROPRIETARIO:
ESCALA: 1:100

TEATRO SÃO PAULO

(28/1/1914)

Pedro França Pinto, que já tinha obtido a concessão do mercado de verduras do largo da Concórdia para transformá-lo no Teatro Colombo, recebeu permissão para o mesmo propósito em relação ao tendal de carnes da praça São Paulo, em 23 de março de 1911 (Lei nº 1.393 de 20/3/1911). O arrendamento era de 25 anos com aluguel anual de 1 conto e 500 mil réis. Para a consecução dos objetivos foi organizada a empresa Gadotti e Cia. em 16 de dezembro de 1911, composta por Pedro França Pinto, Antonio Gadotti, Francisco Serrador, Carlos de Andrade (pai de Mário de Andrade) e Fortunato Augusto de Andrade (tio do escritor). O prazo de existência da sociedade era o mesmo do arrendamento, 25 anos, findo o qual o imóvel retornaria à prefeitura com todos os benefícios nele realizados. A venda de cerveja e outros produtos era exclusividade da Companhia Antarctica Paulista, da qual França Pinto era sócio e diretor.

Em 19 de dezembro, a Gadotti e Cia. estava apta para dar entrada na Diretoria de Obras ao projeto do Teatro São Paulo, que tinha sido confiado ao engenheiro-arquiteto Alexandre de Albuquerque. A construção ficou a cargo da empresa de Luiz Apostólico e Vicente Spisso.

O terreno tinha 30,3 m de frente por 41,5 m de fundo, totalizando uma área de 1.257 m^2. Em 7 de fevereiro de 1912, José de Sá Rocha declarou que a planta podia ser aprovada, tendo o futuro teatro a lotação de 1.328 espectadores: 600 cadeiras na plateia, 20 frisas de cinco lugares, 33 camarotes de cinco lugares e 453 pessoas nas galerias.

Aberto em 28 de janeiro de 1914 com um espetáculo dedicado à imprensa, que não deixou de elogiar o "magnífico" projetor que proporcionava um espetáculo sem trepidação. O cinema foi arrendado por Gadotti e Cia. para a Companhia Cinematográfica Brasileira (CCB).

Pedro França Pinto retirou-se da sociedade em 13 de agosto de 1916, transferindo sua parte para Francisco Serrador. Com a morte de Carlos de Andrade, sua participação passou para os herdeiros. Em 24 de janeiro de 1920, Fortunato de Andrade tornou-se o único proprietário da sociedade, dissolvendo-se a firma Gadotti e Cia.

Em janeiro de 1924, o São Paulo foi incorporado à Empresas Cinematográficas Reunidas Ltda. Começou a ser reformado em abril de 1924.

Foi nesse período, em julho, que se deu a revolução de 1924. O cinema foi ocupado pelas

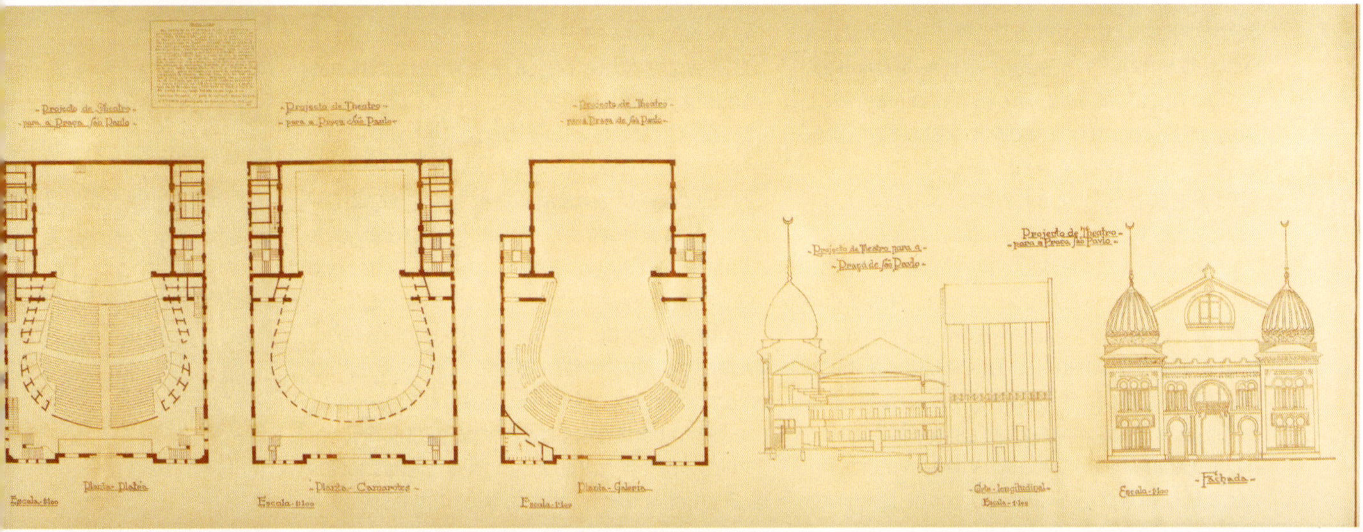

tropas do general Isidoro Dias Lopes, sofrendo pesado bombardeio.

Somente em novembro de 1924 o São Paulo voltou a abrir suas portas. Uma fiscalização de Regino Aragão afirmou que a casa não tinha condições de funcionar como cinema, restringindo-a portanto ao teatro de variedades e às operetas. Só em junho de 1925 as projeções cinematográficas foram retomadas.

Em 1931, começou o processo judicial de desocupação do São Paulo. O Teatro São Paulo foi reformado pela prefeitura em 1944. Mais tarde, em 1955, passou por nova reforma, ao custo de 6 milhões de cruzeiros, quando era prefeito William Salem. Em 1959, foi interditado por más condições e, em 1971, demolido para a abertura da Radial Leste.

ROMA
(20/9/1914)

Alberto Gragnani pertencia a uma família que, desde 1905, era dona de imóveis na rua Barra Funda. Com os irmãos, ele trabalhava na refinação de açúcar, café e fubá. Em 16 de abril de 1913, desejando "construir um edifício destinado a cinematógrafo" na rua Barra Funda, 62, Alberto pediu a aprovação da planta na prefeitura. O projeto foi realizado pelo arquiteto Florimond Colpaert.

O primeiro nome dado ao empreendimento foi Marconi Theatre. O imóvel localizava-se ao fundo de um terreno que abrigava, na frente, um restaurante; o número 62 correspondia à lateral desse negócio, dando, pelo lado, com a rua Lopes de Oliveira, nº 21. Alberto não estava sozinho no empreendimento; a firma A. Gragnani e Cia., registrada com o capital de 45 contos de réis, tinha como sócios Egídio Dizioli e Rodrigo Moradei.

O projeto só foi aprovado em 15 de maio de 1913, depois de feitas as alterações pedidas pela prefeitura, como o aumento da largura das portas. A área calculada de edificação foi de 409 m^2. A fachada do cinema foi alterada em nova planta depositada na prefeitura em 14 de julho. Era um barracão de tijolos e cobertura de zinco.

O Roma Theatre foi inaugurado em 20 de setembro de 1914, oferecendo espetáculos de palco (variedades) e tela.

Não se sabe quando o cinema fechou. No início de 1917, os proprietários pensaram em reabri-lo, mas, após o procedimento de vistoria, foram encontrados vários pontos em desacordo com as posturas municipais (Lei nº 1.954 de 1916), e nenhuma reforma foi executada para atender às novas exigências.

Por volta de setembro de 1918, a empresa exibidora D'Errico, Bruno e Cia. arrendou o Roma, reabrindo-o em 14 de dezembro de 1918. A lotação foi calculada em 911 lugares, distribuídos por 308 assentos na plateia, 68 no anfiteatro, 110 nas frisas e 425 nas galerias.

Não se sabe quanto tempo o Roma ficou sob arrendamento da D'Errico, Bruno e Cia. Em 3 de outubro de 1921, em associação com Antonio Gadotti, pela Companhia Cinematográfica Brasileira, a empresa D'Errico, Bruno, Lopes e Figueiredo reativou o cinema.

Dois meses depois, em 9 de dezembro, Leoni Gragnani e Cia., intitulando-se "sucessores" da empresa D'Errico, Bruno, Lopes e Figueiredo, pediram a transferência de firma para funcionamento. O pedido criou um conflito com os sócios da D'Errico e Bruno, que se sentiram lesados e acusaram o cinema de estar fora da lei. Feita a vistoria, verificou-se que o barracão estava em mau estado. Foi dado prazo para o Roma enquadrar-se dentro da legislação de 1916. O projeto foi entregue por Leoni Gragnani somente em 21 de janeiro de 1922.

Nesse ano o cinema teria sido alugado a Júlio Llorente e Cia. Segundo depoimento de Gragnani, o cinema foi fechado para não fazer concorrência ao Teatro São Pedro, situado na mesma rua.

Entre 1924 e 1927, o Roma passou por outras reformas. Como ele tinha pouca frente, foi pedida a demolição das frisas e dos camarotes. Victor de Melo arrendou o cinema, solicitando a licença de funcionamento em 2 de dezembro de 1927 e obtendo-a em 4 de fevereiro do ano seguinte. Victor repassou a locação para a Empresa Exibidora Filmes de Luxo (Paramount).

Não se sabe quanto tempo mais o Roma ficou aberto.

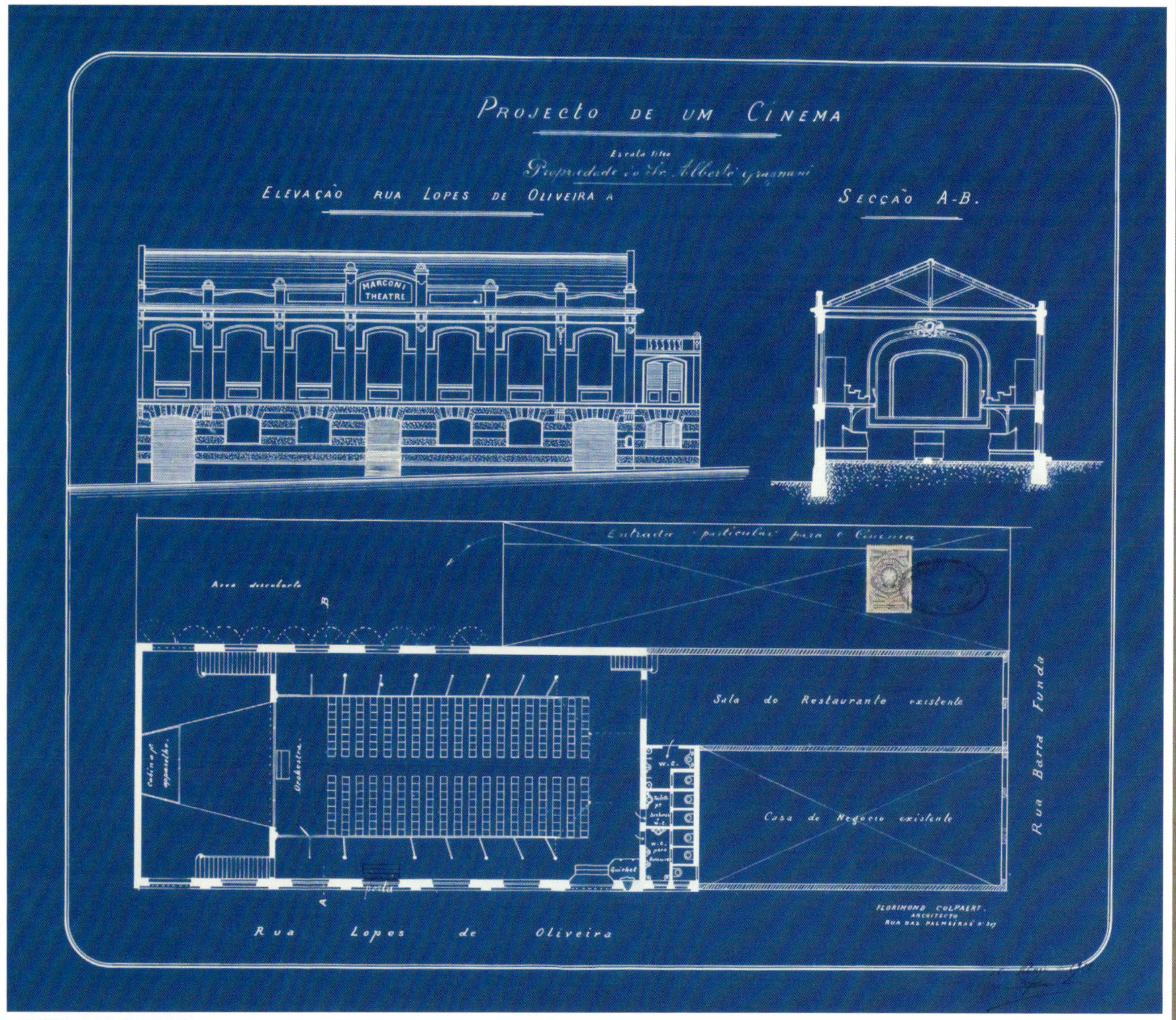
PROJECTO DE UM CINEMA
Propriedade do Sr. Alberto Gragnani
ELEVAÇÃO RUA LOPES DE OLIVEIRA
SECÇÃO A-B.
MARCONI THEATRE
Entrada particular para o Cinema
Area descoberta
Sala do Restaurante existente
Casa de Negocio existente
Orchestra
Rua Barra Funda
Rua Lopes de Oliveira
FLORIMOND COLPAERT.
ARCHITECTO
RUA DAS PALMEIRAS

RECREIO TIRADENTES
(3/11/1914)

Os dados sobre esse cinema ao ar livre, afora o ineditismo do empreendimento, são muito parcos. Todos eles vêm de um requerimento apresentado por Zeffiro Vanni à prefeitura em 3 de novembro de 1914, em que manifestava seu desejo de "[...] construir uma cabine, conforme a planta junta, para funcionar um cinema, ao ar livre, à rua dos Bandeirantes esquina da Av. Tiradentes [...]", área que pertencia ao município, embora assim não estivesse declarado. O pedido foi mandado ao engenheiro José de Sá Rocha, que informou não haver qualquer "inconveniente na concessão da licença. O terreno é vastíssimo e a cabine fica inteiramente isolada de qualquer construção". O alvará nº 6.688-A foi concedido em 9 de novembro, emitindo-se a guia nº 4.801, no valor de 15 mil réis, para o pagamento dos emolumentos.

Não se sabe se o cinema ao ar livre chegou a ser construído e muito menos se chegou a funcionar.

Um ano depois, Cesare Mari, "desejando construir uma cabine para o funcionamento de um cinematógrafo, na avenida Tiradentes, nº 19, esquina da rua dos Bandeirantes [...]", mesmo endereço de Zeffiro Vanni, pediu a aprovação de uma licença de construção em 13 de novembro de 1915. O pedido foi mandado para a 2ª Seção Técnica da Diretoria de Obras e Viação. O engenheiro José de Sá Rocha informou:

> [...] não há inconveniente em que seja dada a licença. Trata-se de um cinematógrafo ao ar livre, em um parque estabelecido no local indicado. A construção consta apenas do pequeno cômodo destinado à cabine para o aparelho. Não pode haver aí perigo algum, bastando que não seja facultado o ingresso de estranhos na cabine, o que aliás [é] medida de simples polícia.

Emitiu-se o alvará de construção em 18 de novembro, cujos emolumentos foram de 15 mil réis, pagos pela guia nº 3.623. Como no caso anterior, não se sabe se esse cinema chegou a funcionar.

A última menção a Zeffiro Vanni (ou Zefiro Vani) aparece em agosto de 1921, em referência ao armazém de secos e molhados de sua propriedade na rua Voluntários da Pátria, 59, cuja falência foi requerida três anos depois.

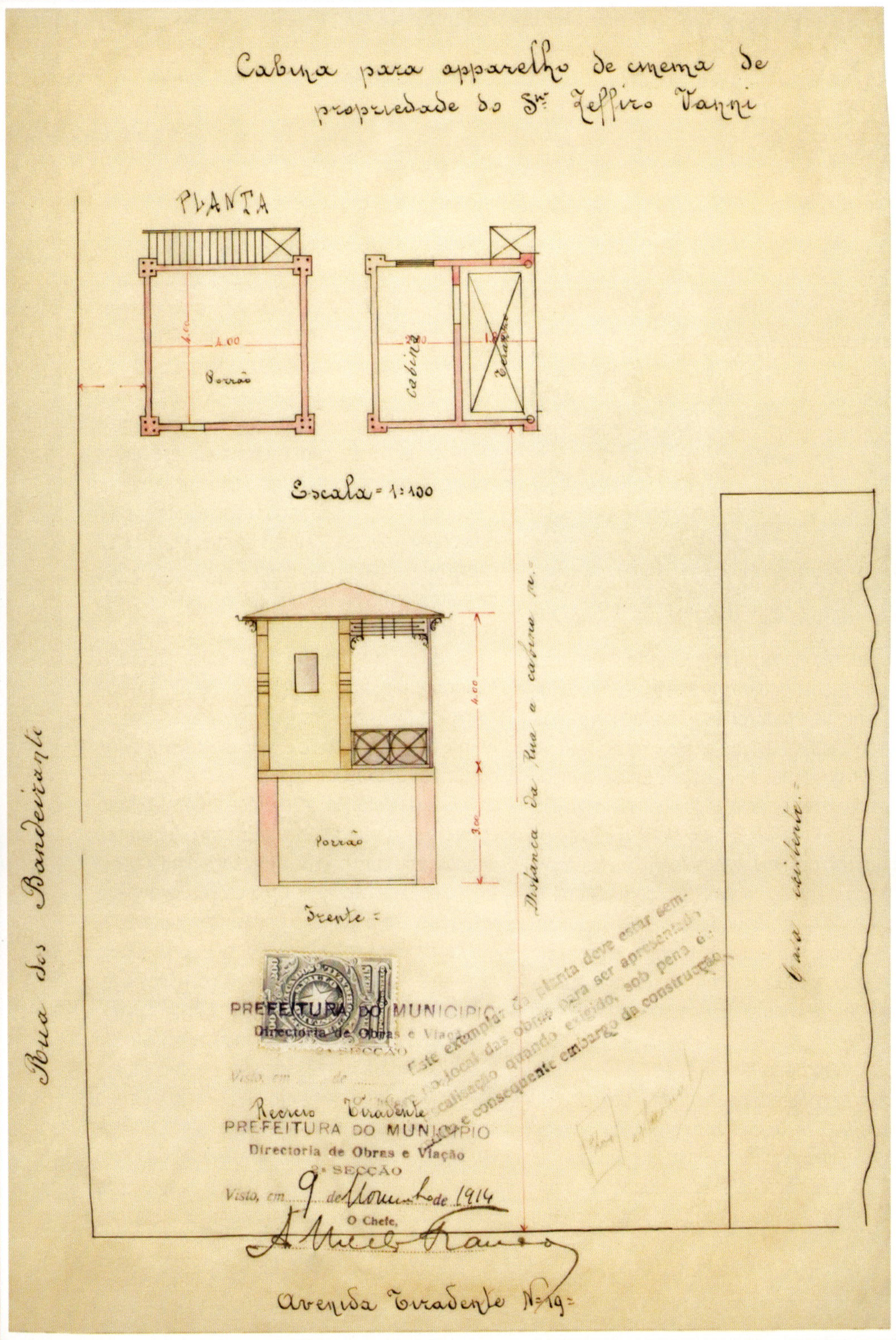
Cabina para apparelho de cinema de propriedade do Snr. Zeffiro Vanni
PLANTA
4.00
Porão
Cabina
Escala = 1:100
4.00
3.00
Porão
Frente =
Rua dos Bandeirantes
Casa existente
PREFEITURA DO MUNICIPIO
Directoria de Obras e Viação
2ª SECÇÃO
Visto, em de
Recreio Tiradente
PREFEITURA DO MUNICIPIO
Directoria de Obras e Viação
2ª SECÇÃO
Visto, em 9 de Novembro de 1914
O Chefe,
Este exemplar da planta deve estar sempre no local das obras para ser apresentado á fiscalisação quando exigido, sob pena de multa e consequente embargo da construcção
Avenida Tiradente N.º 19 =

TEATRO BOA VISTA
(10/11/1916)

A redação do jornal *O Estado de S. Paulo* foi obrigada a abandonar o Palacete Martinico, na praça Antonio Prado, quando o prédio foi comprado para abrigar a sede do New York City Bank. O diretor do jornal, Júlio de Mesquita, pensou então num novo edifício onde pudesse instalar a redação e, ao mesmo tempo, dotar a cidade de um auditório destinado a conferências literárias, científicas e apresentações de ordem cultural. O encarregado da obra foi o engenheiro arquiteto Júlio Michelli. Falta-nos o projeto original de 1913. Foi localizado somente o projeto seguinte, que deu entrada na prefeitura em 22 de janeiro de 1915.

O novo projeto dividia o edifício em dois conjuntos, um destinado ao teatro, com acesso pela rua Boa Vista, mas corpo principal voltado para a ladeira Porto Geral; e um segundo para o jornal, com fachada para a rua Boa Vista. O primeiro tinha 627 m² e o segundo 517 m², com área total de 1.195 m². O cinema com entrada pela rua Boa Vista (Saboya fez a análise das plantas como cinema e não como teatro) tinha a metragem de 757 m² na plateia, 670 m² nos camarotes e outros 670 m² no segundo lance de camarotes.

O Teatro Boa Vista, sem exibições cinematográficas, foi inaugurado em 10 de novembro de 1916, às 20h45, com o espetáculo *Mulheres nervosas*, levado pela Companhia Lucila Perez--Leopoldo Fróes. A sala tinha capacidade para 350 poltronas na plateia, 22 frisas de cinco lugares, 24 camarotes e balcão ao centro, com quatro filas de poltronas no primeiro andar e arquibancadas no segundo.

O Boa Vista seguiu como teatro até 1920, quando chamou a atenção da administração municipal pelas sessões cinematográficas. Dessa forma, se questionou se o prédio estava de acordo com a Lei 1.954 de 1916.

Os arrendatários, a empresa D'Errico, Bruno, Lopes e Figueiredo, entraram em dezembro daquele ano com pedido de licença para a construção de uma cabine de projeção. O engenheiro responsável era Augusto Bernardelli Marchesini. O local de encaixe da cabine ficava no vestíbulo da plateia. Após alguma discussão com os engenheiros municipais, concedeu-se a autorização.

O Teatro Boa Vista continuava registrado como cinema em 1923, fazendo exibições esporádicas. O arrendamento de D'Errico e Bruno terminou nesse ano, o que foi uma sorte, porque em 23 de março de 1924, na vesperal da Companhia Alda Garrido, caiu o estuque do teto; uma espectadora morreu, outros saíram feridos e, nas

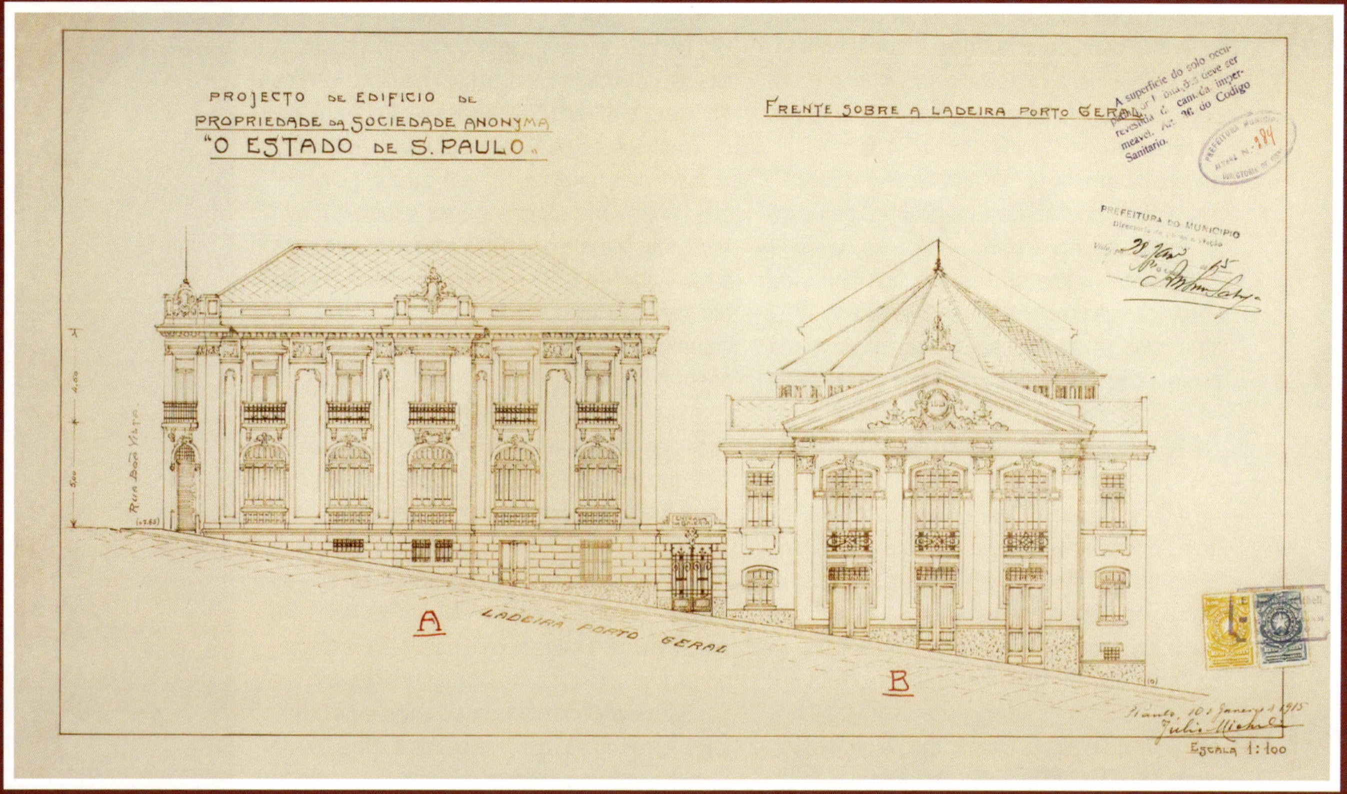

galerias, um menino que entrara gratuitamente foi pisoteado pelo público em pânico, "vindo a entrar em óbito". Durante a vistoria, descobriram-se várias falhas técnicas no imóvel. O serviço de reforma ficou a cargo do escritório Siciliano e Silva, reabrindo-se o teatro em 11 de agosto de 1926.

O Boa Vista foi demolido em 1947, quando as necessidades do jornal o obrigaram à construção do edifício da rua Major Quedinho, para onde se mudou em 1951.

MODERNO
(21/11/1916)

Em 11 de julho de 1916, Falgetano e Maffi, intitulando-se proprietários e construtores, "[...] desejando construir cinema, prédio e um botequim de acordo com a planta junta, à rua da Mooca nº 419 (tinta, número provisório) [...]", entraram com o pedido de aprovação do projeto e alinhamento do edifício na prefeitura. O processo foi enviado ao engenheiro José de Sá Rocha em 13 de julho. Mas os tempos já eram outros. Depois da aprovação da Lei nº 1.954, de fevereiro de 1916, a Diretoria de Obras tinha uma regulamentação sobre a construção dos cinemas e o pedido foi negado. Os construtores Raul e Alvim retiraram as plantas em 22 de julho, e o projeto foi indeferido em 8 de agosto.

Antes disso, em 2 de agosto, os dois exibidores entraram com nova planta na prefeitura, agora obedecendo aos preceitos da legislação. Dessa vez o engenheiro José de Sá Rocha ficou satisfeito, pois o projeto estava em condições de ser aprovado. A lotação foi estabelecida em 572 espectadores. Logo em seguida os proprietários entraram com planta modificando o projeto original, o que foi aceito. A vistoria foi requerida em 17 de novembro, concedendo-se a licença para funcionamento quatro dias depois. É possível que o cinema já estivesse funcionando antes dessa data, mas faltam informações.

Não se sabe quando João Maffi morreu, assumindo o negócio a viúva, Maria Guizzardi. Em 1923, o cinema estava na rua da Mooca, 403. Um pedido de reforma foi encaminhado em 14 de julho, a cargo do construtor Francisco Martins Pompeo, empreiteiro que desde 1912 atendia os proprietários da Mooca e do Brás. Pelo novo projeto, praticamente se reconstruía o cinema, que tinha 19 m de frente. Outras reformas foram realizadas em maio de 1924, mas somente após a revolução de julho naquele ano pôde o novo Moderno ser inaugurado. Isso se deu em 3 de setembro, quando o cinema comportava 800 pessoas na plateia, 140 nas frisas (28 de cinco lugares cada) e 1.000 nas galerias, no total de 1.940 espectadores. O botequim, gerido pelo próprio exibidor, vendia doces, charutos e cigarros nos três dias de funcionamento por semana.

Em 1934, o Moderno declarou capacidade para 1.990 pessoas, assim distribuídas: 850 na plateia, 1.000 nas gerais e 140 nas 28 frisas. No ano seguinte, a lotação caiu para 1.740 espectadores, com a redução de 200 lugares nas gerais e 50 na plateia. Quatro anos mais tarde, eram 1.100 lugares, sendo 100 nas frisas e camarotes, 700 na plateia e 300 nas galerias.

Este cinema fechou num domingo, 31 de outubro de 1966, com os filmes *O Álamo* e *O Sargento e a freira* na sessão única das 18h30. Segundo o *site* Portal da Mooca, o Moderno ficava na altura do atual nº 2.241, onde funciona uma agência do Bradesco.

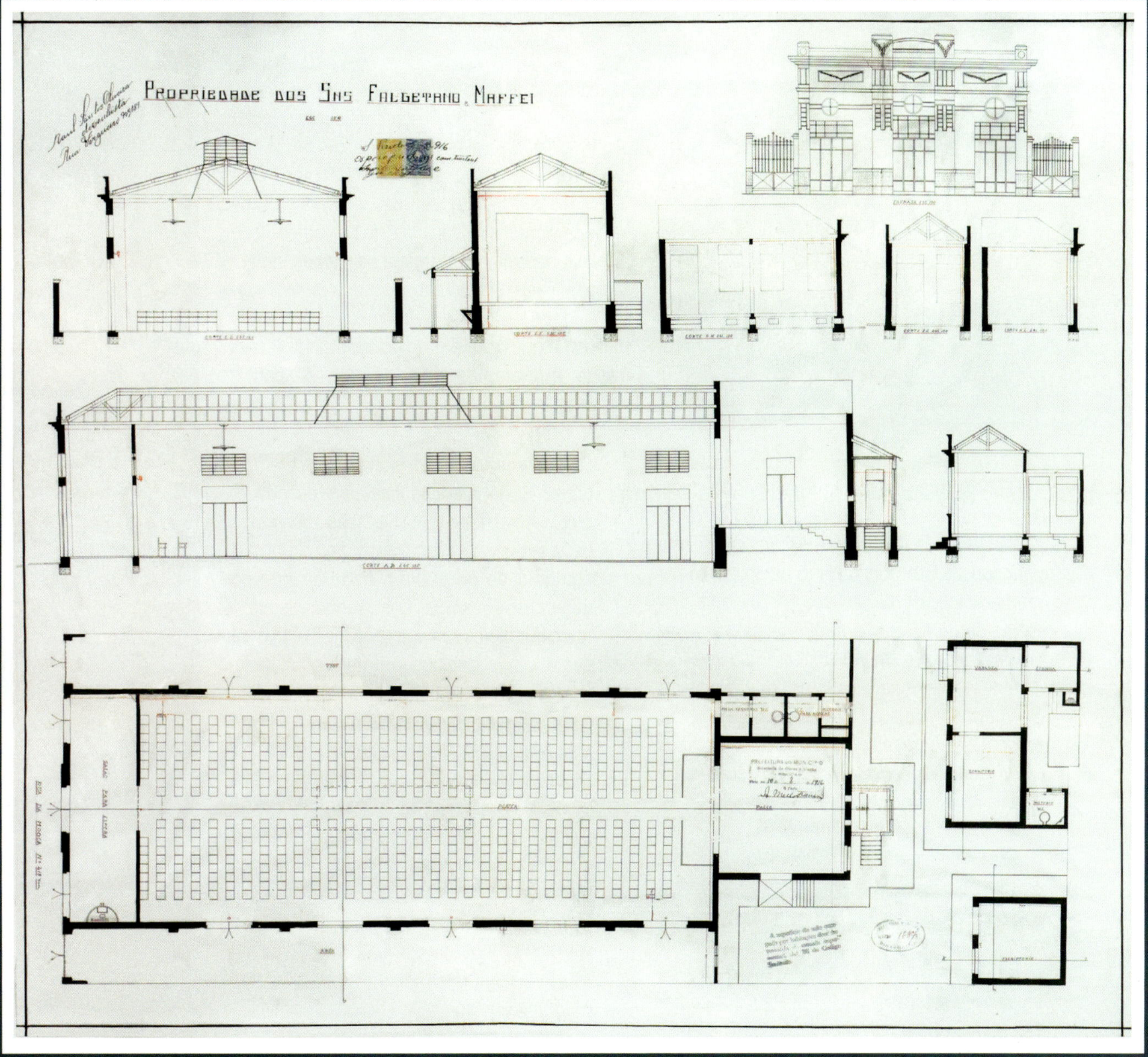
PROPRIEDADE DOS SNS FALGETANO & MAFFEI

CENTRAL
(27/12/1916)

Funcionando em prédio de seis andares, com 36 m de altura e 1.600 m² de área, o Central foi construído pela Companhia Antarctica Paulista para substituir o antigo Bijou, demolido com a reurbanização da rua São João. O edifício situava-se na São João com a rua Formosa, na antiga área ocupada pelo Teatro Politeama e pelo Bijou-Theatre. O projeto era de Soren Lakjer. Na planta e antes da inauguração foi anunciado como Bijou, tendo o nome trocado dias antes da abertura.

O Central estava dividido em duas salas (Vermelha e Verde) e três orquestras (salas de projeção e de espera) e foi arrendado para a Companhia Cinematográfica Brasileira (CCB). A lotação era de 574 espectadores por sala, distribuídos por 310 cadeiras na plateia, 80 nas frisas e 184 nos camarotes. Por causa da nova regulamentação sobre os cinemas (Lei nº 1.954 e Ato nº 983, de fevereiro e setembro de 1916), alguns aspectos das salas tiveram que ser adaptados. O prefeito concedeu a licença em 17 de janeiro, emitindo-se o alvará de funcionamento dois dias depois.

Anunciado pelos jornais desde 17 de dezembro, o Central foi aberto para a imprensa e convidados a 27 daquele mês, exibindo o filme *A culpa*, com a atriz italiana Pina Menichelli. Teve como maestros na orquestra da sala de espera Antonio Leal e Eliseu Lellis. Segundo *O Estado de S. Paulo* (27/12/1916), a inauguração do prédio era parcial, já que o material importado ainda estava retido em Hamburgo. De acordo ainda com a reportagem do jornal,

> [...] Todas as pessoas que ontem estiveram no antigo "Bijou" são unânimes em reconhecer que a nova casa de diversões tem todos os requisitos indispensáveis ao conforto e comodidade do público, não havendo no gênero em qualquer das grandes capitais, tanto europeias como americanas, uma casa que rivalize com a que foi ontem inaugurada. O vestíbulo é luxuoso e de amplas proporções. Todas as paredes de uma pintura fina e delicada, fulgem de graça nas iluminuras de uma fantasia sóbria e nos grandes espelhos de cristal. Ao centro do recinto, agrupam-se sólidas poltronas de couro, destinadas ao descanso dos que ali aguardam a hora da sessão e ao fundo, em direção diametralmente oposta, ficam o salão verde e o salão vermelho, ambos de igual capacidade, e com a mesma ordem de frisas, camarotes, balcões e cadeiras.

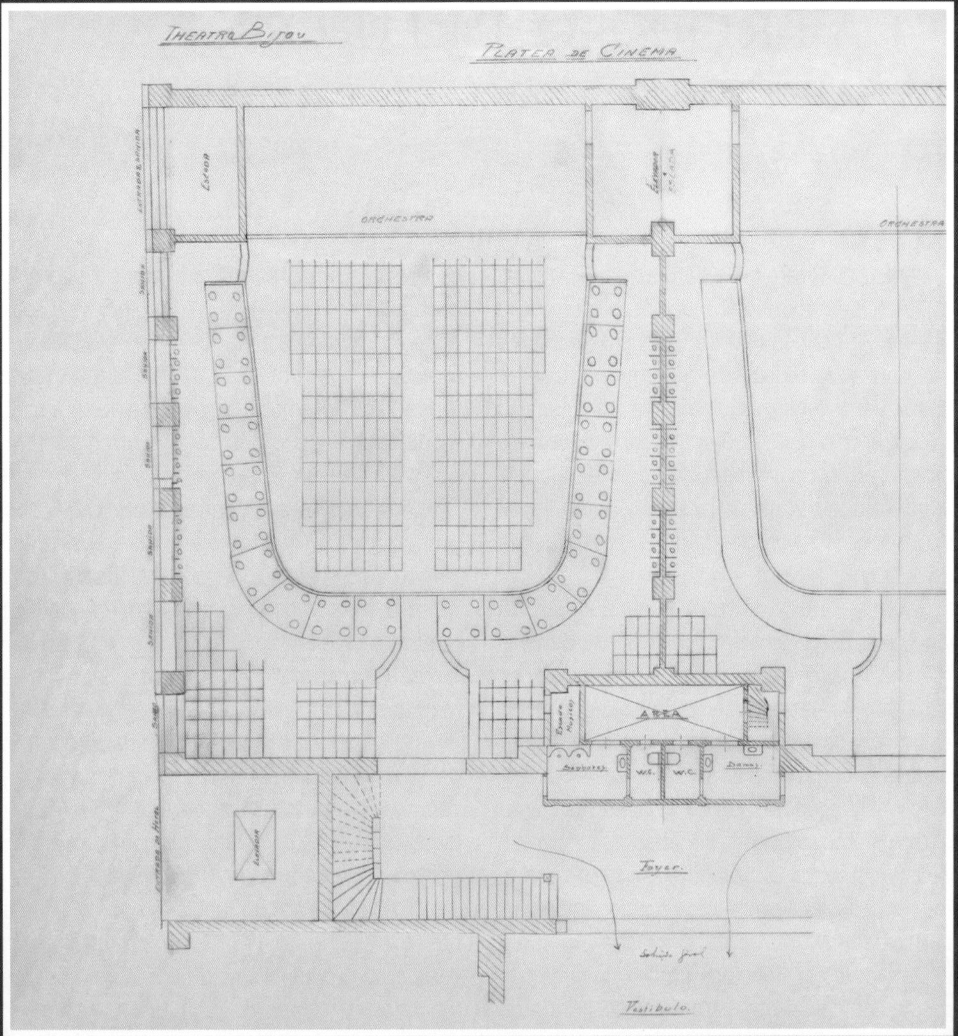

O Central foi fechado cinco anos depois, por volta de 23 de março de 1922, data do último anúncio publicado em *O Estado de S. Paulo*, chamando para a exibição dos filmes *Intrigas de carnaval*, da Realart Pictures, e *Na fronteira das estrelas*, da Paramount. O prédio foi ocupado pela Recebedoria Federal, permanecendo com essa função até 1941, quando foi demolido para dar lugar à remodelação do Vale do Anhangabaú, que ganhou uma passagem de nível no cruzamento das avenidas Anhangabaú e São João.

TEATRO SÃO PEDRO
(17/1/1917)

Em 12 de fevereiro de 1916, a empresa Lopes e David, composta pelos sócios portugueses Manuel Fernandes Lopes e Augusto Rodrigues David, iniciou a construção de um grande cinema na rua Barra Funda, esquina com a Albuquerque Lins, que veio a se chamar Teatro São Pedro. O projeto era do engenheiro Augusto Bernardelli Marchesini, e o construtor, Antonio Alves Villares da Silva, sendo o prédio erguido sobre uma área de 1.373 m².

Lopes e David tiveram a inauguração do cinema atrasada pela nova Lei nº 1.954, de fevereiro de 1916, regulamentada pelo Ato nº 983, de setembro. Ao realizar a vistoria, cujo pedido foi encaminhado em 10 de janeiro de 1917, Arthur Saboya encontrou várias irregularidades. O prefeito Washington Luiz, em 16 de janeiro, declarou que o cinema só poderia ser aberto se estivesse de acordo com a lei. Somente em 19 de janeiro, foi concedida a licença para funcionamento. A capacidade do teatro foi calculada em 1.580 espectadores, distribuídos em 700 lugares nas gerais, 280 nas frisas e camarotes (28 para cada ordem, com cinco lugares) e 600 na plateia.

O São Pedro foi inaugurado para a imprensa e convidados em 17 de janeiro de 1917, com espetáculos de palco e tela. Cecílio Leal do Canto, de 7 anos, cantou romanças, seguido pelo cômico João Rodrigues e a fadista Aurélia Mendes.

A abertura oficial só se deu em 20 de janeiro, com os filmes *A moreninha* (primeira fita brasileira a integrar a programação de inauguração de um cinema) e *O escravo de Lúcifer*, ambos distribuídos pela Paramount. No palco apresentaram-se novamente os artistas do dia 17. O pano de boca do teatro tinha sido pintado por Ernesto Ciclione; a caixa do teatro tinha 23 m de altura, 14 m de fundo, 22 m de largura. Logo após a inauguração, modificaram-se a bilheteria e o corredor lateral que dava para um botequim.

O cinema estava com a empresa D'Errico, Bruno, Lopes e Figueiredo em 1921, quando foi feito o pedido para a construção de um escritório sobre a entrada da área lateral, que tinha sido reformada dois anos antes. O projeto coube novamente ao Escritório Técnico-Construções Augusto Marchesini. Outras reformas foram realizadas em 1922, nas quais se declarou o gasto de mais de 100 contos de réis com a modernização das poltronas e espelhos. A reabertura se deu em 11 de outubro de 1922, quando o cinema era gerido por João Vicente Bruno.

O Teatro São Pedro funcionou como cinema até 30 de julho de 1967, exibindo nas últimas sessões o programa duplo com *Papai ganso* e *Monstros, não amolem*.

Dessa data em diante, foi ocupado por alguns grupos teatrais, dentre os quais se destacou o de Maurício Segall (janeiro 1970, *O rito do amor selvagem*), que o transformou em Studio São Pedro (agosto do mesmo ano).

Tombado pelo Conselho do Patrimônio Histórico e Artístico do Estado de São Paulo (decreto nº 24.875 de 7/3/1986), o prédio foi restaurado e reaberto novamente como teatro em 1998.

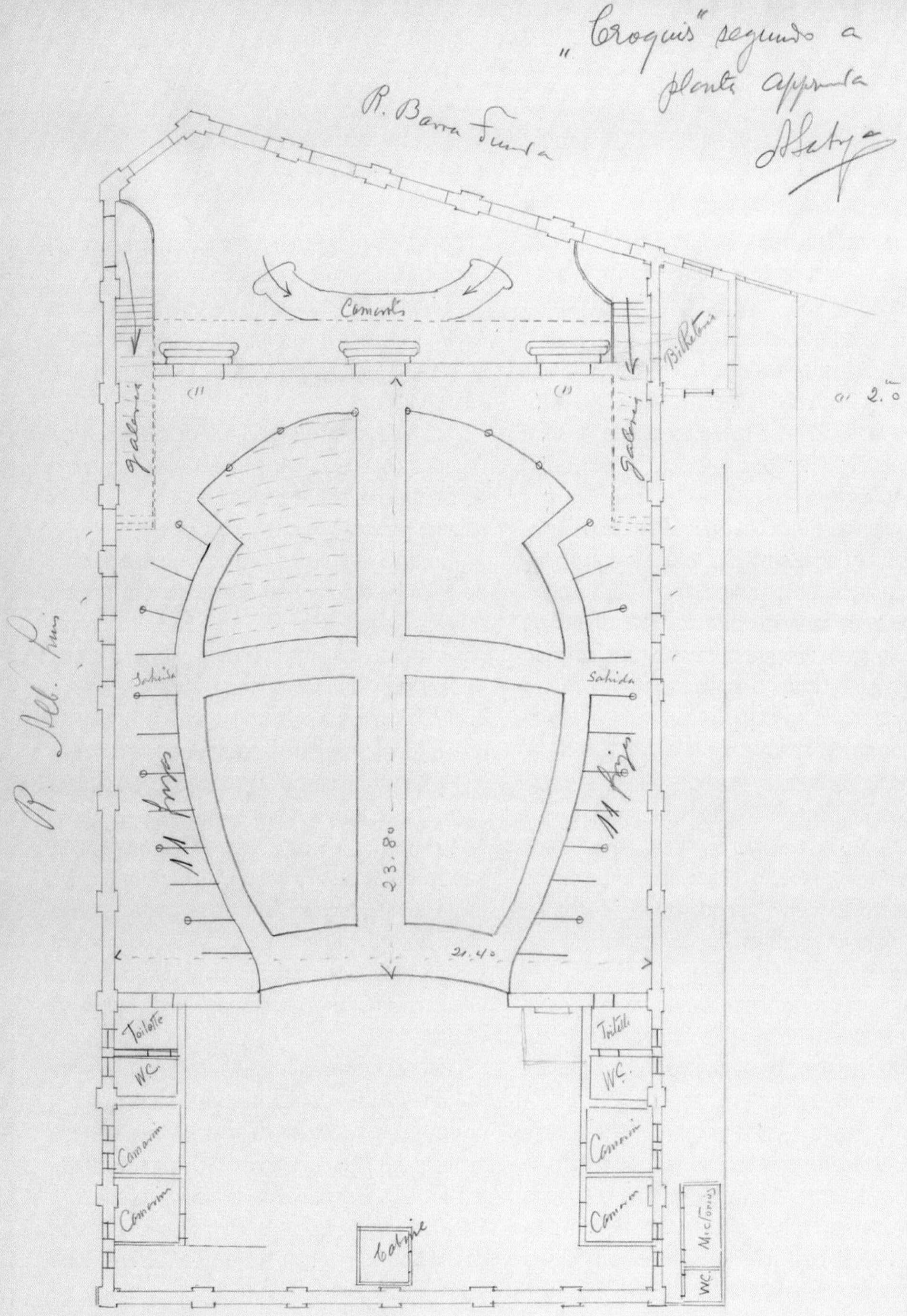

"Croquis" segundo a
planta approvada
R. Barra Funda
Bilheteria
galeria
galeria
Sahida
Sahida
23.80
21.40
Toilette
Toilette
W.C.
W.C.
Camarim
Camarim
Camarim
Camarim
Cabine
Mictorio
W.C.

AVENIDA
(17/1/1918)

Segundo *O Estado de S. Paulo* (18/1/1918), o novo Avenida possuía do antigo Variedades apenas as paredes laterais. A reconstrução do cinema tinha sido bancada pela Empresa Januário Loureiro, com projeto de Achilles Nacarato. As 28 frisas e os 21 camarotes eram abertos. A plateia comportava 400 cadeiras, e as galerias tinham lugar para 500 pessoas. A lotação era de cerca de 1.200 lugares.

O Avenida abriu com a peça *La Regina del fonografo*, de Carlo Lombardo, levada ao palco pela companhia La Giovanissima do cav. G. Caraciolo.

Em 19 de setembro de 1918, Loureiro entrou com um requerimento para exibições cinematográficas no teatro. O engenheiro João Silveira informou no processo que o Avenida tinha sido reformado na vigência da Lei nº 1.954 de 23/2/1916, exigindo-se, portanto, somente algumas modificações. Embora de acordo com a maioria das recomendações de Silveira, Arthur Saboya notou que, por ser um prédio "encravado" entre outros edifícios, dificilmente se poderia fazer cumprir o pedido quanto às portas de socorro. Dessa forma, o requerimento foi arquivado.

Januário Loureiro não desistiu, entrando com novo pedido em 22 de novembro. As novas plantas foram aceitas por Saboya, já que satisfaziam as exigências legais.

O Cineteatro Avenida reabriu em 7 de dezembro de 1918 como café-concerto, sob a regência de Armando Belardi. As projeções cinematográficas começaram em 1º de fevereiro de 1919, com sessões às 19h30 e às 21h30. Nessa altura, a orquestra de vinte "professores" era conduzida por Ermano Andolfi. Os filmes eram fornecidos pela Agência Geral Cinematográfica Claude Darlot.

O Avenida foi arrendado pela Companhia Cinematográfica Brasileira, em sociedade com a empresa D'Errico, Bruno, Lopes, David e Cia., em 16 de junho de 1919.

Em 5 de junho de 1922, a pedido de D'Errico, Bruno, Lopes e Figueiredo, foi reformada a cabine do cinema. No ano seguinte, uma marquise foi feita na fachada.

Durante uma vistoria, realizada em 9 de abril de 1924 pela comissão composta por Regino Aragão, França Pinto e A. Marchini, embora se notasse que o cinema tinha boa estrutura, ainda se constatou que faltavam passagens laterais e que a central tinha apenas 1 metro de largura na plateia, depois de oito anos de vigência da Lei nº 1.954. As saídas para a avenida São João e a rua Dom José de Barros continuavam problemáticas pela existência de escadas em vez de rampas. Realizadas as obras necessárias, Arthur Saboya foi da opinião de que, sendo a saída para a avenida São João a única divergência, ela poderia ser relevada pelo prefeito, posto que o cinema funcionava havia "alguns anos" (quase vinte, na verdade).

Em 1939, o Avenida tinha 1.232 lugares, sendo 155 nas frisas e camarotes, 642 na plateia, 35 nos balcões e 400 nas galerias. O Avenida teria fechado em 17 de agosto de 1952 com o programa duplo *Lanceiros da morte* e a fita italiana com Carla Dal Poggio, *Homens*, com sessões corridas das 10 horas às 21h30. No local do cinema teria sido construído o edifício Olido.

Proprietario
REFORMA DO THEATRO AVENIDA
LARGO PAYSANDÚ
SCALA 1:50
PREFEITURA DO MUNICIPIO
ALVARÁ N. 2492

REPÚBLICA
(29/12/1921)

Antigo Skating inaugurado em 27/12/1912 na praça da República, 50. Passou por diversos usos, inclusive como linha de montagem de carros e caminhões da Ford Motor Co.

O prédio foi vendido para Lupercio Teixeira de Camargo, sócio da Sociedade Cinematográfica Paulista Ltda. Em 14/9/1921 o engenheiro arquiteto William Fillinger entrou com um pedido de reforma. Pelo requerido, verifica-se que a Ford deve ter alterado pouco o imóvel, focando-se a reorganização da sala principalmente na construção de uma cabine de projeção direta para dois projetores. Previa-se, no primeiro momento, 48 camarotes com 224 lugares, 40 frisas para 210 espectadores, anfiteatro com 376 cadeiras e plateia para 1.020 espectadores, isto é, uma lotação de 1.830 pessoas.

A inauguração do Cine-Teatro República começou a ser anunciada pela imprensa em 21 de dezembro, ou seja, três meses depois da entrada do projeto de reforma. O filme de abertura foi da Paramount Pictures, *Macho e fêmea* (Male and female), estrelado por Gloria Swanson e Thomas Meighan, com direção de Cecil B. DeMille.

Lupercio também era proprietário de um terreno ao lado do cinema. Por meio do escritório de Fillinger, engenheiro especializado em estruturas de concreto armado, entrou com um pedido em 16 de junho de 1922 para a construção de um "salão de espera" no número 44, com fundações suficientemente seguras para a edificação posterior de um prédio. O novo espaço de 280 m² foi o pavimento térreo do Palacete Campinas. Em dezembro, o mesmo engenheiro construiu nos fundos uma copa e cozinha com 40 m², destinadas ao serviço de chá da sala de espera, mais tarde também com bar.

O República sofreu poucas alterações nos anos seguintes. A partir de 1924, ele foi gerido pela Empresas Cinematográficas Reunidas Ltda. A lotação declarada era de 2.092 espectadores, distribuídos por 1.000 lugares na plateia, 240 poltronas nas frisas, 252 poltronas nos camarotes e 600 lugares nas galerias. Com a chegada do sonoro, Fillinger foi encarregado, em maio de 1929, das alterações da cabine de projeção. Para tanto, derrubou paredes e renovou o revestimento interno e externo da cabine com "placas americanas" de "celotex" de 12 mm (isolante sonoro).

A passagem para o sonoro não trouxe benefícios para o cinema. Por volta de novembro de 1931 foi pedida a reversão, pela segunda vez, em rinque de patinação (reforma encaminhada novamente por Fillinger), agora para o herdeiro de Lupercio, Eliseu Teixeira de Camargo. Dois anos depois, o República voltou à atividade como cinema, agora sob a orientação da Empresa Cine Brasil Ltda., em locação. A Cine Brasil controlava o Rosário, Alhambra, Paratodos e o Coliseu Paulista.

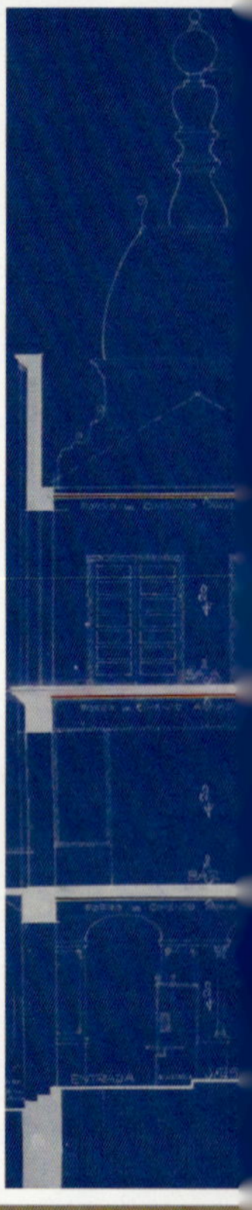

Mas o República tinha entrado em decadência irreversível. Em 1936 foi novamente fechado, reabrindo em janeiro de 1937 como repartição pública. Com a desativação da agência coletora da praça da República, em 1949, o cinema foi alugado para Paulo Sá Pinto, proprietário da Empresa Cinematográfica Sul Ltda. A reabertura se deu em 20 de abril de 1952 com o cinema convertido somente em plateia. No domingo se

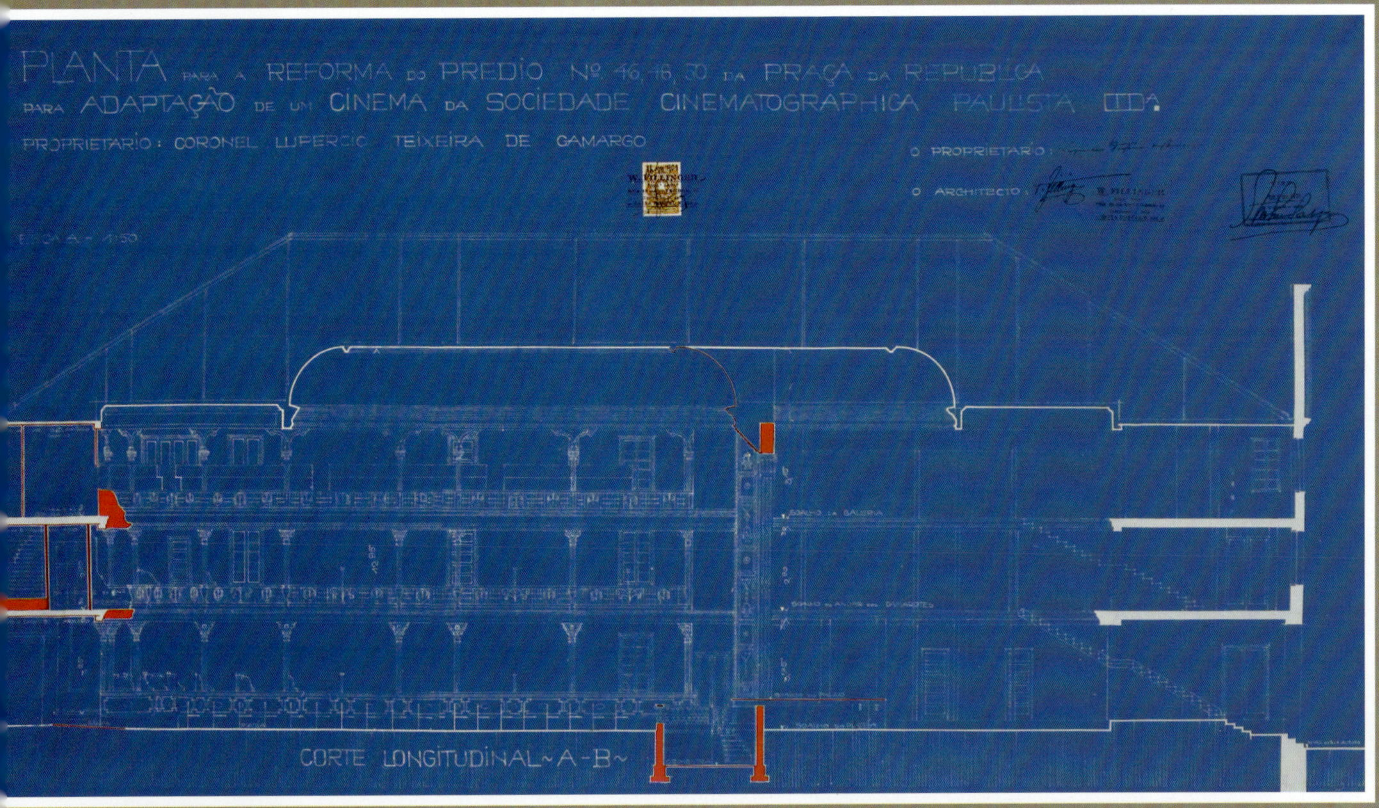

exibiu especialmente o filme da 20th Century Fox, *A vida secreta de Nora* (Half Angel), do obscuro Richard Sale, seguindo na segunda-feira com *Senhor 880* (Mister 880), dirigido pelo premiado Edmund Goulding. Em 1956 consta que a lotação do cinema era de 2.254 pessoas.

Condenado pelo trem metropolitano, a Empresa Sul começou a demolir o cinema em 1971. A última sessão deu-se em 28 de maio de 1978, às 21 horas, com o filme *Guerra nas estrelas*.

OLÍMPIA
(24/3/1922)

A empresa L. Carbone e Cia. foi encarregada pela Companhia Puglisi, em 16 de junho de 1920, da construção do projeto do engenheiro Giuseppe Sacchetti realizado para o Cinema Olímpia, situado de frente para a avenida Rangel Pestana, números de 88 a 94. O cinema teria capacidade para 1.250 cadeiras em área de 1.356 m^2. De forma a garantir a segurança dos espectadores, não haveria galerias nem camarotes, sendo o cinema classificado de "tipo moderno".

No ano seguinte, Sacchetti foi substituído por Sylvio Raja, que entrou com novo pedido para o prédio, alterando a conformação de edifício. Previa-se a edificação de camarotes de concreto armado em 23 de abril de 1921. Raja, logo depois, saiu do empreendimento.

Vista com maus olhos pelos engenheiros da prefeitura, que a consideravam malfeita, a obra foi assumida pelo engenheiro Andrea Bernasconi.

Em 8 de julho, L. Carbone e Cia. entraram com novo requerimento para os camarotes e o reforço da estrutura, assinado pelos engenheiros Andrea Bernasconi e Serafim Orlandi.

Em 4 de março de 1922, mais de dois anos depois de iniciadas as obras do Olímpia, a Companhia Puglisi, intitulando-se proprietária do cineteatro, entrou com pedido de vistoria do prédio, agora situado na avenida Rangel Pestana, 120.

Três dias depois, a empresa declarava ter executado todas as modificações exigidas pela prefeitura, pedindo a licença para funcionamento. Em 22 de março, Godofredo Saboya deu a lotação do cinema no total de 2.154 espectadores: 250 nas frisas (50 frisas de cinco lugares), 90 nos camarotes (18, isto é, nove de cada lado da sala, com cinco lugares cada), 408 cadeiras de primeira classe, 482 cadeiras de segunda classe, 124 galerias e 800 lugares nas gerais.

O Olímpia foi arrendado pela Companhia Puglisi à Empresa Teatral Paulista, inaugurando--se em 24 de março de 1922 com uma sessão especial. A propriedade do Olímpia pela Empresa Teatral Paulista foi curta. Em 1923, o teatro passou para a Companhia Teatral Olímpia S.A., que o arrendou para Giovanni Caruggi, liquidando-se a sociedade anônima em 26 de março de 1924.

Adquirido pelas Empresas Cinematográficas Reunidas, conforme assembleia de 21 de março de 1924, pelo valor de 750 contos de réis, o Olímpia passou a ser administrado pelo consórcio depois de janeiro de 1925.

Durante a revolução de julho de 1924, o teatro foi bombardeado e praticamente não funcionou no segundo semestre. Em 3 de dezembro de 1929, Nestor G. Figueiredo recebeu licença para "construir cabine cinematográfica" no teatro, mas o mais certo é que fosse uma reforma de adaptação ao cinema sonoro.

Funcionou como cinema até 18 de fevereiro de 1950, apresentando na última semana de exibições o programa duplo *Sete homens maus*, faroeste com Randolph Scott, e *O divórcio vem depois*. Após essa data, serviu para os bailes carnavalescos do Minas F. C., não voltando a ser reaberto.

Passou para o Instituto Medicamentos Fontoura S.A. (Biotônico Fontoura), com endereço nos fundos, na rua Caetano Pinto, 129. Destruído por um incêndio em 25 de março de 1955, que começou na seção de plantas secas para medicamentos, situado no segundo dos três pavimentos em que estava dividido o prédio, na área do antigo palco do cinema.

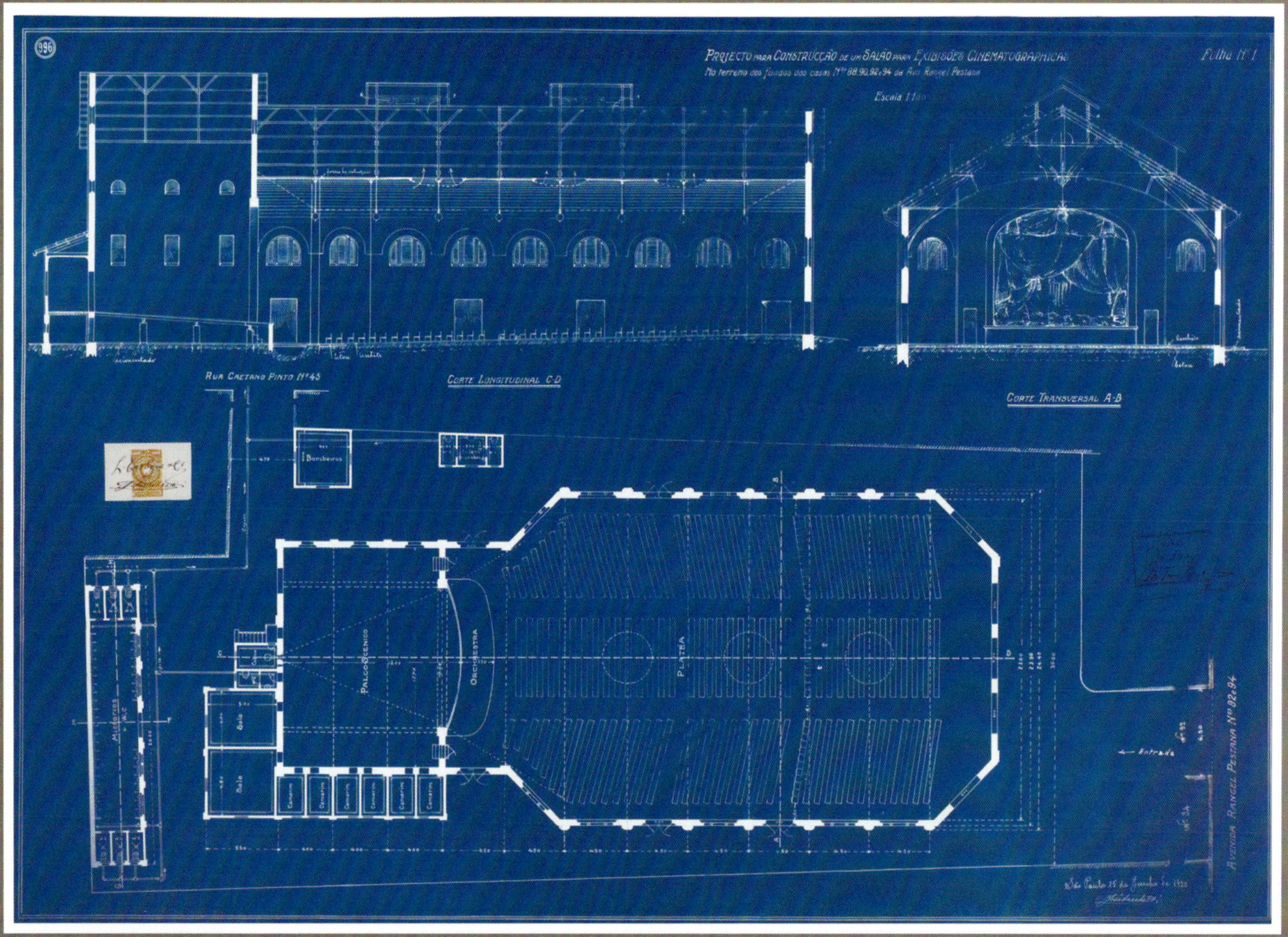
996
PROJECTO PARA CONSTRUCÇÃO DE UM SALÃO PARA EXIBIÇÕES CINEMATOGRAPHICAS
No terreno dos fundos das casas Nos 88.90.92 e 94 da Av. Rangel Pestana
Folha Nº 1
Escala 1:100
RUA CAETANO PINTO Nº 45
CORTE LONGITUDINAL C-D
CORTE TRANSVERSAL A-B
Bombeiros
PALCO-SCENICO
ORCHESTRA
PLATEA
Entrada
AVENIDA RANGEL PESTANA Nº 92.94

BRÁS-POLITEAMA
(2/6/1922)

Em 10 de março de 1921, o engenheiro e empreiteiro de obras Rodrigo Cláudio da Silva, que construíra o Royal Theatre, entrou com um pedido para a aprovação das plantas do Politeama Cinema, a ser erguido no terreno da avenida Celso Garcia, 53, com as ruas Progresso (atual Costa Valente) e Carlos Botelho. O empreendimento pertencia ao empresário circense Paschoal Cicciola, que se associara ao capitão José Canuto de Oliveira e a Hypolito Rocha, trio que formaria em 1925 a diretoria da Federação Circense. O Politeama Cinema, cujo projeto era de Aníbal Saint-Aubin, foi o primeiro de uma série de grandes "palácios" teatrais e cinematográficos que começaram a ser construídos na década de 1920, posto que sua lotação seria de 3.388 espectadores.

Logo depois, os empresários transferiram a obra para Manuel Asson, que alterou o projeto original em julho. O pedido foi indeferido por Luiz Pereira em 1º de agosto, já que não indicava corretamente as alterações feitas na planta original. Destaque-se que o novo projeto não trazia cabine de projeção, e o teatro se chamava agora Éden Politeama.

O construtor entrou com novo projeto em 18 de outubro, depois de ter sido multado e embargado, alterando o número de janelas sobre o palco para melhorar a acústica do teatro. As plantas foram aprovadas em 27 de outubro de 1921. A autorização para a construção da cabine de projeção foi dada em 11 de maio de 1922. O alvará de funcionamento foi concedido em 1º de junho de 1922.

A inauguração do agora Grande Brás-Politeama, nome que se fixou como Brás-Politeama, começou a aparecer em *O Estado de S. Paulo* em 3 de maio de 1922. Uma companhia italiana de operetas abriria o teatro. O "maior teatro de São Paulo" foi inaugurado em 2 de junho com a apresentação de *A princesa das czardas* e o filme da Fox, *Os cavalheiros da noite*. Tinha 488 poltronas "distintas", 712 poltronas de primeira classe, 310 cadeiras no anfiteatro, 1.350 lugares nas galerias, 28 frisas (com cinco lugares cada) e 45 camarotes (com cinco lugares cada), somando uma lotação de 3.225 espectadores. A festa começou com a abertura de *O guarani* pela orquestra de vinte professores conduzida pelo maestro Giovanni Gemme.

No dia 3 de junho, o jornal *O Estado de S. Paulo* descreveu a nova casa de espetáculos em termos entusiásticos. Em 16 de julho de 1923, o gerente Demóstenes Sá declarou ao jornal *A Gazeta* que o cinema passaria a ser gerido pela empresa Carvalho e Ximenez (Adriano Ferreira de Carvalho e João Ximenez). Mas, antes do final do contrato, o Brás-Politeama foi arrendado por 7 contos de réis para a S. A. Empresa Serrador, em 1927, conforme pedido de redução de impostos encaminhado pelo gerente Júlio Llorente à prefeitura, em 20 de junho de 1928.

Em 1939, quando o Departamento de Estatística do Estado realizou um levantamento dos cinemas da capital, o Brás-Politeama tinha perdido o lugar de maior cinema de São Paulo, contando então com 2.840 lugares, divididos entre 265 nas frisas e camarotes, 1.385 na plateia, 290 nos balcões e 900 nas galerias.

As últimas sessões ocorreram em 24 de novembro de 1963, um domingo, com um programa triplo.

EDEN
POLYTHEAMA
FACHADA DO SALÃO
D'ESPERA ESC. 1:50

PROPRIEDADE dos Srs. J. CANUTO DE OLIVEIRA, PASCHOAL CIOCCIOLA E HYPOLITO ROCHA
AVENIDA CELSO GARCIA Nº 53
POLYTHEAMA-CINEMA
PLANTAS 1:100
CORTE TRANSVERSAL C-D 1:50
SALA D'ESPERA
JARDIM
THEATRO
SCENA

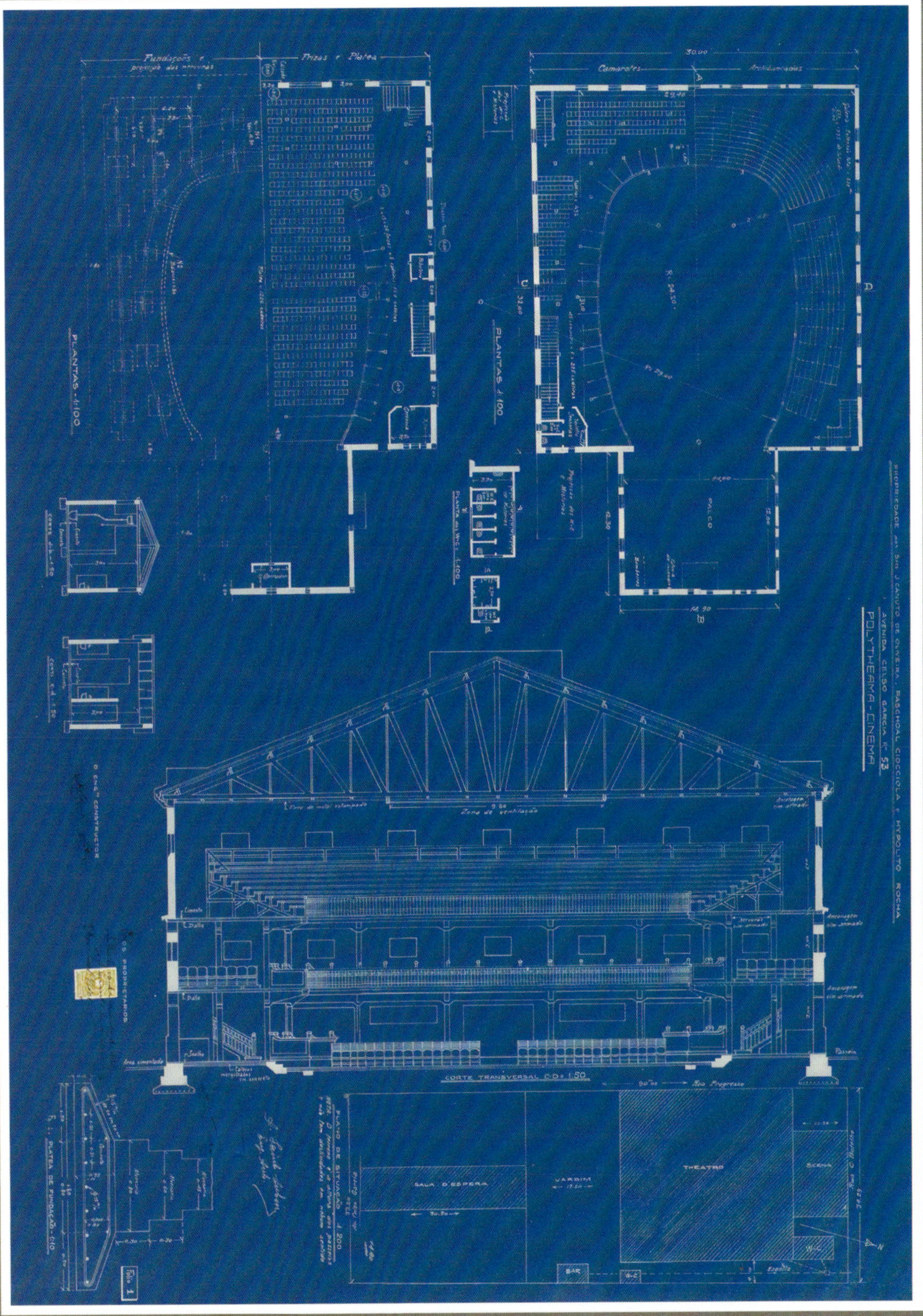

TRIÂNGULO
(29/6/1923)

A Companhia Mecânica Importadora de São Paulo, proprietária dos números 34 e 36 da rua 15 de Novembro (altura do atual 105, segundo o *site* Almanack Paulistano), arrendou por cinco anos à Sociedade Cinematográfica Paulista Ltda. o prédio onde estava instalado no térreo o Café Ítalo-Brasileiro. Em 25 de novembro de 1922, o engenheiro arquiteto W. Fillinger entrou com um pedido para a reforma do café em cinema, que recebeu o nome de Triângulo.

Embora o prédio estivesse encravado entre outros imóveis, Fillinger fez notar que o cinema teria acesso para duas ruas, a 15 de Novembro como entrada e a Boa Vista, pelos fundos, como saída de socorro. O projeto previa a demolição das paredes divisórias do primeiro andar, de modo a dotar o cinema com um grande salão e vestíbulo e ali instalar também a cabine de projeção cinematográfica, trabalhando em projeção direta. As paredes laterais seriam conservadas, reforçando-se o telhado. Toda a construção seria em cimento armado.

Em 30 de novembro, o processo foi remetido ao engenheiro Adriano Marchini, que encontrou no projeto infrações radicais aos regulamentos. Entre elas, o engenheiro citava o padrão municipal que impunha prédios de quatro pavimentos para o Triângulo central (área compreendida entre as ruas 15 de Novembro, Direita e São Bento). Mas, como se tratava de reforma, e de um tempo de uso limitado, ao fim do qual o imóvel seria demolido, poderia haver recurso. Outros engenheiros da prefeitura, como Nestor Ayrosa, José de Sá Rocha e Arthur Saboya, também foram contra o projeto. O pedido foi arquivado em 9 de dezembro de 1922.

Os concessionários não desistiram da ideia de instalar o cinema no centro, e a saída foi uma modificação no projeto de forma a driblar as disposições municipais. Fillinger entrou com novo requerimento em 22 de janeiro de 1923. Pelo novo memorial descritivo, as reformas seriam internas, sem alterar a fachada, e, como o edifício seria demolido ao fim do contrato de cinco anos, ficavam afastados os impedimentos anteriormente localizados.

Segundo o jornal *A Gazeta*, as obras de remodelação do antigo café começaram em 22 de abril daquele ano. Anunciado para o dia 28 de junho, o Triângulo foi inaugurado em 29 de junho com uma sessão especial, apresentando-se o filme *Da pobreza à opulência*, com Gloria Swanson, da produtora norte-americana Famous Players-Lasky e distribuído pela Paramount. Tinha capacidade para 500 espectadores, projeção direta sobre tela de alumínio e projetor Hanz-Goerz de corrente contínua e refletor de cristal. O cinema trabalhava em associação com o República e, como indica a matéria de inauguração, instituiu matinês diárias com sessões a partir das 13h30.

Como o contrato de locação era por tempo determinado, o cinema fechou em 30 de novembro de 1929, um sábado, com a película *Tirano de Sierra Madre*. A *Folha da Manhã* anotou melancolicamente que "já não era um cinema para o centro da cidade. Faltava-lhe tudo". No lugar seria erguido um arranha-céu.

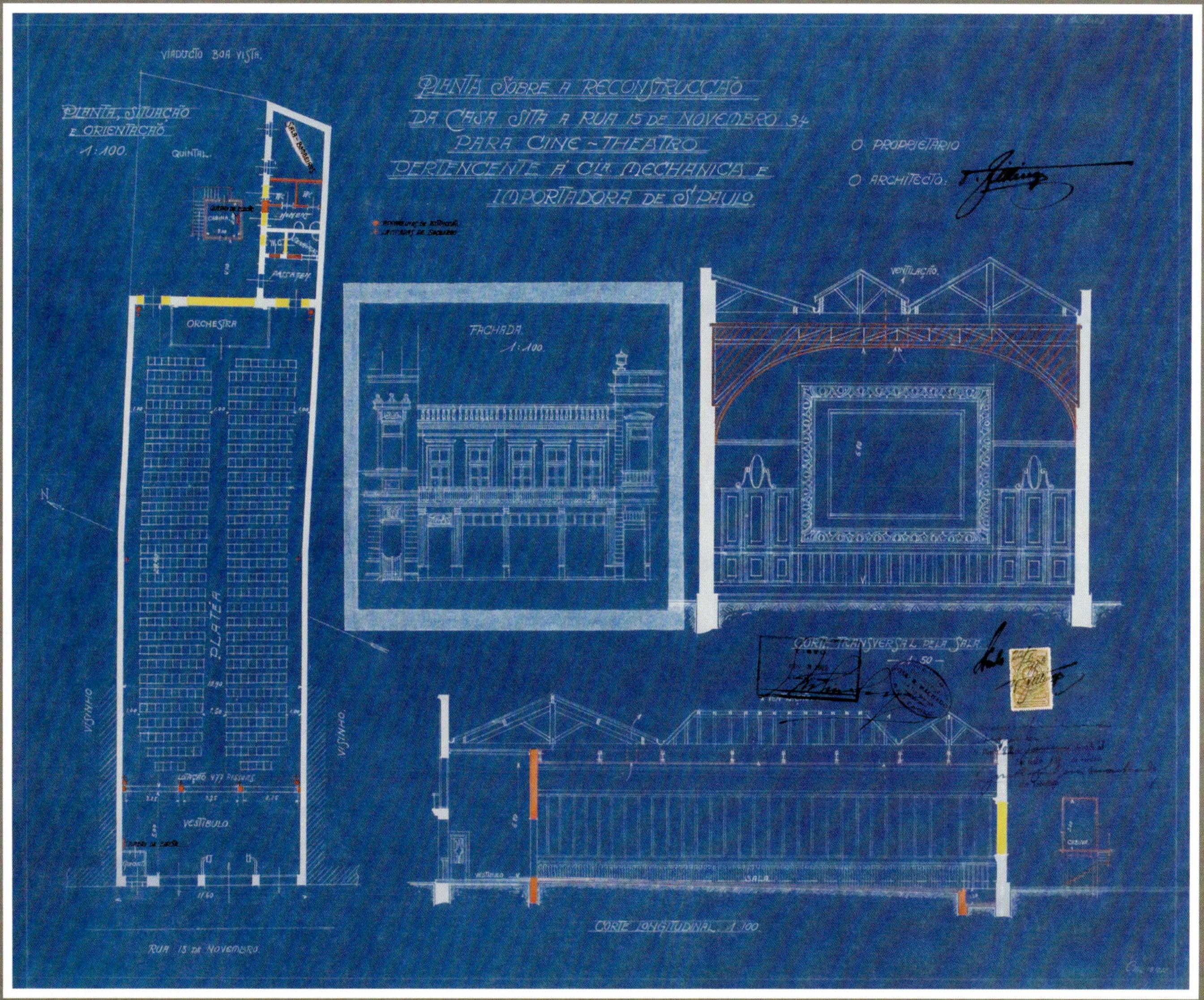

VIADUCTO BOA VISTA
PLANTA, SITUAÇÃO E ORIENTAÇÃO
1:100
QUINTAL
PLANTA SOBRE A RECONSTRUCÇÃO
DA CASA SITA A RUA 15 DE NOVEMBRO 34
PARA CINE-THEATRO
PERTENCENTE Á CIA MECHANICA E
IMPORTADORA DE S. PAULO
O PROPRIETARIO
O ARCHITECTO
ORCHESTRA
FACHADA
1:100
VENTILAÇÃO
PLATÊA
VISINHO
VISINHO
VESTIBULO
RUA 15 DE NOVEMBRO
CORTE TRANSVERSAL PELA SALA
1:50
SALA
CORTE LONGITUDINAL 1:100

FÊNIX
(19/12/1923)

Proprietária de um prédio na rua Domingos de Morais, 74, esquina com a rua Fontes Júnior (atual Joaquim Távora, embora documentos posteriores assinalem a rua França Pinto), a Sociedade Anônima Fabril Scavone, de Itatiba, resolveu erguer no local um cinema com a lotação declarada de 1.004 pessoas. A empresa provavelmente comprou os bens de uma fábrica de fósforos da rua Domingos de Morais, pertencentes à Societé Financière et Commerciale Franco-Brésilienne, conforme escritura de 17 de setembro de 1921, registrada no 9º Tabelião.

Em 5 de fevereiro de 1923, o projeto de Adolpho Timm foi enviado para o exame do engenheiro Regino Aragão, que assinalou vários pontos para correção. Como o cinema estava situado numa esquina, com portas para duas ruas, não havia necessidade de isolamento da construção vizinha; ele considerava também impraticável a instalação de uma latrina para cada 20 pessoas, "[...] e assim tem sido sempre entendido. O número projetado é suficiente".

De volta ao engenheiro Aragão, este calculou em 518 m² a área do primeiro pavimento e em 117 m² a do segundo, mais 147 m² de "dependências". A frente era de 19 m para a Domingos de Morais e 33 m para a Fontes Júnior. Em 16 de março, a Fabril Scavone requereu a demolição do prédio que ocupava o terreno, dando início à obra de construção.

Uma alteração no projeto deu-se em 14 de maio quando Adolpho Timm entrou com um pedido para a construção de 24 camarotes com cinco lugares cada (120 espectadores a mais). Eles seriam construídos sobre uma laje de concreto armado, sustentada por um vigamento de idêntico material. Aragão pediu para se juntarem plantas substitutas em 19 de maio, porém, foi alertado por Saboya de que não se tratava de substituição, mas de modificação parcial, cobrando-se os emolumentos correspondentes a um primeiro andar, calculado em 340 m².

Antes do término da construção, a Fabril Scavone já tinha arrendado o imóvel para João de Castro Lucas e Cia. (o mais correto seria João de Castro, Lucas e Cia.), que entrou na Diretoria de Obras com pedido de aumento do número de camarotes em 14 de dezembro.

O cinema foi inaugurado em 19 de dezembro de 1923, com os filmes *As três balas*, com William Farnum, e o brasileiro *João da Mata*, da produtora Phenix Film, de Campinas. A Banda Pietro Mascagni abrilhantou a sessão com *O guarani*, sob a regência do maestro A. Maranti.

A empresa exibidora não ficou muito tempo com o Teatro Fênix. Em março de 1924, um anúncio de *A Gazeta* indicava a empresa João de Castro e Cia. como arrendatária do cinema, operando em conjunto com o Teatro Colombo e o cinema Colombinho. Em 1º de julho, a exibidora transferiu a licença para a empresa Souza e Filhos.

Segundo o *site* Almanack Paulistano, o Fênix foi o primeiro cinema de bairro a lançar filmes importantes, exibindo em primeira mão as produções do Programa Serrador. Sempre usou o nome Phenix até o seu desaparecimento em 20 de dezembro de 1965, quando exibiu em programa duplo o filme com Tony Curtis, *Médica, bonita e solteira* e a chanchada brasileira *Vagabundos no society*.

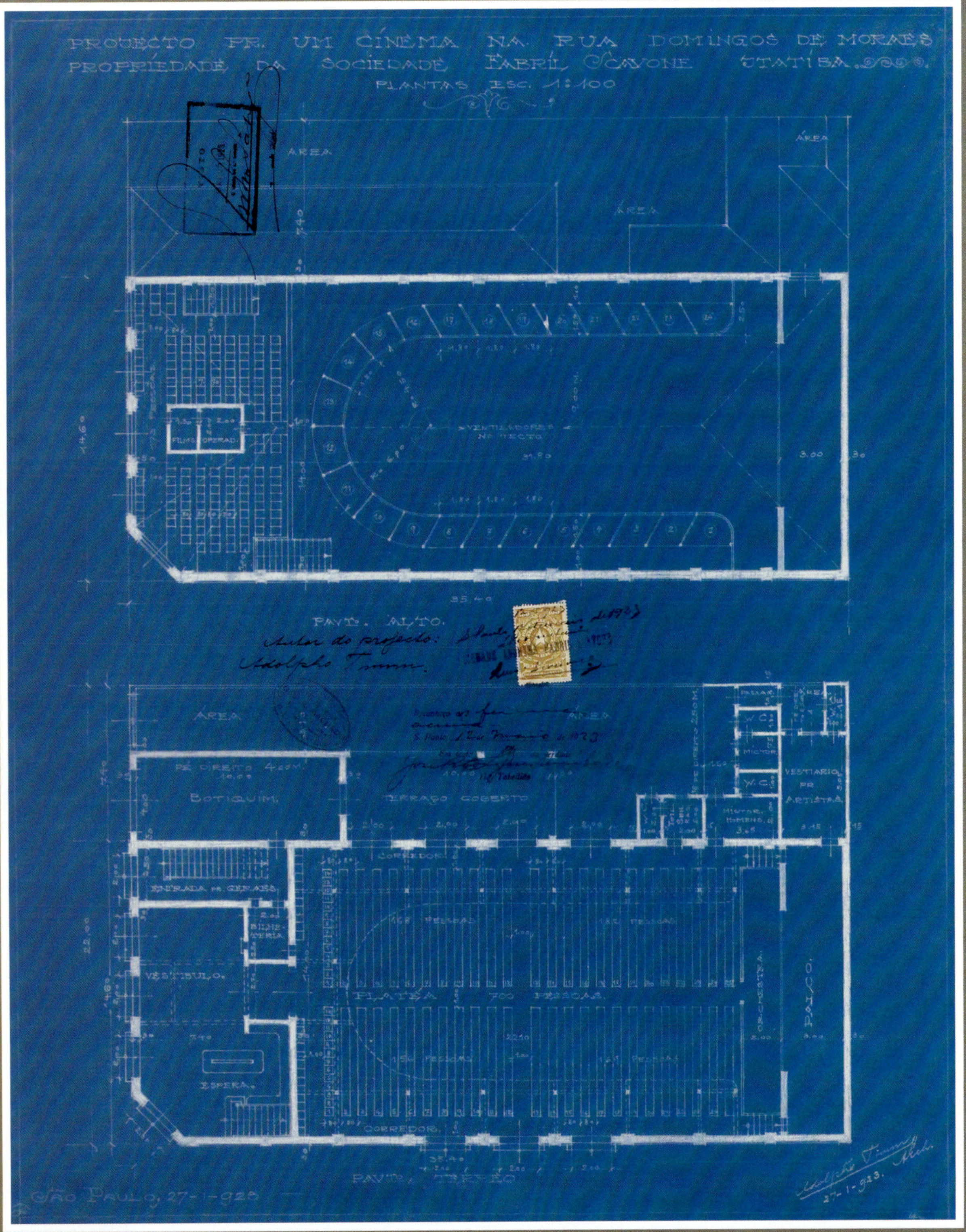

PROJECTO PR. UM CINEMA NA RUA DOMINGOS DE MORAES
PROPRIEDADE DA SOCIEDADE FABRIL SCAVONE ITATIBA.
PLANTAS ESC. 1:100
AREA
AREA
AREA
VENTILADORES NO TECTO
PAVTO. ALTO.
Autor do projecto:
Adolpho Timm.
AREA
AREA
PÉ DIREITO 4,20 M.
BOTIQUIM
TERRAÇO COBERTO
VESTIARIO PR. ARTISTA
CORREDOR
ENTRADA PR. GERAES
BILHETERIA
VESTIBULO
PLATÉA 700 PESSOAS
ORCHESTRA
PALCO
ESPERA
CORREDOR
PAVTO. TERREO
SÃO PAULO, 27-1-923
Adolpho Timm
27-1-923.

BOM RETIRO
(19/10/1924)

Em 1923, os sócios Isaac Tabacow, proprietário da Casa Vermelha, situada na rua José Paulino, 51, e José Kauffmann deram início à construção de um cinema na mesma rua. O pedido para a construção do cinema deu entrada na prefeitura em 4 de janeiro de 1924, com projeto do engenheiro Betzold Rabinovitch. O futuro Cinema Bom Retiro se enquadrava na legislação, possuindo 14 m de frente (também aparece 18,4 m) e 42,3 m de fundos. A projeção era direta, situando-se a cabine na fachada de entrada. A lotação prevista era de 980 espectadores. Embora o cinema tivesse uma largura adequada, não se previram nem camarotes, nem frisas.

O projeto foi despachado em 11 de janeiro para o engenheiro João Silveira, que apontou várias irregularidades. O engenheiro Rabinovitch retirou as plantas em 17 de janeiro, entrando com outras uma semana depois. O alvará de construção de nº 749 foi concedido em 2 de fevereiro de 1924.

No mês seguinte, notando que poderiam colocar mais gente no cinema, os proprietários encarregaram Rabinovitch de entrar com novo projeto. A sala de espera agora dava para a rua, abrindo-se para duas escadas que encaminhavam o espectador para os 36 camarotes e um *foyer*. O projeto substitutivo foi enviado ao engenheiro França Pinto que, em 22 de abril, sugeriu a troca da sustentação dos camarotes por pilares. Luiz Pereira de Almeida fez o cálculo do pavimento a construir (289,15 m²), e o alvará foi expedido em 14 de maio.

Em setembro de 1924, José Kauffmann, que passou a liderar o empreendimento, declarando-se proprietário do cinema da rua José Paulino, 204, pediu a vistoria para início de funcionamento. O auxiliar João Silveira devolveu o processo, posto que as obras ainda não estavam concluídas. Quando Rabinovitch informou o término das obras, o processo foi novamente enviado a Silveira que, em 16 de outubro, embora considerasse boas as condições de higiene, segurança e comodidade, colocou restrições à ventilação, dando-se dois meses para a instalação do devido equipamento. Declarou-se a lotação total de 1.304 lugares, divididos em 950 na plateia, 205 nos 41 camarotes com cinco lugares cada (eram 36 no projeto inicial) e 149 nos balcões. O "habite-se" foi concedido em 18 de outubro e o alvará de funcionamento, em 27 do mesmo mês.

O Cineteatro Bom Retiro foi inaugurado em 19 de outubro de 1924 com duas produções: *Coração e músculo*, em sete partes, fornecida pela Empresa Cinematográfica Brasil (distribuidora de curta duração de V. Rosito), com o *boxeur* Georges Carpentier, e a película da Fox, *O mundo não perdoa*, com seis partes duplas.

A primeira reforma do Bom Retiro deu-se no forro, em março de 1926, quando se notaram em janeiro "flechas" (curvaturas) de 50 mm a 90 mm nos tirantes das tesouras. Como até novembro Kauffmann não houvesse pago a licença, verificou-se que ele tinha arrendado o cinema para as Empresas Cinematográficas Reunidas Ltda., que "por enquanto não tenciona abrir" o local.

Não se sabe por quanto tempo o cinema ficou fechado.

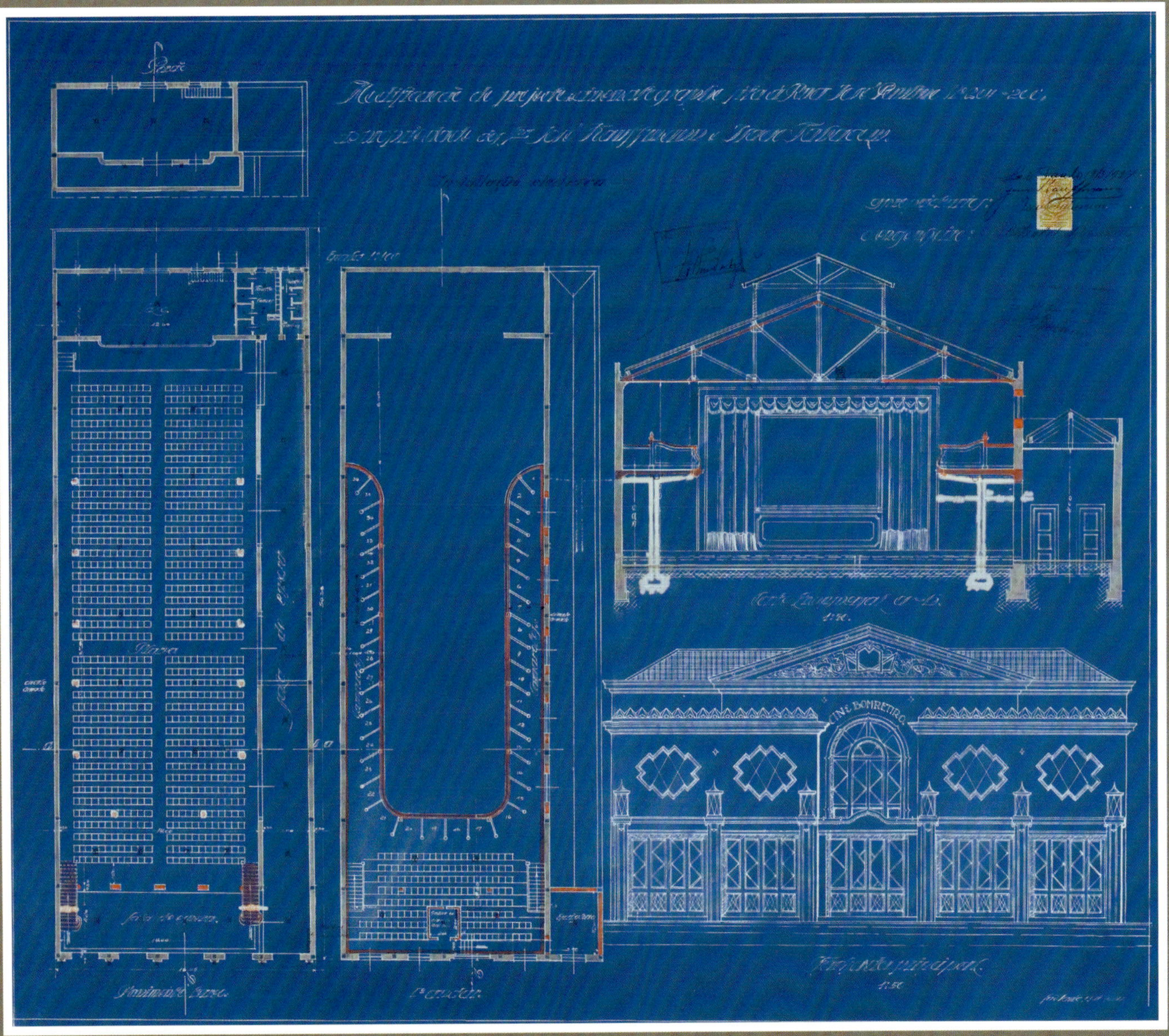

CINE BOM RETIRO

CENTRAL
(5/12/1924)

Júlia Christianini possuía os terrenos da rua General Osório desde 1919. Em 27 de setembro de 1922, o engenheiro José de Macedo Fraissat deu entrada no pedido de aprovação do projeto para a construção de um cinema nos números 38-52. O requerimento foi enviado ao engenheiro Adriano Marchini, que anotou 12 falhas técnicas. Duas delas, no entanto, chamam a atenção. Marchini declarou que a fachada projetada era "grotesca, não podendo ser aceita", e que um dos salões serviria para jogos de bilhar, transformando o futuro Central em algo mais do que um cinema.

As plantas foram retiradas em 18 de outubro, juntando-se outras somente em 28 de fevereiro de 1923. Marchini ainda ficou insatisfeito com a cabine de projeção. O projeto foi retirado da Diretoria de Obras e Viação em 20 de março. No dia seguinte, Fraissat mandou uma carta dando explicações sobre a localização do compartimento de projeção, que era semelhante ao de outros espaços, como o Teatro Carlos Gomes, na Lapa. Arthur Saboya entendeu que se existissem saídas em número suficiente pelas laterais, não haveria problema. Fraissat retirou mais uma vez o projeto em 31 de março, juntando novas plantas em 6 de abril. Dessa vez não houve entrave por parte de Marchini, que calculou 820 m² de área para cada um dos três pavimentos (plateia, camarotes e galerias), num total de 2.460 m². Coincidentemente, o construtor foi Manuel Perrucci, proprietário do Teatro Carlos Gomes, situado na Lapa.

Outro problema apareceu durante a construção do prédio. Em vista das dúvidas de Marchini quanto às lajes, o advogado Morais Andrade, em nome de Júlia Christianini e Manuel Perrucci, pediu uma verificação de resistência dos materiais. Marchini requisitou em 22 de agosto a nomeação de uma comissão. Arthur Saboya designou o próprio Marchini, França Pinto e José Amadei. Em 17 de novembro foi emitido o laudo, favorável à proprietária e ao engenheiro construtor do prédio.

Manuel Perrucci entrou com o pedido de vistoria do cinema em 12 de novembro de 1924. Marchini aprovou o prédio, fornecendo a lotação de 550 cadeiras na plateia, 300 no *promenoir*, 34 frisas de cinco lugares, 37 camarotes de cinco lugares e galeria para 790 pessoas, somando 1.995 espectadores. O alvará de funcionamento foi expedido em 3 de dezembro.

O Central foi inaugurado em 5 de dezembro de 1924, no número 46 da rua General Osório (atual nº 188, segundo o *site* Almanack Paulistano), com o filme *Morrer sorrindo*, da Fox Film Co., com Norma Talmadge, acompanhado por uma orquestra de 15 "professores". Na sala de espera tocou a *jazz band* Guanabara, de Bonfilio de Oliveira.

Foi gerido a partir de 1926 pelas Empresas Cinematográficas Reunidas, consórcio formado pela Companhia Cinematográfica Brasileira e a Empresa D'Errico, Bruno, Lopes e Figueiredo.

Em 1938 mudou de nome para Astória, pertencendo ao circuito da Metro-Goldwyn-Mayer.

2.00
2.00
2.00
2.00
2.00
FACHADA PRINCIPAL - RUA GENERAL OSORIO

SEM IDENTIFICAÇÃO
(31/7/1925)

Durante a década de 1920, houve uma expansão dos cinemas pelos bairros mais afastados da cidade e, pelo que se considerava na época, zona rural. A cidade se espalhava e os cinemas acompanhavam o aumento da malha urbana, instalando-se em lugares ainda pobres de equipamentos, bairros em formação que não possuíam água encanada ou esgoto, mas aos quais os circos de cavalinhos ou os cinemas faziam presença graças a uma abundante oferta de terrenos baratos para locação ou construção.

Tais foram os casos, por exemplo, de um cinema no Chora Menino, de Jesus P. Gomes, que estaria situado na rua Conselheiro Moreira de Barros, próximo da linha da estrada de ferro da Cantareira. Não há notícias de que ele tenha chegado a funcionar em 1929. Outros localizados no Tucuruvi, Itaquera ou no Jabaquara, no perímetro rural, ou passaram pela mesma situação de projetos não realizados, ou chegaram a ser abertos como empreendimentos imobiliários arrendados a terceiros, como no caso do Cinema Jabaquara, instalado na Estrada da Água Funda (atual rua Carneiro da Cunha), em 1928, por Nagib Habdo Hanna. Os endereços declarados na Diretoria de Obras dificultam ainda mais a localização desses cinemas de bairros distantes. Para o cinema sem nome que seria construído no Tucuruvi indicou-se a Estrada do Guapira, a avenida Tucuruvi e a avenida Boulevard, que seriam ruas ou trajetos da Vila Harding. Em Itaquera, Manuel Pinto de Oliveira pediu para construir o Cineteatro Íris, que estaria na rua Caguassu da Vila Carmosina.

Na Chácara Califórnia, em rua particular, sem número (hoje, zona situada após o metrô Carrão e próximo da rua Antonio de Barros), dentro desse espírito de pioneirismo, a firma Miguel Thomaz e Belloardo resolveu reformar um salão de bailes ali existente para cinema. Para tanto, em 23/7/1925 entrou com pedido na Diretoria de Obras e Viação de uma planta para um cinema que funcionaria em retroprojeção. O desenhista e provável encarregado da reforma foi Osvaldo Pompeo. No memorial anexado ao processo de edificação, utilizou um impresso para casas, riscando e acrescentando aquilo que era específico do cinema. O salão retangular seria em alvenaria, com piso de ladrilhos. O forro levaria pinho-do-paraná. A sala de projeções para 168 espectadores teria assoalho de peroba. A cobertura do telhado seria em telhas francesas. A ventilação era garantida por venezianas colocadas nas paredes laterais. A construção era simples, a plateia ficava no mesmo plano, respeitando-se as disposições municipais sobre as passagens laterais e centrais. Uma *bombonière* chama a atenção na planta mandada para aprovação da prefeitura por se situar no palco, na parte lateral. Como o cinema funcionava em retroprojeção, imagina-se que ela funcionasse somente antes ou depois dos espetáculos, pois caso contrário, a movimentação de consumidores na sua proximidade atrapalharia a exibição do filme. A fachada era simples, quase franciscana, com uma porta de enrolar e duas venezianas de cada lado.

O projeto foi mandado para avaliação do auxiliar Godofredo Saboya, que o aprovou, "visto as modificações propostas atenderem às prescrições legais". O alvará de nº 4090 foi assinado em 31/7/1925, pagando-se de emolumentos 30 mil réis pela guia nº 5177.

Como em outros casos de cinemas afastados, não se sabe se esse chegou a ser inaugurado.

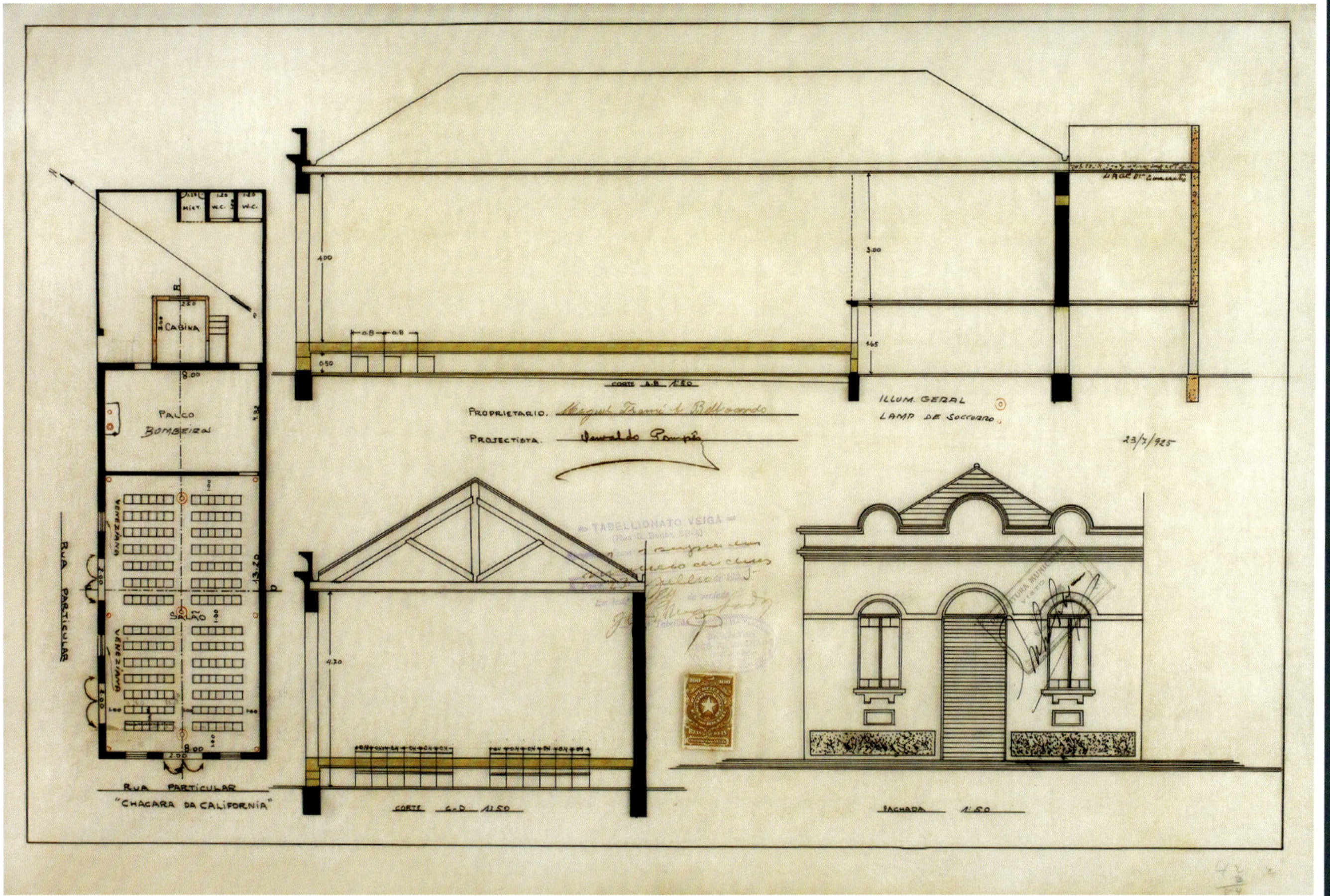

CABINA
PALCO
BOMBEIRO
SALÃO
VENEZIANO
RUA PARTICULAR
"CHACARA DA CALIFORNIA"
CORTE A-B 1:50
PROPRIETARIO
PROJECTISTA
ILLUM. GERAL
LAMP. DE SOCCORRO
23/7/925
TABELLIONATO VEIGA
CORTE C-D 1:50
FACHADA 1:50

MEIA NOITE
(25/8/1926)

Segundo o *site* Almanack Paulistano, o endereço da rua Formosa, 10, teria sido um histórico ponto de prostituição, onde funcionava o cabaré de Lina Angelari, a Perla Blanca. Há o registro da empresa Meia Noite e Cia. para a exploração de uma sorveteria e jogos de bilhar na avenida Anhangabaú, 11. Um dos sócios era um português com o curioso nome de Mário Augusto Meia Noite.

No ano seguinte, José R. de Moraes, estabelecido com bar e sorveteria no parque do Anhangabaú, 1, pediu a transferência para a rua Formosa, 10 e 10-A. Ele provavelmente comprou o negócio de Meia Noite, já que manteve o mesmo nome. Em 1º de abril de 1924, começou a reforma do prédio, incluindo um pequeno palco.

A prefeitura questionou sobre a finalidade do "amplo salão" existente. Informou-se que ele se destinava a "reuniões dançantes e batizados, familiares". Como José R. de Moraes iniciou as obras sem a planta aprovada, elas foram embargadas. Assim como em outros casos envolvendo estruturas, o engenheiro Adriano Marchini declarou que o vigamento projetado era de ferro com colunas intermediárias, substituídas por concreto armado. O teste de carga foi realizado, não ocorrendo problemas. Deu-se o "habite-se" em 24 de novembro de 1925.

O Bar e Confeitaria Meia Noite tentou atrair espectadores em 1926 por meio de projeções cinematográficas. Como o projeto do Meia Noite fora complicado desde o começo, o requerimento foi indeferido por falta de segurança.

José R. de Moraes entrou com requerimento de reconsideração do despacho em 7 de abril, mas somente depois que Alfredo dos Santos Oliveira Félix apresentou novas plantas, em 1º de julho, o Meia Noite pôde avançar no seu projeto de exibições para o público. Agora, o objetivo era a projeção de reclames "[...] e para divertir algumas horas os seus assíduos frequentadores, como é usado na Argentina e em alguns países europeus". A cabine seria construída de tijolos com piso de cimento. A principal alteração estava na colocação de mesas e cadeiras no salão.

O engenheiro George Corbisier considerou o projeto aceitável. Arthur Saboya também não opôs resistência, já que não se tratava mais de um cinema "propriamente dito". Como o diretor Luiz Pedrosa indagasse acerca da negativa anterior, Saboya foi obrigado a explicar que antes havia a exibição de "filmes comuns" e a disposição das mesas e cadeiras era contrária à lei. No novo projeto, havia passagens e previa-se apenas a exibição de propaganda. Luiz Pedrosa informou

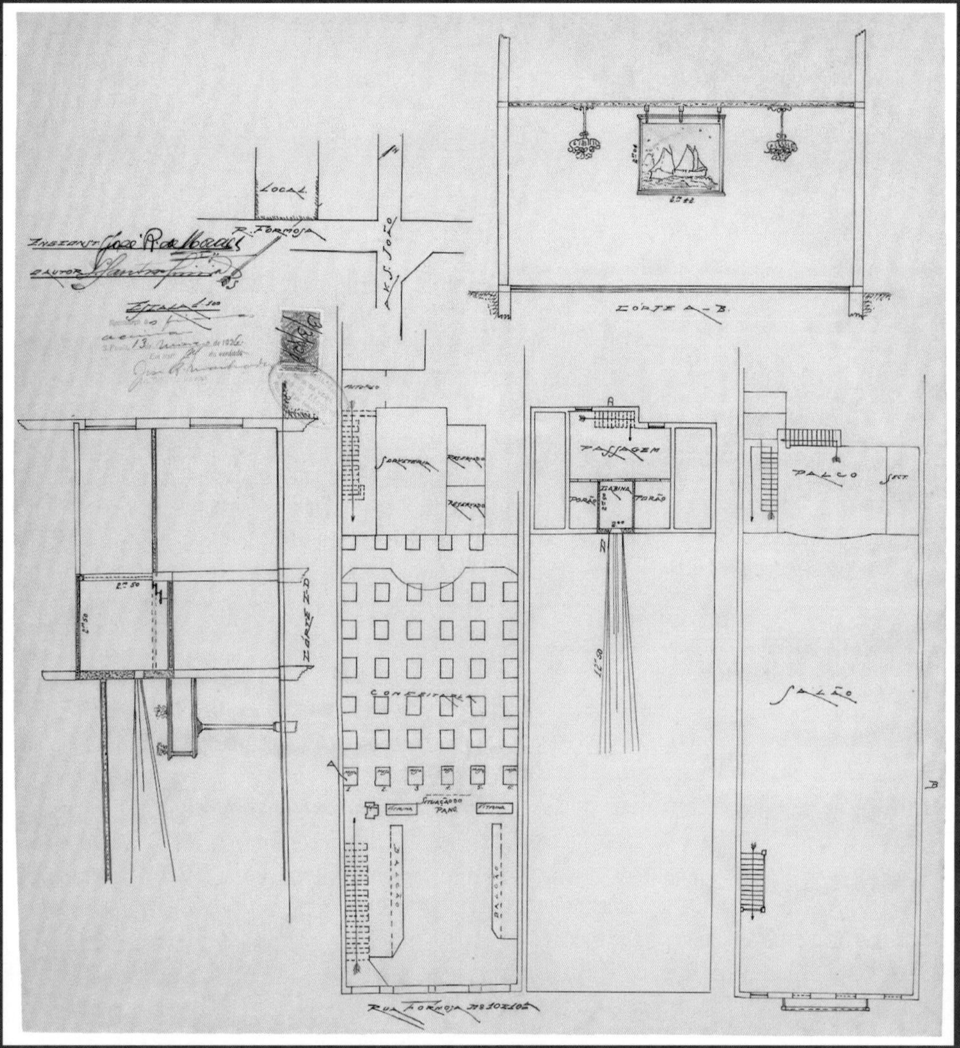

em 27 de julho que se poderia conceder a licença a "título precário".

Como o Meia Noite conseguiu passar dos "reclames" para os "filmes comuns" é um mistério. O anúncio de estreia da programação da sorveteria anunciava em 25 de agosto de 1926 o filme da Fox, *Asas da mocidade*. Nos dias seguintes, as exibições seguiram "com novidades todas as noites", até as 24 horas. Uma programação vespertina foi aberta em 15 de setembro, entre as 14h30 e 17h30, chamada de "matinê aperitivo".

Não se sabe por quanto tempo funcionou o Meia Noite.

COLISEU PAULISTA

(5/10/1926)

A empresa D'Errico, Bruno, Lopes e Figueiredo, proprietária dos prédios números 80 e 82 do largo do Arouche, esquina com a rua Dona Maria Tereza, com 45,6 m de frente e 42,1 m pelo lado da praça, entrou com pedido para a demolição dos imóveis em 9 de maio de 1923. O alvará foi concedido dez dias depois. No ano seguinte, em 24 de dezembro, foi a vez da demolição do antigo Teatro Brasil, também no largo do Arouche, concedida em 31 de dezembro. A planta para a construção do Teatro São Carlos deu entrada em 30 de agosto de 1923, com projeto da empresa Corberi e Ferrari (Antonio Ferrari, Giácomo Corberi e Arthur E. B. Potenza). O teatro foi inaugurado em 5 de outubro de 1926, com o nome de Coliseu Paulista.

A porta principal dava para o largo do Arouche, e a entrada para as galerias numeradas e a geral se dava pela rua Dona Maria Tereza. Os espetáculos de estreia foram do Circo Holdelm, vindo de Berlim, com programa dividido em duas partes. A orquestra de vinte "professores" era conduzida pelo maestro Armando Bellardi. A casa tinha 1.997 lugares, distribuídos por 910 assentos na plateia, 460 nas frisas e camarotes, 127 no balcão e 600 nas galerias. Segundo o *site* Almack Paulistano, o Coliseu ficava no início da atual avenida Duque de Caxias, onde está o prédio Maria Tereza. Washington Luiz e outras autoridades compareceram à abertura.

As projeções cinematográficas no Coliseu, sob a direção das Empresas Cinematográficas Reunidas Ltda., sucessora de D'Errico, Bruno, Lopes e Figueiredo, começaram em 17 de dezembro de 1927 com o filme alemão *A gata borralheira*, da produtora UFA, distribuído no Brasil pelo Programa Urânia. O Coliseu foi por anos o lançador de filmes alemães na cidade, como se pode notar pela única foto existente da sala exibidora, cuja fachada está encimada pelo símbolo da produtora.

Em 1939, de acordo com o levantamento do Departamento de Estatística do Estado, o cinema tinha 310 lugares nas frisas e camarotes, 910 na plateia, 127 nos balcões e 1.200 nas galerias, com uma lotação total de 2.547 espectadores.

Fechado em 1947, o Coliseu foi demolido em 1953.

COLYSEO PAULISTA
PAULISTA

SANTO ANTONIO
(24/3/1928)

Paschoal Leonardi, morador da rua da Mooca, 128, casado com Luiza Cecco Leonardi, entrou com um pedido para a construção de um armazém na rua da Mooca, 99-103, em 27 de maio de 1927, recebendo o alvará de construção nº 136. Em 10 de junho, ele resolveu mudar o projeto para uma garagem, entrando com plantas substitutivas, para as quais recebeu o alvará nº 779, série 3. O projeto era do engenheiro arquiteto e construtor Raul Simões. Em outubro ocorre uma nova reviravolta no projeto: a empresa construtora J. Diez e Cia., a mesma que construíra o Cine São Bento, entrou com plantas substitutivas para a construção de um cinema, para a qual recebeu o alvará nº 1.166. Nesse projeto o nome do cinema, como está na fachada, foi anunciado como Lyon. Construído, foi aberto como Santo Antonio.

O memorial descritivo apresentado por J. Diez e Cia. era para um cinema simples, somente com plateia. O pé-direito do vestíbulo teria 4 m e o da sala de projeções, 7 m (cabine de projeção direta). O telhado receberia telhas "marselhesas" sobre madeiramento de peroba. O forro foi projetado em estuque sobre tela metálica. O piso da sala de espera era ladrilhado e o da sala de projeções, assoalhado. Em síntese, um cinema bem simples e com custo baixo de construção.

O projeto foi encaminhado para a Diretoria de Obras em 26 de outubro e teve o mesmo problema que o São Bento: a empresa construtora não era registrada na prefeitura. José Diez assumiu a obra, concedendo-se o alvará em 17 de novembro (nº 1.404, série 3).

O cinema foi aberto em 24 de março de 1928, um sábado, com o programa duplo da Metro--Goldwyn-Mayer, *O monstro do circo*, com Lon Chaney, e *A dúvida*, com David Torrence. Uma orquestra de sete "professores" acompanhava os filmes. A entrada era barata, 2 mil réis para as poltronas.

Não se sabe muito sobre a história do Santo Antonio. Em 11 de março de 1933, o fiscal João Fellipo pedia providências sobre o cinema, que havia meses não pagava suas licenças. Segundo outro funcionário, Julião Souza, o proprietário tinha "desaparecido". Se há dúvidas quanto ao proprietário, o cinema, no entanto, continuava aberto, e sua lotação em 1934 era de 1.218 poltronas. É possível que tenha passado para Luiz Falgetano.

Segundo o *site* Portal da Mooca, o Santo Antonio ficava na altura do número 547 da rua da Mooca. Em 1939, segundo levantamento do Departamento de Estatística do Estado, teria 1.210 lugares na plateia.

O Santo Antonio encerrou suas atividades em 14 de janeiro de 1962, um domingo, com a apresentação do filme *Um anjo sobre a terra* na sessão das 19 horas.

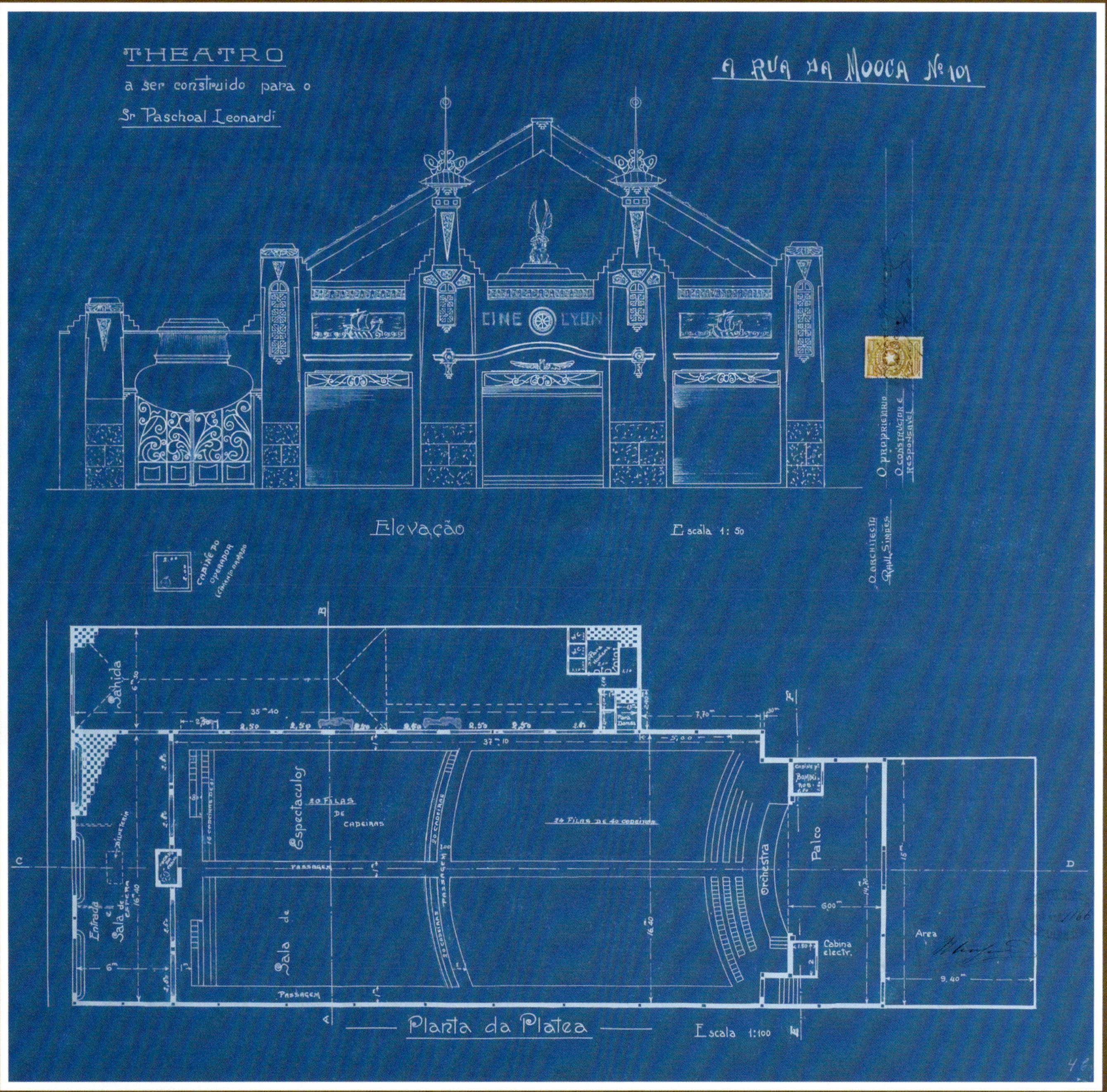
THEATRO
a ser construido para o
Sr Paschoal Leonardi
A RUA DA MOOCA Nº 101
CINE LYON
Elevação
Escala 1:50
Sahida
Entrada
Sala de Espectaculos
20 FILAS DE CADEIRAS
24 FILAS DE 40 CADEIRAS
PASSAGEM
Orchestra
Palco
Cabina electr.
Area
Planta da Platea
Escala 1:100

PAULISTANO
(17/5/1928)

Joaquim Gonçalves da Silva era proprietário de um lote de dimensões irregulares na rua Vergueiro, 140, comprado em 22 de outubro de 1924. Em 16 de fevereiro do ano seguinte, ele entrou com um pedido de construção de um cinema. O projeto foi despachado para o engenheiro Regino Aragão que, em 25 de fevereiro, apontou várias irregularidades, entre as quais a posição da cabine de projeção. Joaquim Silva argumentou que havia saída pelos fundos do terreno, dando para a rua Santana do Paraíso, o que permitia que a cabine ficasse na fachada da frente. Os engenheiros da prefeitura ficaram parcialmente satisfeitos com as explicações, restando a questão das áreas laterais e das saídas para as vias públicas. Como o prefeito Firmiano Pinto considerou que a construção deveria respeitar todos os preceitos da lei, o pedido foi indeferido em 24 de março.

O futuro exibidor não desistiu. Em 27 de novembro do mesmo ano, entrou com pedido de reconsideração do projeto. Este foi refeito algumas vezes até que, em 14 de abril de 1926, o proprietário conseguiu sua aprovação. A área calculada para efeito dos emolumentos foi de 688 m^2 no térreo e 685 m^2 para cada piso (plateia, camarotes e galerias). A extensão da frente era de 13,3 m.

Joaquim Silva pediu a vistoria do cinema em 14 de maio de 1928. O engenheiro Antônio Ferreira avaliou a capacidade em 66 camarotes, 700 poltronas na plateia, 80 nos balcões e 400 lugares nas galerias, o que totalizava um público entre 1.444 e 1.490 espectadores.

Como a posição da cabine proposta no início da construção do cinema não tinha sido aprovada, Joaquim Silva entrou com novo requerimento de alteração às vésperas da inauguração, em 5 de maio de 1928. O projeto era de Humberto Badolato. O processo refez o caminho anterior, posto que os engenheiros da prefeitura questionaram novamente as saídas para duas ruas. Dessa vez, o pedido foi deferido pelo prefeito Pires do Rio, em 5 de julho de 1928.

Anunciado para ser inaugurado desde março de 1928, o Paulistano foi aberto em 17 de maio de 1928 com duas sessões, às 19h15 e 21h15. Uma *ouverture* tocada por orquestra de dez "professores" abriu a sessão; o filme principal era *Torturas de consciência*, com Grace Darmond.

Quando foi publicada a estatística dos cinemas de São Paulo, em 1939, o Paulistano tinha 1.102 lugares, sendo 586 na plateia, 92 nos balcões, 264 nas frisas e camarotes e 160 nas galerias, numa redução significativa, provavelmente em decorrência da adaptação para o cinema sonoro.

Segundo o *site* Almanack Paulistano, o cinema estava situado na rua Vergueiro, 128 (atual Vergueiro, 510), entre as ruas Castro Alves e João Julião. Teria sido alugado por Paulo Sá Pinto em 1941, que começou sua carreira de exibidor com filmes para a comunidade japonesa da Liberdade.

No fechamento em 22 de setembro de 1957 (domingo) exibiu o programa duplo *A casa dos segredos* e o mexicano, *Ultraje ao amor*, com duas sessões: às 14 e às 19 horas.

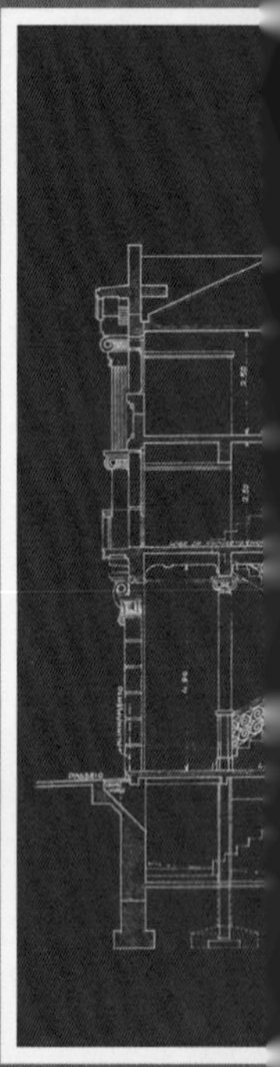

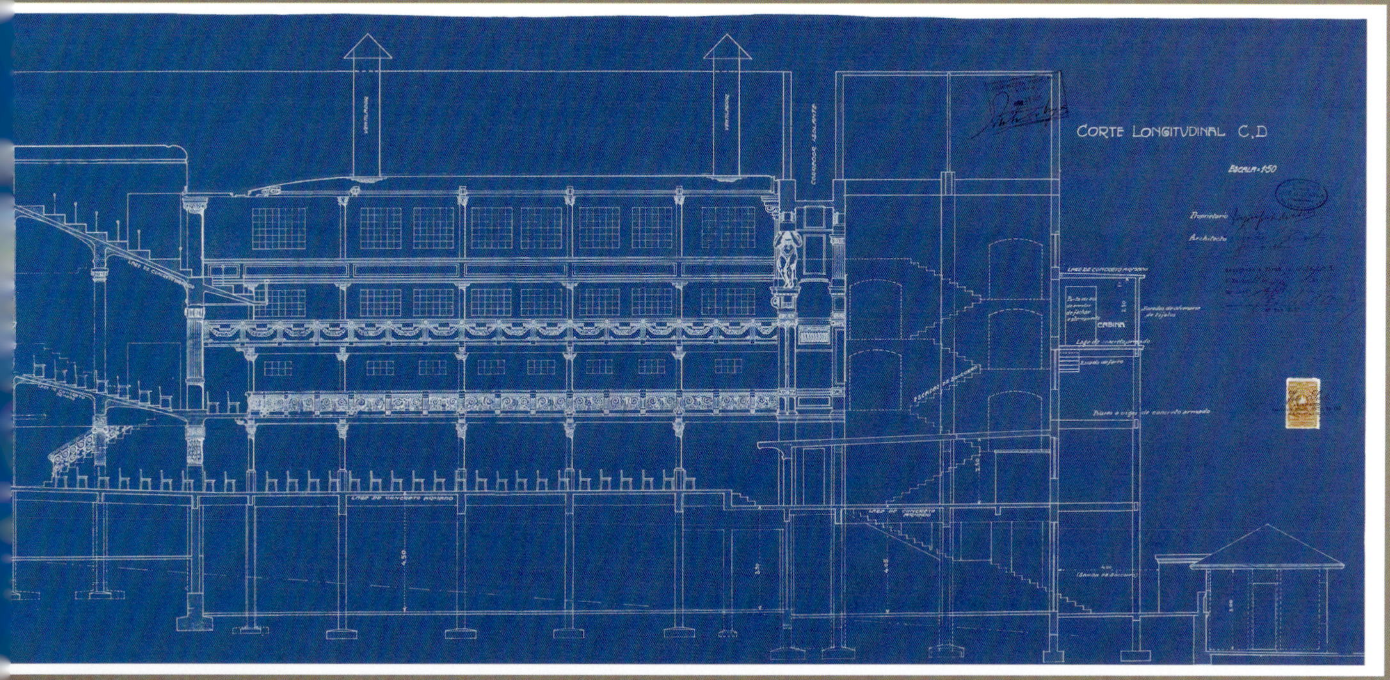
CORTE LONGITUDINAL C.D
ESCALA 1:50
Proprietario
Architecto
CABINA
Pilares e vigas de concreto armado

ODEON
(11/10/1928)

O cineteatro Odeon foi construído na rua da Consolação, 40-42, adaptando-se uma antiga agência de automóveis, o Coliseu Palácio (número 42), e construindo-se ao lado (número 40) um prédio de quatro pavimentos. Entre os dois imóveis, abria-se a entrada do Odeon.

O prédio do Coliseu Palácio fora projetado pelo Escritório Técnico Júlio de Abreu Júnior, dando-se entrada nas plantas em 14 de setembro de 1925. O mesmo escritório ficou encarregado da obra de adaptação para o cinema.

O prédio do número 40 teria um pavimento térreo e mais três andares. O de número 42 seria aumentado em um pavimento para abrigar dois cineteatros, que mais tarde levaram o nome de Odeon Sala Vermelha e Odeon Sala Azul. O cinema teria 16 m de frente por 30 m de fundo. A fachada, contando com três portas de entrada, seria ladrilhada e coberta por uma estrutura de ferro sustentada por oito colunas de cimento armado, criando um vão livre para cada um dos palcos. Cada um deles teria plateia, camarotes e três escadas de acesso a estes. Janelas em arcos se abriam nesse piso para a rua. Nos dois últimos pavimentos seriam construídos apartamentos.

O projeto foi mandado para análise do engenheiro da Diretoria de Obras, Benjamin Egas, em 15 de março. Egas informou que era proibida a construção de cinemas com pavimentos superiores (art. 167 do Ato nº 1.235). O engenheiro do escritório técnico anotou no processo que o cinema tinha saída para duas ruas (a Consolação e a Epitácio Pessoa) e que as cabines de projeção estavam instaladas externamente às salas de espetáculos. Sobre o art. 167 nenhuma palavra. Dito isso, ele entrou com um pedido de reconsideração do despacho. Em 23 de março, provavelmente os engenheiros Arthur Saboya e Ruy L. Vergueiro foram em vistoria ao prédio. Ambos se declararam "bem impressionados" com o projeto de adaptação. Doze anos depois da lei que regulamentou as edificações cinematográficas, a administração já estava bem flexível quanto à construção de apartamentos ou escritórios sobre cinemas; assim sendo, o alvará de construção foi concedido em 11 de abril de 1928.

O Odeon foi arrendado para a Sociedade Anônima Empresa Serrador e inaugurado em 11 de outubro de 1928. A capacidade das salas: o Salão Vermelho tinha 30 frisas, 32 camarotes, 400 balcões e 1.680 poltronas; a Sala Azul era menor, com 18 camarotes, 240 balcões e 1.600 poltronas. Contava com 15 mil m² e cinco salões (dois cinemas, um bar, uma confeitaria-sorveteria com 300 mesas, *dancing* e uma sala de exposições), intitulando-se o "maior centro de diversões da América Latina", com capacidade para 15 mil pessoas. O maestro da inauguração foi Antonio Giammarusti, apresentando-se no palco a cantora Ermelinda Cichero. Uma *jazz band* animou o *hall* de entrada.

No final de sua existência a Sala Vermelha foi usada para espetáculos de revista da Cia. Walter Pinto, dando seu último espetáculo com a peça *É fogo na jaca*, em 30 de outubro de 1953. A Sala Azul fechou em 6 de novembro de 1953 com o programa duplo *Um segredo em cada sombra* (direção de Louis Seller) e *Nas garras de cupido*.

Provavelmente fechado em 1954, em agosto de 1955 foi transformado em loja do Mappin, com estacionamento no interior do prédio.

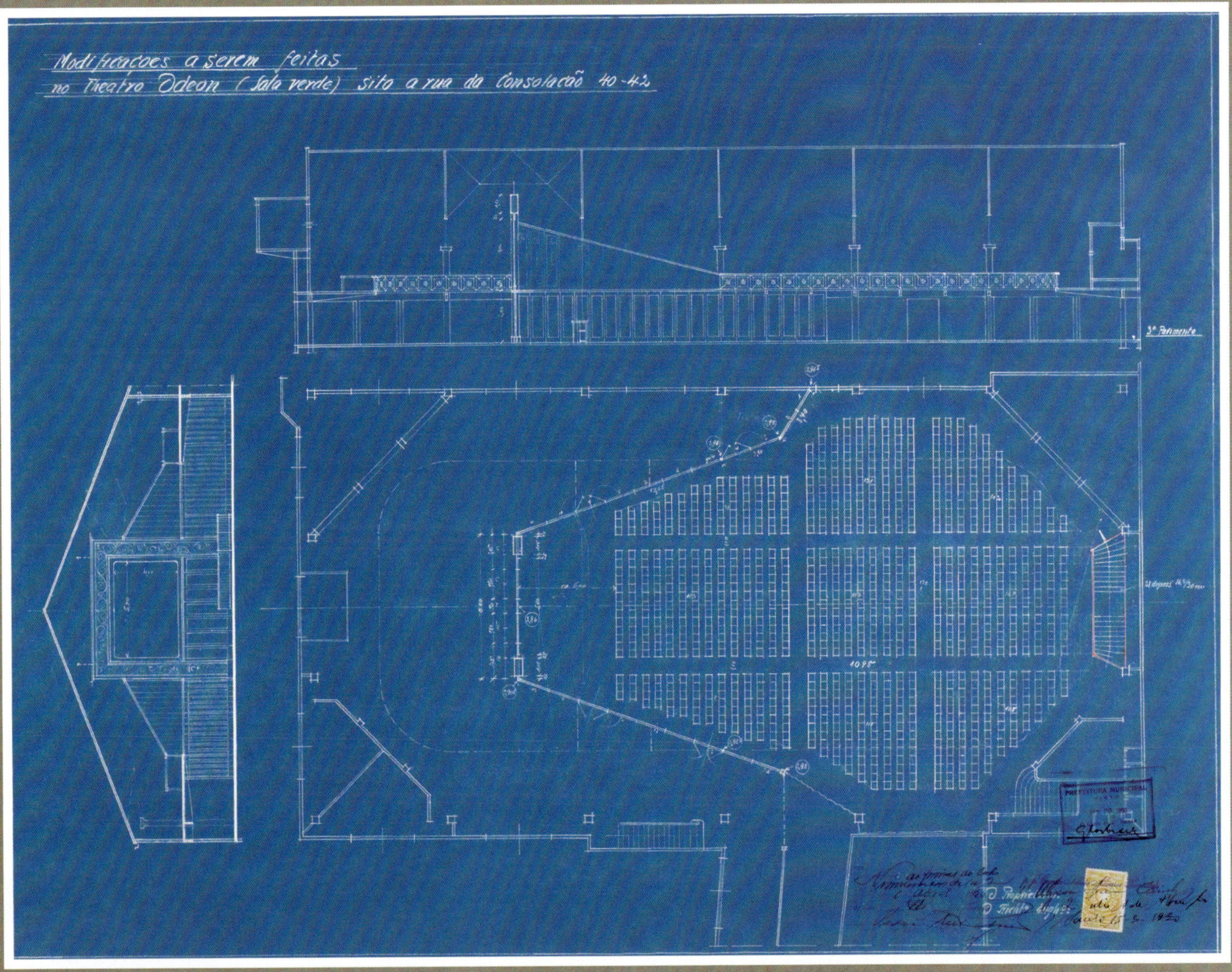
Modificações a serem feitas
no Theatro Odeon (Sala verde) sito a rua da Consolação 40-42
Pavimento

ODEON
ODEON
Fachada, Rua da Consolação
Escala 1:100

PARAMOUNT
(13/4/1929)

A história da construção do Paramount ainda é nebulosa. O terreno pertencia a Paulina de Souza Queiroz, que pôs abaixo o antigo Palace Theatre do coronel Alberto de Andrade. Não foi localizado o projeto de construção, que interessava principalmente a Horácio Vergueiro Rudge, provável arrendatário do terreno para a edificação situada na avenida Brigadeiro Luiz Antonio, 79. No ano seguinte, o engenheiro Henrique Rodrigues foi substituído por Arnaldo Maia Lello.

Em 21 de fevereiro de 1929, Horácio Vergueiro Rudge pediu a vistoria do prédio, mas José de Macedo Fraissat declarou que a cabine de projeção não estava instalada, nem a parte elétrica. Somente em 8 de abril a vistoria pôde ser feita, calculando-se a lotação do cineteatro em 1.592 poltronas, 34 frisas (cinco lugares) e 28 camarotes.

Diferentemente do que afirmou o *site* Almanack Paulistano, o Paramount foi inaugurado em 13 de abril de 1929, com o filme *Alta traição*, da produtora americana Paramount, estrelado por Emil Jannings, com direção de Ernst Lubitsch. A película foi uma das grandes novidades da época, já que incluiu o cinema sonoro no panorama urbano de São Paulo.

O Paramount contava com os dois processos de sonorização, o vitafone (som sincronizado com discos) e o *movietone* (som inscrito na película, com leitura ótica), distinguidos como "cinema falado" (*movietone*) e "cinema sincronizado" (vitafone). A película "falada" era o curta-metragem organizado por João Quadros Júnior, em que o cônsul brasileiro em Nova York, Sebastião Sampaio, entregava o cinema à cidade de São Paulo. Outro ponto assinalado na imprensa como novidade, as sessões corridas, não o era na verdade, já que o Triângulo tinha inaugurado essa modalidade de exibição. As sessões ocorriam às 14 horas, 16h30, 19h15 e 21h45. A orquestra era conduzida por Leo Renard.

Segundo o arquiteto Renato Luiz Anelli, o estilo do cinema era funcional, ligado ao construtivismo moderno, com uma figuratividade que remetia ao teatro e ornamentos que faziam referência à música, à dança e ao drama.

Dez anos depois, o Departamento de Estatística do Estado publicou que a capacidade do cinema era de 1.859 espectadores, divididos em 300 nas frisas e camarotes, 764 na plateia e 795 nos balcões.

Durante sua vida, o Paramount foi ocupado por outras atividades, como auditório da TV Record, na década de 1960, quando se realizaram os famosos festivais de música. Atingido por um incêndio em 1969, foi reaberto como cinema em 1979.

Tombado pelo Condephat, o imóvel foi ocupado em 2010 pelo Teatro Abril.

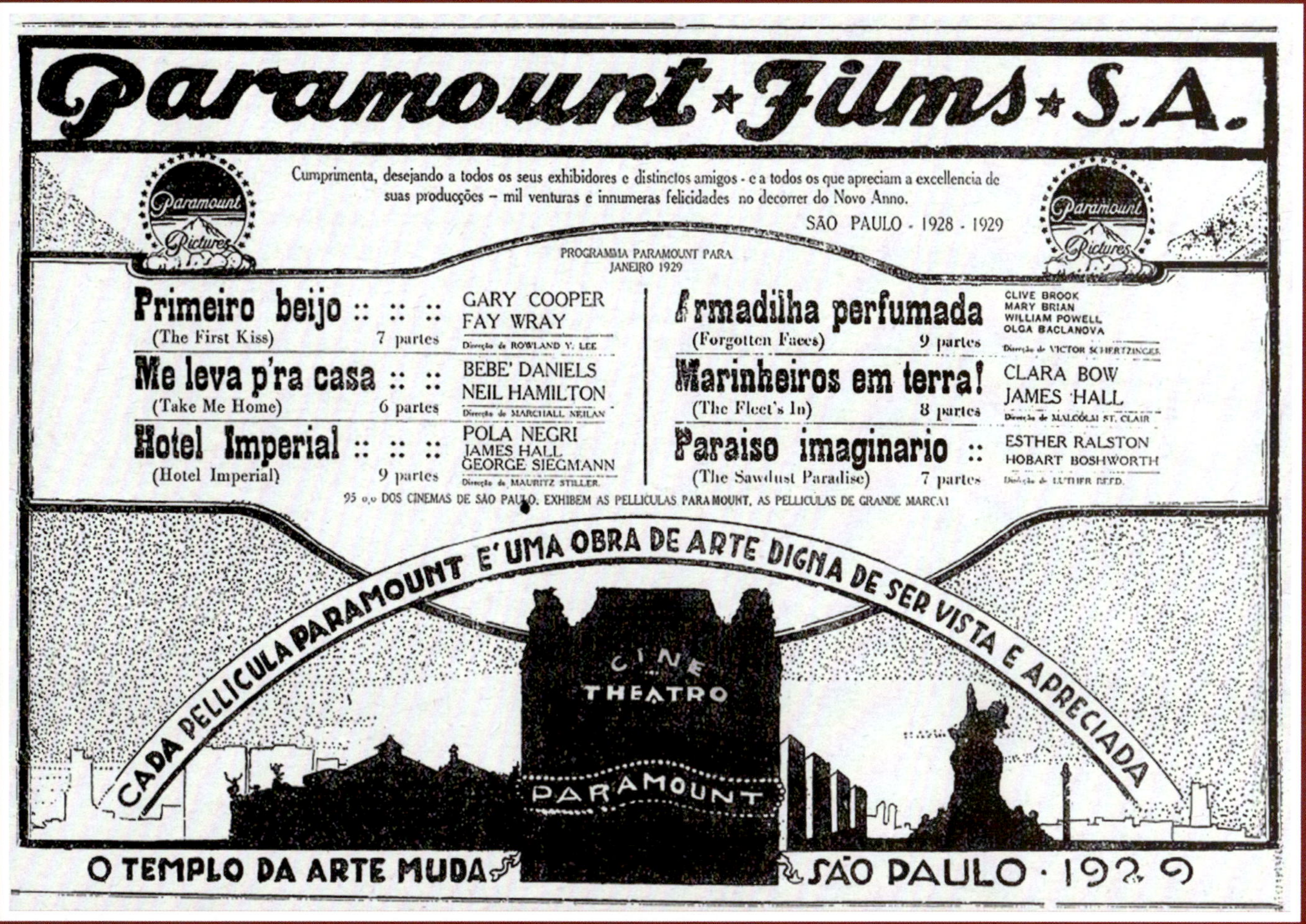
Paramount ★ Films ★ S.A.
Paramount Pictures
Cumprimenta, desejando a todos os seus exhibidores e distinctos amigos - e a todos os que apreciam a excellencia de suas producções – mil venturas e innumeras felicidades no decorrer do Novo Anno.
SÃO PAULO - 1928 - 1929
Paramount Pictures
PROGRAMMA PARAMOUNT PARA JANEIRO 1929
Primeiro beijo (The First Kiss) 7 partes
GARY COOPER
FAY WRAY
Direcção de ROWLAND V. LEE
Me leva p'ra casa (Take Me Home) 6 partes
BEBE' DANIELS
NEIL HAMILTON
Direcção de MARSHALL NEILAN
Hotel Imperial (Hotel Imperial) 9 partes
POLA NEGRI
JAMES HALL
GEORGE SIEGMANN
Direcção de MAURITZ STILLER
Armadilha perfumada (Forgotten Faces) 9 partes
CLIVE BROOK
MARY BRIAN
WILLIAM POWELL
OLGA BACLANOVA
Direcção de VICTOR SCHERTZINGER
Marinheiros em terra! (The Fleet's In) 8 partes
CLARA BOW
JAMES HALL
Direcção de MALCOLM ST. CLAIR
Paraiso imaginario (The Sawdust Paradise) 7 partes
ESTHER RALSTON
HOBART BOSHWORTH
Direcção de LUTHER REED
95 o/o DOS CINEMAS DE SÃO PAULO, EXHIBEM AS PELLICULAS PARAMOUNT, AS PELLICULAS DE GRANDE MARCA!
CADA PELLICULA PARAMOUNT E' UMA OBRA DE ARTE DIGNA DE SER VISTA E APRECIADA
CINE THEATRO PARAMOUNT
O TEMPLO DA ARTE MUDA
SÃO PAULO · 1929

OBERDAN

(13/5/1929)

Em 1912, a Sociedade de Mútuo Socorro Leale Oberdan tinha endereço na rua Brigadeiro Machado, 5, no Brás.

Em 16 de julho de 1927, com o nome de Sociedade Italiana de Beneficência Leale Oberdan, a entidade requereu licença para a construção de sua nova sede social e do teatro na rua Chavantes, 7, esquina da rua Sayão Lobato, também no Brás. O projeto ficou a cargo do Escritório Técnico A. Marchesini. O terreno era de bom tamanho: 41,5 m para a rua Chavantes e 30,4 m para a Sayão Lobato, ou seja, cerca de 1.260 m². A estrutura do edifício era toda de cimento armado com alvenaria de tijolos. O telhado tinha armação de ferro com cobertura de telhas francesas. Os pisos e assoalhos da plateia, dos camarotes e das frisas eram de madeira; no átrio, no bar e nos vestíbulos foram colocados ladrilhos hidráulicos coloridos. As portas e janelas, almofadadas de cedro, tinham grades e parapeitos de ferro. O palco do teatro era de tabuado de peroba.

Em 10 de abril de 1929, Andrea Calió entrou com plantas de substituição ao projeto original. O forro, que era de estuque sobre tela metálica, foi trocado por "celotex" americano sob estaqueamento de madeira. A cabine de projeção foi transferida dos fundos (retroprojeção) para a altura dos balcões, passando a projeção direta. Os camarins foram melhorados; as poltronas foram especificadas em madeira com armação de ferro fundido para a plateia, o balcão e as numeradas das gerais; nas galerias, "armação de blocos moníticos e madeira com assentos fixos".

Em 7 de maio, o pedido de vistoria do Teatro Oberdan foi encaminhado à Diretoria de Obras, já que se pretendia abri-lo em 13 daquele mês com a Associação Ópera Lírica Nacional. A lotação foi estabelecida em 1.937 espectadores, distribuídos em 554 poltronas na plateia, 240 no balcão, 30 frisas com cinco lugares cada, 16 camarotes com cinco lugares cada, 113 cadeiras nas galerias numeradas e 800 poltronas nas gerais. No dia 16 de outubro, o vice-presidente da Leale Oberdan, Luigi Gregnanin, requereu a vistoria da cabine de projeções. No requerimento informou que o "referido teatro está arrendado às Empresas Cinematográficas Reunidas Limitada, que nele vão explorar espetáculos de representações cinematográficas e de outros gêneros".

O acordo com as Empresas Reunidas não deve ter durado muito, porque em janeiro de 1930 o Oberdan tinha passado para a Seção Cinematográfica das Indústrias Reunidas F. Matarazzo. Durante a vistoria, verificou-se que o cineteatro tinha capacidade para 1.859 espectadores. Quatro anos depois, houve um pequeno aumento na lotação, que passou para 2.000 espectadores.

No Oberdan, em 12 de abril de 1938, deu-se a maior tragédia entre os cinemas de São Paulo: um falso alarme de fogo, gritado por um espectador, gerou tumulto entre os assistentes que estavam nas galerias, resultando na morte de trinta crianças e adolescentes e um adulto, que viam o filme *Criminosos no ar*.

Funcionou como cinema até 15 de março de 1968, na época tendo como endereço a rua Ministro Firmino Whitaker, 63. O prédio, tombado pelo Condephat, é ocupado desde 1972 pela loja da Zêlo, que fabrica roupas de cama e mesa.

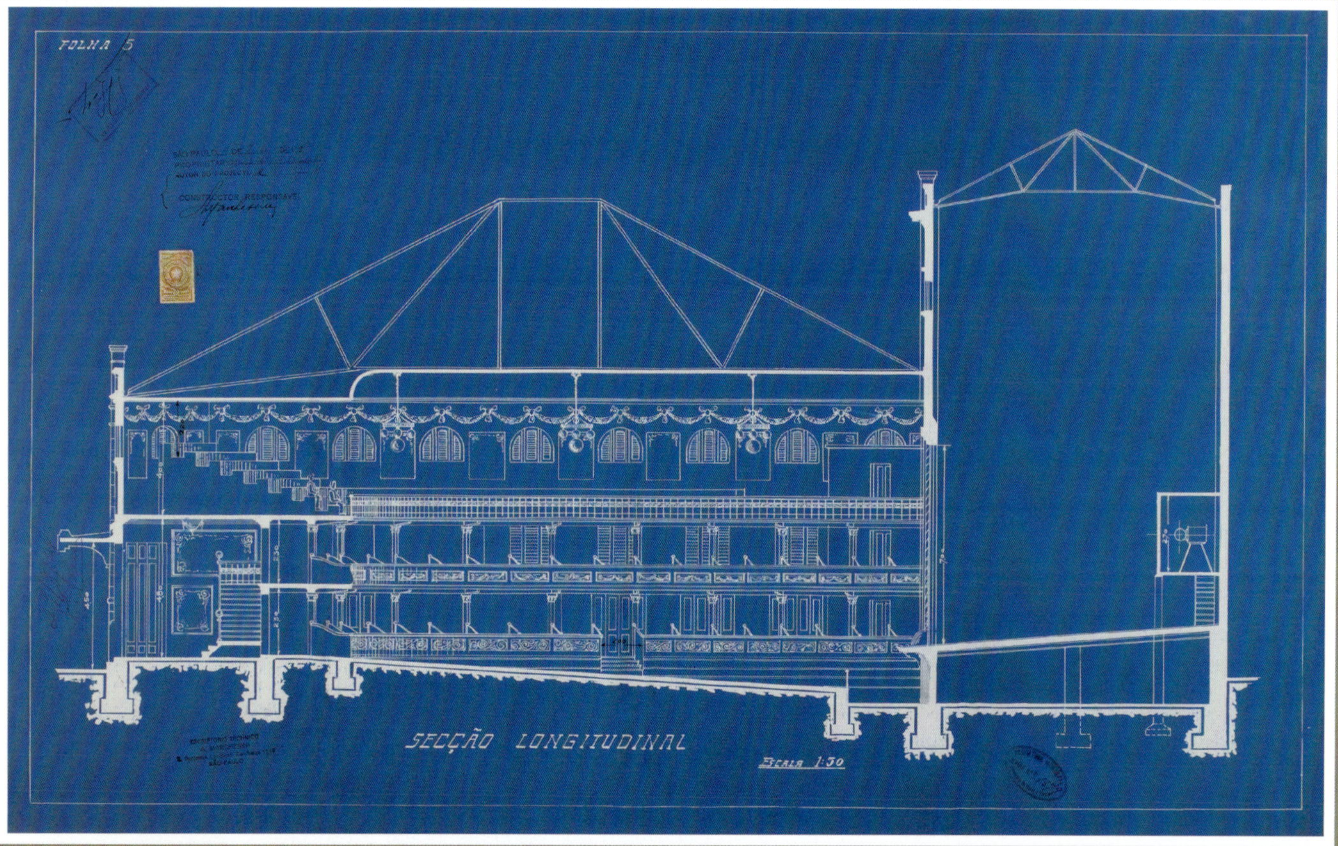
FOLHA 5
SECÇÃO LONGITUDINAL
ESCALA 1:50

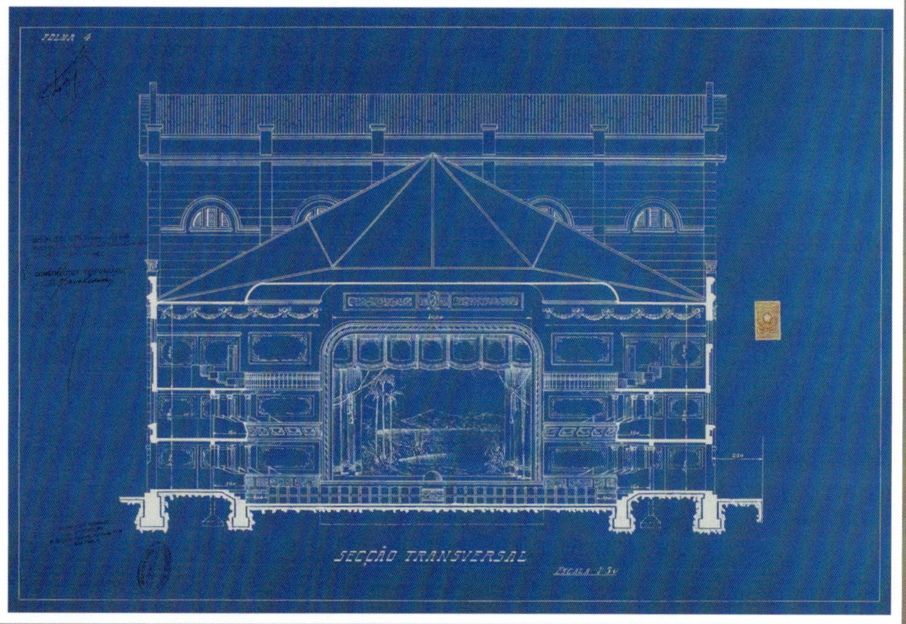
FOLHA 4
SECÇÃO TRANSVERSAL

ROSÁRIO

(2/9/1929)

Não há muita documentação sobre a construção do cine Rosário, instalado no interior do prédio Martinelli.

Giuseppe (José) Martinelli emigrou para o Brasil em 1888. Como tantos outros imigrantes, ocupou pequenas atividades no comércio antes de se iniciar no mercado de importação e exportação. A Fratelli Martinelli passou a importar produtos alimentícios. Com vistas à construção do prédio Martinelli em São Paulo, Giuseppe vendeu o Lloyd Nacional e o Estaleiro Guanabara para a União. Por volta de 1914 começou a adquirir imóveis nas ruas São João e Líbero Badaró. Em 23 de junho de 1923, Martinelli deu início ao arranha-céu que levaria seu nome. O objetivo inicial era a construção de um hotel, que receberia os benefícios da Lei nº 2.262 de 7/2/1920. Outra lei, a nº 2.332 de 9 de novembro do mesmo ano, alterou o gabarito das construções, permitindo que em ruas de mais de 12 m de largura se construísse em altura equivalente a três vezes a largura da rua (caso da rua São João). W. Fillinger foi o autor do primeiro anteprojeto para o edifício de 12 andares. A construção esteve a cargo da empresa Amaral e Simões Engenheiros.

Com o abalo do prédio da rua São Bento, 63, pertencente a Stella Penteado da Silva Prado, Martinelli comprou o imóvel, demolindo-o. Foi aí que apareceu a ideia de construir um outro bloco, mais tarde denominado bloco do cinema, que abrigou as instalações do cine Rosário. Ítalo Martinelli, filho de Giuseppe, engenheiro formado pelo Mackenzie, teria sido o autor desse projeto.

A planta do cinema constava do projeto substitutivo, que deu entrada na Prefeitura em 4 de julho de 1927. O cinema tinha 463 m² no pavimento térreo e mais dois pisos de 350 m² cada. Segundo o memorial descritivo assinado por Giuseppe Martinelli, o cinema seria construído com frente para a rua São Bento, contendo uma plateia no nível da rua e uma galeria, à qual se chegava por meio de uma escada de 1,5 m situada na sala de espera.

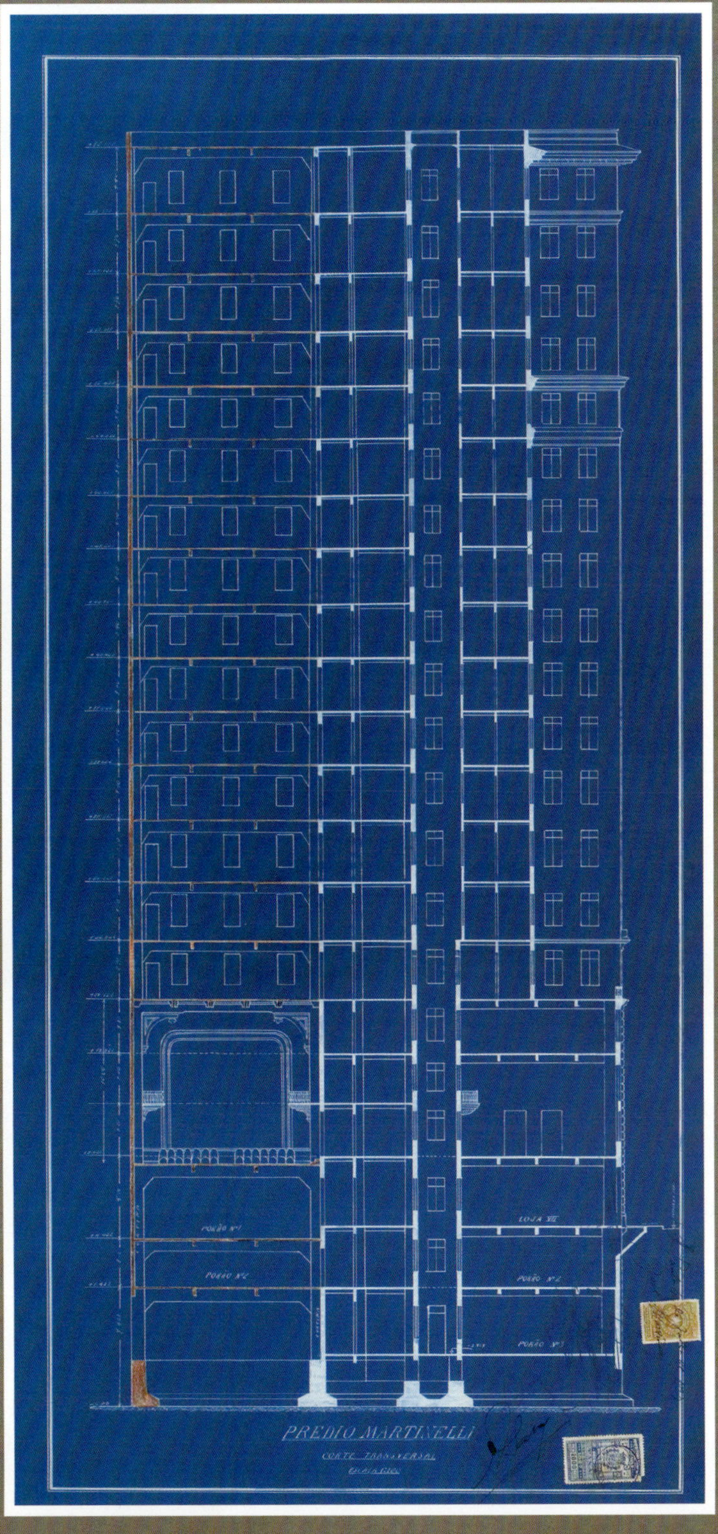

Em 1928, Martinelli resolveu aumentar o prédio para 28 andares. O engenheiro Regino Aragão embargou a obra por temer que as fundações não resistissem ao número excessivo de andares. O prédio foi reduzido para 25 andares, mas aparentemente a medida não foi respeitada.

O Rosário foi inaugurado em 2 de setembro de 1929, com a presença do governador do estado, do prefeito da cidade, Pires do Rio, e do cônsul italiano. O sócio de Giuseppe Martinelli na Empresa Brasileira de Cinemas, Generoso Ponce Filho, exibidor carioca que fazia uma incursão no mercado paulistano, fez a entrega da sala à cidade. O filme de abertura, *O pagão* (*Pagan love song*) era sonorizado por discos, pelo processo vitafone. Com a crise financeira de 1929, Martinelli foi obrigado a vender o prédio para a sociedade italiana Istituto Nazionale di Credito per Il Lavoro Italiano al'Estero (Icle) pela quantia de 18 mil e 300 contos. Durante a Segunda Guerra Mundial, com o confisco dos bens das empresas italianas no Brasil, o prédio passou para a União em 5 de novembro de 1943, sendo leiloado em 1944.

Fechado em 12 de agosto de 1955, uma sexta-feira, com a exibição do filme mexicano *O Grande fotógrafo*, com o ator Cantinflas, nas sessões das 14 às 22 horas.

POLITEAMA SÃO CARLOS
(17/9/1929?)

Guilherme Renato Sbrighi, "[...] desejando construir um teatro-cinema com lotação para 1.886 pessoas, na rua Guaicurus nº 69 [...]", entrou com o pedido de aprovação das plantas em 16 de fevereiro de 1923. O novo cinema ficava no endereço do antigo Bijou Santa Marina e ultrapassava muito, em grandiosidade e pretensão, o antigo cinema da Água Branca. O projeto era do engenheiro arquiteto Aníbal Saint-Aubin; Américo Corazza era o construtor. A área do cinema seria de 1.183 m² no primeiro pavimento e 727 m² no segundo. O alvará de construção nº 2.399 foi concedido em 15 de maio de 1923. Em outubro, o cinema estava começando a assentar as fundações. No ano seguinte, Corazza entrou com plantas de substituição, sem alterar a área construída. Porém, uma nova modificação foi feita por Sbrighi para a inclusão de camarotes e galerias, em novembro de 1924.

Pouco se fez entre 1924 e 1927. Em 25 de agosto de 1927, Sbrighi pediu a revalidação do alvará para proceder ao revestimento da frente do cinema.

Em 12 de setembro de 1928, o engenheiro Raphael Visconti declarou à prefeitura que tinha assumido a construção do cinema. Depois de cinco anos de idas e vindas, percebe-se que Sbrighi não tinha condições de arcar com a construção portentosa. Foi nesse momento que entrou em cena Júlia Christianini, assumindo a conclusão da obra. Em 23 de novembro, Raphael Visconti entrou na Diretoria de Obras com novo projeto, alterando totalmente a fachada. O processo foi enviado para análise a Lúcio Martins Rodrigues Filho, que calculou o primeiro pavimento em 1500 m², o segundo em área igual e o terceiro em 450 m².

Dessa vez, as obras correram sem problemas. Em 22 de agosto, Christianini encaminhou o requerimento de vistoria, já que pretendia inaugurar o Cineteatro São Carlos em 17 de setembro. Provavelmente ela já tinha o contrato de arrendamento assinado, porque pediu que o alvará fosse emitido em nome de Attila Gilardi. O processo foi encaminhado a José de Macedo Fraissat, que considerou o prédio de acordo com as leis municipais. A lotação era de 2.200 espectadores, divididos em 900 cadeiras na plateia, 100 nas frisas (vinte com cinco lugares cada), 100 nos camarotes (vinte com cinco lugares), anfiteatro com 300 lugares e geral para 800 pessoas. Em 24 de setembro foi emitido o alvará de licença nº 90.

Segundo anúncio de *O Estado de S. Paulo* de 1929, a casa se chamava Cine São Carlos e era dirigida pela Empresa S. Carlos.

O São Carlos funcionou até 28 de setembro de 1952, quando Christianini desistiu do arrendamento para exibição (os dois últimos filmes exibidos foram *Um homem e sua alma*, com Susan Hayward, e *Batalha da água pesada*). O prédio, talvez acrescido de outros imóveis no entorno, já que a área declarada nessa época foi de 1.750 m², foi alugado para diversos negócios, entre os quais um depósito da Pirelli S. A.

THEATRO - CINEMA
Rua Guaycurú - Nº 69
PPROPRIEDADE do Sr. G. RENATO SBRIGHI
ENGº - ARCHº
PROPRIETARIO
POLYTHEAMA SÃO CARLOS
FRENTE = 1:50

SANTA CECÍLIA
(10/7/1930)

Embora o Cine Santa Cecília, de Crispiniano Martins de Siqueira, tenha sido inaugurado no período sonoro, o seu projeto datava de dois anos antes, integrando-se aos grandes "palácios" do final da década, como o Paramount e o Rosário.

O projeto foi encaminhado pelo engenheiro e construtor Álvaro de Salles Oliveira, em 29 de setembro de 1928. Nessa data, o cinema ainda não tinha nome, mas já foi concebido com as características mouriscas que o destacariam nos anos seguintes. As plantas apresentavam dois corpos distintos para a ocupação do terreno da rua das Palmeiras, esquina com a Conselheiro Brotero. O corpo maior era para o cinema, com 1.176 m^2, no terreno de 57,25 m de frente para a rua das Palmeiras e 22,16 m para a Conselheiro Brotero. O segundo corpo, menor, era para um armazém com habitação no andar superior, calculado em 105 m^2 no primeiro pavimento (armazém) e 87 m^2 no segundo.

As plantas caíram nas mãos do engenheiro Rodolfo Valladão, que, em 29 de outubro, recusou-as por conterem meia dúzia de infrações à lei. O indeferimento foi assinado por Arthur Saboya em 12 de novembro. O construtor entrou com "reconsideração de despacho" na mesma data para o prédio em concreto armado. Os detalhes mais importantes estavam no acabamento. No *hall* de entrada haveria uma pintura artística. As escadas foram revestidas de mármore de Carrara e o mármore de Bardiglio seria empregado na escada em caracol que conduzia os espectadores à plateia superior. Dessa vez, não houve qualquer questionamento da parte da Diretoria de Obras e Viação, emitindo-se o alvará de construção em 30 de novembro.

Logo em seguida (14/1/1929), resolveu-se que o cinema deveria ter camarotes (nove de cada lado da plateia superior), entrando-se com o requerimento para substituição das plantas. O pedido foi indeferido. Uma semana depois, o construtor entrou com "reconsideração do despacho", anexando memorial para a construção de 18 camarotes, o aumento de dois "gabinetes sanitários" e do "salão para coristas", indicando que o Santa Cecília se preparava para espetáculos de palco e tela. Não houve empecilho às pretensões.

Em 20 de maio de 1929, Álvaro de Salles Oliveira pediu a alteração da cabine de projeção.

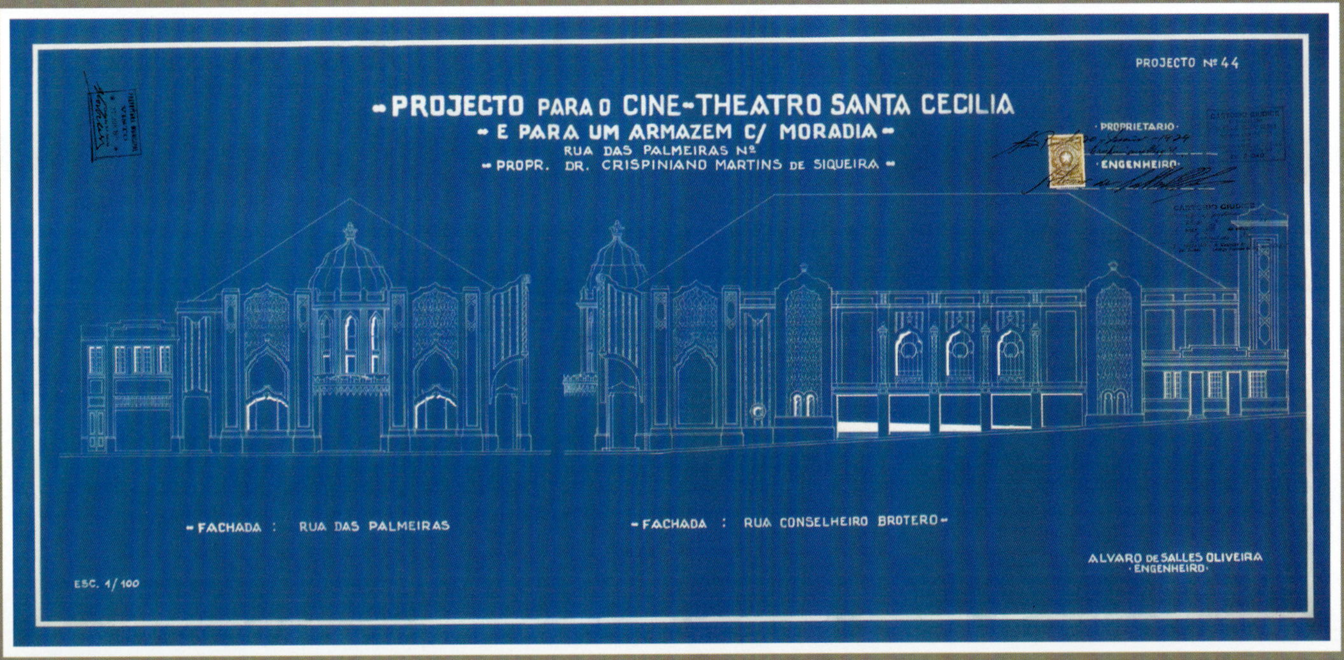

Somente em 23 de junho de 1930 Júlio Llorente, pela Sociedade Anônima Empresa Serrador, pediu a vistoria do Teatro Cine Santa Cecília, que deveria ser inaugurado no começo de julho. A lotação fornecida pelo gerente era de 2.068 espectadores, distribuídos em 1.218 na plateia, 700 nas galerias (plateia superior) e 150 nos trinta camarotes com cinco lugares (quase o dobro dos 18 inicialmente projetados).

Antes disso, o Santa Cecília começou a ser anunciado pela imprensa já com sua capacidade aumentada para 2.300 pessoas. O cinema foi aberto em 10 de julho, uma quinta-feira, com o filme de James Cruze, *O grande Gabbo* (*The great Gabbo*), estrelado por Erich Von Stroheim com sua cara de homem mau. A película era sonorizada, anunciando o cinema possuir tanto o vitafone quanto o *movietone* fornecidos pela Western Electric ("último modelo").

Apesar do entusiasmo do cronista Guilherme de Almeida com a abertura, o Santa Cecília era um cinema de bairro, nunca tendo grande proeminência.

Foi demolido em 1961 para a construção de um prédio de apartamentos. A última exibição foi com o filme *Babette vai à guerra*, com Brigitte Bardot, apresentado em cinco sessões até 19 de maio de 1961.

BIBLIOGRAFIA

ALLEN, Robert C. "Manhattan myopia; or, Oh! Iowa!". Em *Cinema Journal*, 34 (3), primavera de 1995.

ALMEIDA, Guilherme de. *Pela cidade*. São Paulo: Martins Fontes, 2004.

AMARAL, Antonio Barreto do. *História dos velhos teatros de São Paulo* (da Casa da Ópera à inauguração do Teatro Municipal). Coleção Paulística, vol. XV. São Paulo: Imprensa Oficial, 2006.

AMERICANO, Jorge. *São Paulo naquele tempo: 1895-1915*. São Paulo: Edições Saraiva, 1957.

ARAÚJO, Vicente de Paula. *A bela época do cinema brasileiro*. São Paulo: Perspectiva, 1976.

————. *Salões, circos e cinemas de São Paulo*. São Paulo: Perspectiva, 1981.

AZEVEDO, Elizabeth Ribeiro. *Paschoal Segreto em São Paulo*. Anais do IV ABRACE, 2008.

————. "O teatro em São Paulo (1554-1954)". Em Paula Porta (org.). *História da cidade de São Paulo: a cidade colonial*. Vol. I. São Paulo: Paz e Terra, 2004.

BARBUY, Heloísa. *A cidade-exposição: comércio e cosmopolitismo em São Paulo, 1860-1914*. São Paulo: Edusp, 2006.

BARRO, Máximo (org.). *Na trilha dos ambulantes*. São Paulo: Maturidade, 2000.

BARROS, Luiz de. *Minhas memórias de cineasta*. Rio de Janeiro: Artenova/ Embrafilme, 1978.

BECHERINI, Aurélio. *Aurélio Becherini*. São Paulo: Cosac Naify, 2009.

BERNARDET, Jean-Claude. *Cinema brasileiro: propostas para uma história*. 2ª ed. São Paulo: Companhia das Letras, 2009.

BOURDELAIS, Patrice. *Les hygiénistes: enjeux, modèles et pratiques*. Paris: Belin, 2001.

BRANDÃO, Ângela. *A fábrica de ilusão: o espetáculo das máquinas num parque de diversões e a modernização de Curitiba, 1905-1913*. Curitiba: Fundação Cultural de Curitiba, 1994.

BRANDÃO, Marco Antonio Leite. *São Carlos (SP) no escurinho do cinema (1897-1997)*. São Carlos: Gráfica Guillen e Andriol, 2009.

BRUNO, Ernani da Silva. *História e tradições de São Paulo*. 3 vols. São Paulo: José Olympio, 1953.

CAMPOS, Candido Malta & SIMÕES JÚNIOR, José Geraldo. *Palacete Santa Helena: um pioneiro da modernidade em São Paulo*. São Paulo: Editora Senac São Paulo/Imprensa Oficial, 2006.

DEAECTO, Marisa Midori. *Comércio e vida urbana na cidade de São Paulo (1889-1930)*. São Paulo: Editora Senac São Paulo, 2002.

DECCA, Maria Auxiliadora Guzzo de. *A vida fora das fábricas: cotidiano operário em São Paulo – 1927-1934*. Dissertação de mestrado, Universidade Estadual de Campinas/Instituto de Filosofia e Ciências Humanas, 1983.

DESLANDES, Jacques & RICHARD, Jacques. *Histoire comparée du cinema*. Vol. 1. Tournai: Casterman, 1966.

FERNÁNDEZ, Mauro A. *Historia de la magia y el ilusionimso en la Argentina: desde sus origens hasta el siglo XIX inclusive*. Buenos Aires: Producciones Gráficas, 1996.

FICHER, Sylvia. *Os arquitetos da Poli: ensino e profissão em São Paulo*. São Paulo: Edusp, 2005.

FONSECA, Guido. *História da prostituição em São Paulo*. São Paulo: Editora Resenha Universitária, 1982.

FRANCESCO, José de. *Reminiscências de um artista*. Porto Alegre: s/ed., 1961.

GAUDREAULT, André. *Cinéma et attraction: pour une nouvelle histoire du cinématographe*. Paris: CNRS Éditions, 2008.

GERODETTI, João Emilio & CORNEJO, Carlos. *Lembranças de São Paulo: o interior paulista nos cartões-postais e álbuns de lembranças*. 2ª ed. São Paulo: Solaris, 1999.

GONZAGA, Alice. *Palácios e poeiras: 100 anos de cinema no Rio de Janeiro*. Rio de Janeiro: Funarte/Editora Record, 1996.

GOULART, Paulo Cezar Alves & MENDES, Ricardo. *Noticiário geral da photographia paulistana: 1839-1900*. São Paulo: Centro Cultural São Paulo/Imprensa Oficial, 2007.

KUHL, Beatriz Mugayar. *Contribuição para o estudo da evolução da edificação teatral na cidade de São Paulo*. Trabalho final de graduação, Faculdade de Arquitetura e Urbanismo/USP, São Paulo, s/d.

LEIS, ATOS E RESOLUÇÕES do Município de São Paulo (1892-1916). Acervo do Arquivo Histórico de São Paulo

MARTINS, William de Souza. *Paschoal Segreto: "ministro das diversões" do Rio de Janeiro (1883-1920)*. Dissertação de mestrado, Universidade Federal do Rio de Janeiro/Instituto de Filosofia e Ciências Sociais, Rio de Janeiro, 2004.

MEUSY, Jean-Jacques. *Cinémas de France, 1894-1918: une histoire en images*. Paris: Arcadia Éditions, 2009.

________. *Paris-Palaces ou le temps des cinémas (1894-1918)*. Paris: CNRS Éditions, 1995.

MORAES, Julio Lucchesi. *São Paulo, capital artística: a cafeicultura e as artes na Belle Époque (1906-1921)*. São Paulo, relatório final Pibic/CNPq, 2007.

MORY, Pascal. «Architecture et higyénisme à Paris au début du XXe. siècle». Em BOURDELAIS, Patrice. *Les hygiénistes: enjeux, modèles et pratiques*. Paris: Belin, 2001.

MOURA, Paulo Cursino de. *São Paulo de outrora (evocações da metrópole)*. São Paulo: Edusp, 1980.

MUSSER, Charles. "Introducing cinema to the American public". Em WALLER, Gregory A. (org.). *Moviegoing in America*. Malden: Blackwell Publishers, 2002.

NAVA, Pedro. *Balão cativo: memórias/2*. 3ª ed. Rio de Janeiro: José Olympio, 1977.

OLIVEIRA, Aline Mendes. *Teatro Polytheama: uma visão múltipla do teatro, do circo, do cinema na São Paulo do final do século XIX*. Dissertação de mestrado, Escola de Comunicações e Artes/USP, São Paulo, 2006.

OLIVEIRA, Lícia Mara Alves de. *Salas de cinema em São Paulo: estudo de caso de preservação*. Trabalho final de graduação, Faculdade de Arquitetura/USP, São Paulo, s/d.

PAIVA, Samuel & SCHVARZMAN, Sheila (orgs). *Viagem ao cinema silencioso no Brasil*. Rio de Janeiro: Azougue, 2011.

PASSOS, Maria Lúcia Perrone e EMÍDIO, Teresa. *Desenhando São Paulo: mapas e literatura – 1877-1954*. São Paulo, Editora Senac São Paulo/Imprensa Oficial, 2009.

PLANTA CADASTRAL E COMMERCIAL DA CIDADE DE SÃO PAULO. São Paulo: Thomas e Commercial e Cia., s/d. (planta Aguirra, Museu Paulista).

PELLETIER, Louis. «Des alliés naturels: le spectacle cinématographique et l'industrie de la machine parlant, 1903-1916». Em GAUDREAULT, André, RUSSELL, Catherine e VÉRONNEAU, Pierre. *Le cinématographe, nouvelle technologie du XXe. siècle*. Lausanne: Payot, 2004.

PENTEADO, Jacob. *Belenzinho 1910: retrato de uma época*. São Paulo: Livraria Martins, 1962.

POPPLE, Simon & KEMBER, Joe. *Early cinema: from factory gate to dream factory*. Londres: Wallflower Press, 2004.

REALE, Ebe. *Brás, Pinheiros, Jardins: três bairros, três mundos*. São Paulo: Pioneira/Edusp, 1982.

RELATÓRIOS apresentados à Câmara Municipal pelo prefeito (1903-1916). Acervo do Arquivo Histórico de São Paulo.

RIBEIRO, Maria Alice Rosa. *História sem fim... inventário da saúde pública*. São Paulo: Editora Unesp, 1993.

SANTORO, Paula Freire. *Do provinciano ao cosmopolita: a relação da sala de cinema com o espaço urbano em São Paulo*. Dissertação de mestrado, Faculdade de Arquitetura/USP, São Paulo, 2004.

SCHMIDT, Afonso. *São Paulo dos meus amores*. Vol. X. São Paulo: Brasiliense, s/d.

SCHVARZMAN, Sheila. "Ir ao cinema em São Paulo nos anos 20". Em *Revista Brasileira de História*, 25 (49), jan.-jun. 2005.

SIMÕES, Inimá. *Salas de cinema em São Paulo*. São Paulo: PW/Secretaria Municipal de Cultura/Secretaria de Estado da Cultura, 1990.

SINGER, Ben. "Manhattan nickelodeons: new data on audiences and exhibitors". Em *Cinema Journal*, 34 (3), primavera de 1995a.

________. "New York just like I pictured it...". Em *Cinema Journal*, 34 (3), primavera de 1995b.

WALKER, José Roberto (org.). *Theatro São Pedro: resistência e preservação*. São Paulo, Secretaria de Estado da Cultura/Associação de Amigos do Arquivo do Estado, 2000.

WALLER, Gregory A. (org.). *Moviegoing in America*. Malden, Blackwell Publishers, 2002.

WILLIAMS, David R. "The cinematograph Act of 1909: an introducion to the impetus behind the legislation and some early effects". Em *Film History*, 9 (341-350): 341-350, 1997.

AGRADECIMENTOS

NO MAN IS AN ISLAND

John Donne já disse tudo séculos atrás: "No man is an island...". A primeira mão dos que foram me ajudando a dar forma a este livro veio da parte de Ricardo Mendes, quando ele finalizava o *Informativo do Arquivo Histórico de São Paulo* sobre os cinemas paulistanos. "Volte depois que sair o *Informativo*", falou-me. Foi o que eu fiz. E não me arrependi. Sem o Ricardo, as dificuldades seriam maiores e os resultados, mesquinhos. Foram dezenas de visitas ao Arquivo, tendo-o como cicerone, mostrando-me o "caminho das pedras", e introdutor aos diversos integrantes da equipe. Usando o primeiro nome com intimidade e distinção, tive, na turma do balcão de atendimento, o prazer de receber as orientações de Guido (Gustavo Venturini Flud Alvarenga), Luiz (Soares de Camargo), Regina, Cidinha (Maria Aparecida Baptista Gusmão), Fátima (Colacite Pessoa de Oliveira), Marlene (da Silva Rebbechi), Terezinha (de Jesus dos Santos), Vera e os estagiários, aos quais agradeço em conjunto. Na busca dos documentos pelos subterrâneos do prédio Ramos de Azevedo não posso deixar de mencionar o Rachid (João Rachid Said) e o inimaginável Santana.

Mais tarde o projeto evoluiu, mudando de instância (e de andar). Graças ao empenho da diretora do Arquivo Histórico de São Paulo,

Liliane Schrank Lehmann, aventou-se a possibilidade de uma bolsa de pós-doc no CNPq, tendo a professora Maria Sampaio Bonafé como supervisora. Apesar de o Departamento do Patrimônio Histórico, sob a direção de Walter Pires, a quem o Arquivo estava subordinado, não ter nenhuma tradição na recepção de um bolsista nessas condições, agradeço ao CNPq pela confiança colocada tanto no projeto quanto no DPH/Arquivo da Cidade.

Outro grupo de pessoas a quem sou muito grato também foi introduzido pelo Ricardo. Como a documentação até 1929 ainda não se encontrava na praça Fernando Prestes, sede do Arquivo, ele sugeriu visitas semanais ao Arquivo da Secretaria de Gestão, situado no Piqueri, guardião da documentação corrente da Prefeitura de São Paulo. As visitas de sextas-feiras à tarde ao Piqueri transformaram-se numa rotina até janeiro de 2010. Lá, uma nova ponte se formou com a diretora na época, Cleide de Andrade, o "mestre" Walter Biondi e o "seu Neto", por nós chamado de Antonio (Antonio Pereira Neto) e o Santa Fé (José Carlos da Silva). Sem a ajuda do Marcos Antonio Alves Ferreira, os processos nunca teriam chegado ao outro lado da cidade. Depois de recebidos no bairro da Luz, Celina Yoshimoto foi de inestimável ajuda.

Durante a pesquisa e a redação, pude contar com a colaboração de Karla Maestrini, que mostrou também possuir um bom olho (ou sorte) para os documentos (no meio de centenas de caixas da Polícia Administrativa e Higiene, ela localizou o relatório sobre os cinemas do engenheiro José de Sá Rocha, uma proeza digna da expressão "achar agulha em palheiro").

Quando o *Inventário dos espaços de sociabilidade cinematográfica da cidade de São Paulo* foi apresentado à Cinemateca Brasileira – CB, Carlos Magalhães e Olga Futemma imediatamente abraçaram o projeto, permitindo que ele fosse hospedado no *site* da instituição. Na Documentação da CB sou grato também à ajuda do Jair Piantino e do João Carlos.

A maioria das imagens que está nesse livro, no *site* da Cinemateca Brasileira e no *blog* da Arquiamigos – Associação Amigos do Arquivo Histórico de São Paulo – deve-se ao grupo de fotógrafos comandado por José Eduardo Marelim Vianna: Alberto Novaes Prado, Diana Proença Modena e Gislene Pereira. Ao Beto agradeço também pela ajuda com os recortes dos mapas antigos e os do Google Maps inseridos nos *sites*.

Várias instituições foram preciosas na obtenção de outras imagens. No arquivo do jornal *O Estado de São Paulo*, sou especialmente grato a Marcelo Leite Silveira, Raquel da Costa, Murilo Rettozi e ao popular e modernizado Johnny, a quem conheço há mais de dez anos como o "seu Joãozinho" (João Amâncio Vieira). Não poderia esquecer também de Maria Elisa Byington. No Instituto Moreira Salles fui muito bem atendido pela equipe comandada por Odette Vieira. Cidio Martins e Virginia Albertini gastaram uma boa manhã de trabalho me ajudando a identificar imagens de São Paulo nas coleções do IMS. No Museu Paulista, a Shirley Ribeiro foi prestimosa na intermediação do processamento das imagens pelo fotógrafo José Rosael da Silva. Na hemeroteca do Arquivo do Estado de São Paulo (AESP) faço um agradecimento conjunto diante do número de pessoas que teria de lembrar individualmente (Cido, Ana, Tasso e tantos outros), sempre gentis e lutando para que qualquer pesquisa desse certo.

Outras instituições não se negaram a cooperar com a busca pelos cinemas de São Paulo: no Museu Lasar Segall, além das minhas amigas da biblioteca, Cecília Soubhia e Mónica Aliseris, agradeço ao Ademir Maschio pela digitalização da foto sobre o Teatro São Pedro; o Centro de Memória Bunge, por meio de Marilúcia Bottallo, cooperou com duas fotos sobre o Cine São Bento; o Liceu Sagrado Coração de Jesus abriu o seu precioso arquivo, guardado pelo padre Mário Quilici, para expor as exuberantes instalações do teatro dos salesianos.

Quando o projeto do livro foi apresentado à Editora Senac São Paulo, recebeu apoio imediato. O secretário da Cultura, na época Carlos Augusto Calil, foi sensível à questão dos direitos da prefeitura sobre as imagens, cooperando para que nenhum entrave se colocasse, preocupação que continuou na gestão Juca Ferreira. Agradeço também aos atentos leitores Adalberto Luís de Oliveira e Silvana Vieira.

Uma palavra final para Francisco Mattos, o Chico. Durante todo o ano de 2010 ele leu, pesquisou, anotou e corrigiu o texto, enriquecendo-o ainda mais. Em razão de sua contribuição intelectual e afetiva foi que me lembrei de John Donne.

CRÉDITOS ICONOGRÁFICOS

Agência Estado/Arquivo/Estadão Conteúdo: pp. 25, 41, 45, 49, 50, 83, 112, 122, 142, 172, 173, 174, 181, 194, 241, 250, 272, 280, 302, 322, 350, 359, 362, 366.

Arquivo Histórico de São Paulo/Secretaria Municipal de Cultura: pp. 6, 35, 68, 90, 92, 109, 114, 116, 118, 126, 133, 137, 146, 148, 158, 163, 167, 169, 177, 188, 191, 195, 197, 214, 219, 220, 221, 223, 243, 265, 267, 269, 271, 273, 275, 277, 279, 281, 283, 285, 287, 289, 291, 293, 295, 297, 299, 301, 303, 305, 306, 307, 309, 311, 313, 315, 317, 319, 321, 323, 325, 327, 329, 331, 333, 335, 337, 339, 341, 343, 345, 347, 348, 349, 353, 355, 357, 361, 363, 365, 367.

Benedito Lima de Toledo: p. 30.

Casa Civil/Arquivo Público do Estado de São Paulo: pp. 29, 78, 84, 107, 110, 120, 127, 144, 276, 308, 316, 326.

Casa da Imagem/Museu da Cidade de São Paulo/Secretaria Municipal de Cultura: p. 22.

Centro Cultural São Paulo/Secretaria Municipal de Cultura: pp. 248, 351.

Centro de Memória Bunge/Fundação Bunge: capa, p. 234.

Instituto Moreira Salles:

Vicenzo Pastore/Acervo Instituto Moreira Salles: p.10,

O. Quass/Acervo Instituto Moreira Salles: p. 47.

João Emilio Gerodetti: pp. 73, 266.

José Roberto Walker: pp. 225, 226.

Liceu Coração de Jesus: p. 102.

Fundação Energia e Saneamento: p. 264.

ÍNDICE ONOMÁSTICO

ÍNDICE DE ASSUNTOS, FILMES E PEÇAS CITADAS

Este livro foi composto com as fontes Minion e Vectora,
impresso em couché fosco 120g/m² no miolo e
cartão supremo 250g/m² na capa, nas oficinas gráficas
da Type Brasil, em janeiro de 2016.